Christoph Girtanner

Historische Nachrichten und polit. Betrachtungen über die französische Revolution

Dritter Band

Christoph Girtanner

Historische Nachrichten und polit. Betrachtungen über die französische Revolution
Dritter Band

ISBN/EAN: 9783743649965

Hergestellt in Europa, USA, Kanada, Australien, Japan

Cover: Foto ©ninafisch / pixelio.de

Weitere Bücher finden Sie auf **www.hansebooks.com**

Historische Nachrichten
und
politische Betrachtungen
über die
französische Revolution

von

Christoph Girtanner,

der Arzneiwissenschaft und Wundarzneikunst Doktor; der Königl. medizinischen Sozietäten zu Edinburgh und London, so wie auch der litterar. und philos. Sozietät zu Manchester Ehrenmitgliede; der Königl. Sozietät der Wissenschaften zu Edinburgh, und der naturforschenden Gesellschaft zu Paris auswärtigem Mitgliede; u. s. w.

Dritter Band.

Mit einem Kupfer.

Sententia Platonis semper in ore fuit: „Florere civitates, si Philosophi imperarent, aut Imperatores philosopharentur.
JUL. CAPIT. *in* MARC. AUREL.

Berlin 1792.
Bei Johann Friedrich Unger.

Inhalt.

IV. Abschnitt.

7. **Sechste Abtheilung.** Geschichte der französischen Revolution, von der Gefangennehmung des Königs bis nach der Hinrichtung des Marquis von Favras.

La Fayettes Leben und Karakter. Unruhen zu Paris. Gerücht von einer Kontrerevolution. Demokratische Schriftsteller. Brissot de Warville; Mercier; Carra; Mirabeau; Dumont; Mademoiselle de Keralio; Bonneville. Furcht und Schrecken zu Versailles. Schmeicheleien und schöne Reden. Wie ist es möglich, daß in Frankreich Hungersnoth entstehen kann? Geschichte des Kornwuchers in Frankreich, von seinem ersten Ursprunge an. Der Herzog von Orleans wird nach England verwiesen. Patrioten verlassen die Versammsammlung; Lally Tolendal, Mounier, Türkheim. König der Frankreicher. Proscriptionen. St. Priest wird angeklagt. Güter der Geistlichen sind Nationalgüter. Rom und Paris. Kolonien. Thätige Staatsbürger. Keine Minister in der Versammlung! Stellvertretung Frankreichs. Neue geographische Eintheilung. Besenvals Proceß. Abreise des Orleans. Seine Audienz zu London. Malthesers orden, Unruhen zu Toulon; zu Marseille; zu Senlis; auf der Insel Korsika. Verbindungen in der Dauphine, in Languedok. Favras wird gefangen genommen. Der Graf von Provence rechnet sich zur Ehre ein Bürger von Paris zu seyn. Trudons Betrug. Pensionen. Sterbelisten von Paris. Aufruhr zu Versailles, zu Paris. Aufruhr der Miliz. Klub der Unpartheiischen. Millionen sollen vorgeblich nach Wien gesandt worden seyn. Antrag an den König wegen der Civilliste. Preßfreyheit. Marat. Abbé Sieyes Rede. Armuth. Besenval. Korsika. Finanzen. Hinrichtung der Brüder Agasse. Juden. Zerstöhrung der Schlösser. Lyon. Bordeaux. Kolonien. Der vierte Februar. Bürgereid. Abbé Fauchet. Te Deum. Kompagnie des Scioto. Auswärtiges Departement. Die Nationalversammlung an die Frankreicher. Abschaffung der Mönche. Unordnungen in den Provinzen. Brief des Herzogs von Orleans. Hinrichtung des Favras. Seite 1

3. **Siebente Abtheilung.** Geschichte der französischen Revolution, von der Hinrichtung des Marquis von Favras bis zu dem großen Nationalfeste. Nebst einer Nachricht über die sogenannte Propaganda.

Berathschlagungen in der Versammlung, wie der Anarchie abzuhelfen sey. Zustand der Kolonien. Zuschrift der Stadt und Landschaft Bordeaux. Montpellier. Dauphine. Bretagne. Mademoiselle Theroigne de Mericourt. Danksagungen der Nonnen. Patriotische Armee in Burgund. Lächerliche Verordnung zu Duplines. Aufhebung der Verhaftbriefe. Ostindische Kompagnie. La Fayettes Rede. Gesandtschaft an den König, wegen des Todes des Kaisers. Das rothe Buch. Rückkunft des Prinzen von Conti. Berathschlagungen über die Errichtung eines Finanzrathes. Insolenz eines Officiers zu Marseille. Patriotische Geschenke. Priester predigen Aufruhr. Brief einer Staatsbürgerin. Berathschlagungen über das Pribilegium der Ostindischen Kompagnie. Zuschrift der Schweizerrepublik Graubündten an die Nationalversammlung. Maillebois macht den Plan zu einer Kontrerebolution, und wird verrathen. Sonderbares Betragen des Hrn. Necker. Berathschlagungen über die Frage: ob die katholische Religion die herrschende seyn solle? General Paoli. Hundertjähriger Friede mit dem Dey von Algier. Nachrichten über das Seewesen. Königliche Proklamation wegen der Assignate. Gefecht zwischen den Schweizern und dem Jägerkorps. Anekdote von der Königin. Aufruhr zu Marseille, zu Montpellier, zu Toulouse, zu Nismes, zu Alais, zu Vitteaux, zu Valence, in Korsika, zu Toulon, zu Montauban.

tauban. Brief des Königs an die Kolonien. Zuschrift der Städte Mezieres und Charleville. Zuschrift der Damen in Poitou. La Tubes Rede. Verhaftnehmung des Chevalier Bonne Sabardin. Anekdoten von der königlichen Familie. Unruhen zu Avignon. Berathschlagungen über den Aufruhr zu Marseille. Soll dem Könige das Recht zugestanden werden, Krieg und Frieden zu schließen? La Fayettes Heldenmuth. Vertheidigung des Chatelet. Briefwechsel zwischen Lameth und la Fayette. Heldenmuth des Herzogs de Duras. Gespinangel. Paoli. Necker. Königliche Proklamation. Civiliste. Neue Einrichtung der Geistlichkeit. Nationalfest. Franklins Tod. Avignon. Perpignan. Nismes. Unordnung in der Armee. Baron Cloots, ein Don Quichotte der Freiheit. Bilderstürmerei. Abschaffung des Erbadels und der adelichen Titel. Abgesandte von Avignon. Rückkunft des Herzogs von Orleans. Zubereitungen zu dem großen Nationalfeste. Nachricht über die sogenannte Propaganda.

Seite 216

Sechste Abtheilung.

Geschichte der Französischen Revolution, von der Gefangennehmung des Königs bis nach der Hinrichtung des Marquis von Favras.

La Fayettes Leben und Karakter. Unruhen zu Paris. Gerücht von einer Kontrerevolution. Demokratische Schriftsteller. Brissot de Warville; Mercier; Carra; Mirabeau; Dumont; Mademoiselle de Keralio; Bonneville. Furcht und Schrecken zu Versailles. Schmeicheleien und schöne Reden. Wie ist es möglich, daß in Frankreich Hungersnoth entstehen kann? Geschichte des Kornwuchers in Frankreich, von seinem ersten Ursprunge an. Der Herzog von Orleans wird nach England verwiesen. Patrioten verlassen die Versammlung; Lally Tolendal, Mounier, Türkheim. König der Frankreicher. Proskriptionen. St. Priest wird angeklagt. Güter der Geistlichen sind Nationalgüter. Rom und Paris. Kolonien. Thätige Staatsbürger. Keine Minister in der Versammlung! Stellvertretung Frankreichs. Neue geographische Eintheilung. Besenvals Proseß. Abreise des Orleans. Seine Audienz zu London. Malteserorden. Unruhen zu Toulon; zu Marseille; zu Senlis; auf der Insel Korsa. Verbündungen im Dauphiné, im Languedok. Favras wird gefangen genommen. Der Graf von Provence rechnet sich zur Ehre ein Bürger von Paris zu seyn. Treudons Vertrag. Pensionen. Sterbelisten von Paris. Aufruhr zu Versailles, zu Paris. Aufruhr der Miliz. Klub der Unpartheiischen. Milionen sollen vorgeblich nach Wien gesandt worden seyn. Antrag an den König wegen der Civilliste. Pressfrechheit. Marat. Abbé Sieyes Rede. Armuth. Besenval.

Dritter Theil. A

Korsika. Finanzen. Hinrichtung der Brüder Agasse. Juden Zerstörung der Schlösser. Lyon. Bordeaux. Kolonien. Der vierte Februar. Bürgereid. Abbé Fauchet. Te Deum. Kompagnie des Scioto. Auswärtiges Departement. Die Nationalversammlung an die Franzreicher. Abschaffung der Mönche. Unordnungen in den Provinzen. Brief des Herzogs von Orleans. Hinrichtung des Favras.

Je ne serois pas étonné, qu'au milieu de tous nos raisonnemens, mon jeune homme, qui a du bon sens, me dit, en m'interrompant: on diroit, que nous bâtissons nôtre édifice avec du bois, et non pas avec des hommes, tant nous alignons exactement chaque pièce à la règle! Il est vrai, mon ami, mais songez que le droit ne se plie point aux passions des hommes, et qu'il s'agissoit entre nous d'établir d'abord les vrais principes du droit politique. A présent, que nos fondemens sont posés, venez examiner ce que les hommes ont bâti dessus, et vous verrez de belles choses!

ROUSSEAU Emile.

Unter denjenigen Männern, welche bei der gegenwärtigen Revolution vorzüglich sich ausgezeichnet haben, verdient keiner mehr die Bewunderung seiner Zeitgenossen und der Nachwelt, als der Held la Fayette. Er ist es, der, wie Lally Tolendal sagt, durch seinen Heldenmuth und durch seine Tapferkeit, so viel Unglück verhütet hat a). Er ist es, der, zu einer Zeit, da die

---

a) Mémoires de Lally Tolendal p 171.

Geſetze ſchweigen, den Einwohnern von Paris die Ruhe ſichert; er iſt es, der, während den Zeiten der Anarchie, den Schatten einer regelmäßigen Regierungsform erhielt, und nunmehr ſeitdem die Anarchie aufgehört hat und die neue Regierungsform eingeführt iſt, derſelben zu Stütze dient. Er iſt es, der die Böſen auseinander treibt, und die Guten vereinigt. Er hat zuerſt den Despotismus angegriffen, aber er hat auch nachher das rechtmäßige Anſehen des Königs vertheidigt. Er wendet alle ſeine Macht, alle ſeine Talente, und alle ſeine Popularität dazu an, das Volk zu unterwerfen, demſelben Gehorſam gegen die Geſetze einzuflößen, und ſich ſelbſt überflüßig zu machen. Er trotzt dem Verdachte und dem Argwohne; er verachtet das Ziſchen des Neides, und geht gerade fort zum Ziele. Die Nation wird ihm Gerechtigkeit wiederfahren laſſen, und die Zeit wird kommen, wo ſogar ſeine Feinde ſich werden genöthigt ſehen ihn zu loben, oder ſtille zu ſchweigen. Er könnte ein zweiter Cromwell ſeyn, und er will es nicht. Die Mirabeaus, die Orleans, die Lameths und die Desmoulins ſchreien gegen ihn: aber er bekümmert ſich nicht um ihr Geſchrei, und rächt ſich (wie er gegen Desmoulins gethan hat) dadurch, daß er, ſo oft ſie es verdienen, Gutes von ihnen ſagt, und ſie vertheidigt. Auf ihn hat man folgende Verſe der Henriade angewandt:

> Vois ce jeune héros, en qui la majeſté
> Sur ſon viſage aimable éclate ſans fierté.
> Dieux! comme il réunit, par un rare aſſemblage,
> Les talens du guerrier, et les vertus du Sage!

Les arts sont éclairés par ses yeux vigilants.
Né pour tous les emplois, il a tous les talents,
D'un chef et d'un soldat, d'un citoyen, d'un maître.
Ce héros n'est pas Roi, mais il enseigne à l'être!

Der Marquis de la Fayette wurde am ersten September 1757 geboren. Er ist ein Nachkömmling des berühmten Marschalls de la Fayette. Eine ihm angeborne Thätigkeit, Durst nach Ehre und Liebe zur Freiheit, bewogen ihn, in einem Alter von neunzehn Jahren, den Amerikanern, bei dem damals eben angefangenen Kriege, zu Vertheidigung ihrer Freiheit sich anzubieten. Franklin nahm sein Anerbieten an: aber Schwierigkeiten von mancherlei Art setzten sich seiner Abreise entgegen. Der amerikanische Krieg nahm damals eine Wendung, die nicht fähig war einen jungen Helden, welcher sich hervorzuthun suchte, anzulocken. Die Miliz der Kolonien war zerstreut und floh vor dem General Howe. Die Amerikaner waren damals ohne Geld, ohne Kredit, ohne Alliirte. Die amerikanischen Insurgenten, nicht mehr als zweitausend an der Zahl, hatten eine Armee von dreißigtausend Mann regulirter Truppen gegen sich. Dessen ohngeachtet gab la Fayette seinen Vorsatz den Amerikanern Beistand zu leisten nicht auf. Aber der Kredit der Amerikaner war in Europa so geringe, daß das französische Ministerium sich weigerte, den amerikanischen Agenten zu Paris ein Schiff, um welches sie baten, zu überlassen. Franklin sah sich genöthigt dem jungen la Fayette dieses zu gestehen, und ihn zu bitten, seinen Vorsatz auf-

zugeben. La Fayette antwortete: "Bisher habe ich Vor-
"liebe für die Parthei gehabt, für welche Amerika strei-
"tet; nunmehr aber will ich eilen dieselbe selbst zu ver-
"theidigen. Je tiefer diese Parthei in der Meinung
"des Publikums gesunken ist, desto größeres Aufse-
"hen wird meine Abreise machen. Und da es ihnen
"unmöglich wird ein Schiff zu erhalten, so will ich,
"auf eigene Kosten, eines kaufen und ausrüsten. Ich
"mache mich anheischig, dem Kongresse Ihre Depe-
"schen zu überbringen." La Fayette entgieng der
Wachsamkeit des französischen Ministeriums, welches
seine Abreise zu verhindern suchte; er kaufte eine
Fregatte, ließ dieselbe ausrüsten, nahm alle Kosten
der Unternehmung auf sich, und reiste ab. Im April
1777 kam er zu Charles Town an, und von da
gieng er sogleich nach Philadelphia, um sich dem
Kongresse vorzustellen. Er erschien vor diesem neuen
Senate, und sagte: "Ich komme, um mir von Ih-
"nen eine zweifache Gnade auszubitten. Erstens, in
"Ihrer Armee als simpler Volontair dienen zu dür-
"fen; und zweitens, gar keine Besoldung anzunehmen."
Der erkenntliche Kongreß ernannte ihn zum General-
major, und so gieng la Fayette zur Armee. Er kam
zu Washington, welchem seine Gesichtsbildung und
seine Bescheidenheit gefiel, und der ihm sein Haus
zur Wohnung anbot.

Wenige Tage nachher wurde die amerikanische
Armee von dem General Howe angegriffen. Washington hätte einer Schlacht auszuweichen gewünscht,
deren Ausgang er vorher sah: aber er hatte aus-

drücklichen Befehl vom Kongresse sich zu schlagen. Er folgte also seiner Pflicht; er gehorchte. Die Brigade, welche la Fayette anführte, wurde zurückgeschlagen, und vergeblich wandte er alles an, um dieselbe zu bewegen, daß sie dem Feinde noch einmal entgegen gehen möchte. Er selbst wurde gefährlich am Beine verwundet. Man trug ihn nach Philadelphia; aber die siegreiche feindliche Armee nöthigte ihn, aus dieser Stadt zu fliehen, und sich in die Gebirge tragen zu lassen. Eh: seine Wunde noch ganz geheilt war, vereinigte er sich mit dem General Green zu Jersey. Er verlangte von diesem General das Kommando über ein Korps Miliz, um die Lage der Feinde zu rekognosciren. Auf seinem Marsche stieß er auf ein Korps tapferer und der Kriegesgefahren gewöhnter Hessen. Die Truppen welche la Fayette kommandirte, waren zwar undisciplinirt; aber Vaterlandsliebe, und die Liebe zur Freiheit gab ihnen Muth, und machte sie tapfer und unerschrokken. Hierauf verließ sich der Held; und obgleich der Feind an der Anzahl weit stärker war, so griff er dennoch denselben mit so vieler Ordnung und so vielem Feuer an, daß er die Hessen zerstreute, ohne eine Schlacht geliefert zu haben. Washington meldete selbst dem Kongresse die genaueren Umstände dieses Sieges, und schrieb zugleich, er würde nunmehr Hrn. la Fayette das Kommando über eine Division übergeben.

Als im folgenden Frühling die Kampagne wiederum eröfnet wurde, ging la Fayette nach Albani,

wo man eine Armee versammelte, welche Kanada er,
obern sollte. Er selbst hatte den Plan zu diesem Feld,
zuge gemacht. Zufolge dieses Planes sollte die Armee
über die zugefrornen Seen marschiren, und sich der
Städte Montreal und Saint Jean bemächtigen,
La Fayette übernahm die Ausführung: aber er wurde
von dem Kongresse nicht genugsam unterstützt. Die
Seen thauten; und das Unternehmen war vereitelt.
La Fayette gab den Plan auf, sobald er sah, daß der
Ausgang zweifelhaft schien, und mit einer Mäßigung
und einer Klugheit, welche dem größten General Ehre
gemacht haben würde, legte er, in seinem zwanzigsten
Jahre, das ihm anvertraute Kommando nieder, um
wiederum unter Washington zu dienen.

Einige kleine Siege, welche die Engländer damals
über die Amerikaner davon trugen, schienen für das
Glück der amerikanischen Waffen eine sehr ungünstige
Aussicht zu versprechen. Zu gleicher Zeit fingen auch
einige übertriebene Demokraten an zu fürchten, Was,
hington möchte, nachdem er der Befreier seines Va,
terlandes gewesen seyn würde, nachher der Tyrann
desselben werden. Man schränkte daher sein Ansehen
ein, und legte seinem Genie Fesseln an. La Fayette,
der Freund des Generals, suchte, soviel in seinem Ver,
mögen stand, die Gemüther zu besänftigen. Vermöge
seiner Seelenruhe, seiner Uneigennützigkeit, und seines
erprobten Muthes, herrschte er über Aller Herzen.
Er trug viel dazu bei, die Ordnung bei der Armee und
das Zutrauen in den General wiederum herzustellen,
und begangene Fehler zu verbessern. Die Gränzen von

Kanada, und die ungeheure nördliche Küste, hatten nicht mehr als tausend Menschen zu ihrer Vertheidigung; eine Zahl, welche lange nicht zureichend war, um den regelmäßigen Truppen und der Miliz der Feinde, und zugleich auch den Horden der streifenden Wilden Widerstand zu leisten. Washingtons Armee war auf viertausend Mann zusammengeschmolzen, von denen die meisten kränklich waren, und mit diesen mußte er achtzehntausend Mann abgehärteter, und von einem tapfern und erfahrnen Generale angeführter Truppen widerstehen. Ungeachtet dieser Ungleichheit vertheidigte sich Washington so meisterhaft, und wählte eine so glückliche Stellung, daß ihn der Feind in seinem Lager nicht anzugreifen wagen durfte. La Fayette, welcher indessen aus Norden zurückgekommen war, erhielt das Kommando eines abgesonderten Korps. Er wurde von der engländischen Armee umgeben, und ihre weit größere Anzahl würde ihn aufgerieben haben, wenn er nicht durch seine klugen Wandvers Mittel gefunden hätte, ohne Verlust eine ehrenvolle Retraite zu machen.

Sobald er sich wiederum mit der Hauptarmee vereinigt hatte, wurde er ausgesandt, um die Arrieregarde des Feindes anzugreifen. Er that dieses mit ebenso großer Klugheit als Tapferkeit. Er fing die Attake an, und wurde dann von der Armee unterstützt. Der Angriff war feurig, und fiel sehr blutig aus. Am 27. Julius gewann Washington die Schlacht bei Monmouth. An diesem Tage kommandirte la Fayette anfänglich die Avantgarde, nnter dem General Lee, und nachher die zweyte Linie der Armee. Sobald der Sieg entschieden war, gab man ihm das Kommando über zweitausend Mann Miliz, um sich mit Sullivan zu vereinigen, welcher Rhode-Island zu verlassen sich genöthigt sah, aber dieses, ohne sich der Gefahr auszusetzen, geschlagen zu werden, nicht thun konnte. La Fayette, welcher erfuhr in welcher kritischen Lage Sullivan sich befand, verließ Boston, und kam, nach einem forcirten Marsche, in Rhode-Island an, wo seine Gegenwart den gesunkenen Muth Sullivans und seiner Soldaten wiederum aufweckte. La Fayette führte den Rückzug an, und dieser geschah glücklich, ohne einen einzigen Mann zu verlieren. Die Bewunderung über diese Heldenthat war so groß, daß der amerikanische Kongreß, am neunten September 1778, folgenden Beschluß faßte:

"Beschlossen, daß dem Hrn. Presidenten auf-
"getragen werden soll, dem Hrn. Marquis de la
"Fayette Nachricht zu geben, daß der Kongreß
"die That des Hrn. Marquis gehörig zu schätzen
"weiß, und einsieht, daß dieser, mit Aufopferung
"alles persönlichen Interesse, die Reise nach Bo-
"ston, zum Besten dieses Staates, zu einer Zeit
"unternommen habe, wo er täglich die Gelegen-
"heit erwarten konnte, auf dem Schlachtfelde
"Ehre einzuärndten. Beschlossen, daß die Tap-
"ferkeit, mit welcher der Hr. Marquis nach Rho-
"de-Island marschirte, während der größte Theil
"der Armee sich schon zurückgezogen hatte, eben
"sowohl als das vortreffliche Manöver, durch

„welches er die Pikete und die äußersten Posten
„rettete, den Beifall dieser Versammlung ver-
„diene."

Der Kongreß beschloß ferner, daß die genaueren Umstände dieser Heldenthat in die öffentlichen Geschichtbücher der amerikanischen Staaten eingetragen werden sollten, um darin, zum ewigen Andenken für die Nachwelt, aufbehalten zu werden. Auch wurde ihm von dem Kongresse, im Namen der amerikanischen Kolonien, ein Degen geschenkt, welcher mit folgenden allegorischen Figuren gezieret war. Die vier Seiten des Stichblattes stellten vor: den Rückzug von Barrenhill; den Rückzug von Rhode-Island; die Schlacht bei Glocester, in Neu-Jersey; und die Schlacht bei Monmouth. Auf einer Seite des Griffes ist la Fayette vorgestellt, wie er den brittischen Löwen verwundet, und auf der andern, wie ihm Amerika (unter der Gestalt einer Sklavinn, welche ihre Ketten zerrissen hat) einen Lorbeerzweig überreicht. Auf der Klinge steht, mit goldenen Buchstaben: **Dem Herrn Marquis de la Fayette geschenkt von dem Kongresse.**

La Fayette war damals zwei und zwanzig Jahre alt. Er hörte, daß sein Vaterland die Unabhängigkeit der amerikanischen Staaten anerkannt hätte: und sogleich bat er sich von dem Kongresse die Erlaubniß aus, nach Frankreich zurückkehren zu dürfen, um von dort Hülfe für Amerika zu holen. Washington schrieb, am 6. Oktober 1778, an den Kongreß: „Ich vermag nicht „auszudrücken, wie schwer es mir wird, mich von einem

"Offizir zu trennen, welcher mit dem Feuer der Ju-
"gend eine seltene Reife des Verstandes verbindet. Ich
"werde mich immer glücklich schätzen, seinen geleisteten
"Diensten das Zeugniß zu geben, welches dieselben,
"wegen seiner Tapferkeit, und wegen seiner auszeich-
"nenden Aufführung in allen Gelegenheiten, mit so vie-
"lem Rechte verdienen."

In dem Briefe vom 13ten Oktober 1778, in welchem sich la Fayette von dem Kongresse Erlaubniß zur
Abreise ausbat, sagte er: "So lange ich hoffen konnte,
"daß die Kampagne thätig bleiben würde, habe ich
"nicht daran gedacht, das Schlachtfeld zu verlassen.
"Aber jetzo, da alles ruhig und stille ist, ergreife ich die
"Gelegenheit, den Kongreß zu ersuchen, daß er mir die
"Erlaubniß gewähren möge, welche ich verlange. Ich
"werde nicht eher abreisen, als bis die Kampagne ganz
"geendigt seyn wird."

Der Kongreß ließ zu Boston die Fregatte l'Alli-
ance ausrüsten, um Herrn la Fayette nach seinem Vaterlande zurück bringen zu lassen. Es fehlte an Matrosen, und man schlug ihm daher vor, die nöthige
Anzahl durch Pressen zusammen zu bringen. Aber la
Fayette, welcher diese Weise Schiffe zu bemannen verabscheuete, weigerte sich, von gewaltsamen Mitteln Gebrauch zu machen, und bestand darauf, daß nur solche
Matrosen angeworben werden sollten, welche sich freiwillig und von selbst anbieten würden. Dadurch geschah es nun, daß mehr als die Hälfte der Mannschaft
aus engländischen Matrosen bestand, welche im Kriege
gefangen worden waren.

Acht Tage vor der Ankunft des Schiffes in Europa, mitten auf dem Meere, verschworen sich diese Engländer untereinander, sich der Fregatte zu bemächtigen, und alle übrigen umzubringen. Diese Verschwörung wurde durch einen sonderbaren Zufall verrathen. Die Engländer wandten sich an einen gebornen Amerikaner, welchen sie, da er vorzüglich gut Englisch sprach, für einen ihrer Landsleute hielten. Sie entdeckten ihm ihren Plan, wählten ihn zu ihrem Anführer, und versprachen ihm das Kommando des Schiffes, welches, zufolge einer (mehr politisch als moralisch guten) Proklamation des Königs von England, für eine gute Prise erklärt, und zum Vortheile der Aufrührer verkauft werden würde. Der Amerikaner stellte sich, als willigte er in diesen Vorschlag ein: aber er entdeckte den Offizieren des Schiffes den ganzen Plan, eine Stunde vorher, ehe derselbe ausgeführt werden sollte. Die Verräther wurden in Eisen geschmiedet, und der Held entgieng der ihm drohenden Lebensgefahr.

La Fayette blieb nicht lange in Frankreich. Bald verließ er wiederum seine ihn bewundernden Landsleute, welche ihn mit Lobsprüchen überhäuften, um aufs Neue nach Amerika zu segeln, und in der ehrenvollen Laufbahn, welche er angetreten hatte, fernere Fortschritte zu machen. Der Tag seiner Ankunft in Boston war ein öffentliches Freudenfest. Die Einwohner hatten sich bei dem Hafen versammelt, um ihren großmüthigen Vertheidiger zu empfangen. Er wurde, unter dem Abfeuern der Kanonen, und dem Läuten aller Glocken, begleitet von einer Bande Musikanten, nach dem Hause geführt, welches der Magistrat zu seiner Wohnung bestimmt hatte. Feuerwerke wurden ihm zu Ehren abgebrannt. Und alle diese Beweise der Liebe und Zuneigung erhielten noch dadurch um so viel mehr Werth, da sie bloß allein die Dankbarkeit, für seine schon geleisteten Dienste ausdrückten: denn man wußte noch nicht, was er, während seines Auffenthaltes in Frankreich, der amerikanischen Freiheit für wichtige Dienste geleistet hatte; man wußte noch nicht, daß er mit Hülfstruppen, mit Geld und mit Kriegsmunition versehen zurückkam.

Er verließ, so schnell er konnte, den Ort wo sich das Volk um ihn drängte, und wo man ihm zu Ehren täglich neue Freudenfeste anstellte. Er gieng zu der Armee, und wurde dort mit einem nicht weniger großen Enthusiasmus empfangen. Er erhielt das Kommando über die leichte Infanterie und über die Dragoner.

Indessen hatten die Engländer die drei südlichen Staaten erobert, und sie wandten nunmehr alle ihre Kräfte gegen Virginien an, weil sie einsahen, daß die Einnahme dieser Provinz nothwendig die Eroberung der übrigen Kolonien nach sich ziehen müßte. Die Expedition gegen Virginien wurde dem General Cornwallis anvertraut, dessen ununterbrochenes Kriegesglück ihn zum Schrecken der Amerikaner gemacht hatte. Im März 1781, nach der unglücklichen Seeschlacht, in welcher der engländische Admiral Arbuthnot über den Anführer des französischen Geschwaders Destouches den Sieg davon trug, erhielt la Fayette Befehl von dem General Washington, nach Virginien zu marschiren, um sich dem General Philipps zu widersetzen, der mit dem General Arnold vereinigt sich daselbst befand. Die Truppen welche la Fayette anführte, befanden sich gerade damals in der größten Noth. Sie litten Mangel an Allem. La Fayette erfuhr, daß Philipps Anstalten mache, sich, mit mehr als dreitausend Mann, zu Portsmouth einzuschiffen. Dieses wünschte er zu verhindern, aber es fehlte ihm an Mitteln dazu. In der Armee, welche er kommandirte, war auch nicht ein einziges Paar Schuhe vorhanden. Aber die Soldaten hatten Zutrauen auf ihren Anführer, welcher alles Ungemach mit ihnen theilte: und sie marschirten, in bloßen Füßen, freudig und getrost dem Feinde entgegen. La Fayette vermuthete, Philipps habe seine Truppen eingeschifft, um Richmond anzugreifen. Er marschirte daher nach Richmond, kam daselbst noch um einen ganzen Tag seinem Gegner zuvor, und rettete dadurch aus der dringendsten Gefahr die Hauptstadt von Virginien, in welcher alle Magazine und alle Kriegsprovisionen enthalten waren. Philipps wagte nicht, Hrn. la Fayette, der sich sehr gut postirt hatte, anzugreifen, sondern zog sich mit seinen Truppen zurück.

Die Armeen der Generale Arnold, Philipps und Cornwallis waren nunmehr vereinigt, und gegen sie stand la Fayette im Felde, mit einer kleinen Armee,

welche aus tausend Mann regulirter Truppen, zweitausend Mann Miliz, und aus sechzig Dragonern
bestand. Cornwallis, durch sein ununterbrochenes
Kriegesglück übermüthig gemacht, spottete seines jungen Gegners und dessen kleiner Armee. In seinem
Uebermuthe schrieb er nach London: d a s K i n d k ö n-
n e i h m n i c h t e n t g e h e n! Er wandte alles an,
um la Fayette zu bewegen, daß er sich mit ihm schlagen möchte. Aber la Fayette wich, mit großer Klugheit, einer Schlacht aus. Darauf suchte Cornwallis
zu verhindern, daß der General Wayne und seine
Armee mit la Fayette sich nicht vereinigen möchten.
Aber auch hierin kam la Fayette ihm zuvor, und
vereinigte sich mit Wayne, zu R a k o n u, ohne
den geringsten Verlust. Nun suchte Cornwallis die
beiden Generale von ihren Magazinen abzuschneiden:
aber durch einen forcirten Marsch kam la Fayette
ihm abermals zuvor, und als am folgenden Tage die
Sonne aufgieng, sah Cornwallis, zu seinem großen
Erstaunen, Hrn. la Fayette mit seiner Armee zwischen den Magazinen und dem engländischen Lager
postirt. Cornwallis gieng nunmehr nach Richmond
zurück, und auch dahin folgte la Fayette ihm auf
dem Fuße nach. Hier vereinigte sich ein Korps Vo-
lontärs mit der amerikanischen Armee. Cornwallis
gieng nach Williamsburgh. Wayne mit nicht
mehr als achthundert Mann Miliz, griff ihn an,
und zwang ihn, bis nach Portsmouth sich zurück zu
ziehen.

La Fayette befand sich nunmehr an der Spitze
von fünftausend Mann, und ihm war die Verthei-

digung von Virginien aufgetragen. Diese Anzahl war nicht hinlänglich, um dem viel stärkeren Feinde zu widerstehen; aber Muth und Talente ersetzten, was ihm an Stärke fehlte. La Fayette folgte dem General Cornwallis auf dem Fuße nach, ohne sich in eine Schlacht mit ihm einzulassen. Er lieferte hin und wieder leichte Scharmützel; und da er die Kunst sich zu lagern vortrefflich verstand, so konnte sein Feind ihn nie zu einer Schlacht bringen. In diesem kritischen Zeitpunkte war seine Armee ohne Geld, ohne Kleider und ohne Schuhe, in einem Lande, wo die nöthigsten Lebensmittel beinahe ganz fehlten: aber das Beispiel ihres Anführers lehrte die Soldaten auch hier alles Ungemach geduldig und freudig zu ertragen. Beinahe fünf Monate lang hatte schon die ganze Last des amerikanischen Krieges sie allein gedrückt: als endlich die Armeen, welche Washington und Rochambeau anführten, sich mit ihnen vereinigten. Nun blieb dem General Cornwallis, da er eine so große Macht gegen sich sah, kein anderes Mittel mehr übrig, als sich, mit seiner ganzen Armee, dem Ueberwinder auf Diskretion zu übergeben. Voll Bewunderung über die großmüthige Tapferkeit des Generals la Fayette, bat Cornwallis, als um eine Gunst, daß ihm erlaubt werden möchte, mit Niemand anders als mit diesem Helden in Unterhandlung treten, und Niemand anders als ihm seinen Degen übergeben zu dürfen. La Fayette weigerte sich, aus Bescheidenheit, diese Ehre anzunehmen: aber ihm blieb der Ruhm, den andern beiden Generalen den Sieg vorbereitet zu haben.

La

La Fayette ging nunmehr nach Philadelphia zurück, wo sein Einzug ein wahrer Triumph war. Die Staaten von Virginien bewiesen ihm ihre Dankbarkeit durch eine mit der ehrenvollesten Aufschrift gezierte und ihm zu Ehren errichtete Büste. Wo er sich zeigte, erhielt er Beweise von Liebe und Hochachtung des Volkes. Endlich ging er nach Frankreich zurück, um neue Hülfstruppen abzuholen; und der Kongreß befahl seinen Abgesandten in Europa, ihm alle Geheimnisse des Staates anzuvertrauen. Nicht lange war la Fayette in Europa gewesen, als er sich auch schon entschloß, nach Amerika wiederum zurückzukehren. Er wollte sich zu Cadix, auf der Flotte des Grafen Destaing einschiffen, der bereit war, mit achttausend Mann, welche er anführte, nach Amerika zu segeln. Aber an eben dem Tage, an welchem la Fayette zu Schiffe gehen wollte, erhielt er die Nachricht von dem geschlossenen Frieden.

Die Staaten von Virginien und Pensylvanien haben zweien neuen Provinzen den Nahmen La Fayette gegeben; und künftig wird dieser Nahme in den Annalen der Menschheit und in den Jahrbüchern der Ehre, sowohl in der alten als in der neuen Welt, gleich unsterblich bleiben.

Nach seiner Zurückkunft in Europa lebte la Fayette einige Jahre im Stillen mit seiner Familie, bis Calonne die Notabeln zusammenberief, unter denen auch er seine Stelle einnahm. Er schrieb verschiedene Aufsätze, und hielt mehrere Reden, in welchen er dem Könige und dessen Brüdern den traurigen Zustand

des Volkes in Frankreich lebhaft und rührend vorstellte, und um Abschaffung der Misbräuche dringend bat. La Fayette sprach mit so großer Wärme und mit solcher Offenherzigkeit, daß, am 24. April 1787, der Graf von Artois ihm öffentlich und laut Unzufriedenheit wegen seines standhaften und festen Betragens zeigte. La Fayette aber antwortete dem Grafen: „Monseigneur! ich bin ein Edelmann, und „habe folglich das Recht, meine Beschwerden vor „dem Throne niederzulegen." Hierauf stand einer von den Notabeln auf, und sagte zu Herrn La Fayette: „Durch Ihre Thaten in Amerika hatten Sie sich „schon eine Stelle unter den Helden erworben; aber „niemals mehr als jetzo haben Sie diesen ehrenvollen „Titel verdient. O! warum ist nicht hier ein Künst„ler, der Ihr Bildniß verfertige in dem gegenwärti„gen Augenblicke, in welchem ihr patriotischer Eifer „Sie zu einem der allergetreuesten Unterthanen des „Königs macht." La Fayette endigte hierauf die Sitzung mit einer Rede, welche er durch folgende Worte beschloß: „Und da die Meinung, die ich vor„getragen und unterzeichnet habe, Seiner Majestät „übergeben werden soll, so wiederhole ich mit dop„peltem Zutrauen die Bemerkung, welche ich dem „Herrn Grafen von Artois schon mitgetheilt habe. „Nehmlich: daß die Millionen, welche man durch„bringt, durch Auflagen erhalten werden; daß Auf„lagen sich nicht rechtfertigen lassen, wenn sie nicht „für die wirklichen Bedürfnisse des Staats bestimmt „sind; daß alle diese Millionen, welche man dem
„Raube

„Raube und der Geldgierde überläßt, die Frucht der
„Thränen, des Schweißes, vielleicht sogar des Blu-
„tes des Volkes sind; und daß die Berechnung der
„Unglücklichen, welche man gemacht hat, indem man
„diese Geldsumme, die so leichtsinnig verschwendet
„wird, zusammenbrachte, eine, für die bekannten,
„gütigen und gerechten Gesinnungen Seiner Maje-
„stät, sehr traurige Berechnung seyn würde."

Einige Tage nachdem der König mit seiner Familie von Versailles nach Paris gekommen war, hielt
la Fayette an die Officiere der Pariser Bürgermiliz,
welche bei ihm in seinem Hause versammelt waren,
folgende Anrede:

„Wir sind verlohren, meine Herren, wenn der
„Dienst in unsrer Armee künftig nicht genauer als bis-
„her geschieht. Wir sind die einzigen Soldaten der
„Revolution; wir allein müssen die königliche Fami-
„lie vor allen Angriffen beschützen; wir allein müssen
„die Freiheit der Stellvertreter der Nation beschützen;
„wir sind die einzigen Wächter des königlichen Schaz-
„es. Ganz Frankreich, ganz Europa hat die Au-
„gen auf die Pariser gerichtet. Ein Auflauf zu Pa-
„ris, ein Angriff auf jene geheiligten Personen,
„welcher durch unsre Nachläßigkeit geschehen könnte,
„würde uns auf immer entehren, und uns den Haß
„der Provinzen zuziehen, welche alsdann ihre Waf-
„fen gegen uns kehren würden. Ich verlange daher
„von Ihnen, meine Herren, im Nahmen des Va-
„terlandes, daß Ihre Bürgersoldaten sich mit mir
„aufs neue, auf das allerfeierlichste verbinden, daß

„sie den Eid schwören sollen, ihr persönliches Inter-
„esse einem genauen und ununterbrochenen Dienste
„aufzuopfern; einem Dienste, welcher in dem gegen-
„wärtigen Zeitpunkte so unumgänglich nothwen-
„dig ist."

„Vier Monate lang haben die Pariser gedient,
„und schon sind sie des Dienstes müde! Es sei mir
„erlaubt, Ihnen zu erzählen, was die Amerikaner
„auszustehen hatten, um die Freiheit zu erwerben.
„Sieben Jahre lang haben sie ihre Häuser, ihre
„Weiber und ihre Kinder verlassen. Sieben Jahre
„lang waren sie ohne Obdach, ohne Kleider, ohne
„Brodt, der strengsten Witterung ausgesetzt. Ich
„selbst, der ich die Ehre hatte, ihr General zu seyn,
„habe mehrere Monate ohne einen Heller in der Ta-
„sche gelebt. Mein Unterhalt war nicht besser, als
„der des gemeinsten Soldaten. Dennoch schwöre
„ich bei meiner Ehre, daß, während sieben im Elen-
„de zugebrachter Jahre, ich niemals einen Amerika-
„ner habe sich beklagen hören."

„Und Sie, meine Herren, Sie, die Sie, so-
„bald Sie die Flinte niedergelegt haben, wiederum
„in ihre Häuser zurückkehren; Sie, die Sie, mit-
„ten unter ihren Freunden und ihren Bekannten, alle
„Annehmlichkeiten der Gesellschaft, alle Bequemlich-
„keiten des Lebens genießen: Sie sollten sich darüber
„beklagen, daß Sie einige Monate aufopfern müssen,
„um nachher auf immer frey zu werden!"

„Mein Kopf hat keinen Werth. Aber ich schwöre,
„die Französische Konstitution, an welcher wir arbei-
„ten,

„ten, zu beschützen: und eher werde ich mein Leben „verlieren, als meinen Eid nicht halten!"

Der König war nunmehr mit seiner Familie zu Paris, dennoch aber war die Hauptstadt nicht ruhig. Ruhe gehörte nicht in den Plan der Verschwornen. Schon am siebenten Oktober, am Tage nach der Ankunft des Königs, entstand ein höchst gefährlicher Auflauf bei dem Kornhause, und ein paar Tage nachher versammelte sich der Pöbel in den Thuillerien und bei dem Leihhause, weil die Verschwornen das Gerücht hatten verbreiten lassen, es würden in dem Leihhause alle Effekten, deren Werth weniger als einen Louisd'or betrüge, umsonst zurückgegeben werden. Auch fing man wiederum an, sich bei den Bäckern um Brodt zu drängen. Die ganze Stadt war in Unordnung und Unruhe, und die Bürgermiliz, statt den Unordnungen zu steuern und den Excessen Einhalt zu thun, wiegelte selbst den Pöbel noch mehr auf. a)

Bald nachher verbreitete sich das Gerücht einer Verschwörung gegen den Staat, einer Kontrerevolution, einer neuen Bartholomäusnacht; und dieses Gerücht ward eben so schnell geglaubt, als es schnell verbreitet wurde. Die leichtgläubigen und unwissenden Pariser sind, unter allen Völkern des Erdbodens,

---

a) Une sédition violante étoit excitée dans le faubourg St. Antoine par des boulangers. Quelques individus de la garde nationale, oubliant le patriotisme accoutumé de la milice Parisienne, fomenteroient le tumulte, au lieu de l'appaiser. *Exposé des trapaux de l'Assemblée des Communes.* p. 88.

bens, gerade dasjenige, welches sich am leichtesten
von Demagogen führen läßt. Es braucht nicht einmal Kunst dazu sie zu führen. Will man einen grossen Streich schlagen, so darf man ihnen nur etwas
zum Spielen hinwerfen. Begierig fallen sie dann
darüber her, denken nichts anders, sprechen von
nichts anders, und lassen indessen den ränkevollen
Demagogen ruhig seinen verborgenen Plan ausführen.
Es ist ein charakteristischer Zug der Pariser, daß
sie an Nichts zweifeln. Als Friedrich der
Große seine Kriegsanstalten den Berlinern verbergen
wollte, so brauchte er dazu, wie Herr Nikolai sehr
schön erzählt, die Geschichte eines außerordentlichen
Hagelwetters. Für die Pariser wäre die Geschichte
des kleinsten Regenschauers in ähnlichem Falle hinreichend gewesen. Sie sind nicht Wallfische, denen
man eine Tonne vorwerfen muß, sondern Kinder,
für die ein bloßer Ball schon hinreichend ist. So
gerne sie auch für Spartaner gehalten seyn möchten,
sind sie doch nur die Athenienser von Europa. Wenn
Alcibiades wiederkäme, so würde er seinen Hund unter sie schicken, so wie vormals unter die Athenienser, und mit noch größerem Glücke. Das zeigte
sich auch bei diesem Vorfalle. Ein Schneider sagte
aus, man habe bei ihm fünfhundert Uniformen
bestellt, — und nunmehro war die Gegenrevolution
gewiß. Ein lustiger Kopf lief umher, und machte
mit Kreide Striche an die Hausthüren, — und
nunmehr war nichts gewisser, als daß man Paris
verbrennen wollte. Doppelte Patrouillen giengen

her-

herum; durch die ganze Nacht waren alle Häuser erleuchtet; man schlief nicht aus Furcht. Aber es kam keine Gegenrevolution, die Stadt brannte nicht ab — und nun bewunderten die klugen Pariser die große Vorsicht, und die vortreflichen Mittel, wodurch sie so wichtige Plane entdeckt, und die Ausführung derselben verhindert hatten. Das mögen sie immerhin thun! Sie mögen sich selbst bewundern! Uns aber, diesseits des Rheins, kommt es zu, klüger zu seyn, nicht mit zu bewundern, und nicht das Echo der Pariser Schreier zu werden: sonst beweisen wir, daß wir noch weit unter ihnen stehen; denn jenen bleibt wenigstens das Verdienst der Originalität, uns aber bloß allein das unbeträchtliche Verdienst einer schlechten Nachahmung!

Ein anderer Kunstgriff, dessen sich zu dieser Zeit die Demagogen bedienten, um das Volk in Freiheitsenthusiasmus zu erhalten, war, daß sie in fliegenden Blättern, welche täglich in Paris zu Hunderten erscheinen, Nachrichten von Revolutionen, von Staatsumwerfungen, Verschwörungen, Zerstörungen berühmter Gefängnisse, Enthauptungen und Ermordungen erhabener und berühmter Personen bekannt machen ließen. Der leichtgläubige Pariser glaubte, die ganze Welt sey im Aufruhr, und er dünkte sich nicht wenig, wenn er bei sich selbst bedachte, daß er es war, der zu dieser ungeheuern, sich fortwälzenden Bewegung, den ersten Stoß gegeben hatte; daß er es war, der die Welt aus ihren Angeln gehoben hatte; daß er es war, der, als ein zweiter Herostrat,

strat, in den ehrwürdigen, gothischen Tempel der Europäischen Staatsverfassung zuerst die Fackel des Aufruhrs und der zügellosen Ungebundenheit getragen hatte.

Dreier demokratischer Schriftsteller, die sich vorzüglich auszeichneten, habe ich schon erwehnt, nehmlich des Loustalot, Marat und Desmoulins. Außer diesen gab es noch einige andere, welche ebenfalls genannt zu werden verdienen. Diese sind: Brissot de Warwille, ein übertriebener Demokrate, welcher Frankreich in eine Republik zu verwandeln wünscht. Er giebt ein Journal heraus, das häufig gelesen, und noch beständig fortgesetzt wird. Ferner: Mercier, der schon lange als ein äußerst seichter und fruchtbarer Schriftsteller, bekannte Mercier. Von seinem Journale erscheint unter dem Nahmen: Annales patriotiques, täglich ein Blatt, in welchem die allerübertriebensten und abgeschmacktesten Raisonnements vorkommen. Mercier arbeitet selbst wenig daran; er leiht nur seinen Nahmen. Der eigentliche Verfasser ist Carra, ein Mann, dem es nicht an Genie fehlt, der zuweilen vortreflich schreibt, und der sich schon vor der Revolution als einen muthigen Feind des Despotismus, und vorzüglich als einen Gegner des Calonne, gezeigt hat. Seine Grundsätze sind übertrieben demokratisch. Mirabeau giebt unter dem Nahmen: Courier de Provence, ein heftiges, demokratisches Journal heraus, dessen Verfasser eigentlich Dumont, ein Genfer ist, und wozu Mirabeau nur seinen Nahmen leiht.

keiht. Auch eine Dame ist aufgetreten, welche in den Modeton mit einstimmt, die heftigsten demokratischen Grundsätze vertheidigt, und über Staatswissenschaft raisonnirt, ohne auch nur die ersten Anfangsgründe derselben studiert zu haben. a) Das Journal, welches sie schreibt, erscheint wöchentlich unter dem Titel: Journal d'Etat et du Citoyen. Sie heißt: Mademoiselle de Keraglio. Außer den genannten Journalen giebt es noch ein anderes; das Journal der Propaganda. Es kommt ohne Namen des Verfassers heraus, und führt den Titel: La bouche de fer. Es ist in dem allerschwülstigsten, freimäurerisch-mystischen Tone geschrieben, und enthält den ungeheuersten Unsinn. Der Herausgeber dieses Journals, und zugleich einer der vorzüglichsten Mitarbeiter an demselben, ist Herr Bonneville; eben derjenige, welcher vormals gemeinschaftlich mit Hrn. Friedel, das deutsche Theater übersetzte; eben derjenige, welcher nachher die aus der Freimäurerei vertriebenen Jesuiten schrieb; und eben derjenige, dessen oben (Band 1. S. 248.) erwähnt worden ist. Der Zweck dies

---

a) Nous avons eu occasion de connoitre un vrai phénoméne politique. C'est un journal sur les affaires publiques composé par une femme. On avoit dit jusqu' à présent, que les femmes n'entendoient d'autre métaphysique que celle de l'amour. Mais Mademoiselle de Kéraglio a prouvé, *par le titre seul de son Journal*, que les abstractions les plus hardies ne l'éffrayent pas. Son titre est de cette métaphysique qui avoisine l'obscurité. C'est le Journal d'état et du Citoyen. *Revolutions de Paris.* N. 14. p. 33.

dieses Journals soll seyn: unter den über die ganze Erde zerstreuten Freunden der Freiheit eine mystische, ihnen nur allein verständliche Sprache einzuführen, und die Freimaurer-Logen zu Seminarien der Anarchie und des Aufruhrs zu machen.

Unter die merkwürdigen, demokratischen Schriften gehört auch eine sogenannte Histoire de la Constitution, wovon schon drei Bände herausgekommen sind. Alle Fakta werden in dieser Geschichte vorsetzlich verstellt und verunstaltet, und der ganze Zweck, welchen sich der Verfasser vorsetzte, als er sein Werk schrieb, scheint gewesen zu seyn, eine Lobrede auf Mirabeau, eine Mirabeauiade zu schreiben. Langgesponnene Deklamationen, und die übertriebenen Grundsätze der Demokraten findet man auf allen Seiten dieser unbedeutenden Partheischrift. Nur eine Stelle aus derselben zur Probe. „Es ist unrichtig, wenn man behauptet, der König sey der beständige Stellvertreter der Nation. Diese beiden Begriffe sind mit einander im Widerspruche: denn jeder Stellvertreter kann abgesetzt werden, und wenn er nicht abgesetzt werden kann, so ist er kein Stellvertreter. Wie könnte dem zufolge das Recht die Nation vorzustellen erblich seyn?" a)

Sobald der König Versailles verlassen hatte, und nach Paris gekommen war, erwachten die Einwohner von Versailles, gleichsam wie aus einem tiefen Schlafe. Versailles, diese belebte, bevölkerte Königsstadt, war jetzo in eine weitläuftige Einöde verwandelt. Vergebens

a) Histoire de la révolution de 1789. T. 3. p. 68.

gebens bereuten nunmehr die Einwohner dieser Residenz, daß sie nicht ihren König gegen seine Mörder und gegen die Pariserarmee geschützt hatten. Zu spät sahen sie ein, was sie verlohren. Mittelbar oder unmittelbar war der Hof die Quelle, aus welcher alle ihre Einkünfte flossen. Nunmehr war die Quelle versiegt, und Mangel, Elend und Jammer fiengen überall an sich zu zeigen. Dazu kam noch die traurige Aussicht, bald auch die Nationalversammlung zu verlieren, welche, dem Könige nach Paris zu folgen, schon beschlossen hatte.

Aus diesen traurigen Betrachtungen über ihren gegenwärtigen Zustand, wurden die Einwohner von Versailles durch einen Brief des Herrn la Fayette geweckt, der ihnen ankündigte, daß in der folgenden Nacht eine Räuberbande Versailles verwüsten, und den Versammlungssaal der Nationalversammlung verbrennen wolle, daher sie gebeten würden, die nöthigen Anstalten zu treffen und auf ihrer Huth zu seyn. La Fayette war durch falsche Nachrichten hintergangen worden. Er zweifelte selbst an der Wahrheit dieses Gerüchts. Indessen hielt er dafür: es sey besser zu viel als zu wenig Vorsicht zu gebrauchen; und außerdem fand er für gut, den Einwohnern von Versailles Beschäftigung zu geben, damit sie darüber ihren Schmerz wenigstens auf eine Zeitlang vergessen möchten. Auch erreichte er seinen Zweck. Von einem panischen Schrecken ergriffen, zogen die Versailler auf die Wache. Sie umringten das Schloß, brachten die Nacht schlaflos zu, und erwarteten mit
Ober-

Ober- und Untergewehr, die Räuber, — welche nicht kamen, und welche auch niemals zu kommen die Absicht gehabt hatten.

Nachdem Schrecken und Furcht vorüber waren, fieng der Schmerz über den Verlust des Königs von Neuem an, und die Einwohner der Stadt Versailles überreichten der Nationalversammlung folgende Bittschrift:

„Die Vorsteher des Bürgerrathes, als Stell-„vertreter der Staatsbürger von Versailles, eilen, „Ihnen ihr Bedauern über den Verlust, welchen sie „erlitten haben, und über denjenigen, welcher sie „noch bedroht, auszudrücken. Wir beschwören Sie, „gnädige Herren, unsere Stadt nicht zu ver-„lassen, und gefälligst die Versicherung unserer Liebe „Seiner Majestät zu überbringen; so wie auch unse-„rer tiefen Verehrung, und unserer eifrigen Wünsche „für Seine Zurückkunft in eine Stadt, welche sich „glücklich schätzt, schon seit zwey Jahrhunderten, „die Wiege ihrer Könige gewesen zu seyn."

Ist nun dies die Sprache eines freien, oder der Freiheit würdigen Volkes, an seine Stellvertreter? Sind es nicht vielmehr Verbeugungen feiler Höflinge, welche, der Vorzimmer von Jugend auf gewohnt, gar nicht mehr anders, als mit gebogenem Rücken und mit wiegendem Gange einhergehen können? Und welch eine Inkonsequenz in dem Betragen der Versailler! Erst jagten sie ihren König mit Gewalt weg, und nachher möchten sie ihn gerne wiederum zurück haben. So wie die Kinder, die ihr Spielzeug weg-

wegwerfen, aber daſſelbe gleich wieder haben wollen, ſobald ſie ſehen, daß Jemand daſſelbe aufnimmt!

Der Präſident der Nationalverſammlung antwortete in eben dem Tone: „Seiner Majeſtät müßten dieſe Geſinnungen der Einwohner von Verſailles ſehr ſchmeichelhaft ſeyn; und die Verſammlung würde ihr Verlangen in Berathſchlagung nehmen."a) Und doch war der Beſchluß der Nationalverſammlung, nach Paris zu gehen, ſchon ſeit einigen Tagen öffentlich bekannt gemacht! Warum ſagte dies der Präſident nicht geradezu? Warum ſchlug er die Bitte, die er nicht gewähren konnte, nicht geradezu mit der Aufrichtigkeit eines ehrlichen Mannes ab; ſtatt, im Hoftone, Verſprechungen zu machen, die er zu halten nicht geſonnen war? „Stolze und heilige Freiheit! könnten dieſe armſeeligen Leute dich kennen, „wie würden ihre ſchwachen Sklavenſeelen ſich vor „dir fürchten? Wie würden ſie mit Schrecken dich „fliehen, als eine Laſt, die bereit liegt, ſie zu zermalmen!"

Um dieſe Zeit waren die demokratiſchen Zeitungen und Journale voll von Lobeserhebungen der ſchrecklichen Auftritte des fünften und ſechsten Oktobers. Der Graf Mirabeau ſchrieb: „Die Pariſerarmee „hat ſich großen Ruhm erworben durch die Schnelligkeit ihrer Eroberung, durch die Weisheit in der „Wahl ihres Lagers, und durch Milde und Mäßi-

gung

a) Le Préſident répondit: que ſa Majeſté ne pouvoit qu'être flattée des ſentiments des habitans de la ville de Verſailles, et que l'aſſemblée délibérerait ſur leurs demandes.

"gung nach erhaltenem Siege." Briſſot de Warwille ſagte: "Es iſt ganz natürlich, daß die "Pariſer nach Verſailles ziehen mußten, um die "Garde du Corps zu beſtrafen, um den König nach "Paris zu führen, und um ihn dem Einfluſſe der "Ariſtokraten zu entziehen." a) Mercier behauptete: "die Begebenheiten des 5. und 6. Okto"bers ſeyen durch die Vorſehung geleitet worden; "und den Verbrechern den Proceß zu machen, ſey "eben ſo viel, als der Vorſehung ſelbſt den Proceß "machen zu wollen!" b)

Bei einigem Nachdenken über die Begebenheiten des fünften und ſechſten Oktobers drängt ſich dem Geſchichtforſcher die Frage auf: Wie iſt es möglich, daß in einem ſo fruchtbaren Lande als Frankreich, in einem Lande, welches weit mehr Getreide hervorbringt, als es zu ſeinem Unterhalte braucht, ſo oft Hungersnoth entſtehen kann? Wie war es möglich, daß die Verſchwornen in ſo kurzer Zeit, und ſo oft ſie wollten, in Paris eine Hungersnoth verurſachen konn-

a) Les Journaliſtes du parti dominant parloient avec éloge des crimes commis à Verſailles le 5. et 6. Octobre 1789. Le Comte de Mirabeau diſoit, que l'armée Pariſienne avoit eu la gloire de la rapidité dans la conquête, la ſageſſe de la conduite dans les campements, et la douceur de la modération après la victoire. *Mounier* Appel. p. 5.

b) M. Mercier prétendit, dans ſes Annales patriotiques: que les événements du 5. et 6. Octobre avoient été conduits par la providence. "Le Châtelet, diſoit-il, oſeroit faire la guerre à la Providence. Il voudroit punir les trente trois mille inſtruments, qu'elle a employée dans cette occaſion, pour ſauver la France entière." *Mounier* p. 18.

konnten? Um einzusehen, auf welche Weise dieses geschehen konnte, muß man mit der Geschichte des Kornwuchers in Frankreich einigermaßen bekannt seyn. Alles Getreide war in Frankreich in den Händen einer Gesellschaft von Kornjuden, welche von der Regierung den Kornhandel gepachtet hatten, unermeßliche Magazine mit Getreide anfüllten, und den Preis des Korns nach Gefallen erhöheten oder herabsetzten. Die Frankreicher wurden von dieser durch die Regierung begünstigten Kompagnie gerade so behandelt, wie die Indianer in Bengalen von der Engländischen Ostindischen Kompagnie behandelt werden. Schloßen die Kornjuden ihre Vorrathshäuser und ihre Magazine zu, so war in Frankreich Hungersnoth; eröffneten sie dieselben, so war Ueberfluß. Die ganze Erndte war in den Händen dieser Wucherer. Schon unter Ludwig dem Vierzehnten hatte Madame Maintenon, die Maitresse des Königs, eine ähnliche Spekulation gemacht, und das Korn des Königreiches wohlfeil eingekauft, um dasselbe theuer wiederum zu verkaufen. a) Aber im Jahre 1730, während Herr Orry Minister war, fieng man zuerst an, diese gräuliche Spekulation ins Große zu treiben. Die Minister suchten in der Folge derselben einen Anstrich von Rechtmäßigkeit, ja sogar von Wohlwollen und Großmuth zu geben. Sie

bedien-

---

a) Die Maintenon war Schuld an der Hungersnoth. Sie kaufte Korn wohlfeil ein, und verkaufte es theuer. Anekdoten vom Französischen Hofe, aus Briefen der Madame d'Orleans, Charlotte Elisabeth. S. 98.

bedienten sich der damals gangbaren und allgemein
bewunderten Ideen des ökonomischen Systems, und
gaben das berühmte Edikt des Jahres 1764, vermöge welches die Ausfuhr des Korns in das Ausland
erlaubt wurde, unter dem Vorwande, dadurch den
Ertrag der Güter zu erhöhen; in der That aber,
um den Ertrag des zwanzigsten Pfennigs
(Vingtième) zu verdoppeln. a) Der Plan der
Minister war, alles Korn im Königreiche aufzukaufen. Zu diesem Plane gehörte viel Geld; denn
Korn kann man nicht auf Kredit kaufen. Aber die
reichsten Landbesitzer, die Finanziers, die hohen Magistratspersonen, die Höflinge, alle nahmen an diesem schändlichen Handel Antheil. Einige, in der
Hoffnung, ihr Kapital zu vermehren und Geld zu
gewinnen; Andere, in der Absicht, den Werth ihrer Güter zu erhöhen. Ludwig der Funfzehnte
spielte dieses schreckliche Spiel selbst mit. Er selbst
gab zehn Millionen Livres aus seinem Privatschatze,
um die Ausfuhr des Getreides aus dem Königreiche
zu begünstigen, und seinen Privatschatz mit Geld
anzufüllen, welches er gewann, indem er demjenigen Volke die Nahrung entzog, dessen Liebling er
so lange gewesen war, und welches ihm den Namen
des Vielgeliebten beigelegt hatte.

Damit

a) Die Minister bedienten sich mehr als einmal ähnlicher
Mittel. Im Jahre 1787 hatten sie das Monopol des
Fleisches an sich zu ziehen gewußt. Der Preis eines Pfun-
des Rindfleisch stieg von acht Sous bis auf zwölf, und
Paris trug dadurch in diesem Jahre achtzehn Millionen
mehr ein als vorher.

Damit das ungeheure Komplott dieser Kornjuden einen desto glücklichern Erfolg haben möchte: so wurde, durch ein Edikt des königlichen Staatsraths, verboten, irgend etwas über die Verwaltung der Finanzen zu schreiben oder drucken zu lassen: und die Polizei erhielt Befehl, ihre Spione sorgfältig wachen zu lassen, daß über den Kornhandel Nichts gesprochen werde. Und so war dann das schreckliche Geheimniß des Plans, welcher angelegt war um die Französische Nation auszuhungern, mit einem undurchdringlichen Schleier bedeckt. Endlich, am 12. Julius 1767, verkaufte Hr. de Laverdy Frankreich, auf zwölf Jahre, an eine Kompagnie. Der Kontrakt enthielt zwanzig Artikel. In dem neunzehnten Artikel wurde festgesetzt, daß der Kassier der Kompagnie verbunden seyn solle alle Jahre, im November, der Gesellschaft Rechnung abzulegen, und den Gewinnst unter die Theilnehmer zu vertheilen. Im zwanzigsten Artikel machte der Minister sich anheischig, **um den Seegen Gottes auf dieses Unternehmen zu lenken, jährlich sechshundert Livres unter die Armen auszutheilen,** — unter eben die Armen, welche er auszuhungern sich vorgenommen hatte. Der vormalige Polizeilieutenant Sartine war einer der vorzüglichsten Theilhaber an dieser Unternehmung. Die Parlamenter begünstigten, in den Provinzen, diesen Plan des Ministers; ausgenommen die Parlamenter zu Grenoble und Rouen, welche sich widersetzten. Einige Patrioten wagten laut zu klagen: aber sie wur-

wurden in die Bastille gesetzt. Das Volk murrte
über die Minister, und starb Hungers. Fünfmal
verursachte diese Kompagnie von Kornjuden, in dem
getreidereichen, fruchtbaren Frankreich, eine allgemeine, künstliche Theurung und Hungersnoth; nehmlich in den Jahren 1767, 1768, 1769, 1775,
1776. a) Die Menge von Getreide, welche
Frankreich hervorbrachte, war indessen so groß, daß
es den Unternehmern beinahe unmöglich wurde, alles
Korn aufzukaufen, und aus dem Königreiche auszuführen. Sie legten daher, auf den Inseln Jersey
und Guernsey, im Kanale, ungeheure Magazine
an, und in diesen wurde nunmehr das Korn des
Königreichs aufgethürmt. Der Abbe Terray war
ein großer Beschützer dieser Kornwucherer. b) Er
dehnte sogar den schändlichen Plan noch weiter aus,
und kaufte, im Namen des Königs, auch noch alle
in der Nähe der Hauptstadt liegenden Mühlen. Die
Mittel, durch welche der Abbe Terray den königlichen Schatz zu bereichern, und zwischen Einnahme
und

---

a) Schon vorher war in Frankreich durch den Kornwucher
Theuerung und Hungersnoth entstanden. Einmal zu den
Zeiten der Maintenon, wie oben erzählt worden ist. Ferner im Jahre 1729, in welchem Jahre der Minister alles
Korn des Königreiches in Pacht gegeben hatte. Auch Ma-
chault verkaufte, als er Minister war, einer Kompagnie
das Vorrecht, Frankreich aushungern zu dürfen. Daher
entstanden in den Jahren 1740, 1741 und 1742 die
schrecklichen Theuerungen.

b) Der Abbe Terray war frech genug, im Jahre 1773, unter
dem Namen eines Schatzmeisters des Korns des
Königs (Tresorier des grains du Roi) eine neue
Stelle zu schaffen.

und Ausgabe das Gleichgewicht herzustellen suchte, waren: Kornwucher und Bankerott. Der vortrefliche Turgot suchte diese Räuberbande, welche mit dem Leben von fünf und zwanzig Millionen Menschen spielte, indem sie denselben die zum Unterhalte des Lebens nöthige Nahrung nur kärglich zufließen ließ, zu zerstören. Er fand aber unerwartete Schwierigkeiten, und es wurde ihm unmöglich dieses auf einmal zu thun: aber er rettete wenigstens die Ehre des Königs, indem er den Antheil, welchen der Monarch an dem schändlichen Kontrakte hatte zurücknahm. Die Theilnehmer des Kornhandels, sobald sie einsahen, daß Turgot ein rechtschaffener Mann war, welcher eben so wenig durch Versprechungen gewonnen, als durch Drohungen furchtsam gemacht werden konnte, wurden gegen ihn auf den höchsten Grad aufgebracht, und wandten alles an, um ihn zu stürzen. Sie streuten heimliche Verleumdungen gegen ihn aus; sie erkauften Voltaires feile Feder, um ihn lächerlich zu machen, welches in dem bekannten Roman: l'homme à quarante écus geschahe; ja, sie klagten ihn sogar bei dem Könige der schwärzesten Laster an. Aber der König, welcher wuste, daß er sich auf den rechtschaffnen Karakter des Turgot verlassen konnte, wies alle diese Klagen von sich ab. Nun ahmten sie Turgots Handschrift nach, schrieben, in seinem Namen, die schändlichsten Briefe gegen den Monarchen, und legten diese Briefe, als wenn dieselben wären aufgefangen worden, dem Könige vor. Nachdem der König, sechs Monate lang, diese untergeschobene Korrespondenz seines Ministers gelesen, und sich, wie er glaubte, nunmehr hinlänglich überzeugt hatte, gab er dem vortreflichen Minister endlich den Abschied.

Necker that alles, was in seinen Kräften stand, um dem Kornwucher ein Ende zu machen: aber er fand es unmöglich, die Kompagnie ganz zu zerstören. Er hielt indessen dieselbe, so viel er konnte, in Schranken, und erlaubte ihr nicht, so lange er Minister war, eine Hungersnoth zu veranstalten. Brienne hingegen gab dem Kornwucher einen neuen Schwung. Im Monat April 1788, erlaubte er aufs neue die Ausfuhr des Korns aus dem Königreiche. Umsonst widersetzte sich dieser Erlaubniß das Parlement zu Bordeaux: umsonst wurde dem Minister vorgestellt, daß der Hagel (im Monath Julius 1788) alle Hoffnung der Erndte für dieses Jahr zerstört hätte, und daß demzufolge in einem solchen Zeitpunkte Erlaubniß zu geben Korn auszuführen, eben so viel heiße, als Frankreich vorsätzlich aushungern wollen. Umsonst sagte man alles dieses; vergeblich waren alle Vorstellungen. Der Minister unterstützte die Kornjuden, und widerrief das Edikt nicht. Er wurde entlassen, und nun kam Necker an seine Stelle. Als Necker, am 26 August 1788, seine Stelle antrat, war Frankreich ohne Korn. Der größte Theil der Erndte des Jahrs 1787 war nach den Inseln Jersey und Guernsey, nach der Küste von Terreneuve, und nach andern Orten gegangen, und was noch in Frankreich zurückgeblieben war, das befand sich in den Händen ben der Kornjuden. Die diesjährige Erndte hatte der Hagel zerstört. Hunger, Mangel und Elend waren allgemein in Frankreich. Necker verbot sogleich die Ausfuhr des Korns, und setzte eine Prämie auf die Einfuhr desselben. Aber dieß that keine Wirkung. Necker sah sich daher, so sehr er auch dieses verabscheuete, gezwungen, mit den Kornjuden in Unterhandlung zu treten, und denselben, zu ungeheuren Preisen, das in ihren Scheunen angehäufte Korn abzukaufen. Ludwig der Sechszehnte kaufte, um einen hohen Preis, von den Kornwucherern Getreide, und verkaufte dasselbe seinem Volke zu einem geringen Preise, mit Verlust. Der schon vorher so sehr bedrängte königliche Schatz verlohr, bei dieser menschenfreundlichen Weise zu handeln, vierzig Millionen Livres, und die Kompagnie der Kornwucherer gewann zwischen siebenzig und hundert pro Cent.

Die nähern Umstände der Greuelthaten des fünften und sechsten Oktobers, so wie der Antheil, welchen der Herzog von Orleans daran gehabt hatte, wurden indessen näher bekannt. La Fayette, der unermüdete la Fayette, entdeckte den Plan der Verschwornen, in welchem auch sein eigner Name mit auf der Proskriptionsliste gestanden hatte. Er gieng zum Könige, und theilte demselben seine Entdeckung mit. Ein außerordentlicher Staatsrath ward zusammenberufen und es wurde den Mitgliedern desselben die Frage vorgelegt: ob man den Herzog von Orleans in Verhaft nehmen lassen solle, oder nicht? La Fayette rieth, den Herzog nicht in Verhaft zu nehmen, sondern

dern ihn nach England zu schicken. Dieser Vorschlag wurde angenommen, und nach geendigtem Staatsrathe schrieb la Fayette einen Brief an den Herzog, in welchem er ihm befahl, innerhalb drei Tagen Paris zu verlassen. Orleans, über die Entdeckung seines Plans erschrocken, warf sich dem Könige zu Füßen, und bat um Verzeihung. Der König vergab ihm, unter der Bedingung, daß er Frankreich verlassen und nach England reisen solle. Nun rief Orleans seine vertrautesten Freunde, Mirabeau, Biron, Liancourt, Sillery, la Touche, Duport und la Clos zusammen, und berathschlagte sich mit ihnen, ob er dem Befehle des Königs gehorchen solle oder nicht? Alle waren einstimmig darin, daß er nicht gehorchen, sondern die Sachen aufs Aeußerste kommen lassen solle. Mirabeau nahm Alles auf sich, und bewies dem Herzoge, seine Macht und seine Popularität sei groß genug, um sich dem Könige sowohl als Hrn. la Fayette entgegensetzen zu können. Ferner sagte Mirabeau zu Orleans: „Wenn Sie verreisen, so sind Sie verlohren. Bis jetzt hat man zwar Verdacht auf Sie, aber keine Beweise: Ihre Abreise würde die Vermuthung in Gewißheit verwandeln." Der Herzog versprach, diesem Rathe zu folgen und nicht wegzureisen. Darauf schlug Mirabeau vor, er wolle in der Nationalversammlung selbst den Herzog anklagen, um diesem Gelegenheit zu geben, sich zu rechtfertigen, und sich von allem Verdachte zu reinigen. Der Tag, an welchem diese Anklage geschehen sollte, wurde bestimmt; Mirabeau brachte

eine

eine ganze Nacht schlaflos zu, um die Rede zu schreiben, welche der Herzog, als eine Antwort auf Mirabeaus Anklage, der Versammlung vorlesen sollte. Der Tag erschien, und eine Viertelstunde vor der bestimmten Zeit, da Mirabeau, der Abrede gemäß, seine Klagen vorbringen sollte, erhielt er, in der Versammlung, ein Billet von Orleans, welches folgende Worte enthielt: „Ich bin anderer Meinung „geworden; thun sie das Verabredete nicht; heute „Abend wollen wir uns sprechen. a) Mirabeau stand zornig auf, ging zum Herzoge von Biron, zeigte ihm das erhaltene Billet, und sagte ü b e r l a u t: „Nehmen Sie; lesen Sie; er ist feigherzig wie ein „Lakai. Er ist ein H.... der nicht verdient, daß „man sich so viele Mühe um ihn gebe." b)

Nach den abscheulichen Auftritten des sechsten Oktobers (der, wie alle besonders merkwürdige Tage der Französischen Revolution, ein M o n t a g gewesen war) verließen nun viele wahre Patrioten, und rechtschaffene Mitglieder, welche bisher zum Glücke Frankreichs eifrig mit gearbeitet hatten, die Nationalversammlung auf immer. Es waren ihrer m e h r a l s d r e i h u n d e r t; mehr als der vierte Theil aller Mitglieder der Versammlung. Sie wollten nun nicht länger Mitglieder einer Versammlung bleiben, welche einen unter ihren Augen vorgehenden Königs-

C 4   mord

---

a) J'ai changé d'avis; ne faites rien; nous vous verrons ce soir.

b) Tenez, lisez. Il est lâche comme un laquais. C'est un Jean-foutre, qui ne mérite pas les peines qu'on s'est donné pour lui. *Témoin. 53.*

mord nicht nur nicht zu verhindern gesucht, sondern denselben veranlaßt; ja, was noch unglaublicher ist, selbst daran Theil genommen hatte. Sie reisten weg, und brachten zwar ein beklemmtes Herz, aber ein ruhiges Gewissen in ihre Provinzen zurück. Einige von ihnen, Lally, Mounier und Türkheim, machten die Ursachen ihrer Entfernung öffentlich bekannt. Lally Tolendal war, mehr als irgend Jemand anders, Zeuge von allen Vorfällen gewesen; denn die Nationalversammlung hatte ihn gewählt, um den König nach Paris zu begleiten. Er sah daher nicht nur die Greuel welche in Versailles vorfielen, sondern auch, was während des Zuges geschah. Man höre ihn selbst, in einem Briefe an einen Freund:

„Weder die strafbare Stadt, noch die weit straf„barere Versammlung, verdienen, daß ich mich recht„fertige; aber mir liegt daran, daß Sie, und die „Personen, welche denken wie Sie, mich nicht ver„dammen. Sie haben wohl schon meine Schrift „gelesen, und aus dem, was ich gesagt habe, „auf das schließen können, was ich noch „verschweige. Meine Gesundheit würde, ich „schwöre es Ihnen, mir es unmöglich machen, mei„nen Arbeiten bei der Nationalversammlung länger „vorzustehen. Aber gesetzt auch, dieß wäre nicht „der Fall gewesen: so würde es doch meine Kräfte „überstiegen haben, länger den Abscheu zu ertragen, „welchen das vergossene Blut; die auf Stangen ge„tragenen Köpfe; die, kaum ihren Mördern entgan„gene,

„gene, Königin; der als Sklave geführte König,
„welcher mitten unter den Mördern in Paris ankam,
„und welchem die abgehauenen Köpfe seiner unglück-
„lichen Leibwache vorgetragen wurden, in mir er-
„weckten. Die treulosen Truppen; die Mörder;
„die, mit kannibalischer Wuth, tanzenden Weiber;
„das wiederholte Geschrei: alle Bischöfe an die
„Laterne! Zu der Zeit, da der König, zwischen
„zwei Bischöfen seines Staatsrathes, in die Stadt
„einfährt; ein Flintenschuß, den ich selbst, in den
„Wagen der Königin abfeuern sah; Hr. Bailly,
„der dieses einen schönen Tag nannte; die Ver-
„sammlung, welche ganz kaltblütig beschlossen hatte,
„es sey unter ihrer Würde den König zu um-
„geben; Mirabeau, der ungestraft die Frechheit
„hatte in der Nationalversammlung zu sagen: das
„Staatsschiff, weit entfernt in seinem Laufe aufge-
„halten zu seyn, segele, jetzt mehr als jemals, glück-
„lich fort; Barnave, welcher mit ihm lachte,
„während Ströme von Blut um uns her flossen; der
„tugendhafte Mounier, der nur durch ein Wun-
„der zwanzig Mördern entgieng, die aus seinem Ko-
„pfe eine Trophäe mehr hatten machen wollen. Dieß
„sind die Ursachen, die mich bewogen zu schwören,
„keinen Fuß mehr in diese Höhle von Kannibalen zu
„setzen, wo ich nicht mehr Kraft genug hatte, meine
„Stimme zu erheben; wo ich, seit sechs Wochen,
„vergeblich dieselbe erhoben hatte; ich, Mounier,
„und alle Rechtschaffenen; wo die letzte Bemühung
„Gutes zu thun darin bestand sie zu verlassen. Furcht

„habe

„habe ich nie, auch nicht entfernt, gefühlt. Ich
„würde erröthen, wenn ich mich gegen einen solchen
„Vorwurf zu vertheidigen hätte. Noch auf meiner
„Wegreise, habe ich von diesem Volke, das weniger
„strafbar ist als die, welche es aufwiegeln, Zurufun-
„gen und Beifallklatschen erhalten, welches für An-
„dere sehr schmeichelhaft gewesen wäre, mich aber
„schaudern machte" *a*).

Der vortreffliche Mounier sagt: „Wäre ich
„in der Versammlung geblieben, und hätte ich stille
„geschwiegen; was für eine schreckliche Marter würde
„es dann nicht für mich gewesen seyn, dem Verbre-
„chen die Belohnung der Tugend zuzusprechen; alle
„Greuel des fünften und sechsten Oktobers, als Hel-
„denthaten loben; feige Ermordung Muth, und den
„unerträglichsten Despotismus Freiheit nennen hören
„zu müssen: und, auf diese Weise, indem man den
„unerhörtesten Schandthaten einen Anstrich von Tu-
„gend giebt, ihre Urheber aufmuntern zu sehen, die-
„selben zu wiederhohlen, und das Volk, sich von
„neuem verleiten zu lassen, sobald Jene sich desselben
„wiederum zum Werkzeuge ihrer traurigen Plane zu
„bedienen für gut finden möchten" *b*).

Hr. von Türkheim sagt: „Ich sah ihn, den
„schreckenvollen Tag des fünften Oktobers, und die,
„ihm folgende, noch grausamere Nacht, in der nichts
„mehr heilig war, wo mitten unter den Stürmen
„der

---

a) Actes des Apôtres N. 2.
b) *Monnier* exposé de sa conduite p. 37.

„der Elemente, man nur immer das dumpfe Getöse
„der Trommeln, und je zuweilen Flintenschüsse hörte,
„die nur Bürgerblut vergießen konnten. Ich sahe
„die Bänke, wo die Deputirten des Reiches sitzen
„sollten, mit unflätigen und trunknen Weibern, die
„Gallerien mit bewafneten Leuten besetzt, unsere Eh-
„renwache zerstreut, und eine unberufene, kriegerische
„Menge an dem Eingange des Saals; und so sollten
„wir, nach Mitternacht, von dem Könige berufen
„worden seyn, um frei über die gegenwärtige, kitzli-
„che Lage zu berathschlagen. Ich sahe das Haus des
„Präsidenten der Versammlung, welches für die Na-
„tion ein Heiligthum seyn sollte, bestürmt, und ihn,
„den edeln Mann, bedroht, aber unerschüttert, an
„der Spitze der Proskriptionslisten. Ich sahe das
„getäuschte Volk zu Versailles die treue Wache des
„Königs, seine letzten Beschützer, angreifen. Ich
„sah, um Mitternacht, 10,000 unberufene Men-
„schen, mit vierzig Kanonen, mit angezündeten Lun-
„ten, in Versailles einbrechen, und das königliche
„Schloß berennen. Ich sahe, den andern Tag, die
„blutigen Köpfe einiger Edelleute der Leibwache, die
„in dem Vorzimmer der Königin und ihrer Schwester
„(weil sie ihrem Eide treu waren) den grausamsten
„Tod fanden, auf Piken, im Triumph, umhertragen.
„Ich sah in unserer Versammlung den Schreck auf
„allen Gesichtern, nur auf wenigen teuflische Freude
„und Hohngelächter; und hörte endlich, daß der beste
„König, nach und nach, von jedermann verlassen, nur
„seinem edeln Muthe allein überlassen, nebst seiner

„Familie, unter Bedeckung einer bewafneten Menge, „nach seiner Hauptstadt, in ein glänzendes Gefängs „niß, geführt worden" *a*).

So sprechen, von diesen Auftritten, Augenzeugen; Mitglieder der Nationalversammlung; unbescholtene rechtschaffne Männer; wahre Patrioten.

Am achten Oktober schlug Mirabeau vor: den König künftig nicht mehr König von Frankreich, sondern König der Frankreicher zu nennen, und die Nationalversammlung nahm den Vorschlag an. Philosophisch betrachtet war doch diese Veränderung des königlichen Titels weiter nichts als ein Wortstreit. Was liegt daran, ob der König so oder anders heiße? Die unsterbliche Katharina nennt sich nicht Kaiserin von Rußland, sondern Selbstbeherrscherin aller Reussen. Der Polnische König, der doch gewiß nicht glaubt, daß ihm Polen eigenthümlich zugehöre, nennt sich hingegen König von Polen. Die Schwedischen Könige, welche vormals von den Reichsständen tyrannisirt wurden, nannten sich nichts desto weniger Könige von Schweden. Der Prinz von Oranien nennt sich nicht Statthalter der Holländer, sondern von Holland. Uebrigens erfordert es die Etikette des Londner Hofes schon lange, den Französischen König nicht König von Frankreich, sondern König der Frankreicher zu nennen.

Am neunten Oktober sah sich der König genöthigt eine Proklamation an die Provinzen ergehen
zu

---

a) Von Türkheim Bericht an die Gemeine von Strasburg.

zu laſſen, worin er erklärte, er ſey **freiwillig** nach Paris gekommen, und er würde auch künftig **freiwillig** daſelbſt bleiben.

Am **zehnten** October erzählte der **Chevalier de Cocherel** der Nationalverſammlung einen Vorfall, der deutlich genug beweiſt, in welcher Lebensgefahr die Mitglieder der Nationalverſammlung, welche nicht von der herrſchenden Parthei waren, ſich befanden. „Als ich, ſagte er, am vorigen Dienſtag, mit dem Marquis de Gouy d'Arcy, nach Paris reiſte, hielt mein Wagen einige Minuten zu Seve an, und wurde in demſelben Augenblicke von dem Pöbel umringt. Einer fragte mich, ob ich nicht Hr. de Virieux a) ſey? Ich antwortete nein, und erkundigte mich bey dieſem Manne, was er mit Hrn. de Virieux vorhabe? Ermorden wollen wir ihn und noch viele andere Mitglieder der Verſammlung, welche ſchlechte Staatsbürger ſind, ſchrie dieſer Kerl. Hr. Cocherel verlangte, die Verſammlung ſolle ſogleich Maaßregeln ergreifen, um ſo gefährlichen Unordnungen Einhalt zu thun. Sehr viele Mitglieder riefen: „Ordnung! Ordnung des Tages! Solche „Privatſachen gehören nicht vor die Verſammlung

---

a) Der Graf von Virieux, der ſich, durch richtigen Verſtand, Muth und reine Grundſätze, vorzüglich auszeichnet, iſt einer von denen Edelleuten, welche in der Dauphiné den Eingriffen des Despotismus ſich zuerſt muthvoll entgegen geſtellt haben. Wie drückend muß demnach nicht die Ungerechtigkeit ſeyn, welche einen ſolchen Mann auf das Verzeichniß der Feinde des Vaterlandes zu ſetzen wagt?

„lung!" Dann trat Hr. Malouet auf den Rednerstuhl. Mit Geduld wartete er bis der Lärm, wodurch man ihn zu sprechen verhindern wollte, aufgehört hatte, und sprach dann mit dem Muthe eines Kato und mit der Beredsamkeit eines Cicero: „Ist „es möglich, meine Herren, sollte die Versammlung, „bei der Anzeige, welche derselben so eben gemacht „worden ist, bei einem Plane, der darin besteht, „mehrere Ihrer Mitglieder zu ermorden, ruhig blei„ben können? Sie arbeiten an der Staatsverfassung, „Sie kündigen dem Volke Freiheit an; und die Erst„linge dieser Freiheit sollten in der Proskription der„jenigen Stellvertreter bestehen, deren Meinung mit „der herrschenden Meinung nicht übereinstimmt? — „Ich bin auch einer von diesen Proskribirten; giebt „es aber eine gültige Anklage gegen mich, so stehe „der Ankläger auf: ich bin bereit ihm zu antworten, „nicht nur in sofern ich ein Mitglied dieser Versamm„lung zu seyn die Ehre habe; sondern ich will mich „über alles, was ich als Staatsbürger und in öffent„lichen Aemtern, seit dreißig Jahren gethan habe, „verantworten. — Sollte es dann möglich seyn, „meine Herren, daß Sie erfahren könnten, daß Sie „ohne Abscheu sehen könnten, wie man dem Leben „Ihrer Kollegen droht? Dies ist die Greuelthat, die „man Ihnen jetzt anzeigt. Wenn ich nicht schon „früher, nicht vor Hrn. Cocherel, gesprochen habe: „so geschah es nur deswegen nicht, weil mich diese „Angelegenheit persönlich angeht. Aber ich selbst „habe zwanzig Meuchelmörder vor der Thüre eines „ehr-

„ehrwürdigen Mitgliedes dieser Versammlung a) ge-
„sehen; ich habe gesehen, wie sie die Thüre aufzu-
„brechen versuchten, um ihn zu ermorden; und ich,
„meine Herren, ich, der ich schon lange in infamen
„Pasquillen beleidigt und verläumdet worden bin,
„ich werde jetzo mit bewaffneter Hand verfolgt. Was
„wird dann am Ende aus allen diesen Greuelthaten
„entstehen? Glauben Sie etwa Freiheit? Nein,
„meine Herren, dahin gelangt man nicht durch Aus-
„gelassenheit, durch Bubenstücke. Ihre Wohltha-
„ten gehören nur den guten Sitten, der Tugend,
„dem Patriotismus, der muthvollen Mäßigung.
„Und das betrogene Volk; das durch sträfliche Pas-
„quillanten, deren Zahl täglich zunimmt, berauschte
„Volk; das irre geleitete Volk; diese Zuschauer so-
„gar, welche Sie an die Frechheit gewöhnt haben,
„unsere Meinungen mit lauter Stimme zu mißbilli-
„gen; diese werden zuletzt für die Stellvertreter der
„Nation alle Achtung verlieren. Und wie sollen sie
„dann Achtung für die von diesen Stellvertretern ge-
„gebenen Gesetze behalten? Glauben Sie, daß eine
„Staatsverfassung bestehen werde, welche die gegen-
„wärtige Generation, sowohl als die Nachwelt, für
„eine Wirkung der Furcht halten wird? Und was

soll

---

a) Hr. Mounier. Seinen Charakter, seine Schriften, sein muthvolles Betragen, wird noch die späteste Nachwelt bewundern. Er zeichnete sich vorzüglich in der jetzigen Revolution aus. In der Dauphiné wagte er sein Leben für die Vertheidigung des Volkes und der Freiheit; und von Versailles muste er fliehen, um sich vor den gezückten Dolchen der ihn umringenden Meuchelmörder zu retten!

„soll aus uns werden; was werden wir seyn, wir,
„die Mitglieder des gesetzgebenden Korps, wenn uns
„nicht einmahl auf diesem Rednerstuhle unserm Ge-
„wissen zu folgen erlaubt ist; wenn wir dem Ersten,
„der uns zur Rede stellen will, von unsern Meinun-
„gen Rechenschaft geben sollen? Ach! meine Herrn!
„Sie haben die Rechte des Menschen und des Bür-
„gers bekannt gemacht; aber diese Rechte sind jetzo
„für Niemand vorhanden! — — Ich verlange
„daher, ich fordere, daß man sich über die Anzeige
„des Herrn Locherel berathschlage, oder daß man
„deutlich erkläre, man wolle sich darüber gar nicht be-
„rathschlagen, damit wir alle endlich wissen, was wir
„zu erwarten haben."

Mirabeau suchte, durch einen demagogischen
Kunstgriff, die Augen der Versammlung und der
ganzen Nation, von sich selbst, und von Untersuchung
der Mordthaten, die er veranlaßt hatte, abzuwenden,
und auf Jemand anders zu lenken. Er stand auf,
und sagte: „Weil man jetzo ohnehin Anzeigen macht,
„so will auch ich eine machen. Jedermann weiß,
„daß der Minister, welchen man den Grafen St.
„Priest nennt, der Schaar von Weibern, die nach
„Versailles kamen um Brodt zu holen, folgende,
„eigentliche Worte a) zur Antwort gegeben hat:
„Als ihr Einen König hattet, fehlte es euch nicht
„an Brodt: jetzt habt ihr zwölfhundert Könige, geht
„und verlangt nun Brodt von ihnen."

Mira-

---

a) Ces propres paroles.

Mirabeau klagte wegen dieser Rede den Grafen von St. Priest des Verbrechens der beleidigten Nation an, weil er habe Aufruhr unter dem Volke stiften wollen.

Quis tulerit Gracchos, de seditione quaerentes?
IUVENAL.

Der Minister vertheidigte sich bald nachher, und verlangte, daß die Anklage bewiesen werden sollte. Mirabeau konnte dieselbe nicht beweisen; er hatte keine Zeugen, und sah sich daher gezwungen sie zurückzunehmen. Er sagte, ein Anderer habe, in Gegenwart des Ministers, diese oder eine ähnliche Rede gehalten, und der Minister habe dazu stille geschwiegen. Auch dieß war eine Unwahrheit. Indessen erreichte Mirabeau seinen Zweck. Die Pariser beschäftigten sich mit der Anklage des Ministers, und vergaßen darüber die weit wichtigere Anklage, welche gegen Mirabeau selbst vorhanden war a). Mirabeau hatte bei seiner Anklage noch die Nebenabsicht den Minister zu stürzen, ihn von dem Pöbel aufhängen zu lassen, und dadurch seine Rachsucht zu befriedigen; denn Mirabeau war gegen den Grafen von St. Priest aufgebracht, weil dieser vorzüglich Ursache war, daß Mirabeau die Gesandschaft nach Konstantinopel, welche zu erhalten er sich sehr viele Mühe gegeben hatte, dennoch nicht erhielt.

Hrn.

―――――
a) Observations du Comte de Lally-Tolendal sur la lettre de M. Mirabeau.

Hrn. Malouets Vorschlag war, ohne Berathschlagung, verworfen worden!

Als am 12. Oktober die Nationalversammlung sich berathschlagte, ob man dem Könige noch künftig den Titel: König von Navarra lassen solle oder nicht, verlangte Mirabeau, man möchte hinzusetzen: König von Marseille. Es entstand ein lautes Gelächter, aber Mirabeau rief aus: „Ja, meine „Herren, das Königreich von Marseille ist um 1500 „Jahre älter, als einige andere Königreiche, die es „jetzt giebt!"

Von dem zwölften Oktober an beschäftigte sich die Nationalversammlung mit der wichtigen Frage: ob die Güter und Besitzungen der Geistlichen der Nation gehörten oder nicht? Am zweiten November wurde endlich beschlossen und entschieden: „daß alle „Besitzungen der Geistlichen, nicht ihnen eigenthüm„lich zugehörten, sondern der Nation." An diesem Tage wurden die Mitglieder der Versammlung gezählt, und es fanden sich 914. Unter diesen waren 568 für den Beschluß, welchen die Nationalversammlung abfaßte, und 346 dagegen.

Gegen den 20. Oktober hatte die Theurung in Paris aufs Neue angefangen sich zu zeigen, obgleich vierzehn Tage lang Brodt im Ueberflusse vorhanden gewesen war. Drei Tage vorher, ehe der Beschluß über die Güter der Geistlichen gefaßt wurde, fand man in Paris beinahe gar kein Brodt, und dem Volke sagte man, die Geistlichen seyen an der Theurung Schuld. Man behauptete, sie bezahlten die Becker,

Becker, damit sie nicht backen möchten. Der Pöbel ward dadurch wüthend, und drohte allen Geistlichen mit dem Laternenpfahle. „An die Laterne mit den „Tonsuren! Weg mit den Tonsuren!" so rief das Volk in allen Straßen. Am 21. Oktober fiengen in Paris die Unruhen von Neuem an. Der Pöbel drang in das Haus eines unschuldigen Beckers, riß denselben von der Seite seiner schwangern Frau, und führte ihn nach dem Greveplatze. Dort nahm ihn die Miliz unter ihren Schutz, aber der wüthende Pöbel drängte sich durch die Bajonette, warf die Miliz über den Haufen, ergriff den Becker, hieng ihn an den Laternenpfahl, schlug ihm den Kopf ab, trug denselben auf einer Stange im Triumphe in der Stadt herum, und brachte denselben endlich zu der Frau des Ermordeten, die vor Schrecken in Ohnmacht fiel. Dann wog der Pöbel den Kopf auf der Waage des Beckers, und setzte nachher seinen Zug durch die Straßen fort. Im Palais Royal hielt der Zug, vor den Fenstern des Herzogs von Orleans, und der Mann, welcher den Kopf des unglücklichen Beckers auf der Stange trug, neigte denselben dreymal gegen die Fenster des Herzogs. Alles dieses geschah vor den Augen der Nationalversammlung und des Königs. Der König und die Königin nahmen sich der Wittwe des ermordeten Beckers an, und schickten ihr beträchtliche Summen zu.

Am 19. Oktober hielt die Nationalversammlung ihre erste Sitzung in Paris, und wurde von Herrn Bailly in einer langen Rede bewillkommt, worinn
er

er unter andern schönen Dingen sagte: "Jeder Ein:
"wohner der Hauptstadt sey bereit den letzten Tropfen
"seines Bluts für die Sicherheit der Mitglieder der
"Versammlung zu vergießen." Dem Könige hatte
er dieß nicht gesagt! Der Präsident antwortete in
einer eben so schönen Rede, in welcher er Paris mit
Rom verglich, und sagte: "Das tugendhafte und
"freie Rom war der Abgott Italiens, und das Schre:
"cken der Welt!" a) Das tugendhafte Rom!
Wie unbekannt muß man mit der Geschichte seyn,
um so zu sprechen! Rom der Abgott Italiens!
Wann? In welchem Zeitalter? War nicht Rom
beständig, und blieb es nicht jederzeit die Geißel
Italiens? die immerfortdauernden Kriege dieser ehr:
geizigen Stadt mit den Sabinern, den Equensern,
den Samniten, den Vejensern, den Volsken, den
Tarentinern, machten ihren Namen über ganz Ita:
lien verhaßt. Und mit welchem unerträglichen Stolze,
mit welcher Härte behandelten die Römer die über:
wundenen Völker, welche sie zu Verbündeten auf:
nahmen! Wenn die Stadt Paris den französischen
Provinzen eine solche Regierung bestimmt: so ist die
Aussicht für dieselben wahrlich traurig!

Am 20. Oktober machte die Nationalversamm:
lung einen Zeremonienbesuch bei dem Könige und der
Königin. An demselben Tage ließ der Bürgerrath
zu Paris, mit Gewalt, in ein dem Grafen von Ar:
tois

---

a) Rome vertueuse et libre fut l'idole de l'Italie, et
la terreur du monde.

tois gehöriges Haus einbrechen, das dem Bruder des Königs zugehörige Silbergeschirr mit Gewalt wegnehmen, und dasselbe nach der Münze schicken.

Am 27. Oktober übergaben die königlichen Minister der Nationalversammlung einen Aufsatz über die Kolonien, welcher die allergrößte Aufmerksamkeit verdient. Sie stellen der Versammlung vor, daß die Kolonien durch Klima, Produkte, Civiletat, und sogar durch die physische Existenz des größten Theils ihrer Einwohner, dem Mutterlande sehr unähnlich seyn; daß sie durch ihre innere Einrichtung, durch die Gesetze, denen sie folgen, durch ihre Bedürfnisse, ihr Kommerzverhältniß gegen das Mutterland und gegen Fremde, durch die Verwaltung ihrer Polizei und ihrer Finanzen, und durch Art und Natur der Abgaben, welche sie bezahlen müssen, von den Europäischen Provinzen des Reichs auffallend verschieden seyn. Sie stellen vor, daß diese Verschiedenheiten in der Natur der Sache selbst liegen, und unmöglich aufgehoben werden können. Sie fragen endlich bei der Nationalversammlung an, ob ihre neuen Gesetze auch in den Kolonien gelten sollen oder nicht? Ob in einem Lande, wo zehen Eilftheile des Menschengeschlechtes Sklaven sind, auch alle an Rechten gleich und frei seyn sollen, wie in Europa? Und wenn die Sklaven frei seyn sollen, so fragen sie, wovon nun diese ungeheure Menge Menschen, ohne Eigenthum, und von allen Mitteln, sich die nothwendigsten Bedürfnisse des Lebens zu verschaffen, entblößt, künftig leben sollen? Sie fragen ferner, wie man in einem

Lande, wo es keine Dörfer giebt, und wo Jeder für sich und von andern entfernt lebt, einen Bürgerrath einrichten könne?

Von dem 20. Oktober an beschäftigte sich die Versammlung mit Bestimmung der Eigenschaften, welche ein Staatsbürger nothwendig haben müsse, um zu dem Bürgerrathe, zu der Provinzialversammlung und zu der Nationalversammlung wahlfähig zu seyn. Zufolge ihrer Beschlüsse muß er: 1) ein gebohrner oder naturalisirter Frankreicher seyn. 2) Er muß fünf und zwanzig Jahr alt seyn. 3) Er muß in dem Bezirke, für welchen er gewählt werden soll, wenigstens seit einem Jahre ansäßig seyn. 4) Er muß den Bürgereid geschworen haben. 5) Er darf nicht in einem Zustande der Knechtschaft seyn; das heißt, nicht Jemand gedungen um den Lohn dienen. 6) Er darf nicht ein bankerotter, insolventer Schuldner, oder Sohn, oder Erbe eines solchen seyn. 7) Um in den Bürgerrath zu kommen, muß er eine jährliche Kontribution bezahlen, die soviel beträgt als der Werth des Arbeitslohnes dreier Tage. 8) Um in die Provinzialversammlung zu kommen, muß seine jährliche Kontribution wenigstens den Werth des Arbeitslohns von zehen Tagen ausmachen. 9) Um für die Nationalversammlung wahlfähig zu seyn, muß er eine jährliche Kontribution bezahlen, die wenigstens den Werth einer Mark Silber beträgt, und noch überdieß ein Gutseigenthum (propriété foncière) besitzen. Diejenigen, welche diese Eigenschaften in sich vereinigen, sind allein wahlfähig, und heißen
thä-

thätige Staatsbürger (citoyen actifs). Die Nationalversammlung, gleich der Penelope, die des Nachts das Gewebe wiederum auflößte, welches sie den Tag über gewürkt hatte, zerstörte durch diesen Beschluß ihr eigenes Werk: sie hob die goldne Gleichheit wieder auf, welche sie allen Frankreichern, vermöge des ersten Artikels der Rechte des Menschen und des Bürgers, so großmüthig geschenkt hatte. Das Wesen eines freien Staates besteht darin, daß jeder Staatsbürger (der sich nicht durch Verbrechen dessen unwürdig gemacht hat) gleiches Recht zu wählen, und gleiche Wahlfähigkeit besitze; sonst entstehen bald Patricier, Aristokraten, und endlich Oligarchen, welche sich die Wahlfähigkeit allein anmaßen. Der demokratische Theil der Schweiz ist vielleicht das Einzige Land in Europa, wo dieser vortrefliche Grundsatz die Grundlage der Staatsverfassung ausmacht, und als das Palladium der Freiheit angesehen wird. Dort giebt der Bediente seine Stimme zur Wahl, so gut wie sein Herr; der Pächter so gut wie der Grundbesitzer: denn, als Staatsbürger betrachtet, und vor dem Gesetze, sind sie alle gleich. Durch bürgerliche Konvention entstandene Unterordnung der Stände erkennt das Gesetz eines republikanischen Staates nicht für gültig. In Frankreich hingegen wird nun, statt der Aristokratie des Adels, die man ausrotten wollte, die weit gefährlichere Aristokratie des Reichthums eingeführt. Zufolge dieses Beschlusses würde Rousseau, der unsterbliche Rousseau, der größte Mann unsers Zeitalters, nicht

nicht wahlfähig gewesen seyn. Obgleich er zwanzig Jahre in Frankreich gelebt hatte, würde er dennoch nicht unter die **thätigen Staatsbürger** haben gezählt werden können, weil er dürftig war, und keine Mark Silber jährlicher Kontribution bezahlte. Die gegenwärtige Nationalversammlung müste, wenn sie ihren eignen Beschluß jetzt in Ausübung bringen wollte, einen großen Theil ihrer Mitglieder nach den Provinzen zurücksenden. Künftig wird die Nationalversammlung bloß allein aus Reichen bestehen, und dieses Gesetz wird nie widerrufen werden; denn die künftigen Nationalversammlungen, werden aus Personen bestehen, die eine Mark Silber Kontribution bezahlen, und folglich kein Gesetz machen werden, das ihnen keinen Nutzen bringen, und ihren Aristokratismus einschränken könnte, oder wohl gar aufheben würde. Wie inkonsequent sind nicht hier die unfehlbaren Gesetzgeber Frankreichs! Erst setzen sie den Grundsatz fest: „**alle Menschen seyn „gleich und frei,**" alle haben gleiche Rechte, gleichen Antheil an der Souverainetät, und dann schließen sie doch von den Vorrechten der Souverainetät den größten Theil der Nation aus. Oder sind etwa in ihrem politischen Wörterbuche Weiber, Bediente, Bettler, ja selbst Landstreicher, Juden, und Kinder bankerotter Väter, keine Menschen? Muß man, um in Frankreich **ein Mensch** zu heißen, eine Kontribution von einer Mark Silber bezahlen? Sie sprechen von Gleichheit, von Tugend, und brandmarken doch die Armuth! Sie schränken den Titel thätiger Staatsbürger, auf die Individua des Einen Geschlechtes, auf diejenigen ein, welche der Zufall in Wohlhabenheit gesetzt hat! Sind denn so viele Arbeiter in den Manufakturen Frankreichs nicht mit mehrerem Rechte thätige Staatsbürger zu nennen, als die Advokaten ohne Prozesse, als die unwissenden Aerzte, deren schädlicher Thätigkeit Einhalt gethan werden sollte? Gehört eine Hausmutter, welche mitten unter ihren Kindern lebt, und dieselben für den Staat erzieht, nicht unter die thätigen Bürger? Zufolge des Beschlusses der Französischen Nationalversammlung würde die unsterbliche Catharina sogar nicht einmal unter die thätigen Staatsbürger ihres mächtigen Reiches gerechnet werden können a). Und sind denn die Kinder bankerotter Väter keine Menschen, da sie nicht frei, und nicht den übrigen an Rechten gleich geboren werden? Und die Neger, und die Mulatten in den Inseln? Und die Juden im Elsaß? Dieses sind die Folgen, wenn man, wie die Nationalversammlung gethan hat, spekulirt wo man handeln sollte, und wenn man den Versuch macht, abstrakte Grundsätze in Gesetze umzuschaffen!" b)

Am sechsten November schlug Mirabeau vor, daß die königlichen Minister zugleich Mitglieder der

---

a) Iugement de l'Europe impartiale, p. 68.

b) *Desmoulins*, révolutions de France, No. 4. p. 57. sagt: Das Dekret, wegen der Mark Silber, habe einen dritten Theil der Französischen Nation moralisch todt geschlagen.

der Nationalversammlung sollten seyn können. Mirabeau hatte dabei die Absicht eine Ministerstelle zu erhalten, und in das Kabinet eben die Unordnung zu bringen, welche er schon in die Nationalversammlung gebracht hatte. Seine Absicht mag gewesen seyn, welche sie wolle, sein Vorschlag war dennoch gut. Aus vielen Gründen hätte die Nationalversammlung denselben annehmen sollen. Aber die Nationalversammlung verwarf, aus demokratischen Grundsätzen, den Vorschlag, den Ministern des Königs Sitz und Stimme in der Versammlung zu geben.

„Die Minister des Königs, sagte Mirabeau, „beklagen sich, daß sie in keiner unmittelbaren und „täglichen Verbindung mit uns stehen. England „hat ihnen den Zutritt in das Unterhaus erlaubt, „und niemals ist vorgeschlagen worden, sie aus demselben auszuschließen. England sieht ihre Zulassung „als eines seiner großen Vorrechte, als eine Kaution „ihrer täglichen Verantwortlichkeit, als eine immer „fortdauernde Controle auf die ausübende Gewalt an. „Jedes Parlamentsglied kann ihnen Fragen vorlegen; „jede Frage ist officiell. Ausflüchte, Zweideutigkei„ten, können nichts helfen, bei solchen Männern, „die gerade und zur Sache gehörige Antworten zu „fordern berechtigt sind. Ueberdieß, wenn wir die „Minister zulassen, so weichen wir allen Widersprü„chen, aller Unzufriedenheit aus. Oder fürchtet „man etwa den Einfluß der Minister? Beruht die„ser Einfluß nicht auf Talenten oder Tugenden: so „kann die Nationalversammlung allemal seine Wirkun„gen

„gen verhindert." Die Zulassung der Minister wird „das wahre Mittel seyn, den vielfältigen Aufschub „und die Misverständhiffe in Ausübung unserer Be„schlüsse aufhören zu machen. Man wird die Mi„nister weit leichter fragen können, wenn sie gegen„wärtig sind; weit leichter wird man von ihnen er„fahren können, was man täglich, stündlich wissen „muß; weit leichter als durch diese ewigen Ausschüsse; „diese Ausschüsse, die schon dadurch, daß ihre Ge„walt so lange dauert, vielleicht, zu einer andern „Zeit, und unter andern Ministern, nicht unbestech„bar seyn würden, und die Versammlung durch wohl„berechnete Kunstgriffe irre führen könnten!"

Hr. Blin wandte dagegen ein, daß man in England deutlich sehe, wie die Minister, im Parlamente, den Stellvertretern der Nation, dadurch, daß sie Staatsgründe vorschützen, **Stillschweigen gebieten.** Er könnte dieses, sagte er, **durch eine Menge von Beispielen, beweisen.**

Vicomte von Noailles. Die Freiheit tritt erschrocken zurück vor dem Gedanken, den Ministern den Zutritt in unsre Versammlung zu gestatten. Sehen Sie auf England; hören Sie seine Klagen, über den Einfluß der Minister, und die Bestechung der Parlamentsglieder. Umgeben mit Männern, die sich zum Kaufe anbieten, theilt der Minister im Unterhause die Rollen aus, und bezahlt jeden nach Verdienst.

Hr. von Clermont-Tonnerre sprach für die Zulassung der Minister, aber die Nationalversammlung

sammlung beschloß, daß kein Mitglied der gegenwärtigen Versammlung eine Stelle im Ministerium annehmen könne.

Von dem **vierten November** an beschäftigte sich die Versammlung vorzüglich mit dem großen und wichtigen Werke einer neuen geographischen Eintheilung Frankreichs, und mit Einrichtung der Gemeinden und der Bürgergerichte (municipalités).

Soll die neue Eintheilung des Königreiches nach Quadratruthen und Schuhen, das heißt, nach der **Größe**; oder nach dem Betrage der Abgaben; oder soll sie nach der Bevölkerung geschehen? Dieses war die Frage, worüber man sich lange und heftig stritt. Geschieht die Eintheilung **nach der Größe**, so ist sie ungerecht: denn ein Kanton wird aus unfruchtbaren, unbewohnten Bergen und Morästen bestehen, der andere aus einer Stadt von einer Million Einwohner, wie Paris. Geschieht sie **nach dem Betrage der Abgaben**, so ist sie ungerecht: denn auf diese Weise begünstigt man die reichen Kantone auf Kosten der armen. Geschieht sie **nach der Bevölkerung**, so ist sie ungerecht: denn so wird ein Kanton fünf, sechs, acht mal so groß seyn als ein anderer.

In Rücksicht auf die Wahl der Stellvertreter der Nation finden ebenfalls alle diese Schwierigkeiten Statt. Soll die Anzahl der Stellvertreter, welche jeder Kanton wählt, **im Verhältniß mit seiner Größe** seyn: so wird die Stellvertretung verschiedener Theile des Reiches sehr ungleich, und folglich unge-

ungerecht ausfallen; denn eine Stadt wie Paris, die eine Million Menschen enthält, hätte dann eine geringere Anzahl von Stellvertretern zu wählen, als die unfruchtbaren und unbewohnten Gebirge des Languedocs, oder als der Wald zu Orleans, in welchem höchstens zehn bis zwölf Kohlenbrenner wohnen. Solche unbewohnte Kantone würden demzufolge Stellvertreter erhalten, ohne daß Jemand vorhanden wäre, dessen Stelle zu vertreten seyn könnte. Soll die Anzahl der Stellvertreter eines jeden Kantons im Verhältniß mit seiner Bevölkerung seyn; so findet sich die große Schwierigkeit, daß diese Methode entweder sehr bald ungleich, folglich ungerecht wird; oder daß man beinahe bei jeder Wahl, in Verhältnisse der zunehmenden oder abnehmenden Bevölkerung, in jedem Kanton Veränderungen treffen muß, wodurch die Wahl der Stellvertreter der Nation, das Palladium der Freiheit, immerfort unbestimmt und willkürlich bleibt. Die Nationalversammlung beschloß daher, daß die Anzahl der Mitglieder, welche jeder Kanton zu der Versammlung zu senden habe, im zusammengesetzten Verhältnisse der Größe, der Bevölkerung, und der Kontribution, welche er bezahlt, seyn solle.

Die Eintheilung des Königreiches in **Abtheilungen** (Départements), **Unterabtheilungen** (Districts), **Kantone** (Cantons) und **Bürgergerichte** (Municipalités) nahm sehr viele Sitzungen und eine lange Zeit weg. Dieses vortrefliche Werk macht der Nationalversammlung große Ehre.

Im

Im vormaligen Zustande von Frankreich war der Abtheilungen und Unterabtheilungen kein Ende. Minister, Officiere, Herzoge, Grafen, Intendanten, Bischöfe, theilten dieses schöne Reich auf hundertfach verschiedene Weise. Die Geistlichkeit theilte es in Kirchspiele; das Militair in Gouvernementer; die Minister in Intendanzen, Generalitäten, Departementer; der Geograph in Provinzen; der Statistiker in Pays de Gabelle, d'Aides, de Domaines, u. s. w. Eintheilen und Abtheilen war, in Frankreich, schon so sehr Mode geworden, daß es gar nichts seltenes war, einen Benediktinergeneral, einen Kapuziner, einen Franciskaner, einen Karmeliter, jeden schmuzigen Bettelmönch, mit einer Kaltblütigkeit, bei der man sich des Lachens nicht enthalten konnte, sagen zu hören: meine Provinz Lyon, meine Provinz St. Francois, meine Provinz Sankt Bonaventura. Gegenwärtig ist Frankreich in neun Regionen und in 83 Abtheilungen getheilt. Ferner ist das Reich in 249 gleiche Theile, oder Kantone abgetheilt. Jeder dieser Kantons hat das Recht, Einen Abgesandten für die Nationalversammlung zu wählen. Diese 249 Abgesandte stellen das Erdreich, den Grund und Boden vor. Nach der Bevölkerung ist Frankreich ebenfalls in 249 gleiche Theile getheilt, von denen jeder das Recht hat einen Abgesandten zu der Nationalversammlung zu senden; diese stellen die Bevölkerung, die Nation selbst vor. Endlich ist auch in Rücksicht der Kontributionen und Abgaben Frankreich in 249 gleiche

Theile

Theile getheilt, von denen jeder einen Abgesandten wählt; diese stellen den Reichthum, vorzüglich den Geldreichthum, im Gegensatze gegen den Landreichthum, vor. Demzufolge besteht also künftig die Nationalversammlung aus dreimal 249, oder aus 747 Mitgliedern, folglich schickt, im Durchschnitte gerechnet, jede Abtheilung Frankreichs neun Stellvertreter an die Nationalversammlung. Diese Abgesandten oder Stellvertreter, werden aber nicht unmittelbar vom Volke gewählt. Um Kabalen zu vermeiden, wählt das Volk nur die Wahlherren, und diese wählen dann erst die Stellvertreter der Nation. Eine vortrefliche Idee, welche Hume, in seinen Gedanken über eine vollkommene Republik, angegeben hat, und deren auch schon Harrington in seiner Oceana erwähnt.

Am 20. November beschlossen alle Mitglieder der Nationalversammlung einstimmig, zum Besten des Staates, ihre silbernen Schuhschnallen herzugeben. Warum nicht lieber ihre Besoldung, die so drückend für den Staat ist, und täglich über 20,000 Livres beträgt! Das Beispiel der Versammlung wurde im ganzen Königreiche nachgeahmt. Jedermann gab seine silbernen Schnallen, einen Theil seines Silbergeschirres; Einige auch Juwelen und baares Geld. Wer nicht freiwillig gab, dem nahmen die Patrioten sein Silber mit Gewalt weg. Eine Menge Räuber liefen in den Straßen von Paris herum, und verlangten, von Allen welche sie antrafen, ihre silbernen Schnallen, ihre goldenen Hemdnadeln, und

und von den Damen die goldenen Ohr- und Halsgehänge, zum Besten des Staats. Wer nicht gutwillig gab, der wurde beraubt; den Frauenzimmern wurden die Ohrgehänge mit Gewalt aus dem Ohre gerissen, und das Ohr, ohne Mitleiden, durchgeschlitzt. Auch aus den Provinzen kamen silberne Schnallen in Menge an. In der kleinen Stadt B... in Burgund, konnte man nicht mehr als zwölf Paar silberne Schnallen zusammenbringen, weil die Einwohner größtentheils nur metallene Schnallen trugen. Der Bürgerrath der Stadt fand die Anzahl zu geringe, und beschloß daher, für zwei bis drei tausend Livres, Schnallen, bei den Silberschmieden der Stadt, verfertigen zu lassen, um diese Schnallen der Nationalversammlung zu übersenden. Ein Reisender kam eben an, da die Schallen fertig waren, und erkundigte sich, was der Magistrat mit einer so großen Menge von silbernen Schnallen anfangen wolle? „Dieselbe nach Paris an die Nationalversamm„lung senden" war die Antwort. Aber, fuhr der Reisende fort, wäre es denn nicht leichter gewesen das Geld hinzusenden? — „Sie haben Recht, er„widerten Jene; daran hatten wir wahrhaftig nicht „gedacht!"

Unterdessen wurde der Prozeß des Barons v o n B e s e n v a l, des Generals eines Schweizerregiments, noch immer fortgesetzt, und das Volk verlangte, mit Ungestüm, seinen Kopf. Auf Befehl des Königs kam er mit seinem Regimente nach Paris; und darin bestand sein ganzes Verbrechen. In der
Vor-

Voraussetzung, daß sein Regiment gegen die aufrührischen Einwohner von Paris beordert gewesen sey, wurde er des Verbrechens der beleidigten Nation angeklagt, und den neuen Gesetzen gab man, durch eine beispiellose Ungerechtigkeit, eine rückwürkende Kraft. Bei einem solchen Verfahren ist es unmöglich der Strafe zu entgehen. Was noch vor wenigen Monathen ein des Todes würdiges Verbrechen gewesen wäre, das war jetzt eine lobenswerthe That, die Dank und Belohnung verdiente; und was damals eine edle, tapfere Handlung gewesen wäre, das war jetzt ein Kapitalverbrechen. Handlungen welche unter der vorigen Regierung geschehen waren, nach dem neuen System und nach den neuen Gesetzen zu beurtheilen, war demzufolge die größte Ungerechtigkeit. Wäre Besenval, vor der Revolution, den Befehlen des Königs ungehorsam gewesen, hätte er sich denselben widersetzt; so würde er seine Stelle und sein Leben verloren haben: nun aber sollte er sein Leben verlieren, weil er diesen Befehlen gehorsam gewesen war, und sich denselben nicht widersetzt hatte. Besenval, ein Ausländer, von seiner Nation zu verschiedenenmalen zurückgefordert, wurde dessen ungeachtet, gegen alles Völkerrecht, mehrere Monathe lang seiner Freiheit beraubt, weil er seine Pflicht erfüllt hatte; diese Pflicht, die, durch eine neue Verbindung von Umständen, welche man damals unmöglich voraussehen konnte, nunmehr zum Verbrechen geworden war. Die Schweizerischen Staaten sind, durch die allerfeierlichsten Bündnisse,

Dritter Theil. E mit

mit Frankreich verbunden, sie sind aber niemals mit Jemand anders als mit dem Könige in Unterhandlung getreten, und haben auch ihren Truppen gegen niemand anders als gegen den König Gehorsam empfohlen. Besenval that seine Pflicht, und war nur allein dem Könige und seinem Vaterlande Verantwortung schuldig.

Am 21. November, als er zum erstenmal vor dem Kriminalgerichte des Chatelet verhört wurde, sagte Besenval: „Ich protestire gegen alles, was „das Tribunal, vor welchem ich mich jetzo befinde, mit „mir vornehmen möchte. Die Traktaten, die Bünd„nisse, und die militairischen Kapitulationen, durch „welche die Schweiz mit Frankreich verbunden ist, „erlauben mir nicht, ein anderes Tribunal als das „Tribunal meiner Nation anzuerkennen. Dessen „ungeachtet werde ich doch auf alle Fragen antworten, „welche die Richter des Chatelet an mich thun möch„ten. Die Rechtschaffenheit dieser Richter ist mir „bekannt genug, und ich würde mir selbst kein an„deres Gericht wählen, wenn nicht die Rechte des „Schweizerischen Staats mir es zur Pflicht machten, „zu protestiren. Ich bin zu Solothurn in der „Schweiz geboren, 68 Jahre alt, habe 60 Jahre „in französischen Diensten, unter den Schweizer„truppen zugebracht. Als ich in den Dienst trat, „schwor ich dem Könige den Eid der Treue, welchen „alle Officiere schwören müssen, nach der Formel, die „den Schweizern durch ihre Kapitulation vorgeschrie„ben ist. Während ich General en Chef der Pro-
„vinz

„vinz Isle de France war, unterhielt ich beständ-
„dige Verbindungen mit den Ministern des Königs,
„vorzüglich aber mit Hrn. Necker, wegen der, zu
„Unterhaltung der Stadt und der Truppen in ihrer
„Nachbarschaft, nöthigen Lebensmittel. Niemals
„ist mir von einer Verschwörung gegen die National-
„versammlung oder gegen die Stadt Paris Etwas
„bekannt geworden. Die Ursache der Zusammen-
„ziehung der Truppen in der Nachbarschaft von Pa-
„ris war bloß allein dem Herrn von Broglio be-
„kannt, welcher das Hauptkommando führte. Es
„ist grundfalsch, daß ich befohlen hätte das unreife
„Korn abzuschneiden, oder daß ich gesucht hätte die
„Hauptstadt auszuhungern. Am 14. Julius er-
„hielt ich einen Brief von Hrn. Pujet, dem Ma-
„jor der Bastille, welcher einen Befehl von mir zu
„Vertheidigung dieser Vestung verlangte. Ich
„sandte ihm den Befehl, sich bis auf das Aeußerste
„zu vertheidigen. Diesen Befehl konnte ich aber
„nicht aus mir selbst geben, weil mir die Lage der
„Vestung unbekannt war. Ich gab den Befehl nur
„weil man denselben von mir ausdrücklich verlangte.
„Schon am eilften Julius hatte ich einen Brief von
„dem Hrn. Marschall von Broglio erhalten, welcher
„mir Nachricht gab, daß er am zwölften einen Auf-
„stand befürchte, und mir daher befahl, vor Tages-
„anbruch, unter dem Vorwande Revue zu halten,
„ein Bataillon der Schweizergarde zu postiren. Am
„zwölften entstand wirklich ein großer Tumult in Pa-
„ris. Da ich nun um die Posten der Kavallerie be-

E 2 „sorgt

„forgt war, welche ich ausgestellt hatte, und welche
„viel zu schwach waren: so gab ich ihnen Befehl sich
„alle auf dem Platze Ludwigs des Funfzehnten zu
„vereinigen. Gegen vier Uhr des Nachmittags be:
„gab ich mich auch dahin, sah mich aber genöthigt,
„um durch das Gedränge zu kommen, mich von ei:
„ner Kompagnie Schweizer-Grenadier begleiten zu
„lassen. Als ich ankam erfuhr ich, daß einige Dra:
„goner, durch Steinwürfe und Flintenschüsse, von
„dem Volke verwundet worden wären. Uebrigens
„war die Ruhe wiederum hergestellt und die Truppen
„ziemlich gut postirt. Nur beunruhigte mich der
„unzählige Haufe, welcher in den Thuillerien und
„auf den Steinen der Brücke Ludwigs des Sechzehn:
„ten versammelt war. Ich wollte das Volk nach
„den Thuillerien zurück treiben, um von dieser Un:
„ruhe befreit zu werden, als ich den Prinzen Lam:
„besk an der Spitze seines Regiments ankommen sah.
„Ich befahl ihm, langsam in den Thuillerien vorzu:
„rücken, ohne Gewalt zu gebrauchen und ohne irgend
„Jemand zu verletzen. Er befolgte meinen Befehl
„pünktlich, und trieb den Haufen zurück, wie ich,
„von der Statue Ludwigs des Funfzehnten, an deren
„Fuß ich mich gestellt hatte, deutlich sehen konnte.
„Aber wie erstaunte ich nicht, als ich zehen bis funf:
„zehn Pistolenschüsse in die Luft abschießen hörte, und
„bemerkte, daß sich der Prinz schnell zurückzog, und
„auf den ihm angewiesenen Posten, auf den Platz
„Ludwigs des Funfzehnten, zurückkam. Ich fragte
„ihn, warum er dieses gethan habe? Er antwortete,
„das-

„das Volk habe auf ihn und seine Truppen von den „Terrassen Steine und Stühle geworfen, und ein „anderer Haufe habe zu gleicher Zeit versucht ihm „den Rückweg abzuschneiden, und dadurch hätte er „sich genöthigt gesehen, sich zurück zu ziehen. Ich „habe niemahls Befehl gegeben auf das Volk zu schie- „ßen, oder dasselbe zu mißhandeln, und alles, was „ich gethan habe, habe ich auf Befehl des Marschalls „von Broglio gethan, dessen Briefe ich noch in Hän- „den habe, und dieselben auf Verlangen vorzeigen „werde."

An diesen und an den folgenden Tagen wurden sehr viele Zeugen verhört, deren Zeugniß die Unschuld des Generals Besenval hinlänglich bewies. Auch die Briefe, welche man unter seinen Papieren gefunden hatte, waren Beweise, daß die Minister niemals die Absicht gehabt hatten Paris zu belagern oder zu bombardieren. Da es noch jetzo Schriftsteller giebt, welche, auf einen bloßen Argwohn, die Minister eines so verabscheuungswürdigen Plans beschuldigen: so mag folgender Brief des Marschalls von Broglio dazu dienen diese Beschuldigungen auf immer zu widerlegen. Der Brief ist an Herrn von Besenval geschrieben.

Versailles den 5ten Julius 1789.

„Herr von Crosne verlangt von mir, mein „Herr, Hülfe, um in Paris die Ruhe zu erhalten, „im Falle dieselbe morgen von dem Volke, welches „am Vormittage nicht Brod genug würde erhalten „können,

,,können, gestört werden sollte. Er bittet mich zu=
,,gleich, Ihnen zu erlauben, daß Sie Sich der Schwei=
,,zer Regimenter, welche auf dem Marsfelde ange=
,,kommen sind, zu Erhaltung der Ruhe bedienen
,,dürften, wenn es nöthig seyn sollte, und wenn die
,,Gardisten und die Schweizer, welche in Paris lie=
,,gen, zu Erreichung dieses Endzwecks nicht hinrei=
,,chend seyn sollten. Da dieses Verlangen bloß allein
,,zum Zwecke hat, die Bürger zu beschützen und die
,,Unordnung zu verhindern: so gebe ich Ihnen Voll=
,,macht, demselben mit Ihrer gewöhnlichen Klugheit,
,,welche Sie seit drei Monathen bewiesen haben, zu
,,entsprechen. Durch diese Klugheit geleitet, wer=
,,den Sie die allerbestimmtesten und gemäßigsten Be=
,,fehle an diejenigen Officiere ertheilen, denen Sie
,,das Kommando der Truppen übertragen werden,
,,damit Sie nur Beschützer seyn, mit der größten
,,Sorgfalt allen Streit vermeiden, und sich ja hüten
,,in kein Gefecht mit dem Volke zu gerathen; aus=
,,genommen, wenn sich dieses so weit vergessen sollte
,,Feuer anzulegen, oder zu plündern, oder andere,
,,der öffentlichen Sicherheit schädliche Excesse zu be=
,,gehen. Ich hoffe, daß Sie sich nicht in dem Falle
,,befinden werden, sich dieser Mittel bedienen zu müs=
,,sen, und ich wünsche dieses mehr als ich Ihnen sa=
,,gen kann: auch weiß ich, daß Sie es nicht weniger
,,wünschen. Ich habe die Ehre u. s. w.
 der Marschall Herzog von Broglio.
 Aller Vorstellungen Mirabeaus und der übrigen
Verschwornen ungeachtet, war der Herzog von Or=
leans

leans dem wiederhohlten Befehle des Königs und des Herrn la Fayette gefolgt, und, am vierzehnten Oktober, in Begleitung seines vertrauten Freundes, des Hrn. Chandernos de la Clos, nach England abgereist. Mirabeau wurde über die Nachricht dieser Abreise auf den höchsten Grad aufgebracht. Er sandte einen Kourier nach Boulogne, wo der Herzog sich einschiffen sollte, ließ daselbst den Pöbel aufwiegeln, und den Herzog drei Tage lang aufhalten. Während dieser Zeit versuchte er es, durch schnell auf einander folgende Kouriere mit Bitten und Vorstellungen, den Herzog zu der Rückreise nach Paris zu bewegen. Aber alles war vergeblich. Gefoltert durch Gewissensbisse, und aus Furcht vor la Fayette, reisete der feigherzige Orleans nach England ab. Nachdem er in London angekommen war, konnte er, bis im November, keine Audienz vom Könige erhalten. Endlich erhielt er eine Audienz. Der König ließ ihn beinahe drei Viertelstunden auf sich warten; dann hörte er den Herzog einige Minuten über den vorgeblichen Gegenstand seiner Reise an. Aber, ohne hierauf zu antworten, erkundigte sich der Monarch nach dem Befinden des Königs und der Königin von Frankreich. Er bewundere, sagte er, den Muth, welchen der König bewiesen habe, als er, um Blutvergießen zu verhüten, sich, durch seine erste Reise nach Paris, selbst der Gefahr habe aussetzen wollen. Er bewundere ferner, fuhr der Engländische Monarch fort, und ganz Europa bewundere mit Ihm den Heldenmuth der Königin. Alle Europäischen Fürsten, sagte Er,

E 4   nähmen

nahmen Antheil an dem Schicksale des Königs von Frankreich, und verabscheuten die unerhörte Frevelthat derjenigen, welche es gewagt hätten, den König gefangen von Versailles nach Paris zu führen. Der Monarch endigte seine Rede mit folgenden Worten: „Ich theile Ihnen meine Gesinnungen über diese „Vorfälle desto zuversichtlicher mit, da Sie, als Er= „ster Prinz vom Geblüte des unglücklichen Monar= „chen, unstreitig eben den Schmerz fühlen müssen, „den ich hiebei empfinde; auch bitte ich Sie, den „König meiner lebhaftesten Theilnahme an seinen „Schicksalen, zu versichern." Während der ganzen Rede sah der Monarch dem Herzoge starr ins Gesicht; und dieß war die einzige Audienz, die er erhalten konnte.

Die Nationalversammlung beschäftigte sich mit der innern Einrichtung des Königreiches und mit den Finanzen. Am siebzehnten November wurde ein Brief vorgelesen, in welchem der Großmeister des Maltheserordens, wegen der aufgehobenen Zehenten seiner in Frankreich liegenden Güter, Vorstellungen that, und seine Rechte vertheidigte.

Der Maltheserorden hat seine Entstehung einem Jahrhunderte zu danken, in welchem der Rittergeist, verbunden mit religiösem Aberglauben, über ganz Europa herrschte. Ein kleines, dem heiligen Johannes gewidmetes Hospital, welches zu Jerusalem errichtet wurde, war die Wiege dieses Ordens. Eine päbstliche Bulle im Jahre 1113, und eine zweite vom Pabst Honorius dem Zweiten, im Jahre 1124,

gaben

gaben diesem Ritterorden seine Existenz. Der Johanniterorden bestand damals, wie alle übrigen geistlichen Orden, aus Mönchen und Nonnen; und es giebt sogar noch heutzutage in Frankreich, in der Provinz Quercy, und nahe bei Toulouse, Klöster von Maltheserinnen a). Der Orden machte in kurzer Zeit große Fortschritte. Im Jahr 1310 eroberte derselbe, durch einen Kreuzzug, die Insel Rhodus. Im Jahre 1312 erhielt er die Güter der Tempelherren, und im Jahre 1308 schenkte der Pabst Klemens der Fünfte den Maltheſern die Güter des Samsoniterordens. Im Jahre 1522 verlohren die Johanniter die Insel Rhodus und waren acht Jahre lang ohne festen Fuß irgendwo zu faſſen. Auf Zureden des Pabſtes ſchenkte ihnen Kaiſer Karl der Fünfte, im Jahre 1530 die Inſel Maltha. Seit jener Zeit ist diese Insel der Hauptsitz des Maltheserordens gewesen. Dieſer Orden hat auf immer ſich verbindlich gemacht, ſeine Einkünfte dazu anzuwenden die Türken zu bekriegen. Aber ſchon ſeit langer Zeit ſind dieſe Einkünfte auf eine andere Weise angewandt worden. Denn, wie Brydone erzählt, besteht die ganze Seemacht, welche das Ottomanniſche Reich zerstören soll, aus vier Galeeren, drei Galiotten, vier Linienschiffen von sechzig, und einer Fregatte von sechs und dreyßig Kanonen. Ein Maltheserritter, welcher sich die Tonsur geben läßt, kann, zu gleicher Zeit,

E 5

---

a) L'art de vérifier les dates T. I. p. 513. P. Hélyot hiſtoire des ordres religieux T. 3. p. 121.

Zeit, geistliche und weltliche Pfründen und Stellen besitzen, und Beispiele giebt es viele, daß ein Maltheserritter zugleich Abt, Prior und Dragoner-Hauptmann ist.

In den Provinzen war die Gährung sehr groß, und an einigen Orten brach dieselbe in offenbare Thätigkeiten aus. Zu Toulon empörten sich die Seesoldaten und die Matrosen gegen ihre Officiere, und versagten denselben allen Gehorsam. Am dreißigsten November sah der Kommandant des Arsenals zu Toulon, der wegen seiner Tapferkeit berühmte Graf Albert de Rioms, sich genöthigt, zwei Arbeitern im Arsenale den Abschied zu geben. Diese beklagten sich bei dem neuerrichteten Bürgerrathe. Daraus entstand in der ganzen Stadt Lärm, Tumult und Aufruhr. Der Pöbel versammelte sich am ersten December, gegen neun Uhr des Morgens, vor der Thüre des Arsenals. Man verlangte Hrn. Rioms zu sprechen. Er erschien. Einige Abgesandte des Bürgerrathes verlangten, daß er die verabschiedeten Arbeiter wiederum aufnehmen, und dieselben wegen ihres Ungehorsams nicht bestrafen, sondern ihnen verzeihen solle. Hr. Rioms antwortete: er könne dieses nicht thun; seine Ehre würde darunter leiden und sein Ansehen würde vernichtet, wenn er die Schuldigen nicht bestrafte. Außerdem könnte der versammelte Pöbel glauben, daß er nur aus Furcht nachgäbe, und dadurch würde die Insolenz desselben nur noch zunehmen. Endlich aber gab er den wiederhohlten Bitten

der

der Rathsherren nach, und befahl die Schuldigen loszulassen.

Indessen hatten sich, auf seinen Befehl, hundert Mann Seesoldaten auf dem Platze versammelt und in Ordnung gestellt. Der Pöbel, hiedurch aufgebracht, wurde lärmend, und warf mit Steinen die Fenster des Zimmers ein, in welchem Hr. Rioms sich, mit dem Maire und den Rathsherren, befand. Hr. Rioms verlangte, daß das Kriegsgesetz in der Stadt ausgerufen werden sollte, und daß die Bürgermiliz ihm zu Hülfe kommen möchte, um das zusammengelaufene Gesindel zu zerstreuen, da ihm nicht erlaubt wäre, sich seiner eignen Truppen zu bedienen. Die Bürgermiliz erschien; aber, statt dem Tumulte zu wehren, verletzte ein Volontair dieser Miliz selbst einen Officier der neben Herrn Rioms stand, und bald nachher wurde Herr Rioms mit den übrigen Staabsofficieren aus seinem Hause gerissen, mitten durch den wüthenden Pöbel, der sie alle zu ermorden drohte, nach dem Rathhause gebracht, und daselbst in einen unterirdischen Kerker gebracht, in welchem sie einige Tage zubringen mußten, ehe sie ihre Freiheit wieder erhielten.

Zu Marseille war, am achten December, eine heftige Gährung. Die Bürgermiliz war im Streite mit dem Schweizerregimente Ernst, und die Ruhe wurde nicht eher hergestellt, als bis, nach Ausrufung des Kriegsgesetzes, Einige getödtet und andere verwundet worden waren.

Zu

Zu Senlis begab sich, am dreizehnten December, die Bürgermiliz, in feierlicher Prozession, nach der Hauptkirche, um daselbst ihre neuen Fahnen einsegnen zu laßen. Kaum war der Zug einige hundert Schritte fortgerückt, als aus einem Hause ein Schuß geschah, welcher einen Trommelschläger verwundete. Die Prozession hielt stille, und sogleich folgten noch einige Schüsse, durch welche verschiedene Personen getödtet wurden. Wüthend sprengte nunmehr der Pöbel die Thüre des Hauses auf und drängte sich mit Gewalt in daßelbe. Sie fanden das Haus in Feuer, und bald nachher flog es in die Luft, wobei sechzig Personen das Leben verlohren.

Auf der Insel Korsika, brachen um eben diese Zeit, gefährliche Unruhen aus. Die Einwohner waren mit der Garnison im Streite, und schlugen die Truppen zurück, welche ausgeschickt worden waren, um den Pöbel zu zerstreuen.

In einigen Provinzen von Frankreich verbanden sich die Einwohner, durch einen feyerlichen Eid, die neue Konstitution und die erworbene Freiheit bis auf den letzten Blutstropfen zu vertheidigen. Das erste Beispiel dieser Art gab die Provinz Dauphine. Am 29. November versammelten sich, am Ufer der Rhone, 12,650 Bürgersoldaten, welche folgenden Eid schworen: „Wir, die Bürgersoldaten beider Ufer „der Rhone, die wir uns hier brüderlich, zu dem „allgemeinen Besten, versammelt haben, schwören, „im Angesichte des Himmels, auf unsere Herzen und „auf unsere Waffen, welche zu Vertheidigung des „Staa-

„Staates bestimmt sind, daß wir jederzeit einig blei„ben wollen. Wir schwören allen Unterschied der „Provinzen ab; wir bieten dem Vaterlande unsere „Arme und unser Vermögen zu Unterstützung der von „der Nationalversammlung gegebenen Gesetze an. „Wir schwören, uns gegenseitig, zu Ausübung so „heiliger Pflichten, beizustehen, und unsern Brü„dern zu Paris zu Hülfe zu eilen, so wie auch jeder „andern Stadt in Frankreich, welche um der Freiheit „willen in Gefahr seyn sollte. Wir erklären, durch „denselben Eid, daß, von dem jetzigen Augenblicke an, „die Aufsicht über das Getreide uns zugehören soll, „und daß wir nicht nur die freie Durchfahrt desselben, „auf der Rhone und auf dem Lande beschützen, son„dern uns auch gegenseitig das nothwendige Korn „wollen verabfolgen lassen. Wir schwören ferner, „alle diejenigen den Gerichten anzuzeigen, welche es „wagen dürften, durch Worte oder durch Schriften, „die den Beschlüssen der Nationalversammlung ge„bührende Ehrfurcht zu verletzen."

Zu Anfang des Decembers, versammelten sich 20,000 bewafnete Bürgersoldaten aus dem Viva‍rais, dem Languedok, der Provenze und der Dau‍phine. Auf einer großen Ebene schworen sie, unter freiem Himmel, folgenden Eid: „Wir, Frankreicher, „schwören, bei Gott und bei unserm Vaterlande, über „die Ausübung der Beschlüsse der Nationalversamm„lung bis an unsern Tod zu wachen, und uns gegen„seitig, zu diesem Zwecke, den nöthigen Beistand zu „leisten."

Am

Am Abende des vier und zwanzigsten Decembers ward Thomas de Mouchy, sogenannter Marquis von Favras, mit seiner Gemahlin, Victoria Hedwigia Karolina, Prinzessin von Anhalt-Schaumburg in seinem Hause in Verhaft genommen. Beide wurden nach dem Gefängnisse des Chatelet gebracht. Er hatte einen Plan gemacht, den König und die königliche Familie von Paris wegzuführen, und Leute gedungen, welche die Herren la Fayette, Bailly, und Necker in der Nacht ermorden sollten. Favras war in Diensten des Bruders des Königs, des Grafen von Provence, und es schien daher höchst wahrscheinlich, daß dieser Prinz um die Verschwörung wissen müsse; um soviel mehr, da Favras, im Namen des Prinzen, seit Kurzem ein Anlehen von einigen Millionen Livres gemacht hatte.

Sobald die Gefangennehmung des Favras und die Entdeckung seines Plans in Paris bekannt wurde, stiegen Unordnung, Furcht und Schrecken, abermals auf den höchsten Grad, und der Pöbel stieß die schrecklichsten Verwünschungen und Drohungen gegen die königliche Familie, vorzüglich aber gegen den Grafen von Provence aus. Der Graf fürchtete, daß diese Stimmung der Gemüther seiner Ruhe, und vielleicht seinem Leben gefährlich werden möchte. Er begab sich daher, am sechs und zwanzigsten December, nach dem Rathhause der Hauptstadt, und hielt daselbst an den versammelten Bürgerrath folgende Anrede:

„Meine

„Meine Herren!

„Das Verlangen, eine freche Verläumdung zu
„widerlegen, bringt mich zu Ihnen. Vorgestern ist
„Hr. von Favras, auf Befehl ihres Untersuchungs-
„Ausschusses, gefänglich eingezogen worden, und
„heute stellt man sich, als glaubte man, daß ich in
„genauerer Verbindung mit ihm stehe. Als erster
„Bürger der Stadt Paris habe ich es für
„nöthig gehalten hieher zu kommen, und Sie von
„den Verhältnissen, unter welchen ich Hrn. von Fa-
„vras kenne, selbst zu unterrichten. Im Jahre
„1772 ist er in meine Leibwache getreten. Im Jahre
„1775 hat er dieselbe wiederum verlassen, und seit
„dieser Zeit habe ich ihn nicht gesprochen. Da ich
„jetzo, seit mehreren Monathen, meiner Einkünfte
„beraubt war, und, wegen der großen Zahlungen,
„die ich im Januar zu machen habe, unruhig wurde:
„so wünschte ich ein Mittel auszufinden, um meine
„Versprechungen erfüllen zu können, ohne dem köni-
„glichen Schatze zur Last fallen zu dürfen. Anfängs
„lich wollte ich, bis zu dem Betrag der nöthigen
„Summe, Obligationen verpfänden, aber man stellte
„mir vor, es sey für meine Finanzen vortheilhafter,
„wenn ich ein Anlehen mache. Ohngefähr vor vier-
„zehn Tagen sagte mir Hr. de la Chatre, daß Hr.
„von Favras dieses Anlehen, durch zwei Bankiers,
„die Herren Chomel und Sartorius, ausfüllen lassen
„könne. Demzufolge habe ich einen Schein von zwei
„Millionen unterschrieben, welche Summe nothwen-
„dig erfordert wird, um meine, auf den Anfang des

künf-

„künftigen Jahres gegebenen Versprechungen zu er-
„füllen, und um meinen Hofstaat zu bezahlen. Da
„dieses eine bloße Finanzsache ist, so habe ich dieselbe
„meinem Schatzmeister überlassen. Den Hrn. von
„Favras habe ich gar nicht gesehen, ihn nicht gespro-
„chen, und keine Gemeinschaft von irgend einer Art
„mit ihm gehabt: daher ist mir alles, was er gethan
„haben mag, durchaus unbekannt. Dessen ungeach-
„tet, meine Herren, erfuhr ich gestern, daß man
„häufig in der Hauptstadt ein gedrucktes Blatt aus-
„theile, auf welchem folgende Worte stehen:

„Der Marquis von Favras ist, mit seiner Frau,
„in der Nacht des vier und zwanzigsten, gefäng-
„lich eingezogen worden, wegen eines Projekts,
„das er hatte, dreißig tausend Mann anzuwerben,
„Hrn. de la Fayette und den Hrn. Maire ermor-
„den zu lassen, und uns nachher die Zufuhr der
„Lebensmittel abzuschneiden. Monsieur, der
„Bruder des Königs, war an der Spitze der Ver-
„schwörung."

„Paris, am 25. December 1789.

„Baraux.

„Ohne Zweifel erwarten Sie nicht von mir, daß
„ich mich so weit herablasse, mich über eine so niedri-
„ge Beschuldigung zu rechtfertigen. Aber, zu einer
„Zeit, wo, auch durch die allerunsinnigsten Verläum-
„dungen, die rechtschaffensten Bürger des Staats
„Gefahr laufen für Feinde der Revolution gehalten
„zu werden, habe ich geglaubt, meine Herren, es
„dem Könige, Ihnen, und mir selbst schuldig zu seyn,

„die

„die genauern Umstände dieser Sache, welche Sie so
„eben von mir gehört haben, bekannt zu machen, da-
„mit das Publikum über den wahren Hergang dersel-
„ben nicht einen Augenblick länger in Ungewißheit
„bleibe. Meine Denkungsart theile ich **meinen**
„**Mitbürgern** offenherzig mit. Seit dem Tage,
„an welchem ich mich, in der zweiten Versammlung
„der Notablen, über die Hauptfrage erklärte, welche
„damals die Gemüther theilte„ habe ich keinen Au-
„genblick daran gezweifelt, daß eine große Revolution
„bereit sey auszubrechen, und daß der König, ver-
„möge seiner Gesinnungen, seiner Tugenden, und
„seines höchsten Ranges, an der Spitze der Revolu-
„tion stehen müsse, weil keine Revolution für die
„Nation vortheilhaft seyn konnte, die nicht zugleich
„auch für den Monarchen vortheilhaft war; daß end-
„lich die königliche Gewalt die Schutzwehr der natio-
„nalen Freiheit, und diese, gegenseitig, die Stütze
„der königlichen Gewalt seyn müsse a). So lange
„man nicht eine einzige meiner Handlungen, nicht
„Eine Rede anführen kann, die diesen Grundsätzen
„entgegen wäre, die beweisen könnte, daß, in wel-
„chen Lagen ich mich auch befunden habe, das Wohl
„des Königs, und das Wohl des Volkes, nicht der
„Einzige Gegenstand meiner Gedanken und meiner
„Wünsche gewesen seyen: so lange man dieses nicht
„kann,

a) Enfin, que l'autorité Royale devoit être le rempart
de la liberté nationale, et la liberté nationale la
base de l'autorité Royale.

„kann, so lange darf ich auch verlangen, daß man
„mir auf mein Wort glaube. Niemals habe ich we=
„der meine Gesinnungen noch meine Grundsätze ver=
„ändert, und werde dieselben auch in der Folge nie=
„mals verändern."

Auf diese Rede antwortete Hr. Bailly, im Na=
men des Bürgerraths:

„Monsieur."

„Es macht den Stellvertretern der Stadt Paris
„außerordentlich große Freude, den Bruder ihres ge=
„liebten Königs, des Wiederherstellers der Franzö=
„sischen Freiheit, unter sich zu sehen: Erhabene Brü=
„der, belebt von denselben Gesinnungen. Mon=
„sieur hat sich als den ersten Staatsbürger des Rei=
„ches gezeigt, als er, in der zweiten Versammlung
„der Notablen, für den Bürgerstand stimmte. Er
„hatte beinahe allein diese Gesinnungen: wenigstens
„waren nur eine kleine Anzahl wahrer Freunde des
„Volks auf seiner Seite. Und jetzt vermehrt er noch
„alle seine Ansprüche auf die Hochachtung der Nation,
„durch die Würde der Vernunft a). Monsieur
„ist, demzufolge, der erste Urheber der bürgerlichen
„Gleichheit, und heute giebt er einen neuen Beweis
„davon, indem er kommt, und sich unter die Stell=
„vertreter der Hauptstadt mischt, wo er keinen an=
„dern Rang verlangt, als den ihm seine Gesinnungen
„geben. Diese Gesinnungen sind in den Erläuterun=
„gen

---

a) Et il a ajouté la dignité de la raison à tous ses
autres titres au respect de la nation. Wer kann
wohl diesen Bombast verstehn?

„gen enthalten, welche Monsieur dieser Versamm=
„lung gefälligst hat geben wollen. Der Prinz geht
„der Meinung des Publikums entgegen a). Der
„Staatsbürger beweißt, wieviel ihm an der guten
„Meinung seiner Mitbürger gelegen seye b); und ich
„biete Monsieur, im Namen der Versammlung,
„den Tribut der Hochachtung und der Dankbarkeit
„an, welche sie seinen Gesinnungen, der Ehre seiner
„Gegenwart c), und vorzüglich dem hohen Werthe,
„den er auf die Achtung freier Menschen setzt, schul=
„dig ist."

Auf diese äußerst elende Rede antwortete Mon=
sieur:

„Die Pflicht, welche ich so eben erfüllt habe,
„war einem tugendhaften Herzen sehr unangenehm.
„Aber ich bin, durch die Gesinnungen, welche die
„Versammlung mir bezeugt, vollkommen entschädigt,
„und mein Mund öffnet sich nunmehr bloß allein, um
„noch die Vergebung derjenigen Personen zu verlan=
„gen, welche mich beleidigt haben."

---

a) Le Prince va au devant de l'opinion publique. Man mag diese Phrase übersetzen wie man will: sie bleibt dennoch immer Unsinn.

b) An der guten Meinung seiner Mitbürger war dem Prinzen wenig gelegen: aber er fürchtete, daß man die Königsmörder gegen ihn aufwiegeln möchte; ihm war bange sein Leben zu verlieren.

c) Hier ist ein offenbarer Widerspruch! Wie kann die Gegen= wart eines Bürgers für seine Mitbürger eine Ehre seyn? Oder, wenn sie es ist, was wird dann aus der so gerühmten Gleichheit?

Monsieur schrieb auch an die Nationalversammlung, um sich von dem Verdachte, daß er ein Mit-
schuldiger des Favras sei, zu reinigen. Aber alle
diese so auffallenden Schritte bestärkten selbst die Unpartheiischen nur noch mehr in der Vermuthung, daß
dieser Verdacht nicht ungegründet sey.

Das Gerücht der Gefangennehmung des Favras,
und der Entdeckung einer Verschwörung, an deren
Spitze er stehe, hatte indessen zu Paris alle Köpfe
erhitzt, und Unruhe, Furcht und Leichtgläubigkeit,
waren abermals groß und allgemein. Ein besonderer
Vorfall vermehrte noch die Besorgniß der Patrioten.
In der Nacht des acht und zwanzigsten Decembers
stand ein Bürgersoldat, Namens Trudon, am
Thore der Kaserne Schildwache. Er sagte dem Ser-
geanten, welcher kam um ihn abzulösen; eben jetzt
habe man ihn, auf seinem Posten, ermorden wollen,
und der Mörder habe ihm einen Schusterpfriemen in
den Hals gestoßen. Er wies die Wunde, welche noch
blutete, und zeigte den Pfriemen, an welchem ein
Zettel befestigt war, auf dem die Worte standen:
„Gehe hin und erwarte la Fayette." Als
am folgenden Tage diese Geschichte bekannt wurde,
war ganz Paris darüber in Aufruhr, und auch der
Nationalversammlung wurde das Protokoll der Aus-
sagen des Verwundeten zugesandt. Bei genauerer
Untersuchung fand man aber, daß der Bürgersoldat
Trudon sich selbst diese leichte Wunde am Halse gesto-
chen hatte, um von sich reden zu machen und Aufsehen zu erregen.

Zufolge

Zufolge eines Befehls der Nationalversammlung wurde, im Monath December, das Verzeichniß aller Personen, welche Pensionen und Gnadengehalte von dem königlichen Schatze zogen, bekannt gemacht. Dieses Verzeichniß bewies, auf die allerunwidersprechlichste Weise, wie unverantwortlich bisher das Geld der gedrückten Nation an unnütze Mitglieder des Staates verschwendet worden war. So hatte z. B. die Prinzessin d'Henin 18,000 Livres als Wittwengehalt. Sie ist aber keine Wittwe, sondern an den Prinzen d'Henin verheirathet; und dieser hatte 10,000 Livres Pension, wegen seiner Heirath. Die Choiseuls zusammengenommen hatten 88,300 Livres Pension; die Noailles 1,800,000 Livres; Hr. Hennequin 10,000 Livres, als vormaliger Aufseher der Wildschweins-Jagd; Jeliotte, abgedankter Musikant des Königs, 8,516 Livres; Hr. Joly de Fleury, General-Advokat, 17,000 Livres, weil er seine Stelle an seinen Sohn abgetreten hatte; Papillon de la Ferte, Direktor der Opera, 18,000 Livres. Diese Beispiele beweisen hinlänglich, was für Leute es waren, die das Geld verzehrten, welches, mit dem Schweiße und den Thränen des Volkes benetzt, in den Königlichen Schatz gelangte.

Im Jahre 1789 wurden in Paris getauft 19,383 Kinder. Es starben 20,319 Personen. Die Zahl der Heirathen war 4,781; die der Findelkinder, 5,719. Mönche und Nonnen wurden aufgenommen 61. Im Jahre 1788 waren getauft

tauft worden, 20,708; gestorben 19,959; Heirathen 5,375; Findelkinder, 5,822; Mönche und Nonnen, 122. Dem zufolge wurden im Jahre 1789 weniger gebohren 1,325; es waren weniger Heirathen 594; weniger Findelkinder 103; weniger Mönche und Nonnen die Hälfte; mehr Todte 432, als im Jahre 1788. Ein ungeheurer Unterschied, wenn man bedenkt, daß die Revolution erst im Julius ausbrach, und daß der Unterschied nur in die letzten sechs Monathe des Jahres fällt.

Zu Versailles entstand ein gefährlicher Aufruhr wegen des Preises des Brodtes. Mehr als zweitausend Handwerksgesellen, von denen die meisten nicht in Versailles wohnten, sondern von den benachbarten Orten dahin gekommen waren, versammelten sich, und verlangten mit Ungestüm von dem Bürgerrathe, daß der Preis des Brodtes und des Fleisches herabgesetzt werden sollte. Der Bürgerrath, durch ihre Drohungen erschreckt, gab nach und that was sie verlangten. Sobald der König die Nachricht von diesem Aufruhr erhielt, gab er Befehl, daß das Brodt zu Versailles wiederum bis zu dem vorigen Preise erhöht werden solle. Einige Kompagnien der Pariser Bürgermiliz zogen nach Versailles, um sich allen denen zu widersetzen, welche die Ausübung dieses Befehls zu verhindern suchen möchten; und auf diese Weise wurde zu Versailles die Ruhe wiederum hergestellt.

Indessen entstand ein weit gefährlicherer Aufruhr in Paris selbst. Die Demagogen hatten das Gerücht aus-

ausgesprengt, der Gerichtshof des Chatelet habe, aus seinen Gefängnissen die beiden Staatsverbrecher **Favras** und **Besenval** entwischen lassen. Auf diese Nachricht war ganz Paris in Gährung. Montags, am 11. Januar 1790, versammelte sich ein unermeßlicher Haufe vor den Gefängnissen des Chatelet. Dieser rasende Haufe verlangte, mit wüthendem Geschrei, die Köpfe der beiden Gefangenen, und drohte den Kriminalrichtern mit der Laterne. Die versammelten Richter sahen sich genöthigt ihre Sitzung aufzuheben und sich nach Hause zu begeben, während la Fayette, an der Spitze der Bürgermiliz, den zusammengelaufenen Pöbel auseinander gehen machte, und alle Posten doppelt besetzte. Am folgenden Tage aber war die Gährung noch heftiger. Dreihundert Soldaten der besoldeten Bürgermiliz, des Ungehorsams gegen die Befehle ihrer Officiere schon seit langer Zeit gewohnt, wurden aufrührisch, verließen die Stadt und versammelten sich in den Elisäischen Feldern. Sie stellen sich auf einen Haufen, berathschlagen sich untereinander, und entfernen, durch ausgestellte Schildwachen, den neugierigen Pöbel, welcher haufenweise herbei läuft, um an dem Aufruhre Theil zu nehmen. Die Sturmglocken werden geläutet, und Schrecken und Furcht bemächtigen sich aller Gemüther. Zu gleicher Zeit versammelt sich ein anderer Haufe des Pöbels vor den Gefängnissen des Chatelet. Sie drohen, die Thüren einzusprengen, und sich der Gefangenen zu bemächtigen. Wüthend verlangen sie die Köpfe des **Favras** und **Besenval**. La

F 4   Fayette

Fayette sendet ein Detaschement der Bürgermiliz nach dem Chatelet, um den Pöbel zu zerstreuen. Er läßt in allen Straßen Lärm schlagen, und befiehlt der Miliz, sich bei ihm, auf dem Vendome-Platze, zu versammeln. Sie kommen an; Infanterie und Cavallerie. La Fayette stellt sie in Ordnung; er mustert seine Armee, geht durch die Reihen, hält eine Anrede an seine Brüder und Soldaten, und sucht in ihnen Liebe zur Ordnung und zum Vaterlande aufs Neue anzufachen. Den kommandirenden Officieren übergiebt er versiegelte Verhaltungsbefehle, welche sie nicht eher als bis es ihnen befohlen würde, eröfnen sollen. Gegen halb zwölf Uhr Vormittags stellt er sich an die Spitze seiner Armee, um dieselbe gegen die Aufrührer anzuführen. Am Ende der Straße St. Honore theilt sich diese Armee in zwei Divisionen. Auf den Elisäischen Feldern erscheinen beide Divisionen zu gleicher Zeit. Sie vereinigen sich, formiren einen Halbzirkel, dessen Sehne der Fluß ist, und schließen auf diese Weise die Aufrührer ein. Diese bemerken nun erst, daß sie gefangen sind. Sie erschrecken; sie suchen zu entfliehen: aber auf allen Seiten werden sie angehalten. Die Truppen rücken allmählig näher und näher zusammen, und formiren endlich einen Kreis um die Aufrührer, von denen sich einige in den Fluß stürzen, um sich durch Schwimmen zu retten, aber ertrinken, ehe sie noch das gegenüberstehende Ufer haben erreichen können. Nun giebt la Fayette Befehl zum Angriffe. Die Miliz fällt über die Ausreißer her, entwaffnet sie, nimmt ihnen die

Natio-

Nationalkokarde ab, bemächtigt sich ihrer Waffen, befiehlt ihnen, die Nationaluniform auszuziehen, bindet sie mit Stricken, zwei und zwei zusammen, und führt sie, in diesem Aufzuge, durch die Straßen der Stadt Paris, nach den Kasernen zu St. Denis. Schnell verbreitet die frohe Nachricht des so leicht erhaltenen Sieges sich in der Hauptstadt. Furcht und Schrecken weichen der Freude, und der Haufe des Pöbels, welcher sich vor den Gefängnissen des Chatelet versammelt hatte, zerstreut sich sogleich, und begiebt sich ruhig und stille nach Hause. Die Bürgermiliz wachte, mit verdoppelter Aufmerksamkeit, den übrigen Theil des Tages und während der ganzen Nacht. Am dreizehnten Januar war in Paris die Ruhe wieder vollkommen hergestellt, und dem Kommandanten la Fayette blieb der Ruhm, abermals, ohne Blutvergießen und ohne einen einzigen Flintenschuß, einen Haufen feigherziger Aufrührer auseinander getrieben zu haben.

Favras wurde indessen von den Richtern des Chatelet verhört. Seine Ankläger und die Zeugen, welche gegen ihn aufstanden, waren seine eigenen Mitverschwornen, denen er seine geheimen Plane ganz entdeckt hatte. Er wurde angeklagt, daß er die besoldete Bürgermiliz durch Geld zu gewinnen versucht hätte; daß er aufrührische Schriften unter die Miliz habe austheilen lassen; daß er den Plan gehabt habe, aus Officieren und Edelleuten ein Korps zu errichten, und den König zu entführen; daß er sich, am sechsten Oktober, dem Minister Hrn. von St.

St. Priest, zu Ausführung einer Kontrerevolution angeboten habe; daß er sich gerühmt habe 1,500 Mann stellen zu können; daß er den Hrn. la Fayette habe ermorden lassen wollen. Favras verantwortete sich mit großer Gegenwart des Geistes. Anfänglich laugnete er Alles. Nachdem er aber überwiesen war, gestand er: es sey wahr daß er Truppen angeworben habe; diese Truppen wären aber nicht zu Unterstützung einer Gegenrevolution in Frankreich, sondern zu Vermehrung der Brabantischen Armee in den Niederlanden, bestimmt gewesen.

Einige patriotische Mitglieder der Nationalversammlung, rechtschaffene Männer, welche über den Despotismus, den die Demagogen und die wüthenden Demokraten in der Versammlung ausübten, erbittert waren, faßten den Entschluß, sich untereinander zu vereinigen, und, unter dem Namen der Unpartheiischen, einen Klub zu errichten, welcher dem berüchtigten demokratischen Jakobinerklub das Gleichgewicht halten sollte. Die Herren Malouet, la Fayette, der Herzog de la Rochefoucault, der Herzog von Liancourt, Hr. de la Tour Meaubourg, Hr. de la Cote, de Virieu, Redon, la Cheze, der Chevalier Boufflers, und einige andere, waren die Stifter dieses patriotischen Klubs. Die Grundsätze, zu deren Festgründung und Aufrechthaltung sich die Mitglieder dieses Klubs vereinigten, waren folgende:

„Wir, Mitglieder der Nationalversammlung,
„Feinde aller heftigen und überspannten Maaßregeln,
„ent-

„entfernt von allem persönlichen Interesse, vereinigt
„durch den Patriotismus, und bereit uns für die
„Freiheit und das öffentliche Wohl aufzuopfern, ma=
„chen hierdurch bekannt, daß folgende Grundsätze die=
„jenigen Grundsätze sind, nach denen wir denken und
„handeln."

I. „Wir wollen bis an das Ende unseren Pflich=
„ten und dem wahren Vortheile des Volkes unabän=
„derlich ergeben bleiben. Wir wollen niemals auf=
„hören uns jedem Plane zu widersetzen, der dahin
„abzwecken möchte, dasselbe irre zu führen, oder seine
„Rechte in Gefahr zu setzen: dieses geschehe nun,
„entweder indem man ihm auf eine hinterlistige Weise
„Mißtrauen beibringt, oder indem man es zur Unord=
„nung und zu Verachtung der Konstitution und der
„rechtmäßigen Gewalt aufwiegelt."

II. „Die Mittel, durch welche wir wirken wol=
„len, sind: Gerechtigkeit, Wahrheit, Standhaf=
„tigkeit."

III. „Die Konstitution muß erhalten werden.
„Was an derselben noch mangelhaft seyn könnte,
„wird die Nation, durch Zeit und Erfahrung kennen
„lernen, und dann nach Gefallen verändern und ein=
„schränken."

IV. „Die Aufrechthaltung der Konstitution und
„der Freiheit beruhen wesentlich auf der Beobachtung
„der Gesetze. Aber die Beobachtung der Gesetze
„kann Niemand versichern als die ausübende Gewalt.
„Man muß daher, so schnell als möglich, dem Kö=
„nige die Ausübung dieser nothwendigen Gewalt
„wieder=

„wiederum übergeben, gemäß dem feierlichen Wun-
„sche der Nation, und den monarchischen Grundsä-
„tzen, welche durch die Konstitution anerkannt und
„geheiligt sind."

V. „Da durch die Konstitution der politische
„Unterschied der Stände aufgehoben worden ist, so
„giebt es künftig in Frankreich nur Einen Titel,
„nehmlich den Namen Staatsbürgers."

VI. „Die Rechte des Menschen und des Bür-
„gers, heilige und zu lange verkannte, aber auch ge-
„genwärtig zu oft verletzte Rechte, wollen wir, so-
„viel in unsern Kräften steht, ohne Ansehen des
„Rangs und der Person, vertheidigen."

VII. „Eine kluge Politik sucht allen Staatsbür-
„gern die Konstitution schätzenswerth zu machen.
„Wären demzufolge, zu ihrer Vollendung, noch mehr
„Neuerungen nöthig, so muß wenigstens, in Aus-
„übung derselben, alles Gewaltsame vermieden wer-
„den. Gewaltsame Mittel erschrecken die Staats-
„bürger, erbittern die Gemüther, bedrohen das Ei-
„genthum, vermehren die Zahl der Unglücklichen,
„und müssen nothwendig das Volk noch elender ma-
„chen, als dasselbe jetzt schon ist."

VIII. „Es ist die höchste Zeit, Ordnung, Ruhe
„und Sicherheit, wiederum herzustellen. Dieses
„ist das Einzige Mittel das Reich zu retten, und das
„Zutrauen, den öffentlichen Kredit und die Einsamm-
„lung der Auflagen wieder fest zu gründen. Ohne
„diese müßten in kurzer Zeit die Konstitution und die
„Freiheit selbst untergehen."

IX.

IX. „Es darf anstreitig Niemand wegen seiner
„Meinungen in Religionssachen beunruhigt werden,
„und eben so wenig wegen des Dienstes, welchen er
„der Gottheit öffentlich leistet, aber, zufolge einer
„Erfahrung, die durch mehrere Jahrhunderte bestä-
„tigt ist, erfordert die Ruhe und das Beste des Staa-
„tes, daß die Katholische Religion fortfahre in dem
„Königreiche allein die Rechte einer National Reli-
„gion und die Feierlichkeit des öffentlichen Gottesdiens
„tes zu genießen."

X. „Die Preßfreiheit muß sorgfältig geschützt
„werden, aber die öffentliche Ruhe, die Ehre und
„die Sicherheit eines jeden Bürgers des Staates for-
„dern, daß der Ausgelassenheit der Presse Einhalt
„geschehe; daher ist nichts so nothwendig, als über
„diesen Gegenstand ein weises und sorgfältig bestimm-
„tes Gesetz zu erhalten zu suchen."

XI. „Jede bewaffnete Gewalt wäre der öffent-
„lichen Freiheit gefährlich. Sie würde eine Geißel
„der Staatsbürger seyn, wenn nicht strenge Verord-
„nungen dieselbe einschränkten, und wenn sie nicht
„der obersten ausübenden Gewalt, welche die Rechte
„eines jeden Bürgers schützen muß, untergeordnet
„wäre. Daher muß sowohl die Armee als die Bür-
„germiliz dem Monarchen unterworfen seyn, so wie
„der Monarch selbst den Gesetzen unterworfen seyn
„muß."

XII. „Wir wollen alle unsere Kräfte vereinigen,
„damit die Geschäfte schnell fortgehen, damit wir
„bald das so erwünschte Ende unserer Arbeiten sehen,
„und

„und vorzüglich, damit Einigkeit zwischen allen Thei-
„len dieses großen Reiches beständig erhalten werde:
„denn das Interesse des Reiches besteht darin, daß
„es, unter Beschützung der Gesetze, und in Abhän-
„gigkeit von dem Könige, nur einen und denselben
„Staatskörper ausmache."

Solche vernünftige und gesetzmäßige Grundsätze
waren der herrschenden, ausgelassenen und demokratischen Denkungsart, so sehr entgegen, daß diese unpartheiischen Patrioten von den Verfolgungen der
Demagogen und der Demokraten soviel auszustehen
hatten, daß sie endlich sich genöthigt sahen, sich der
Wuth des Pöbels zu entziehen und ihren Versammlungssaal zuzuschließen.

Um das Volk gegen die Königin und gegen das
Haus Oesterreich überhaupt aufzubringen, verbreite-
ten die Demagogen, unter andern frechen Verläumdungen, auch das Gerücht, die Königin habe ihrem
Bruder, dem Kaiser Joseph, viele Millionen aus
dem königlichen Schatze nach Wien gesandt. Dieses
Gerücht erhitzte die Gemüther so sehr, daß sich der
Kaiserliche Gesandte in Paris, der Graf Mercy
Argenteau, genöthigt sah, an den Minister der
auswärtigen Geschäfte, den Grafen Montmorin,
folgenden Brief zu schreiben:

„Paris, am 12. Okt. 1789."
„Die vorgeblichen Millionen, welche der Fran-
„zösische Hof dem Kaiser zugesandt haben soll, haben
„lange Zeit eine zu abgeschmackte Fabel geschienen,
„um Aufmerksamkeit zu verdienen. Indessen hat
„sich

„sich dieses Gerücht verbreitet; es wird geglaubt,
„und es hat dasselbe, gegen Seine Kaiserliche Maje-
„stät und gegen Dero Gesandten eine Art von Wi-
„derwillen erregt."

„Im verflossenen Monat Junius hatte ich die
„Ehre, Herr Graf, auf ausdrüklichen Befehl des
„Kaisers, Ihnen vorzustellen, wie nothwendig es sey,
„der Verbreitung einer so ungegründeten Sage Ein-
„halt zu thun. Ew. Excellenz haben mir hierauf,
„nach erhaltenem Befehle des Königs, am dritten
„Julius geantwortet, und diese Sage förmlich für
„ungegründet erklärt. Aus Delikatesse theilte ich
„damals nur wenige Abschriften Ihres Briefes aus,
„ohne denselben drucken zu lassen. Dadurch ist der-
„selbe wahrscheinlich nicht allgemein bekannt gewor-
„den, und hat die Würkung nicht hervorgebracht,
„welche er hervorbringen sollte. Die Behauptung,
„daß Millionen weggesandt worden seyen, erneuert
„sich, und macht mir es zur Pflicht Ew. Excellenz
„meine Bitte zu wiederholen, daß Sie alle nothwen-
„digen Mittel anwenden mögen, welche dazu dienen
„können den Publikum einen Irrthum zu benehmen,
„welcher für die aufrichtigen und festen Gesinnungen
„des Kaisers gegen den König seinen Verbündeten,
„und für die Französische Monarchie selbst so beleidi-
„gend ist."

„Diese Mittel scheinen um soviel leichter, da es
„nicht wohl möglich ist, daß, durch heimliche Wege,
„an den Kaiserlichen Hof Subsidien bezahlt worden
„seyn sollten, die durch keinen Traktat stipulirt sind.

„Weder

"Weder hundert, noch funfzig, noch zwanzig Millio-
"nen, haben aus dem Königlichen Schatze genommen
"werden können, ohne daß man, in der Einnahme,
"oder in den Ausgaben, eine Spur davon finden
"sollte. Die Durchsuchung der Rechnungen, die
"Untersuchung der Unterschriften der Vorgesetzten,
"welche nothwendig wissen müssen, was in den Kö-
"niglichen Schatz gelangt, und was aus demselben
"genommen wird, werden beweisen, wie unmöglich
"es ist, daß ein Geheimniß, eine Verabredung, und
"eine Untreue hier Statt finden kann: drei Dinge,
"die nothwendig vorausgesetzt werden, wenn beträcht-
"liche Summen heimlich aus dem Schatze genommen
"worden seyn sollten."

"Dieß, mein Herr Graf, scheint mir ein siche-
"res Mittel, um öffentlich die Thatsache auszuma-
"chen, von welcher hier die Rede ist, und um die
"Gemüther über eine Verläumdung zu beruhigen,
"deren Gegenstand desto mehr wichtig wird, je erha-
"bener die Personen sind, welche man darein hat ver-
"wickeln wollen."

Brief des Grafen von Montmorin:

"Versailles, am 3. Jul. 1789."

"Unter der Menge von Broschüren, welche der
"gegenwärtige Zeitpunkt hervorbringt, giebt es eine,
"von welcher ich es für Pflicht gehalten habe Seiner
"Majestät Nachricht zu geben, weil der Verfasser von
"politischen Gegenständen handelt, und ausdrücklich
"unserer Verbindungen mit dem Wienerhofe erwähnt.

"Ew.

„Ew. Excellenz werden leicht voraussetzen, daß ich
„von dem Redner an die Reichsstände
„spreche."

„Es steht darin, Frankreich habe seit dem Tesch=
„ner Frieden dem Wienerhofe Subsidien geliefert; es
„habe welche geliefert, um den Streit wegen der
„Schelde zu endigen, um Zubereitungen zu dem
„Kriege gegen die Türken zu machen, und es bezahle
„sogar noch jetzt Subsidien. Nun ist es aber gewiß,
„daß seit dem Frieden im Jahre 1763, zwischen dem
„Könige und dem Wienerhofe von Bezahlung der
„Subsidien niemals die Rede seyn konnte, weil seit=
„her Nichts vorgefallen ist, was zu Verlangung der=
„selben auch nur die entfernteste Veranlassung hätte
„geben können. Bey dem Teschner Frieden war der
„König Vermittler, in Verbindung der Kaiserin von
„Rußland, und der Krieg, welcher durch diese Ver=
„mittelung geendigt wurde, konnte um desto weniger
„dem Kaiser zur Forderung irgend einiger Subsidien
„Veranlassung geben, weil der König damals selbst
„in einen Krieg verflochten war, den er schon ein gan=
„zes Jahr geführt hatte."

„Zur Zeit des Scheldegeschäftes, wollte der Kö=
„nig, welcher damals eine Allianz mit Holland suchte,
„und welcher schon, durch seine Vermittelung, den
„Krieg abgewandt hatte, der Holland zu drohen
„schien, seine Gewogenheit so weit ausdehnen, daß
„er sogar durch ein Geschenk an Gelde die Mittel er=
„leichterte diesem Streite ein Ende zu machen. Aber
„er that seine Erklärung an die Republik unmittel=

Dritter Theil.   G   „bar,

„bar, und es ist sogar dem Kaiser unbekannt geblie-
„ben, was in Rücksicht auf diesen Gegenstand vorge-
„fallen ist."

„Der jetzige Krieg ist uns ganz fremd, und auch
„der Kaiser ist nur vermöge seiner Verbindung und
„Traktaten mit dem Petersburger Hofe in denselben
„verwickelt."

„Mit einem Worte, mein Herr, es ist eine ge-
„wisse und leicht einzusehende Wahrheit, daß, seit
„dem Frieden im Jahre 1763, nicht der kleinste
„Vorwand vorhanden seyn konnte, um daß die Höfe
„zu Versailles und zu Wien sich einander Subsidien
„hätten bezahlen sollen, und in der That hat auch
„der Wiener Hof niemals so etwas von uns ver-
„langt."

„Ich habe, mein Herr, dem Könige den Brief
„gezeigt, welchen ich die Ehre habe an Ew. Excellenz
„zu schreiben. Seine Majestät hat die Wahrheit
„und die Genauigkeit dessen, was er enthält, aner-
„kannt, gebilligt, daß ich die Ehre haben soll Ihnen
„denselben zu übersenden, und mich zu gleicher Zeit
„berechtigt, Ihnen zu sagen, daß es nur bei Ihnen
„stehe, von demselben denjenigen Gebrauch zu machen,
„den Sie für gut halten möchten. Ich habe die
„Ehre u. s. w."

Die Nationalversammlung beschäftigte sich mit
der Bestimmung der öffentlichen Ausgaben und der
Pensionen. Um das jährliche Gehalt des Königs zu
bestimmen, beschloß sie, eine Gesandschaft an den
Monarchen zu senden, und von ihm selbst zu hören,
wie-

wieviel er jährlich verlange? Die Gesandtschaft erschien bei dem Könige am vierten Januar, und der Präsident sagte:

„Sire!"

„Die Nationalversammlung hat uns zu Ew.
„Majestät gesandt, damit Sie selbst den Theil der
„öffentlichen Einkünfte bestimmen mögen, den die
„Nation, zu Unterhaltung Ihres Hauses, Ihrer er‐
„habenen Familie, und Ihrer Vergnügungen zu be‐
„stimmen wünscht. Aber, indem von Ew. Majestät
„die Nationalversammlung diesen Beweis Ihrer Güte
„verlangt, hat sie sich einer Empfindung von Unruhe
„nicht enthalten können, die Ihre Tugenden veran‐
„laßt haben. Wir kennen, Sire, jene strenge Spar‐
„samkeit, welche in der Liebe zu Ihrem Volke, und
„in der Furcht dasselbe zu drücken ihren Grund hat.
„Aber, wie traurig würden Ihre Unterthanen wer‐
„den, wenn diese Gesinnung Sie verhindern sollte
„diesen Beweis der Liebe anzunehmen! Sie haben
„in dem Glücke Ihres Volkes Ihr eigenes Glück ge‐
„sucht. Erlauben Sie nunmehr demselben auch ge‐
„genseitig seinen ersten Genuß in dem Genusse zu su‐
„chen, den es Ihnen anbietet. Aber, sollten wir
„durch unsere Wünsche die rührende Strenge Ihrer
„Sitten nicht zu überwinden vermögen, so geruhen
„Sie wenigstens, der Würde Ihrer Krone den Glanz
„und die Pracht zu gewähren, welche, indem Sie
„die Majestät der Gesetze erhöhen, zu dem Glücke
„Ihrer Unterthanen beitragen. Sie wissen es,
„Sire, Ihre Unterthanen können nur durch Achtung

„der

„der Geſetze glücklich ſeyn, und die Majeſtät des
„Throns iſt von derſelben unzertrennlich. Die un-
„glücklichſte Volksklaſſe genießt vorzüg-
„lich der Majeſtät des Throns; denn die
„Klaſſe, welche der Unterdrückung am meiſten ausge-
„ſetzt iſt, muß auch die Aufrechthaltung der Geſetze
„am meiſten wünſchen. Folglich geſchieht es um
„das Glück Ihres Volks willen, daß wir Ihrem ein-
„fachen Geſchmacke und Ihren patriarchaliſchen Sit-
„ten entgegen zu handeln wünſchen, dieſen Sitten,
„welchen Sie unſere Liebe verdanken, und welche den
„übrigen Nationen den tugendhafteſten Menſchen, in
„dem Beſten der Könige darſtellen.“

Der Mann, der dem Könige ſo niedrige Schmeicheleien ſagte, war der Abbé Montesquiou.

Der König antwortete:

„Ich bin über die Berathſchlagung der Natio-
„nalverſammlung, und über die Geſinnungen, wel-
„che Sie mir in ihrem Namen bezeugen, ſehr ge-
„rührt. Ich werde Ihr Zutrauen nicht mißbrau-
„chen, und ich werde, ehe ich mich über dieſen Ge-
„genſtand erkläre, ſo lange warten, bis durch das
„Reſultat der Arbeiten der Verſammlung zu Bezah-
„lung der den Gläubigern des Staats ſchuldigen Zin-
„ſen, und zu den, für die öffentliche Sicherheit und
„für die Vertheidigung des Königreiches nothwendi-
„gen Ausgaben, ſichere Fonds angewieſen ſeyn wer-
„den. Was meine eigene Perſon angeht, das iſt,
„in dem gegenwärtigen Zeitpunkte, meine geringſte
„Beſorgniß.“

Dieſe

Diese Antwort des Königs wurde von der Nationalversammlung mit einem dreimal wiederholten Beifallklatschen und mit lautem Freudengeschrei aufgenommen.

Die Preßfreiheit artete indessen zu Paris in die allergrößte Ausgelassenheit aus. Nichts war den Schriftstellern mehr heilig; Niemand blieb von ihren giftigen Federn verschont. Unter allen Broschürenschreibern war aber keiner dreister, frecher und unverschämter als Marat. Das Zeitungsblatt, welches er unter dem Titel: der Volksfreund, täglich schrieb, war voll von den gröbsten Verläumdungen. In jedem Blatte entdeckte er heimliche Komplotte gegen die Freiheit, und klagte Staatsverbrecher an. Er rühmte sich, daß er bei den, zu Versailles am fünften und sechsten Oktober begangenen Greuelthaten, selbst thätig gewesen sey. Aristokraten, Minister, Officiere, Mitglieder der Nationalversammlung, der Adel, die Geistlichen, die Nationalversammlung, der Bürgerrath, das Gericht des Chatelet: alle wurden von ihm angeklagt, proskribirt, und der Wuth des Pöbels Preis gegeben. Im Monath Oktober gaben die Richter des Chatelet einen Befehl, ihn in Verhaft zu nehmen, aber ein Pariser Distrikt nahm ihn unter seinen Schutz, und er fuhr seine Pasquille zu schreiben fort. Im Januar 1791 befahl der Bürgerrath abermals ihn in Verhaft zu nehmen; aber der Pöbel beschützte ihn aufs Neue. Zwei Tage nachher schrieb er ein Blatt, in welchem er das Volk aufforderte Hrn. Necker aufzuhängen.

Nun wurden sechshundert Mann Bürgersoldaten zu seinem Hause gesandt, um ihn nach dem Gefängnisse zu bringen. Man fand ihn nicht. Bald nachher zeigte er sich wieder, und fuhr fort zu schreiben.

Um diesen Unordnungen der ungezähmten Preßfreiheit einigermaßen Einhalt zu thun, schlug der Abbé Sieyes, in einer vortreflichen Rede, der Nationalversammlung vor, ein Gesetz zu geben, wodurch die Presse eingeschränkt würde. Er sagte:

„Das Publikum drückt sich unrichtig aus, wenn es ein Gesetz verlangt, welches die Freiheit der Presse bewilligen oder anerkennen solle. Die Bürger des Staates denken, sprechen und schreiben, nicht kraft eines Gesetzes, sondern kraft ihrer natürlichen Rechte, Rechte, welche die Menschen mit in die Gesellschaft gebracht haben, und zu deren Aufrechthaltung sie selbst das Gesetz bestimmt haben. Es ist wahr, die Buchdruckerei konnte nur im gesellschaftlichen Zustande entstehen. Aber, wenn der gesellschaftliche Zustand, indem er dem Menschen die Erfindung nützlicher Instrumente erleichtert, dadurch den Gebrauch seiner Freiheit ausdehnt: so kann doch deswegen nicht dieser oder jener Gebrauch jemals als ein Geschenk des Gesetzes angesehen werden. Das Gesetz ist nicht ein Herr, welcher unentgeltlich seine Wohlthaten austheilt. Die Freiheit begreift, schon ihrer Natur nach, alles in sich, was Andern nicht zugehört. Das Gesetz dient nur, um sie zu verhindern, daß sie nicht ausschweife. Das Gesetz beschützt die Freiheit des Staatsbürgers, und muß daher allem Einhalt thun,

was

was dieser Freiheit schaden könnte. Es muß demzufolge, in den freien Handlungen eines jeden Individuums, den Punkt bestimmen, wo diese Handlungen den Rechten der übrigen schädlich werden könnten. Dort muß es Merkzeichen hinsetzen, Gränzen aufrichten, verbieten dieselben zu übertreten, und den Vermessenen bestrafen, der es wagen dürfte ungehorsam zu seyn. Dieses sind die beschützenden Pflichten des Gesetzes. Die Preßfreiheit muß, wie jede andere Freiheit, ihre gesetzmäßigen Gränzen haben. Viele Leute glauben, daß man die Vortheile und die Nachtheile der Preßfreiheit gegeneinander abwiegen, und darnach die Gränzlinie, zwischen demjenigen was verboten werden kann, und demjenigen was nicht verboten werden darf, ziehen soll. Die Leute irren sich. Ein Gesetzgeber darf nicht negociiren, wie ein geschickter Vermittler. Der Gesetzgeber darf niemals die Grundsätze aus den Augen verlieren: daher muß er, statt einer listigen Politik Gehör zu geben, vielmehr strenge und unerbittlich wie die Gerechtigkeit seyn. Darum wird er nicht Gutes und Böses mit einander vergleichen, um das Eine durch das Andere aufzuheben. Unstreitig, meine Herren, betrachten Sie die Preßfreiheit nicht als eine gleichgültige Sache. Wer wäre wohl im Stande alles das Gute zu berechnen, was wir derselben zu verdanken haben? und wo ist ein Gesetzgeber, was für ein Geist ihn auch leiten mag, der es wagen dürfte, die Würkung einer so ausserordentlich nützlichen Ursache aufzuheben oder einzuschränken, ohne daß ihn die allergrößte Nothwendigkeit, die Nothwendigkeit Jederman Gerechtigkeit widerfahren zu lassen, dazu antreibe. Betrachten Sie den Nutzen der Buchdruckerei in ihren Verhältnissen gegen den bloßen Bürger des Staates. Sie hat seine Arbeit und seine Betriebsamkeit fruchtbarer gemacht, seinen Reichthum vermehrt, seine gesellschaftlichen Verbindungen erleichtert und verschönert, seine physischen und geistigen Kräfte mehr und mehr verbessert, ihm in Ausführung seiner Plane geholfen, sich mit allen seinen Handlungen, mit allen seinen Gedanken verbunden. Endlich dient sie auch dem allereinsamsten Menschen, indem sie ihm in der Einsamkeit tausend und abermal tausend Mittel zu genießen und glücklich zu seyn offenbart und entdeckt. In ihrem politischen Verhältnisse verändert sich dieselbe Ursache in eine fruchtbare Quelle des nationellen Wohlstandes: sie wird die Wache und die eigentliche Schutzwehr der öffentlichen Freiheit. Es ist die Schuld der Regierungen selbst, wenn sie die Buchdruckerei nicht recht gekannt, wenn sie den Nutzen, der aus ihr hätte gezogen werden können, aus ihr zu ziehen nicht verstanden haben. Wollen Sie Mißbräuche abschaffen? O! da ist es die Preßfreiheit die den Weg bereitet, die, so zu reden, vor Ihnen her die Menge der Schwierigkeiten, welche Unwissenheit, Eigennutz und Betrug sich bemühen auf Ihrem Wege vor Ihnen aufzuthürmen, wegfeget. Sobald die Fackel der öffentlichen Meinung erscheint, ziehen sich alle Feinde der Nation und der Gleichheit, die zugleich auch Feinde des Lichts sind, mit ihren schändlichen

lichen Planen erschrocken zurück. Wollen Sie neue
Verbesserungen einführen? O! da lassen Sie die
Presse Ihnen zur Vorläuferin dienen: lassen Sie die
Schriften der erleuchteten Bürger die Gemüther vorbereiten, damit dieselben das Gute erkennen, was Sie
ihnen thun wollen. Auf diese Weise muß man gute
Gesetze vorbereiten; auf diese Weise thun dieselben
ihre ganze Würkung: auf diese Weise erspart man
den Menschen die Erfahrung vieler Jahrhunderte.
Die Buchdruckerei hat das Schicksal Europas verändert; sie wird die Oberfläche der ganzen Erde um-
schaffen. Ich betrachte sie wie eine neue Fähigkeit,
mit welcher die schönsten Fähigkeiten des Menschen
vermehrt worden sind. Durch sie ist die Freiheit
nicht mehr in kleine republikanische Staaten verbannt,
sondern verbreitet sich über Reiche und Länder. Die
Buchdruckerkunst ist für die Unermeßlichkeit des
Raums dasjenige, was die Stimme des Redners
für den Marktplatz zu Athen oder zu Rom war.
Durch sie wird der Gedanke des talentvollen Mannes
zu gleicher Zeit an alle Orte hingetragen; er ertönt,
so zu reden, in den Ohren des ganzen Menschengeschlechts. Ueberall wird, von der verborgenen Liebe
zur Freiheit, welche in dem Herzen des Menschen
niemals erlöscht, dieser Gedanke liebevoll aufgenommen, und zuweilen wüthend ergriffen; er mischt sich,
er verschmilzt mit allen Empfindungen. Und was
kann ein solcher Stoß, der auf Millionen Gemüther
zu gleicher Zeit wirkt, nicht ausrichten? Philosophen
und Publicisten haben uns zu schnell muthlos machen
wollen.

wollen, indem sie uns predigten: Freiheit sey nur für kleine Völker. Sie haben in der Vergangenheit die Zukunft lesen wollen: und auch damals, als eine neue Ursache der Perfektibilität auf der Erde sich zeigte, und unter den Menschen ungeheure Umänderungen im Voraus schon berechnen ließ; auch damals haben sie nur aus Demjenigen, das da gewesen war, auf dasjenige schließen wollen, das da seyn würde; das da seyn könnte. Erheben wir uns zu höhern Hoffnungen. Seyn wir überzeugt, daß das größte Reich, daß die zahlreichste Bevölkerung, daß Alles empfänglich für die Freiheit ist. Und, in der That, warum sollte ein Werkzeug, welches Gemeinschaft der Meinungen über das ganze Menschengeschlecht verbreitet, welches dasselbe mit gleichen Gesinnungen belebt und durchdringt, die Bande der gesellschaftlichen Verbindung auf das festeste knüpft; warum sollte ein solches Werkzeug nicht dazu berufen seyn, das Reich der Freiheit unbegränzt zu erweitern, und dereinst selbst der Natur sicherere Mittel zu leihen, um ihren Plan auszuführen: denn unstreitig verlangt die Natur, daß alle Menschen gleich frei, und gleich glücklich seyn sollen. Sie werden daher, meine Herren, den Mitteln der Gemeinschaft unter den Menschen keine Gränzen setzen. Wissenschaft und neue Wahrheiten sind, wie alle andre Produkte, eine Frucht der Arbeit. Nun ist aber bekannt, daß, bei jeder Arbeit, Freiheit zu verfertigen, und Leichtigkeit des Debits, die Hervorbringung unterhält, aufmuntert und vermehrt. Wollte man daher, zur Unzeit,

die

die Freyheit der Presse einschränken: so würde die Frucht des Geistes in ihrem Keime erstickt, und ein Theil derjenigen Erleuchtung würde vernichtet, welche den Ruhm und den Reichthum der Nachwelt auszumachen bestimmt ist. Wie viel natürlicher ist es hingegen, besonders zu einer Zeit, wo man sich so sehr bemüht, die Handlung in Aufnahme zu bringen, durch alle mögliche Mittel, den wichtigsten Handlungszweig unter allen, den Tausch der Gedanken, zu begünstigen! Doch, jetzt ist nicht die Rede von einem Gesetze, welches den nützlichen Gebrauch der Presse aufmuntern; sondern von einem Gesetze, welches den Mißbräuchen derselben Einhalt thun soll."

Nun legte der Abbe Sieyes der Versammlung einen vortrefflichen Plan zu einem solchen Gesetze vor; aber die Nationalversammlung verschob die Berathschlagung darüber bis auf eine andere Zeit.

Armuth und Elend waren jetzt unter dem Volke zu Paris, so groß, daß Hr. Bailly sich genöthigt sahe, am 20. Januar 1790, die Mitglieder der Versammlung um Beisteuer zu bitten. Hr. Bailly sagte in diesem Briefe: „Das Elend ist zu Paris auf „den äußersten Grad gestiegen; die Arbeit fehlt, und „eine Menge rechtschaffner Arbeiter sind der Ver„zweiflung nahe. Die Versammlung kennt diese „Uebel. Der König hat Arbeitshäuser eröffnen „lassen, und seine Güte opfert täglich eine beträcht-
„liche

„liche Summe bauet auf. Aber deſſen ungeachtet
„iſt den unglücklichen Armen noch nicht gehol-
„fen a).“

Die Unterſuchung der gegen den Baron Beſenval vorgebrachten Klagen wurde indeſſen, von dem
Kriminalgerichte des Chatelet, noch immer fortgeſetzt.
In der Mitte des Januars waren ſchon hundert
und acht und ſiebenzig Zeugen gegen ihn
verhört worden, ohne daß auch nur ein Einziger eine
bewieſene Beſchuldigung gegen ihn vorgebracht hätte.
Dennoch wurde er noch nicht frei geſprochen; denn
das Volk wollte ihn ſchuldig finden, und konnte den
Gedanken nicht ertragen, daß Beſenval, als ein der
Rache ſchon beſtimmtes Schlachtopfer, ſeiner Wuth
entgehen ſollte. Bei andern Kriminalgerichten ſind
zwei, in allen Umſtänden übereinſtimmende Zeugen
hinreichend um einen Verbrecher zu verdammen: aber
hier waren hundert und acht und ſiebenzig übereinſtimmende Zeugen nicht hinreichend um die Unſchuld
des Angeklagten zu beweiſen. Der Pöbel verlangte,
laut und mit wüthendem Geſchrei, den grauen Kopf
des unſchuldigen Greiſes, und mit der Verhörung
neuer Zeugen mußte noch ferner fortgefahren werden.

Auch

---

a) La miſère eſt extrême à Paris. Le travail manque,
et une infinité d'honnêtes ouvriers ſont réduits au
déſeſpoir. Ces maux ſont connus de l'aſſemblée.
Le Roi a fait ouvrir des atteliers de charité, et ſa
bonté y conſacre chaque jour une ſomme conſidé-
rable, et cependant les malheureux ne ſont pas en-
core ſoulagés.

Auch mit Untersuchung der, gegen den Marquis von Favras vorgebrachten Anklage wurde täglich fortgefahren.

Am 21. Januar wurde in der Nationalversammlung eine Schrift vorgelesen, welche der Genuesische Gesandte, Marquis von Spinola an den Hrn. von Montmorin gesandt hatte. In dieser Schrift giebt die Republik Genua ihrem Gesandten den Auftrag, die Ansprüche der Republik auf die Insel Korsika zu vertheidigen, und sich über den Beschluß der Nationalversammlung zu beklagen, durch welchen diese Insel für einen Bestandtheil der Französischen Monarchie erklärt wird. In dem Traktate vom Jahre 1768 hatte die Republik Genua dem Könige von Frankreich die Oberherrschaft über die Insel Korsika übertragen, unter der Bedingung, daß diese Insel nicht unabhängig werden solle. Der Beschluß der Nationalversammlung, welcher Korsika der Französischen Monarchie einverleibt, war offenbar dem Traktate des Jahres 1768 entgegen, denn, vermöge dieses Traktates, ist der König bloßer Administrator der Oberherrschaft dieser Insel. Die Republik Genua erklärte, das Schicksal der Korsen sey ihr ganz gleichgültig, aber dennoch könne sie nicht ohne Verwunderung erfahren, daß ein Beschluß gefaßt worden sey, welcher die Rechte verletze, die sie sich in dem Königreiche Korsika vorbehalten habe; Rechte, welche durch einen Traktat geheiligt seyn, dessen Bedingungen nicht anders als mit der Einstimmung beider Partheien aufgehoben werden könnten.

Kaum

Kaum war diese Schrift verlesen, als der Vicomte von Mirabeau aufstand, und vorschlug, den Doge von Genua vor die Schranken der Versammlung zu zitiren. Ludwig der Vierzehnte, sagte er, hat vormals den Doge an seinen Hof zitirt; und was der Despotismus gethan hat, das darf doch wohl auch die Freiheit thun.

Dessen Bruder, der Graf Mirabeau, stand auf und sagte: „Wollen wir über diese Frage uns „berathschlagen, in demjenigen Sinne, welchen die „Republik Genua derselben giebt, so gehört viel „Spitzfindigkeit dazu, zu bestimmen, wie es möglich „sey, daß eine Macht, welche sich für Oberherrin „eines Landes ausgiebt, zu gleicher Zeit sagen könne, „daß ihr das Schicksal der Unterthanen, die sie zu„rückfordert, gleichgültig sey. Oder sieht die Re„publik Genua etwa die Französische Nation und den „König für ihre Vasallen an? Wir wollen die Be„rathschlagung über eine so unanständige und so unge„rechte Forderung bis auf eine unbestimmte Zeit hin„aus verschieben."

Hr. Saliketti (Abgesandter von Korsika bei der Versammlung) verlangte im Namen der Korsen, daß die Frage sogleich entschieden, und die Republik Genua mit ihrer Forderung abgewiesen werden möchte.

„Nein, rief Hr. Barnave, meine Vorgänger „haben den Punkt nicht getroffen! Hier ist keine „Rede von Traktaten und Eroberungen. Korsika „gehört unser, weil die Einwohner der Insel uns

anzu

„anzugehören verlangen. Es ist der Wunsch der „Einwohner, mit Frankreich verbunden zu seyn: wozu „dann alle fernere Berathschlagung?"

Hr. Despresmenil. Man muß doch wenigstens den Traktat von 1768 vorher erst durchlesen und untersuchen.

Hr. Pethion de Villeneuve. Was liegt an den Traktaten, wenn Korsika sich an uns übergiebt?

Hr. Robespierre. Die Forderung der Republik Genua muß behandelt werden wie man abgeschmackte Ansprüche allemal behandelt: man muß dieselbe gar keiner Berathschlagung würdigen.

Hr. Buttafoco (ein Korsikaner). Eilen Sie, meine Herren, entscheiden Sie schnell. Denn die Russen, welche jetzt in dem Mittelländischen Meere einen Standpunkt suchen, könnten sich sonst die gegenwärtigen Unruhen zu Nutze machen. Und wenn die Korsikaner nicht Hoffnung haben mit Frankreich vereinigt zu bleiben, so werden sie sich eher dem Teufel ergeben als der Republik Genua.

Herzog von Chatelet. Völker müssen den Traktaten und dem Europäischen Staatsrechte folgen, oder sie verletzen Treu und Glauben. Die Stellvertreter Frankreichs dürfen Nichts thun, als was gerecht und sorgfältig überlegt ist. Ich war Gesandter zu London, als dieser Traktat unterzeichnet wurde, und mir ist er dennoch ganz unbekannt. Ist es aber wahr, daß sich Genua einige Rechte vorbehalten hat, so müssen Sie den König bitten

sich

sich mit der Republik abzufinden. Dieß erfordert die Klugheit.

Graf Mirabeau. Ich kenne die Thatsache, deren sich Hr. von Chatelet nicht erinnert, ob er gleich dieselbe selbst dem Londner Hofe notificirt hat. Es ist möglich, daß, nach dem diplomatischen System, die Republik Genua einige Rechte auf Korsika habe; aber dann müste Genua uns alles zurückbezahlen, was Korsika uns gekostet hat. Ich glaube nicht, daß man lange erlauben wird, daß die diplomatische Sprache in dieser Versammlung gesprochen werde. Mit Recht hat man Ihnen gesagt, der heilige Grundsatz, nach welchem diese Sache entschieden werden müsse, sey der Wunsch des Volkes. Ich glaube nicht, wie mein Vorgänger, daß der Ragusische Bund, die Republik San Marino, oder ein anderer gefährlicher Staat, uns unruhig machen darf. Ich sehe sogar die Republik Genua nicht für einen gefährlichen Feind an; denn zwölf Männer und zwölf Weiber haben, auf der Küste von Korsika, ihre Armeen in die Flucht geschlagen. Also lassen Sie uns schnell diese Frage entscheiden, welche auf so ver ächtliche Grundsätze sich stützt, und entscheiden wir, daß dieselbe gar keine Berathschlagung verdiene.

Und so entschied auch würklich die Versammlung diese wichtige Frage des Europäischen Staaterechts. Einige Tage vorher war die Republik Genf auf eine ähnliche verächtliche Weise behandelt worden. Also fielen die ersten Beleidigungen der Stellvertreter eines
freien

freien Volkes auf zwei freie und unabhängige Republiken; zwei Republiken, zu denen Frankreich bisher, so oft es ihm an Gelde fehlte, jederzeit, und niemals vergeblich, seine Zuflucht genommen hatte.

Die Sitzungen der Versammlung waren zwar alle, so wie dieselben auch jetzo noch sind, sehr tobend und lärmend. Die Stimmen der sich untereinander schimpfenden Mitglieder waren lauter als die Glocke des Präsidenten, welcher sich mit Klingeln den Arm lähmte, indem er das Geschrei der tobenden Stellvertreter der geschwätzigen französischen Nation, durch den Lärm, den seine Glocke machte, zu übertäuben suchte. Die Versammlung glich einem Fischmarkte, wo Bootsknechte und Fischweiber ihre Lungen anstrengen, und sich in die Wette schimpfen; sie glich nicht einem erlauchten Haufen von Gesetzgebern. Seit langer Zeit war aber keine Sitzung so lärmend gewesen, als die Sitzung des zwei und zwanzigsten Januars des Jahres 1790.

Es wurde ein Plan vorgelesen, nach welchem die dringendsten Schulden des Staates bezahlt werden sollten. Nach Endigung dieser Vorlesung stieg Mirabeau auf den Rednerstuhl und sagte: „Unmöglich „kann ich meine Meinung über einen Vorschlag geben, den man so schnell hergelesen hat, und den der „größte Theil der Versammlung nicht einmal versteht. „Eins verstehe ich nur, nehmlich, daß dieser Plan „voll unnützer Dinge, und voll der sonderbarsten Untereinanderwerfung der verschiedensten Gegenstände „ist. Ungeachtet aller schönen Plane, aller ehrfurchts-

„erregenden Zauberformeln, aller ehrwürdigen Zah-
„len, glaube ich dennoch nicht, daß es einen einzigen
„Mann gebe (ich nehme sogar den Finanzminister
„selbst nicht aus), welcher genau weiß, wie groß die
„Staatsschuld ist, und wer die Gläubiger sind. Wie
„soll man sich nun in dieser unbekannten Sache ver-
„halten?"

Abbe Maury. Um Ordnung in die Finanzen
zu bringen, muß man einen Weg einschlagen, welcher demjenigen, den die Minister genommen haben,
gerade entgegen gesetzt ist. Ihre einzige Sorge bestand darin, Einnahme und Ausgabe gleich zu machen; Sie hingegen müssen immer die Ausgabe der
Einnahme unterordnen.

Hr. Cazales. Man muß wissen, wie hoch
sich die Staatsschuld beläuft; man muß die Ursachen
kennen, welche, seit zwölf Jahren, dieselbe um zweihundert Millionen vermehrt haben. Die Provinzen
werden sich nunmehr bald versammeln. Sie werden
von Ihnen Rechenschaft über Ihre Aufführung fordern. Wollen Sie denselben antworten, daß Sie,
umgeben von Kapitalisten und Staatsgläubigern, von
denen diese Stadt voll ist, es nicht hätten wagen
dürfen, die Gültigkeit der Forderungen zu untersuchen? Wollen Sie denselben sagen, Sie hätten Anlehen ausgeschrieben, ohne vorher zu untersuchen,
ob diese Anlehen auch nöthig seyn? Schreiben Sie
neue Auflagen aus: So verschwenden Sie die letzten
Aufopferungen eines Volkes, welches sich auf Sie
verläßt, und überlassen seinen Schweiß dem Ersten,

dem

dem es einfällt sich für einen Gläubiger des Staates auszugeben.

(Heftiger Lärm, unbändiges Geschrei, und lautes Rufen der Demokraten: Befehlt ihm zu schweigen! Gebietet ihm Stillschweigen; er predigt Aufruhr!)

Hr. Cazales (laut und heftig). Was wollt Ihr ihnen antworten, denen die Euch hieher gesandt haben, wenn sie Euch sagen: alle Aufträge, welche wir Euch gaben, haben Euch ausdrücklich verboten Auflagen auszuschreiben, oder Anlehen zu machen, ehe ihr nicht die Schulden des Staates ganz würdet kennen gelernt haben! Ich aber, ich habe meine Pflicht erfüllt, und Euch Eure Pflicht kennen gelehrt. Wird mein Vorschlag verworfen, so fällt Schimpf und Schande auf Diejenigen zurück, die denselben nicht annehmen wollen. Ich schlage vor, daß die Gültigkeit aller Staatsschulden untersucht, die Quellen der Schulden erforscht, und das Detail derselben auseinander gesetzt werden solle, damit das Zutrauen der Nation nicht gemißbraucht werde.

(Entsetzlicher Lärm in der Versammlung. Von einer Seite lautes Beifallklatschen; Bravorufen; Lobeserhebungen des Hrn. Cazales, wegen seines Muthes; Verlangen daß seine Rede gedruckt werde; von der andern Seite, wo Mirabeau stand, Zischen; Pfeifen; wüthendes Toben; grobes Schimpfen und schreckliches Drohen, in welches die Zuhörer auf den Gallerien mit einstimmen.)

Herzog de la Rochefoucault (ganz kaltblütig, und ohne die Stimme zu erheben). Sie verwechseln, meine Herren, die Rechtmäßigkeit der Schuld, mit der schlechten Anwendung der durch Anlehen aufgenommenen Gelder.

Hr. Roederer. Die rechtmäßige Schuld darf nicht mit den von der Regierung zu wucherischen Zinsen aufgenommenen Geldern verwechselt werden.

Charles Lameth. Der Vorschlag des Hrn. Cazales ist im Grunde gut; aber gegenwärtig würde derselbe mit den größten Nachtheilen verbunden seyn. Die Ausführung desselben würde die Arbeiten der Nationalversammlung aufhalten, Unruhe in die Familien bringen, die Bezahlung der Schulden noch länger aufschieben, und die rechtmäßigsten Gläubiger des Staats in Verlegenheit setzen. Indessen beweist doch dieser Vorschlag eine väterliche Sorgfalt, welche der Versammlung würdig ist. Der anscheinende Bewegungsgrund desselben ist die Vertheidigung des Wohls der Nation. Auch kann die Ausführung dieses Vorschlages zu einer andern Zeit würklich nützlich seyn. Ich verlange daher, daß man die Berathschlagung darüber bis auf eine unbestimmte Zeit verschiebe.

Gräf Mirabeau. Der Vorschlag des Hrn. Cazales hat, in meinen Augen, weder die Vortheile, noch die Nachtheile, welche mein Vorgänger darin hat finden wollen. Er will unsere Versammlung in eine Inquisition verwandeln.

(Großer

(Großer Lärm. Viele sprechen zugleich, daher man keinen verstehen kann. Schreckliches Geschrei: Stimmt! Stimmt! keine weitere Debatten! Dagegen schreien Cazales und seine Parthie: Nein! Nein! Laßt uns fortfahren, und die Sache ins Reine bringen! Die Demokraten stehen auf und rufen: Stimmt! Stimmt! Die übrigen widersetzen sich, und rufen mit dem heftigsten Geschrei: Wir sind hier nicht im Jakobinerklub!)

Der Abbe Maury steigt auf den Rednerstuhl. (Neuer tobender Lärm. Das Geschrei wird so heftig, daß man die Glocke des Präsidenten nicht mehr hört. Der Abbe Maury verläßt den Rednerstuhl. Er stellt sich mitten in den Saal, zwischen den Präsidenten und den Rednerstuhl. Er spricht; aber seine Freunde und seine Feinde schreien zugleich, und so laut, daß man ihn nicht verstehen kann. Er dreht sich gegen die Demokraten, und droht ihnen, mit aufgehobener Faust. Nun stehen plötzlich beide Partheien von ihren Sitzen auf. Der Präsident ruft, und schreit, und klingelt, an Einem fort. Auf einmal entsteht die vollkommenste Stille. Der Vorschlag wird noch einmal vorgelesen. Der Abbe Maury ruft aus: Nicht hier, sondern im Jakobinerklub, wo die gegenwärtige Berathschlagung angefangen ist, muß dieselbe auch geendigt werden! Dann fährt er fort:) Ihr habt euch anheischig gemacht, die Schuld des Staates zu bezahlen, und Ihr wollt dieselbe dennoch nicht kennen lernen! Wäre Jemand hier, der sich unterstehen dürfte das Gegentheil zu behaupten, so müßte derselbe, von diesem Augenblicke an, in der öffentlichen Meinung geschändet seyn! Was! Nachdem wir die Gläubiger des Staates unter den Schutz der Französischen Treue genommen haben, so sollte man es noch ungereimt finden, daß wir den Schleier, welcher bisher so viele Räubereien bedeckt hat, ganz zerreissen wollen!

(Neuer Lärm. Anhaltendes, heftiges, ungeduldiges Geschrei. Rufen und Klingeln des Präsidenten. Stampfen mit den Füßen, vor Wuth und Ungeduld.)

Ich richte meine Frage an jene Männer, welchen die Natur allen Muth versagt hat, und welche sie dagegen, zur Entschädigung, im allerhöchsten Grade mit dem Muthe, Schmach und Schande ertragen zu können, begabt hat. Diese frage ich. Mögen sie mir nunmehr, hier, in dieser Versammlung, antworten!

(Fünfhundert Männer fuhren, bei diesen Worten, zu gleicher Zeit in die Höhe. Fünfhundert Stimmen riefen zugleich: Abbitte! Abbitte wegen dieser Injurie! Lärm und Tumult nahmen zu. Ein Mitglied schlug vor, den Abbe Maury von seiner Stelle als Mitglied der Versammlung abzusetzen.)

Der Abbe Maury springt mit Einem Satz mitten in den Saal! „Wer, ruft er, wer ist derjenige, der es wagt einen solchen Vorschlag zu thun?"

Hr. Guillaume. Ich, ich bin es! Wer die ganze Versammlung beleidigt, der muß bestraft werden. Es ist Pflicht der Versammlung die ihren Mitgliedern

gliedern schuldige Achtung zu erhalten; denn welche Achtung wird man für die Gesetze haben, wenn man für die Gesetzgeber selbst keine hat!

Graf Mirabeau. Da von Ausschließung eines Mitgliedes die Rede ist, so muß ich sagen, daß diese große Frage des Staatsrechtes Nachdenken verdient, und daß die Versammlung keines ihrer Mitglieder ausschließen darf. Wenn die Injurie, mit welcher der Abbe Maury sein abgeschmacktes Raisonnement beschlossen hat, gegen ein einzelnes Mitglied gerichtet gewesen wäre, so wäre dieses eine so unverschämte Thorheit, daß man ihn in das Tollhaus hätte setzen müssen. Aber mir däucht er verdient Mitleiden, und da er diese Worte im Zorne ausgesprochen hat, so verlange ich, daß er einen Verweis bekomme, und daß dieser Verweis in dem Protokolle angemerkt werde.

Abbe Maury. Ich erinnere mich recht gut dessen was ich gesagt habe, weil ich voraussah, daß ich meine Worte würde wiederholen müssen. Die Versammlung kann sich, durch das was ich sagte, nicht für beleidigt halten; denn nicht ein Einziges ihrer Mitglieder ist dadurch beleidigt. Ich gehe noch weiter, und ich behaupte, daß Jemand der von dem Rednerstuhle spricht, und alle Augenblicke durch das Heulen der Wuth unterbrochen wird, wohl leicht zu entschuldigen ist, wenn er etwas Unschickliches sagen sollte.

(Neuer Lärm und Geschrei in allen Theilen des Saales).

Hr. Cazales entschuldigt den Abbé Maury.

Hr. Despresmenil. Der Sinn seiner Worte ist zweifelhaft, und muß daher auf die dem Angeklagten vortheilhafteste Weise ausgelegt werden.

Sehr viele Mitglieder sprachen, und lärmten, und schrien, bis endlich die Versammlung der Meinung des Hrn. Mirabeau beistimmte, und der Präsident dem Abbé Maury, wegen seines unschicklichen Betragens, einen Verweis gab.

Auf den Vorschlag des Hrn. Guillotin beschloß die Versammlung, am 21. Januar, folgende Artikel des Kriminalgesetzes:

„1. Da das Verbrechen persönlich ist, so können Hinrichtungen und ehrenraubende Bestrafungen, von welcher Art dieselben auch seyn mögen, den Anverwandten des Verbrechers keinen Flecken anhängen. Die Ehre derjenigen, welche ihm angehören, leidet dadurch auf keine Weise, und sie bleiben, so wie vorher, aller Gewerbe, Aemter und Würden fähig."

„2. In keinem Falle darf das Vermögen des Verurtheilten konfiscirt werden.

„3. Der Leichnam des Hingerichteten soll seiner Familie übergeben werden, wenn sie denselben verlangt. In allen Fällen soll derselbe auf die gewöhnliche Weise begraben werden, und in den Kirchenbüchern soll der Todesart gar keine Erwähnung geschehen."

Dieses vortrefliche, philosophische Gesetz wurde, wenige Tage nachher, zu Paris wirklich in Ausübung gebracht.

gebracht. Zwei junge Leute, Brüder und aus einer guten Familie, hatten falsche Wechsel verfertigt, und wurden daher zu Paris zum Tode verdammt. Nachdem die Hinrichtung geschehen war, versammelte sich der Distrikt zu welchem sie gehörten, und sandte eine Gesandtschaft zu dem achtzigjährigen Großvater und eine andere zu dem Bruder der Hingerichteten. Derjenige, welcher die Gesandtschaft anführte, sagte zu dem Greise:

„Mein Herr!"
„Das Bataillon von St. Honore, gerührt durch „Ihre tiefe Betrübniß, kommt um dieselbe mit Ih„nen zu theilen. Aber nachdem diese erste Pflicht „erfüllt ist, bleibt uns eine zweite übrig, welche durch „das unveränderliche Gesetz der Gerechtigkeit und der „Vernunft uns vorgeschrieben wird, nehmlich die „Pflicht Ihnen zu sagen, daß die Schande des Ver„brechens auf die Anverwandten des Verbrechers „nicht zurückfällt; daß das Bataillon St. Honore, „jetzo alle Ihre Anverwandten unter seine Brüder „aufnimmt, und denselben Treue, Einigkeit und „Hülfe zuschwört, und alle diejenigen Gesinnungen, „welche Ihre Tugend verdient, die nunmehr, durch „das Unglück, noch interessanter geworden ist."

Zu dem jungen Bruder der Hingerichteten sagte er:

„Sie, junger und tugendhafter Bürger des „Staates, Sie werden von ihren Waffenbrüdern, „die eben jetzt versammelt sind, erwartet, um von

"denselben einen öffentlichen Beweis der Achtung und
"der Liebe zu erhalten."

Die Gesandtschaft brachte nunmehr den Jüngling nach dem Grasplatze des Louvre, wo das Bataillon versammelt war. Dort wurde derselbe zum Lieutenant gewählt, und der Kommandant des Bataillons sagte zu ihm, indem er ihm den Degen übergab: "Erinnern Sie sich, so lange Sie leben, daß
"diese Ehrenbezeugungen der Tugend bestimmt sind,
"und daß die Tugend niemals auf eine andere Weise
"als durch persönliche Fehler verdunkelt werden
"kann."

Hierauf ließ la Fayette den jungen Officier von den Soldaten anerkennen, und nahm nachher denselben mit sich nach seinem Hause, wo er ihn des Mittags bei sich speisen ließ. Am folgenden Tage kam eine Gesandtschaft des Bataillon St. Honoré an die Nationalversammlung, um derselben von diesem Vorgange Bericht abzustatten. Nachdem der Anführer seinen Bericht geendigt hatte, antwortete der Präsident der Versammlung:

"Meine Herren!"
"Nur so eble Handlungen, wie die Ihrigen,
"können den Eifer, der die Nationalversammlung belebt, noch vermehren. Ich darf in dem Namen
"derselben sagen, daß Sie mächtiger gewürkt haben
"als die Versammlung selbst. Die Versammlung
"hat das Gesetz gegeben; Sie aber gaben das Beispiel: und Jedermann weiß, wie viel kräftiger Beispiele

„spiele wükken als Gesetze, in allen Dingen, welche
„von vorgefaßten Meinungen abhängen."

Am 28. Januar entstanden in der Versamlung
heftige Debatten wegen der Juden. Der Bischof
von Autun schlug vor, daß diejenigen Juden, welche in Frankreich naturalisirt seyn, und schon seit langer Zeit der Bürgerrechte genossen hätten, bei diesen
Rechten ferner geschützt werden sollten. Unter diese
Klasse gehören die sogenannten Portugiesischen Juden,
welche, wie bekannt, die Deutschen Juden verachten und keine Gemeinschaft mit denselben haben
wollen. Sie sind in sehr vielen Ländern naturalisirt, während die Deutschen Juden noch in keinem
Lande das Bürgerrecht erhalten haben. In Frankreich wohnen die Portugiesischen Juden zu Bordeaux,
zu Bayonne und zu Avignon. Sie haben keine eigene Gesetze, keine eigene Richter; sie bezahlen alle
Auflagen, wie die Christen; sie dienen in der Bürgermiliz, wie die Christen; und thun Dienste, ohne
Unterschied des Tages oder der Stunde; sie sind
weit gebildeter, reicher, und nicht so abergläubisch
als die Deutschen Juden. In Frankreich haben sie,
von dem Könige, im Jahr 1550, das Bürgerrecht
erhalten, und seither ist ihnen dieses Vorrecht von
allen nachfolgenden Königen bestätigt worden, und
auch von Ludwig dem Sechszehnten im Jahre 1776.
Der Bischoff verlangte, daß die Versammlung diese
Klasse von Juden für Bürger des Staates erklären
sollte, ohne jedoch über das Schicksal der übrigen Juden im Voraus etwas zu bestimmen.

Hr.

Hr. Reubel (heftig). Ihr habt erkannt, die Juden müßten Juden bleiben; sie seyn Bürger bei ihnen, aber nicht bei uns. Jetzt will man, daß Ihr erkennen sollt, die Juden zu Bordeaux seyn keine Juden.

Abbe Maury. Man verlangt weiter Nichts, als daß Ihr vorläufig erklären sollt, daß die Juden bleiben wie sie bisher gewesen sind; und dieses ist nicht mehr als billig.

(Lärm und Geschrei, über das Wort`vorläufig.)

Hr. Reubel. Irren Sie Sich nicht meine Herren, Die Juden haben in ganz Frankreich gleiche Vorrechte. Sie müssen daher auch gleich behandelt werden. Aber, was wird denn aus dem Elsaß werden? Die Juden besitzen daselbst, beinahe ausschließend, allen Geldreichthum. Sie sind Gläubiger von ungeheuren Summen, welche sie, durch den allersträflichsten Wucher, gewonnen haben. Bald würden daher alle Güter der Provinz in ihren Händen seyn; die unglücklichen Bauern müßten sehen, daß sich ein Haufe von Wucherern ihrer Besitzungen bemächtigte; und vielleicht würden diese Wucherer selbst, durch das Schwerdt des Fanatismus und der Verzweiflung fallen. Einzelne Individua ausgenommen, hat bisher in Frankreich kein Jude das Bürgerrecht besessen.

Hr. von Noailles. Die Juden zu Bordeaux haben dem Staate wichtige Dienste geleistet. In dem unglücklichen Kriege des Jahres 1756 haben
sie

sie den Französischen Officieren großmüthig ihre Kassen geöffnet, und denselben Geld gelehnt ohne Zinsen zu fordern. Diese Juden haben nicht die Vorurtheile und den Aberglauben der übrigen Juden. Sie haben von jeher Bürgerrechte genossen, und Einem von Ihnen, Hrn. Gradix zu Bordeaux, haben nur drei Stimmen gefehlt, um zum Abgesanden an die Reichsstände gewählt zu werden.

Nach langen Debatten, nach großem Lärm und Tumult, beschloß endlich die Versammlung, daß diejenigen Juden, welche in Frankreich unter dem Namen der Portugiesischen, Spanischen und Avignonischen Juden bekannt sind, fortfahren sollen der Rechte zu genießen, der sie bisher genossen haben; daß sie demzufolge unter die thätigen Bürger des Staats gehören, wenn sie übrigens die von der Nationalversammlung vorgeschriebenen Bedingungen erfüllen.

Am 29. Januar wurde endlich der Prozeß des Baron Besenval geendigt und derselbe für unschuldig erklärt, und ihm seine Freiheit wieder gegeben. Sechs Monathe hatte er unschuldig im Gefängnisse zugebracht, und während dieser Zeit war er, mehr als einmal, in Gefahr gewesen von dem Pöbel aus dem Gefängnisse herausgerissen und einer ungerechten Wuth aufgeopfert zu werden.

Die Beschlüsse der Nationalversammlung wurden zwar alle, in den Provinzen, pünktlich und genau ausgeführt, und die Anarchie war daher verschwunden. Aber dessenungeachtet war dennoch die Ruhe noch

noch nicht hergestellt, und im Januar 1790 wurde ein neuer Sturm gegen die Schlösser der Edelleute beinahe über ganz Frankreich allgemein. In Bretagne wurden zwei und zwanzig Schlösser verbrannt. Die Bauern verlangten von den Eigenthümern, daß sie den Feudalrechten entsagen sollten. In einigen Schlössern forderten die Bauern den Edelleuten ihre Papiere ab und verbrannten dieselben. Noch andre Schlösser wurden geplündert. Aehnliche Excesse begiengen die Bauern auch in den Provinzen Limousin, Quercy, Perigord, Angoumois. Am 10. Januar wurden, in Limousin, der Graf Däubert, und der Marquis Lastregie, sein Tochtermann, auf dem Schlosse des erstern, von einer Bande, die aus dreihundert Räubern bestand, angegriffen, welche alle mit Flinten bewaffnet waren. Der Marquis Lastregie hatte vorher von diesem Komplott Nachricht erhalten. Er las ihnen daher, als sie ankamen, das Kriegsgesetz vor, zeigte ihnen die rothe Fahne, und befahl ihnen sich wegzubegeben. Diesem Befehle wollten sie nicht gehorchen. Nunmehr setzt sich der Marquis zu Pferde; er nimmt zehn Mann von seinen Leuten mit sich, stürzt auf die Räuber zu, und jagt sie auseinander, ohne auch nur einen einzigen Schuß gethan zu haben. Die Räuber schossen dreimal, und eine ihrer Kugeln durchlöcherte den Hut eines Officiers der Marechaussee.

Sieben Einwohner der Stadt Brive, im Limousin, hatten erfahren, daß das Schloß Allassac, welches Hrn. de la Maze zugehört, angegriffen werden

werden sollte. Auf diese Nachricht begaben sie, sich dahin, und hielten, vier und zwanzig Stunden lang, den Angriff der Räuber aus. Sie retteten dem Eigenthümer des Schlosses und seiner Gemahlin dadurch das Leben; aber sie konnten nicht verhindern, daß nicht ein Theil des Schlosses geplündert und zerstört worden wäre. Von da zogen diese sieben Patrioten nach dem Schlosse Favard, welches Hrn. St. Hilaire zugehört, und vertheidigten muthig auch dieses Schloß, ohne durch die weit größere Anzahl ihrer Feinde von der Vertheidigung abgeschreckt zu werden. Nach diesen beiden Beweisen ihrer Tapferkeit, kamen sie nach der Stadt Brive zurück, versammelten daselbst die Einwohner, vermahnten dieselben ruhig und friedlich untereinander zu leben, und schworen, daß sie ihre Mitbürger mit Gefahr ihres eigenen Lebens zu vertheidigen bereit seyn. Man antwortete ihnen durch Freudenthränen, und durch wiederholte Versprechungen, ohne Unterschied des Ranges und des Standes miteinander im Frieden zu leben.

Die Stadt Lyon war bisher in völliger Ruhe geblieben. Kein Blut war daselbst vergossen, kein Laternenpfahl zu Hinrichtungen gebraucht worden. Die Bürgermiliz wachte und erhielt die vortreflichste Polizei und die ruhigste Sicherheit. Im Januar 1790 entstanden aber auch in dieser Stadt Unruhen. Einige tausend Handwerksgesellen versammelten sich am sechsten Januar auf dem Platze Belle-Cour, und griffen 250 Soldaten der Bürgermiliz an, welche die Wachen am Zeughause ablösen wollten. Der

Haufe

Haufe fiel auf diese Soldaten, verfolgte dieselben mit Steinwürfen, und einigemal schoß man auch mit Flinten nach ihnen. Der Pöbel bemächtigte sich des Arsenals; er sprengte die Thüren ein, und raubte zwölf bis funfzehn tausend Flinten aus demselben. Der Kommandant der Stadt, Hr. Imbert Colomies, wurde verfolgt und ihm mit dem Laternenpfahle gedroht. Er sah sich genöthigt mit einigen andern Mitgliedern des Bürgerrathes zu fliehen und die Stadt zu verlassen. Das Schweizerregiment Sonnenberg und die Dragoner haben sich, durch ihr kluges und vorsichtiges Betragen während dieser Unruhen, großen Ruhm erworben. Obgleich der Pöbel sie reizte, und mit Steinen nach ihnen warf, wehrten sie sich dennoch nicht, sondern zogen sich ruhig in ihre Kasernen zurück, und verhüteten dadurch das Blutvergießen. Vier Tage nachher wurde das Volk zu Lyon, durch aufrührerische Schriften, von neuem aufgewiegelt, und aufgemuntert die Schweizer in ihren Kasernen anzugreifen. Nach vieler Mühe ward endlich die Ruhe wiederum hergestellt.

Im Languedok giengen ähnliche Auftritte vor. Das Schloß des Hrn. de Bournazel wurde verbrannt, und zwei von seinen Bedienten wurden ermordet. Er selbst, ein achtzigjähriger Greis, entgieng nur durch List dem ihm gedrohten Tode. Am vierten Februar zogen mehr als fünfhundert Räuber, die sich vereinigt hatten, gegen das Schloß Camparrau, nahe bei Montauban, welches dem Hrn Du Prat zugehört, um dasselbe zu plündern und

zu

zu zerstören. Herr Du Prat führte 250 Soldaten der Miliz gegen die Räuber an, schlug dieselben, tödtete 76 Mann und führte 66 Gefangene mit sich fort.

Zu Bordeaux wurde, durch den Beschluß der Nationalversammlung, der die dortigen Juden in denjenigen Rechten bestätigte, welche ihnen schon lange zuvor die Regierung bewilligt hatte, einige Unruhe unter dem Pöbel verursacht; diese Unruhen wurden aber bald wiederum gedämpft.

Auch in den Kolonien giengen schreckliche Auftritte vor. Die Unruhen fiengen im August des Jahres 1789 an. Auf der Insel Martinique machten die Neger ein Komplott, ihre weißen Herren zu ermorden, und am dreißigsten August 1789 schrieben sie, an den General, an den Intendanten, und an den Gouverneur der Zitadelle zu St. Pierre folgenden Brief:

„Wir wissen, daß der König uns frei gemacht „hat. Wenn man sich weigert uns frei zu geben, „so wollen wir die ganze Colonie mit Feuer und „Schwerdt verheeren, und außer den Personen, welche zu der Regierung gehören, und den Klöstern, „nichts verschonen."

„Die Neger."

Bald nachher brach der Aufruhr aus. Dreihundert Neger versammelten sich. Der Kommandant bot die Miliz auf, und befahl den Truppen, die unter seinen Befehlen waren, den Aufrührern entgegen zu ziehen. Die Neger, über diese Anstalten erschrocken,

cken, kamen aus den Wäldern, wohin sie sich geflüchtet hatten, wiederum zurück, unterwarfen sich ihren Herren, und baten um Verzeihung. Die Anführer wurden gefangen genommen und ihnen der Prozeß gemacht. Im September wurden einige von ihnen gerädert, andre aufgehängt. Der Anführer und das Haupt der Verschwörung, der Neger Mark, war indessen noch immer in Freiheit, und ungeachtet ein Preis auf seinen Kopf gesetzt wurde, konnte man sich seiner dennoch nicht bemächtigen. Die gefangenen Neger sagten aus: ihr Vorhaben sey gewesen, alle Kreolen umzubringen, und nur die Weiber zu verschonen. Nach den Hinrichtungen der Rädelsführer brach der Aufruhr aufs Neue aus. Die Neger empörten sich gegen ihre Herren, und verlangten freigelassen zu werden. Sie ermordeten auf einer Plantage den Aufseher, am achten November 1789. Die sieben Neger, welche ihn ermordet hatten, wurden gefangen genommen und ausgefragt. Sie hätten sich, sagten sie, über ihn nicht zu beklagen; er sey ein guter Mann gewesen; er habe sie nicht zu übermäßiger Arbeit gezwungen; sogar Geld habe er ihnen vorgestreckt; und, bloß allein um der Nation willen, hätten sie ihn umgebracht a). Der Staatsrath der Insel-Martinique verurtheilte sechs von den Mördern zum Rade, und den siebenten zum Strange.

Auf der Insel St. Domingue war die Gährung nicht weniger groß. Weiße, Mulatten und
Neger

a) Qu'ils ne l'avoient tué qu'à cause de la Nation.

Neger lebten daselbst untereinander in Streit und Feindschaft. Aller Vorsicht ungeachtet, liefen täglich die Neger haufenweise von ihren Herren weg, in die Wälder und in die unwegsamen Gebirge. Zu Petit-Goave ahmten die Kreolen den Pariser Pöbel nach. Sie ermordeten die erste Magistratsperson, Hrn. Ferrand de Baudricres, schlugen ihm den Kopf ab, und trugen denselben, im Triumphe, durch die Straßen der Stadt.

Der vierte Februar des Jahres 1790 war für Frankreich ein merkwürdiger Tag. Es war der Tag, welcher allen Unordnungen ein Ende machen, alle Gemüther vereinigen sollte. Ludwig der Sechzehnte, derjenige König, der so viele Jahre unumschränkt geherrscht hatte, der, am 23. Junius des Jahres 1789, durch böse Rathschläge verleitet, gleich einem asiatischen Despoten, den Stellvertretern der Französischen Nation befohlen hatte, Ludwig erkannte nunmehr seinen Fehler; er gab der Stimme der Vernunft Gehör; er sah ein, daß der Fürst nur dann glücklich ist, wenn seine Unterthanen frei sind, und wenn er selbst den Gesetzen gehorcht. Dieser Ueberzeugung zufolge kam der Monarch, am vierten Februar, freiwillig in die Nationalversammlung, gab seine Einwilligung zu den Gesetzen der neuen Konstitution, versprach, den gegebenen Gesetzen zu gehorchen, und vermahnte seine Unterthanen zur Ordnung und zum Frieden, und erklärte, daß er diejenigen als seine persönlichen Feinde ansehe, welche künftig noch Feinde der Konstitution seyn würden. Großer, feierlicher,

licher, denkwürdiger Tag des vierten Februars 1790! Welch ein herrliches Gegenbild gegen den drei und zwanzigsten Junius des Jahres 1789!

Die Versammlung hatte so eben ihre Berathschlagung angefangen, als dem Präsidenten ein Brief von dem Könige überreicht wurde, welcher folgende Worte enthielt:

„Ich mache dem Hrn. Präsidenten der National„versammlung bekannt, daß ich gesonnen bin, diesen „Vormittag, gegen zwölf Uhr, in der Versammlung „zu erscheinen, und daß ich, ohne alle Zeremonien, „aufgenommen zu werden verlange."

„Ludwig."

Diesen Brief des Monarchen las der Präsident der Versammlung vor. Die Nationalversammlung, und mit ihr die Zuschauer auf allen Gallerien, brachen hierüber in ein lautes Händeklatschen und in ein lärmendes Freudengeschrei: „Hoch lebe der König! „Hoch lebe der König!" aus. Fünfmal folgte eine feierliche Stille auf diesen Ausbruch lauter Freude; und fünfmal wurde die feierliche Stille, durch neues Händeklatschen und neue Freudenbezeugungen, unterbrochen.

Nachdem der betäubende Lärm aufgehört hatte, bemerkte der Präsident, daß, um dem in seinem Briefe geäußerten Wunsche des Monarchen zu entsprechen, es vielleicht mehr Ehrfurcht anzeigen würde, dem Könige keine Gesandtschaft entgegen zu senden; daß ferner, sobald der König in der Versammlung erscheinen würde, dieselbe aufhöre eine berathschla-

gende

gende Versammlung zu seyn; und daß, demzufolge,
es schicklich sey, daß, außer dem Präsidenten, nie:
mand spreche. Der Präsident sagte ferner: Er habe
gestern schon von dem Vorsatze des Königs Nachricht
erhalten, und daher auch schon vorläufig einige An:
stalten getroffen, um den Monarchen seiner Würde
gemäß zu empfangen. Die Versammlung beschloß
aber, dessenungeachtet, dem Könige eine Gesandt:
schaft entgegen zu senden. Bald nachher verkündigte
ein Herold die Ankunft des Königs. Die allertiefste
Stille herrschte in der Versammlung. Ludwig trat
herein, begleitet von seinen Ministern und von den
an ihn abgesandten Mitgliedern der Nationalver:
sammlung. In dem Augenblicke da der König in
den Saal trat, entstand von allen Seiten desselben,
ein anhaltendes Beifallklatschen, Freudengeschrei und
loyale Ausrufungen: „Hoch lebe der König! Hoch
„lebe der König! Hoch lebe der König!" Die Mit:
glieder der Versammlung empfiengen den Monarchen
stehend, und mit dem Hute in der Hand. Der Kö:
nig stieg die Stufen hinauf, zu dem Stuhle des Prä:
sidenten, über welchen ein Ueberzug, von rothem
Sammet mit goldenen Lilien gestickt, geworfen war.
Ein Fußteppich von eben dem Zeuge lag auf der Erde.
Der Lehnstuhl des Präsidenten der Nationalversamm:
lung war jetzo in den Thron des Königs verwandelt.
Der König setzte sich nieder, und nun erschallte aber:
mals das Beifallklatschen und das Freudengeschrei des
wonnetrunknen Haufens. Die Mitglieder der Na:
tionalversammlung, die Zuschauer auf den Gallerien,

wo

wo eine ungeheure Menge Menschen sich hingedrängt hatte, und der unermeßliche Haufe in dem Garten der Thuillerien vor dem Versammlungshause: alle stimmten mit ein in das durchdringende Vivatrufen, und die Luft ertönte weit umher, von dem Jubeln eines freiheittrunkenen Volkes, welchem sein König selbst, an diesem Tage, das schwere Joch abnahm, unter dem es so lange geseufzt hatte, und welchem sein König selbst die Ketten zerbrach, mit denen es so lange gefesselt gewesen war. Der König erhob sich von seinem Lehnstuhle. Der Präsident der Nationalversammlung stand neben ihm zur Rechten. Hr. Necker und die übrigen Minister stellten sich auf die linke Seite des Königs, und, in einer kleinen Entfernung, hinter ihm. Vivatrufen und Beifallklatschen hörten nunmehr auf, und das tiefste Stillschweigen folgte auf den vorhergegangenen Lärm. Stehend und mit unbedecktem Haupte hielt der König, mit einer Majestät, welche mehr seiner Person als seinem erhabenen Range anzugehören scheint, folgende Rede:

„Meine Herren!"

„Die Wichtigkeit des Zeitpunktes, in welchem sich jetzo Frankreich befindet, bringt mich mitten unter Sie. Die immer zunehmende Erschlaffung aller Bande der Ordnung und der Subordination; die Aufhebung oder die Unthätigkeit der Justiz; die Unzufriedenheit, welche aus persönlichem Verlust entsteht; der Widerstand, der unglückliche Haß, welcher die unausbleibliche Folge einer langen Zwietracht ist;

der

der kritische Zustand der Finanzen; und die allgemeine Gährung der Gemüther: alles' dieses scheint sich zu vereinigen, um die Unruhe der wahren Freunde des Glückes und der Wohlfahrt des Königreiches zu unterhalten."

"Ein großer Zweck zeigt sich ihren Blicken: aber wir müssen ohne Vermehrung der Unordnung, und ohne neue Konvulsionen dahin gelangen. Ich habe gehofft, warum sollte ich es nicht sagen, auf einem sanftern und ruhigern Wege Sie dahin zu führen, als ich zuerst den Gedanken faßte Sie zu versammeln, und zu dem allgemeinen Besten den Willen und die Kenntnisse der Stellvertreter der Nation zu vereinigen: aber mein Glück und meine Ehre sind nichts desto weniger mit dem Erfolge Ihrer Arbeiten auf das Genaueste verbunden."

„Ich habe dieselben, mit ununterbrochener Wachsamkeit, vor dem traurigen Einflusse geschützt, den die unglücklichen Zeitumstände, in welchen Sie Sich befanden, auf dieselben hätten haben können. Die Greuel einer Hungersnoth, welche im vorigen Jahre Frankreich drohten, sind durch mannigfaltige Vorkehrungen, und durch ungeheure Getreide-Einkaufungen verhütet worden. Die Unordnung, welche der damalige Zustand der Finanzen, der Mangel an Kredit, die ausserordentliche Seltenheit des Geldes, und der allmählige Verfall der Einkünfte, nothwendig verursachen mußte; diese Unordnung ist, wenigstens in soferne verhütet worden, daß sie nicht zu auffallend werde, und nicht auf den höchsten Grad steige. Ueberall, und vorzüglich in der Hauptstadt, habe ich die gefährlichen Folgen des Mangels an Arbeit zu verhindern gesucht. Und, ungeachtet der Kraftlosigkeit aller Mittel des Ansehens, habe ich das Königreich, nicht etwa (daran fehlt viel) in derjenigen Ruhe erhalten, die ich gewünscht hätte, aber doch in einem Zustande, der ruhig genug war, um die Wohlthat einer weisen und gut eingerichteten Freiheit annehmen zu können. Endlich, ungeachtet unserer innern Lage, welche Jedermann kennt, und ungeachtet der politischen Stürme, welche andre Nationen hin und her treiben, habe ich von außen den Frieden, und mit allen Europäischen Mächten Verbindungen der Achtung und der Freundschaft unterhalten, die diesen Frieden dauerhaft machen müssen."

„Nachdem ich Sie, auf diese Weise, vor den großen Widerwärtigkeiten beschützt habe, welche so leicht Ihre Unternehmungen und Ihre Arbeiten hätten stören können, glaube ich, daß nunmehr der Zeitpunkt angelangt ist, wo das Beste des Staates es erfordert, daß ich auf eine noch innigere und ausdrücklichere Weise, an der Ausübung und an dem Fortgange Alles dessen, was Sie zur Wohlfahrt Frankreichs gethan haben, Antheil nehme. Ich kann keine wichtigere Gelegenheit dazu wählen, als diejenige, wo Sie meine Genehmigung für Beschlüsse verlangen, welche bestimmt sind, in dem Königreiche eine neue Einrichtung zu machen, die auf das Glück meiner Unterthanen und auf die Wohlfahrt dieses Reiches

einen

einen so wichtigen und so vortheilhaften Einfluß haben soll."

„Sie wissen, meine Herren, daß schon vor mehr als zehen Jahren, und zu einer Zeit, wo der Wunsch der Nation über die Provinzialversammlungen noch nicht entschieden hatte, ich anfieng diese Art von Administration, mit derjenigen, welche durch eine alte und lange Gewohnheit gleichsam geheiligt war, zu vertauschen. Da nun die Erfahrung mich lehrt, daß ich mich in der Meinung, welche ich von dem Nutzen dieser Einrichtung gefaßt hatte, nicht betrog, so habe ich gesucht alle Provinzen meines Königreiches dieser Wohlthat genießen zu lassen, und, um der neuen Administration das allgemeine Zutrauen zu verschaffen, habe ich befohlen, daß alle Mitglieder, aus denen dieselben bestehen sollten, von den Bürgern des Staates freiwillig gewählt seyn müsten. Sie haben diese meine Gedanken auf mancherlei Weise verbessert, und die wesentlichste Verbesserung ist unstreitig jene gleiche und weise ausgedachte Unterabtheilung, welche, indem sie die alten Abtheilungen der Provinzen schwächt, und indem sie ein allgemeines und vollkommenes System des Gleichgewichts festsetzt, zugleich alle Theile des Reiches zu einem gemeinschaftlichen Geiste und einem gemeinschaftlichen Interesse mehr vereinigt. Dieser große Gedanke, dieser vortrefliche Plan, gehört ganz allein Ihnen zu. Es wurde dazu die Uebereinstimmung der Gesinnungen der Stellvertreter der Nation nothwendig erfordert; es wurde ein gerechtes Uebergewicht über die allgemeine Meinung

nung nothwendig erfordert, um mit Zuversicht eine so ausserordentlich wichtige Veränderung unternehmen zu können, und um, im Namen der Vernunft, die Hindernisse der Gewohnheit und des Privatinteresse besiegen zu können."

„Ich werde, durch alle Mittel die in meiner Gewalt sind, den glücklichen Fortgang dieser großen Einrichtung, von welcher das Glück Frankreichs abhängt, zu befördern suchen, und (es scheint mir nöthig dieses zu sagen) die innere Lage des Königreiches beschäftigt mich zu sehr; ich wache zu sehr über die Gefahren aller Art, mit denen wir umgeben sind, um nicht mächtig zu fühlen, daß, bei der gegenwärtigen Stimmung der Gemüther, und bei der Lage in welcher die Staatsgeschäfte sich befinden, eine neue Ordnung von Dingen ruhig und stille entstehen muß, wenn nicht das Königreich allen Plagen der Anarchie ausgesetzt seyn soll."

„Mögen die guten Bürger des Staates dieses überlegen, und, so wie ich auch gethan habe, ihre Aufmerksamkeit bloß allein auf das Wohl des Staates richten! Dann werden sie einsehen, daß, selbst bei Verschiedenheit der Gesinnungen, ein wichtiges Interesse sie jetzo vereinigen muß. Was in den Gesetzen, welche das Werk dieser Versammlung seyn werden, noch mangelhaft bleiben möchte, das wird die Zeit verbessern. Aber jede Unternehmung, welche dahin abzweckt, die Grundsätze der Konstitution selbst zu erschüttern; jede Verabredung, deren Zweck es wäre dieselbe umzuwerfen, oder ihren glücklichen

Einfluß zu schwächen, würde weiter zu nichts dienen, als die schrecklichen Folgen der Zwietracht mitten unter uns zu bringen. Und wäre es möglich, daß eine solche Unternehmung gegen mein Volk und mich wirklich gelingen könnte, so würde ein solcher Erfolg uns, ohne Entschädigung, mancher Wohlthaten berauben, die eine neue Ordnung der Dinge uns in der Ferne jetzo schon zeigt."

„Ueberlassen wir uns daher aufrichtig den Hoffnungen die sich uns darbieten, und fassen wir den Entschluß, dieselben, durch eine allgemeine Uebereinstimmung, zu der Wirklichkeit zu bringen. Möge man überall erfahren, daß der Monarch und die Stellvertreter der Nation, durch ein gemeinschaftliches Interesse, durch gemeinschaftliche Wünsche verbunden sind; damit diese Meinung, dieser feste Glaube, in den Provinzen einen Geist des Friedens und des Wohlwollens verbreite, und damit alle Bürger des Staates, welche durch Rechtschaffenheit empfehlungswürdig sind, alle Diejenigen, welche, durch ihren Eifer oder durch ihre Kenntnisse, im Stande sind dem Staate wesentliche Dienste zu leisten, sich bemühen mögen, an den verschiedenen Unterabtheilungen der Hauptadministration Theil zu nehmen; damit, durch eine solche Verbindung zu einem Einzigen Zwecke, endlich Ordnung und Wohlstand im Reiche wieder hergestellt werden."

„Wir dürfen es uns einander nicht verbergen, daß noch viel zu thun übrig bleibt, um zu diesem Ziele zu gelangen. Ein anhaltendes Bestreben, eine

allge-

allgemeine und gemeinschaftliche Anstrengung, sind unumgänglich nothwendig, wenn der Erfolg glücklich seyn soll. Fahren Sie daher in ihren Arbeiten fort; ohne andere Leidenschaften als die Leidenschaft des gemeinen Wohls. Betrachten Sie immer, und vor Allem andern, das Schicksal des Volkes und die öffentliche Freiheit. Aber beschäftigen Sie Sich auch damit, zu besänftigen und alles Mißtrauen zu benehmen. Schaffen Sie, so schnell als möglich, die mannigfaltigen Besorgnisse aus dem Wege, welche noch aus Frankreich eine so große Menge seiner Bürger entfernt halten, und deren Wirkung mit den Gesetzen über Sicherheit und Freiheit, die Sie festsetzen wollen, so auffallend im Widerspruche steht. Wohlstand wird nicht eher wiederkommen, als bis allgemeine Zufriedenheit herrscht. Ueberall bemerken wir Hoffnungen; möchten wir bald überall auch die Erfüllung derselben erblicken."

„Dereinst, mit Freude denke ich daran, dereinst werden alle Frankreicher, wer sie auch seyn mögen, den Vortheil einsehen, der mit der gänzlichen Aufhebung alles Unterschiedes der Klassen und Stände verbunden ist, wenn es darauf ankommt gemeinschaftlich für das öffentliche Wohl zu arbeiten; für denjenigen Wohlstand des Vaterlandes, welcher alle Staatsbürger gleich interessirt. Jeder wird nunmehr leicht einsehen, daß künftig, um Beruf zu haben dem Staate zu dienen, weiter nichts erfordert wird, als daß er sich durch seine Talente oder durch seine Tugenden auszeichne."

„In

„Indessen darf die Achtung gegen die Diener der Religion nicht aufhören. Und wenn diese Achtung sich auf die heiligen Wahrheiten gründet, welche die Schutzwehr der Ordnung und der Moral sind, so müssen alle rechtschaffenen und erleuchteten Bürger ein gemeinschaftliches Interesse haben dieselbe zu erhalten und zu vertheidigen."

„Unstreitig haben diejenigen, welche ihre Vorrechte in Rücksicht auf die Auflagen aufgaben, und auch diejenigen, welche künftig nicht mehr wie vormals einen politischen Stand im Staate ausmachen werden, ein Opfer gebracht, dessen Wichtigkeit mir ganz bekannt ist. Aber ich bin überzeugt, daß sie großmüthig genug denken werden, um in allen den öffentlichen Vortheilen, welche die Errichtung der Nationalversammlungen hoffen läßt, ihre Entschädigung dafür zu suchen."

„Ich könnte auch herzählen was ich verlohren habe, wenn, bei den größten Vortheilen des Staates, ich mich bei demjenigen, was meine eigene Person betrifft, aufhalten wollte. Aber ich finde in der Vermehrung des Glücks der Nation eine hinlängliche, eine völlige und gänzliche Entschädigung. Von Grund meiner Seele sage ich, daß dieses meine wahre Gesinnung ist."

„Darum will ich auch die Konstitution und die Freiheit erhalten und vertheidigen; die Konstitution, deren Grundsätze der allgemeine Wunsch, welcher mit dem meinigen sich vereinigt, festgesetzt hat. Ich will noch mehr thun, und in Gemeinschaft mit der Königin

gin, deren Gesinnungen mit den meinigen übereinstimmen, schon frühe den Verstand und das Herz meines Sohnes auf die neue Ordnung der Dinge, welche die Zeitumstände herbeigeführt haben, vorbereiten. Ich will ihn, von seiner frühesten Jugend an, gewöhnen durch das Glück der Frankreicher glücklich zu seyn, und zu jeder Zeit, ohne an das Geschwätz der Schmeichler sich zu kehren, einzusehen, daß eine gute Konstitution ihn vor den Gefahren der Unerfahrenheit verwahren wird, und daß eine gerechte Freiheit den Gesinnungen der Liebe und der Ergebenheit, von denen die Nation, schon seit so vielen Jahrhunderten, ihren Königen so rührende Beweise gegeben hat, einen neuen Werth gewährt."

„Ich darf gar nicht daran zweifeln, daß Sie, bei Endigung Ihres Werkes, gewiß auch, mit Weisheit und Aufrichtigkeit, für die Feststellung der ausübenden Gewalt sorgen werden: denn ohne dieses könnte weder eine dauerhafte Ordnung im Innern, noch das Ansehen auswärts Statt finden. Vernünftiger Weise kann Ihnen nunmehr kein Mißtrauen mehr übrig bleiben, und darum ist es Ihre Pflicht, als Staatsbürger und als getreue Stellvertreter der Nation, dem Wohl des Staates und der öffentlichen Freiheit diejenige Dauerhaftigkeit zu geben, welche auf keine andere Weise als durch ein thätiges und beschützendes Ansehen, Statt finden kann. Ohne Zweifel werden Sie Sich erinnern, daß, ohne ein solches Ansehen, alle Theile des Systems Ihrer Konstitution zugleich ohne Verbindung und ohne Uebereinstimmung

stimmung bleiben müßten; und indem Sie Sich mit der Freiheit beschäftigen, welche Sie lieben, und welche auch ich liebe, werden Sie nicht vergessen, daß die Unordnung in der Administration oft, durch unüberlegte Gewaltthätigkeiten, in die gefährlichste und schrecklichste Tyrannei ausartet."

„Darum ersuche ich Sie, meine Herren, nicht um meinetwillen (denn ich rechne dasjenige, was meine Person angeht, für Nichts, wenn von Gesetzen, wenn von Einrichtungen die Rede ist, welche das Schicksal des Reiches bestimmen sollen) sondern um des Besten unseres Vaterlandes, um seiner Wohlfahrt, um seiner Macht willen, ersuche ich Sie, alle augenblicklichen Eindrücke aus ihrer Seele zu verbannen, denn diese möchten Sie verhindern im Zusammenhange zu betrachten, was ein großes Königreich, wie Frankreich, wegen seines weiten Umfanges, wegen seiner großen Bevölkerung, und wegen seiner unvermeidlichen Verbindungen mit dem Auslande, erfordert."

„Sie werden auch nicht vergessen Ihre Aufmerksamkeit auf die Sitten, auf den Karakter und die Lebensart einer Nation zu richten, die wegen ihres Witzes und wegen ihres Verstandes in Europa zu berühmt geworden ist, als daß es gleichgültig scheinen könnte, ob bei ihr Sanftmuth, Zutrauen und Güte, durch welche sie sich so sehr ausgezeichnet hat, ferner erhalten oder nicht erhalten werden."

„Geben Sie derselben ein Beispiel jenes Geistes der Gerechtigkeit, der dem Eigenthum, diesem Rechte

welches

welches alle Nationen hochachten, zur Schutzwehr dient. Dieses Recht ist nicht das Werk des Zufalles, es hängt nicht von vermeintlichen Vorrechten ab, sondern es ist mit den wesentlichsten Verhältnissen der öffentlichen Ordnung und mit den ersten Bedingungen der gesellschaftlichen Uebereinkunft innigst verbunden."

„Durch welch ein unglückliches Schicksal haben sich, als die Ruhe wieder zu erscheinen anfieng, neue Unruhen über die Provinzen verbreitet! Durch welch ein unglückliches Schicksal verübt man daselbst neue Exzesse! vereinigen Sie Sich mit mir denselben Einhalt zu thun, und lassen Sie uns aus allen Kräften verhindern, daß nicht sträfliche Gewaltthätigkeiten diese Tage trüben, in denen das Glück der Nation bereitet wird. Sie, die Sie durch so viele Mittel auf das öffentliche Zutrauen Einfluß haben können, erleuchten Sie das Volk, welches irre geführt wird, über sein wahres Interesse. Dieses gute Volk, welches mir so theuer ist, und von welchem man mir versichert, daß es mich liebe, so oft man mich über meinen Kummer trösten will. Ach! wenn es wüßte wie unglücklich ich bin, so oft ich von einer neuen Frevelthat gegen das Eigenthum, oder von einer gewaltthätigen Handlung gegen die Personen höre, so würde es mir vielleicht diesen bittern Schmerz ersparen!"

„Ich kann nicht mit Ihnen über das große Interesse des Staates sprechen, ohne Sie dringend zu bitten, daß Sie Sich, schnell und entscheidend, damit beschäf=

beschäftigen mögen, Ordnung in den Finanzen wiederum herzustellen, und der unzähligen Menge von Staatsbürgern, welche durch irgend ein Band mit dem Vermögen des Staates verbunden sind, die Ruhe wieder zu schenken. Es ist Zeit alle diese Unruhen zu stillen; es ist Zeit dem Königreiche den Kredit wieder zu geben, auf den es mit Recht Anspruch machen kann. Sie können nicht zugleich Alles unternehmen. Darum bitte ich Sie auch, einen Theil der Wohlthaten, deren Möglichkeit die Vereinigung ihrer Kenntnisse Ihnen vormahlt, bis auf eine andere Zeit aufzuschieben. Aber wenn Sie, ausser demjenigen, was Sie schon gethan haben, noch einen weisen und vernünftigen Plan für die Ausübung der Gerechtigkeit gemacht haben werden; wenn Sie die Grundlagen eines vollkommenen Gleichgewichts zwischen der Einnahme und der Ausgabe des Staates werden festgesetzt haben; wenn Sie endlich das Werk der Konstitution geendigt haben werden: dann werden Sie große Ansprüche auf die öffentliche Dankbarkeit sich erworben haben; und bei der Fortsetzung aufeinander folgender Nationalversammlungen, (eine Fortsetzung, welche künftig auf diese Konstitution selbst gegründet ist) wird weiter nichts mehr nöthig seyn, als von Jahr zu Jahr neue Mittel des Wohlstandes zu den vorigen hinzuzusetzen. Möge dieser Tag, an welchem der Monarch auf die offenherzigste und innigste Weise sich mit Ihnen zu vereinigen komme, in der Geschichte dieses Reiches ein ewig merkwürdiger Zeitpunkt seyn! Er wird es seyn, ich hoffe es, wenn

Dritter Theil.   K   meine

meine eifrigsten Wünsche, wenn meine dringendsten Vermahnungen das Zeichen des Friedens und der Vereinigung zwischen Ihnen seyn können. Möchten doch diejenigen, welche noch von dem jetzt so nöthigen Geiste der Eintracht sich entfernen, mir alle die Erinnerungen, welche ihnen Betrübniß verursachen, aufsopfern; ich würde sie dafür, durch meinen Dank und durch meine Zuneigung, bezahlen. Haben wir alle, von heute an, haben wir alle, und ich gebe Ihnen das Beispiel, nur Eine Meinung, nur Ein Interesse, nur Einen Willen, nehmlich Anhänglichkeit an die neue Konstitution, und den eifrigsten Wunsch, Frieden, Glück und Wohlstand, in Frankreich wiederum hergestellt zu seyn."

Während der König diese Rede ablas, war er äußerst gerührt, und diese Rührung theilte sich der Nationalversammlung, und auch den Zuschauern mit. Nachdem der König seine Rede geendigt hatte, brach die Versammlung mit den Zuschauern in ein wüthendes Händeklatschen, in ein lautes Vivatgeschrei, und in ein wiederholtes Rufen: „Hoch lebe der König! „Hoch lebe der König!" aus. Die Dankbarkeit des Volkes gegen den guten Monarchen, welcher freiwillig von dem goldnen Throne seiner Voreltern herabstieg, den eisernen Zepter aus den Händen warf, und die Krone seinem Volke zurückgab, um dieselbe nur allein aus der Hand der Gerechtigkeit und von den Gesetzen wiederum anzunehmen; die Dankbarkeit des Volkes gegen diesen guten Monarchen war unbeschreiblich groß. Das Beifallklatschen war laut, heftig

und

und wollte gar nicht mehr aufhören; und wer in Europa den Druck des Despotismus haßt, und eine durch den Schutz der Gesetze gesicherte Freiheit hochschätzt, der klatsche mit, und der rufe aus: „Hoch lebe „der König welcher sich den Gesetzen un: „terwirft!" Seinen Unterthanen die Freiheit zu schenken, dieß ist für einen König eine größere Heldenthat, als zehen Schlachten zu gewinnen. Der König, welcher seine Unterthanen frei macht, der macht sie glücklich: derjenige König hingegen, welcher seine Unterthanen in die Schlacht führt, der opfert sie dem Hirngespinste des Ruhms, und dem Ehrgeize auf, indem er sucht als ein großer Eroberer von der Nachwelt bewundert zu werden.

Als der Lärm aufgehört hatte, und die Versammlung etwas ruhiger geworden war, sagte der Präsident:

„Sire!"

„Die Nationalversammlung sieht mit der lebhaf„testen Dankbarkeit, aber ohne Verwunderung, das „zutrauliche und väterliche Betragen Eurer Majestät. „Sie haben, Sire, den Pomp und die Pracht des „Thrones aufgegeben, weil sie gefühlt haben, daß, „um alle Gemüther zu überzeugen, um alle Herzen „hinzureissen, weiter nichts erfordert würde, als daß „Sie Sich in der Einfachheit Ihrer Tugenden zeig„ten. Ich versuche es nicht, Sire, jetzo, da Eure „Majestät mitten unter die Stellvertreter der Nation „kommt, um mit denselben das Bündniß einzugehen, „die Konstitution und die Gesetze zu heben, zu erhal„ten

„ten und zu beschützen, die Dankbarkeit, die Vereh-
„rung und die Liebe auszudrücken, welche Frankreich
„dem Patriotismus seines Königs zu geben schuldig
„ist, sondern ich überlasse den Ausdruck derselben der
„untrüglichen Empfindung, welche bei dieser Gele-
„genheit, die Frankreicher allein schon hinlänglich be-
„geistern wird."

Unter abermaligem Händeklatschen und wüthendem Vivatrufen begab sich nunmehr der gute Monarch,
welcher jetzo den Gesetzen zu gehorchen feierlich versprochen hatte, aus der Versammlung wiederum hinweg. Der Präsident begleitete den König bis an die
Thüre, und eine Gesandtschaft von Mitgliedern der
Versammlung brachte den Monarchen bis nach seinem
Schlosse. In dem Garten der Thuillerien ertönte
die Luft von dem lärmenden Jauchzen des jubelnden
Volkes. Die Königin gieng auf der Terrasse vor
dem Schlosse spatzieren, mit dem Dauphin an der
Hand. Als sie den König erblickte, gieng sie ihm
entgegen, und sagte zu den Mitgliedern der Nationalversammlung, welche den König begleiteten:

„Die Gesinnungen des Königs sind auch die mei-
„nigen, und ich verbinde mich vom Grunde meines
„Herzens gerne mit dem Schritte, den die Liebe zu
„seinem Volke ihm abgenöthigt hat. Hier sehen Sie
„meinen Sohn. Ich will ohne Unterlaß von den
„Tugenden des Besten der Väter mit ihm sprechen,
„und ich will ihn frühe lehren die öffentliche Freiheit
„zu verehren, und die Gesetze zu erhalten, deren
„festeste Stütze er dereinst, wie ich hoffe, seyn wird."

Der

Der König hatte kaum die Nationalversammlung verlassen, als auf das erhabene und rührende Schauspiel, welches so eben beschrieben worden ist, ein anderes folgte, welches, nicht weniger als das erste, alle Herzen rührte, alle Gemüther begeisterte. Noch war der tiefe Eindruck, den die Rede des Königs gemacht hatte, auf den Gesichtern der Mitglieder zu lesen, noch herrschte die tiefste Stille in der Versammlung, als Hr. Goupil de Prefeln aufstand, und verlangte, alle Mitglieder der Versammlung sollten sogleich den Bürgereid schwören, und diejenigen, welche sich den Eid zu schwören weigern würden, sollten von der Versammlung ausgeschlossen werden. Dieser Vorschlag wurde mit lautem Beifall aufgenommen, und der Präsident gab den übrigen Mitgliedern das Beispiel. Er stieg auf den Rednerstuhl und sagte:

„Ich schwöre, der Nation, dem Gesetze und „dem Könige, getreu zu seyn, und mit allen meinen „Kräften die von der Nationalversammlung beschlos„sene, und von dem Könige angenommene Konstitu„tion aufrecht zu erhalten."

Von den Mitgliedern der Versammlung sprach Einer nach dem Andern diese Eidesformel aus, und nach ihnen hoben auch die Zuschauer auf den Gallerien die Hände in die Höhe und sprachen laut: „Ich „schwöre es."

Die Nachricht von dem in der Versammlung geschwornen Bürgereide verbreitete sich bald über die ganze Stadt. Der Enthusiasmus bemächtigte sich aller.

aller. Die Distrikte versammelten sich; der Eid wurde vorgelesen, und das versammelte Volk rief mit Einer Stimme: „Ich schwöre es."

Am Abend dieses ewig merkwürdigen Tages war die ganze Stadt Paris erleuchtet; die Straßen waren mit einer unzähligen Menge von Menschen angefüllt; Bekannte und Unbekannte, die sich einander begegneten, grüßten sich, umarmten sich, vergossen Freudenthränen, und sprachen, mit gerührtem Herzen, die Worte aus: „Nun sind wir endlich frei!" Auch die Weiber nahmen an der allgemeinen Freude Theil. Sie zeigten den Vorübergehenden ihre Kinder und sagten, im Namen derselben: „Ich schwöre „es!" Unvergeßlich bleibe dieser Tag jedem patriotischen Frankreicher; feiren müssen denselbigen alle diejenigen, denen das Wohl der Menschheit am Herzen liegt!

Am fünften Februar sandte die Versammlung eine Gesandtschaft von sechzig ihrer Mitglieder an den Monarchen, und der Präsident hielt, im Namen dieser Abgesandten, folgende Rede:

„Sire!"

„Wir kommen, um Eurer Majestät die ersten „Früchte Ihres Patriotismus und Ihrer Tugenden „zu überbringen. Das Vergessen der Uneinigkeit; „die Uebereinstimmung Aller; die Vereinigung des „Privatinteresses in dem allgemeinen Wohl; ein feier„licher Eid, den alle Stellvertreter des Französischen „Volkes geschworen haben, der Nation, dem Gesetze, „dem Könige und der Konstitution getreu zu bleiben;

der

„der Eifer, mit welchem die Bürger verlangt haben,
„an diesem erhabenen und heiligen Vertrage Theil zu
„nehmen: dieß, Sire, sind die glücklichen Wirkun-
„gen Ihrer Gegenwart in der Nationalversammlung.
„Warum hat nicht das menschliche, gerechte und ge-
„fühlvolle Herz Eurer Majestät dieses rührende
„Schauspiel mit ansehen können! Wir, denen die
„Nation auftrug ihre Wünsche bekannt zu machen,
„wir sind auch diejenigen, denen dieselbe ihren Dank
„zu überbringen aufgetragen hat. Geruhen Sie,
„Sire, diesen Tribut gütig aufzunehmen. Liebe
„und Zutrauen des Volkes ist der größte Schatz eines
„guten Königs. Freuen Sie Sich dieses Schatzes
„Sire, und möge diese gerechte Huldigung Ihrer
„Zeitgenossen a) Ihnen ein sicherer Beweis seyn,
„daß die Nachwelt Ihr Angedenken segnen wird."

Auf diese vortrefliche Rede des Hrn. Buraux
de Pusy antwortete der König:

„Der Werth, welchen Sie auf die Gesinnungen
„legen, die ich Ihnen bezeugt habe, läßt mich desto
„zuversichtlicher hoffen, daß Sie, zum Besten des
„Vaterlandes, Ihre Kräfte vereinigen werden. Ich
„hoffe, daß alle guten Bürger des Staates, alle
„wahren Freunde des Volkes, sich an mich anschlie-
„ßen werden, um das Glück und die Freiheit dessel-
„ben zu befestigen. Der Eid, den Sie geschworen
„haben, nachdem meine Rede geendigt war, giebt

---

a) Zeitgenossen: denn Unterthanen giebt es jetzt in
Frankreich nicht mehr.

„mir diese Versicherung. Möge die glückliche Ueber-
„einstimmung unserer Grundsätze und unserer Gesin-
„nungen den Ruhm und das Glück der größten und
„der besten Nation auf immer gründen!"

Hierauf wandte sich der Präsident an die Königin, und sagte:

„Madame!"

„Die Nationalversammlung hat, mit der leb-
„haftesten und zärtlichsten Dankbarkeit, die edeln und
„rührenden Worte aufgenommen, welche derselben
„von Eurer Majestät überbracht worden sind. Wa-
„chen Sie, Madame, Sie, welcher die Hoffnung
„Frankreichs und des Throns anvertraut ist, über
„diesen kostbaren Zweig. Möge er in eben so hohem
„Grade gefühlvoll, eben so leutselig werden als Sie
„es sind, und eben so viel Heldenmuth besitzen. Ihre
„Sorgfalt wird seinen Ruhm gründen, und Frank-
„reich, welches Ihnen sein Glück zu verdanken haben
„wird, wird den Werth desselben doppelt fühlen, wenn
„es bedenkt, daß es dasselbe den Tugenden Eurer
„Majestät schuldig ist."

Die Königin sprach:

„Meine Herren, ich bin über diesen Beweis Ih-
„rer Zuneigung sehr gerührt. Sie haben gestern
„meine Gesinnungen gehört, und diese Gesinnungen
„gegen eine Nation, mit der ich mir es zum Ruhme
„schätze, durch meine Heirath mit dem Könige ver-
„bunden worden zu seyn, haben sich nie verändert.
„Dadurch daß ich Mutter bin, sind diese Bande auf
„immer bevestigt."

Nach-

Nachdem die Mitglieder, welche von der Versammlung an den König abgesandt worden, wiederum zurückgekommen waren, stieg Hr. Malouet auf den Rednerstuhl und sagte:

„Meine Herren! In der Rede des Königs haben vorzüglich drei Gegenstände meine Aufmerksamkeit auf sich gezogen. Der König hat sich mit den Arbeiten der Nationalversammlung, mit der Konstitution, auf eine innigere Weise verbunden: das heißt, daß alle Gewalt, alle Kräfte der Nation nunmehr auf Einen gemeinschaftlichen Zweck gerichtet sind, und dieser Zweck ist Freiheit, allgemeines Wohl und die Regierung des Gesetzes. Daher, meine Herren, ist nun künftig alles Mißtrauen dem Ziele entgegen, nach welchem Sie streben: alle Uneinigkeit und alle Uebertreibung ist gefährlich. Was muß, demzufolge, die erste und glücklichste Wirkung der Erklärung des Königs seyn? Das Zutrauen bei Allen herzustellen; die Hoffnung in allen Herzen anzufachen; alle Keime von Feindschaft und Groll zu ersticken; Argwohn und Verdacht auszulöschen; und die Scheidewand, welche mitten unter uns sich erhebt, und welche uns von der wahren Freiheit, von dem Geiste derselben, von ihren Grundsätzen und von ihren Sitten entfernt hält, wegzuschaffen. Der zweite merkwürdige Gegenstand in der Rede des Königs, ist die rührende Herzählung der Unordnung, unter welcher das Königreich leidet, und die Nothwendigkeit derselben Einhalt zu thun. Ich weiß, daß die Freiheit wohl werth ist erkauft zu werden. Aber Sie wissen auch, meine Herren, daß der eifrigste Vertheidiger derselben; Rousseau, dafür hielt, sie sey mit dem Blute auch nur eines Einzigen Bürgers des Staates schon zu theuer bezahlt. Unstreitig fordert die Freiheit Aufopferungen; aber sie fordert nicht, daß man ihr Ordnung, Sitten, und die heiligsten Rechte der Gesellschaft aufopfere. Diejenigen Opfer, welche sie verlangt, diejenigen, welche ihr nützlich sind, nehmen etwas von ihrem erhabenen Karakter an. Sie beraubt uns nur um uns desto mehr zu geben, und ihre kostbarsten Wohlthaten sind allemahl mit Entbehrungen verbunden, welche sie verlangt. Aber Ausgelassenheit, meine Herren! Gewaltthätigkeiten der Geldgierde, des Stolzes, der Rachsucht; Verletzung aller Rechte — Ach! diese Plagen, welche so viele von unsern Provinzen verheeren, diese können unmöglich die nothwendigen Vorläufer der Französischen Freiheit seyn! Und (erlauben Sie mir es zu sagen) in diesem Saale hört man zwar nichts als zufriedene Huldigungen; aber die Unruhe lauert vor der Thür. Hier, auf diesem Rednerstuhle, muß jede Wahrheit Zuflucht finden! Wenn die Ruhe nicht bald hergestellt wird, wenn die ewigen Gesetze der Ordnung und der Gerechtigkeit noch länger verkannt werden: so geben Sie vergeblich neue Gesetze. Niemals konnte, weder das königliche Ansehen in seiner Reinheit, noch der vortreffliche Fürst, in dessen Händen dasselbe ruht, Ihnen verdächtig scheinen. Die Agenten der ausübenden Gewalt, und diese allein, haben Sie gefürchtet. Ihre alten Gewohnheiten, ihre Prätensionen, ihre Usur-

patio-

pationen, haben Sie abschaffen wollen, und dieß ist jetzt geschehen. Aber schickt es sich für eine Nation, ist es ihrem Glücke, ihrer Ruhe, ist es dem glücklichen Erfolge unserer Arbeiten zuträglich, die Nichtigkeit der ausübenden Gewalt noch zu verlängern. Und womit könnten wir uns entschuldigen, wenn wir dieses thun wollten, jetzo, da das Haupt dieser Gewalt eine Denkungsart zeigt, die mit den Grundsätzen, welche Sie festgesetzt haben, so genau übereinstimmt? Nein, meine Herren, ich beschwöre Sie, im Namen der Freiheit selbst, lassen Sie uns, ohne Aufschub, der öffentlichen Gewalt ihre Thätigkeit wieder geben. Der dritte Theil der Rede des Königs, welcher mir ihrer Aufmerksamkeit werth zu seyn scheint, ist dasjenige, was der König von dem Zustande der Finanzen gesagt hat. Mit Abhandlungen und Projekten über die Finanzen hat man uns überschwemmt. Wenige derselben, vielleicht keines, enthält ein System, welches ohne Einschränkung angenommen werden könnte: aber man findet in vielen derselben Begriffe, Gedanken und Grundsätze, die zu Festsetzung eines bestimmten Plans dienen können. Ich schlage daher vor, daß die Versammlung über die Rede des Königs sich berathschlage, und ohne Verzug die Wünsche des Monarchen zu erfüllen suche."

Wegen dieses Vorschlages wurde Herr Malouet von dem größten Theile der Versammlung ausgezischt, und der Vorschlag selbst wurde von der Versammlung, ohne sich darüber zu berathschlagen, verworfen.

Am

Am Abend des vierten Februar versammelten sich die Dreihunderter auf dem Rathhause zu Paris. Hr. Bailly schlug der Versammlung vor, den Bürgereid zu leisten. Er las die Eidesformel ab, und dann riefen die Mitglieder alle, mit Einer Stimme: „Ich schwöre es." Die Zuschauer ahmten dem Beispiele nach, und darauf wurde vorgeschlagen (Weil nun einmal in Paris Alles, sogar das Schwören des Bürgereides, in Spielerei ausartet) auch den, auf dem Greveplatze, in großer Menge versammelten Pöbel an dem Eide Theil nehmen zu lassen. Hr. Bailly stellte sich auf den Balkon des Rathhauses, und sagte die Eidesformel her. Der Haufe hörte stillschweigend zu, und rief dann, mit rasendem Geschrei: „Hoch „lebe der König und die Nation!" Hierauf begab sich Hr. Bailly nach dem Versammlungssaale der Dreihunderter zurück. Es wurden einige zierliche Reden gehalten, und unter diesen zeichnete sich besonders die Rede des Phantasten Abbé Fauchet aus, welche sich damit endigte, daß er vorschlug, die Versammlung solle ein Zirkularschreiben an alle Städte des Königreichs ergehen lassen, und in demselben bekannt machen, daß Hr. Bailly zum General Bürgermeister des Königreiches (Municipe Général de toutes les Communes du Royaume) und Hr. la Fayette zum General-Kommandanten der Bürgermiliz des ganzen Königreiches, von dem Bürgerrathe der Stadt Paris, ernannt worden seyn. Die Zuschauer empfiengen diesen sonderbaren Vorschlag mit dem lautesten

Beifallsgeſchrei; und Hr. Bailly öfnete ſchon den
Mund, um für dieſe neue, ihm bewieſene Ehre zu
danken, als, mit einem edlen Unwillen in allen Ge-
ſichtszügen, Hr. la Fayette aufſtand, und in einer
Rede ausführlich bewies, daß dieſes eben ſoviel heiße,
als ihn zum Diktator, zum Protektor, zum Könige
auszurufen, und daß man ihm eine Macht übertragen
wolle, welche der Freiheit nothwendig gefährlich werden müßte.   „Ich hingegen thue hiemit den aus-
„drücklichen Vorſchlag, ſagte er, daß Niemand in
„mehr als Einer Abtheilung Frankreichs, zu gleicher
„Zeit, das Generalkommando über die National Trup-
„pen haben ſolle." Seine Gründe fanden Beifall,
und der Vorſchlag des Abbé Fauchet wurde keiner
Berathſchlagung gewürdigt. „So lange man einem
„Manne bloße Ehrenſtellen überträgt, ſo weiß man
„genau wieviel man ihm giebt. Aber ſobald man
„Macht mit denſelben verbindet, ſo läßt ſich nicht
„vorausſagen wie weit dieſelbe ausgedehnt werden
„könne a)."

Nachher beſchloß der Bürgerrath, auf den Vorſchlag des Hrn. Bailly, eine Geſandtſchaft, von ſech-
zig ſeiner Mitglieder, an den König und die Königin
zu ſenden, um Denſelben, für ihre feierliche Genehmigung der neuen Konſtitution, und für ihren Bey-
tritt

---

a) Quand on accorde des honneurs, on ſait préciſé-
ment ce que l'on donne; mais quand on y joint
le pouvoir, on ne peut dire à quel point il pourra
être porté. *Montesquieu* grandeur et décadence des
Romains. Chap. XI.

tritt zu derselben, zu danken. Diese Gesandtschaft
begab sich, am fünften Februar 1790, zu dem Könige, und Hr. Bailly hielt eine Rede, welche an
akademischen Rednerkunstgriffen alle seine vorigen Reden weit übertraf. Er wiederholte, in dieser Rede,
das Wort S i r e (wie Desmoulins sich ausdrückt)
beinahe eben so oft, als der heilige Paulus, in seinen
Episteln, das Wort Jesus wiederholt. Während
der Rede weinte er heiße Zähren a). Er sagte, unter andern schönen Dingen, zu dem Könige: „Alle
„Herzen werden Ihre Ausdrücke wiederholen. Sie
„werden, Sire, eine merkwürdige Epoche in der
„Geschichte der Welt machen; nehmlich die Epoche
„der Regierung der Gesetze, welche unter Ihrer Re-
„gierung und durch Ihre Regierung festgesetzt wor-
„den sind b).“

Sonntags, am vierzehnten Februar, wurde,
wegen der Rede des Königs, in der Hauptkirche zu
Paris, ein feierliches T e D e u m gesungen. Ein
Detaschement der Pariser Bürgermiliz zu Pferde
nahm auf dem Platze vor der Hauptkirche seinen
Standort, um Ordnung und Ruhe zu erhalten. Dann
erschien die Prozession. Voraus die Trommeln und
die

---

a) Le défaut de M. Sylvain Bailly est, de l'attendrir
sans mesure. En débitant ce discours il a pleuré
chaudement. *Desmoulins.*

b) Les coeurs *rediront* toutes vos expressions. Vous
ferez, Sire, une époque mémorable dans l'histoire
du Monde, celle *du regne des loix établies par vôtre
regne, et sous vôtre regne.*

die übrige kriegerische Musik; dann ein Theil der Pariser Bürgermiliz, mit ihren Fahnen; darauf die Dreihunderter mit Hrn. Bailly; dann die Nationalversammlung. Der Zug gieng durch die Straßen, zwischen einer unermeßlichen Menge Volks. Die Fenster, die Balkons, und sogar die Dächer, waren mit Menschen angefüllt. Auffallend schien es, daß Alles stille blieb, und daß das Volk nicht den Tag, wie es sonst seit der Revolution immer gethan hatte, mit Jauchzen, Jubeln und lautem Vivatrufen feierte. Aber es war nunmehr dieser Prozessionen und dieser Schauspiele schon gewohnt, und blieb daher, weil ihm die Neuheit derselben nun nicht mehr auffiel, auch bei denselben ganz ungerührt.

Dieser Tag endigte sich abermals mit einer großen und kostbaren Illumination. Die Erleuchtung des Rathhauses allein kostete der Stadt Paris über 20,000 Livres. Unnütze Verschwendung in einer Stadt, wo das Elend auf den höchsten Grad gestiegen war! Die Illumination gab ein Schauspiel für das Volk, welches zwar die Augen ergötzte, aber den hungrigen Magen nicht anfüllte! Niemand war vergnügt oder gerührt; Alle blieben kalt und stille. Man gab dem Volke dieses Schauspiel, um dasselbe für die Orgien zu entschädigen, welche sonst, während des Karnevals, und vorzüglich an diesem Sonntage von dem Pariser Pöbel gefeiert worden waren. Dießmal wurden alle Masken verboten.

Im Februar erschien eine Schrift zu Paris, vorgeblich von einer Kompagnie in Nordamerika geschrieben,

ben, und durch ihre Agenten zu Paris verbreitet. Sie nannte sich die Kompagnie des Ohio oder Scioto, und lud alle, mit ihrem Vaterlande mißvergnügte Frankreicher ein, ihr Vaterland zu verlassen, am Ohioflusse in Nordamerika sich Land zu kaufen, und daselbst sich anzusiedeln. Die Kompagnie versichert, sie habe drei Millionen Morgen unangebautes Land zu verkaufen. Dieses Land sei aber mit angebauten Ländereien umgeben, und müsse, in wenigen Jahren, sehr im Preise steigen. Das Erdreich sey vortrefflich, das Klima schön, die Regierungsform die beste in der Welt. In wenigen Jahren werde sich der Kongreß in dieser Gegend versammeln. Tabak, Baumwolle und Korn bringe das Land im Ueberflusse hervor. Um nach Amerika zu reisen, dort Zugvieh und Werkzeuge zum Ackerbau anzuschaffen, und noch zwei hundert Morgen Land sich zu kaufen, dazu gehört, wie in dieser Schrift bewiesen wird, nicht mehr als 1,270 Livres baares Geld. Der Ankömmling findet zwar daselbst kein Haus, aber die Kompagnie wird ihm eines bauen; er findet keinen Backofen, um Brodt zu backen, aber Materialien genug, um einen aufzurichten; er findet kein Brodt, aber er kann so lange, bis das Land urbar gemacht, mit Korn angesäet, und das Korn eingeerndtet seyn wird, von der Jagd leben. Diese Vorschläge der Ohio-Kompagnie machten in Paris großes Aufsehen, und waren der Gegenstand aller Gespräche. Auch fanden sich Leute genug, welche die Vorschläge annehmen wollten. Man hat nicht

zuver-

zuverläſſig erfahren können, ob das Projekt würklich vorhanden, oder aber nur erdichtet geweſen ſey: auch nicht ob das Unternehmen Fortgang gehabt habe oder nicht.

Am ſechſten Februar kam in der Nationalverſammlung die Unterſuchung der Ausgaben des **auswärtigen Departements** vor, und da ergab ſich, daß dieſe Ausgaben überhaupt betrugen:

Im Jahre 1772 — — 9,296,000 Livres.
1773 — — 8,864,000
1774 — — 7,203,000
1775 — — 11,510,000
1776 — — 8,767,000
1777 — — 8,314,000
1778 — — 11,287,000
1779 — — 7,957,000
1780 — — 11,843,000
1781 — — 11,855,000
1782 — — 14,154,000
1783 — — 13,624,000
1784 — — 11,210,000
1785 — — 9,771,000
1786 — — 9,616,000
1787 — — 10,955,000
1788 — — 11,652,000
1789 — — 7,330,000

Die Ausgaben des auswärtigen Departements waren in fünf Klaſſen eingetheilt, deren Detail folgendes iſt;

I. Klasse. Ausgaben des Staatssekretairs.

Gehalt des Staatssekretairs	300,000
Gehalt seiner Untersekretairs zusammen	300,000
Reisen des Hofs	25,000
Schreibmaterialien	25,000
Tägliche Correspondenz	100,000
Geschenke des Königs an auswärtige Höfe	200,000
Vermischte Ausgaben	250,000
	1,200,000

II. Klasse. Minister, Gesandte, Konsuls ꝛc.

Gehalt der Minister und Gesandten zusammen	2,550,000
Reisekosten und außerordentliche Ausgaben	450,000
Mancherlei Ausgaben der Gesandten	300,000
	3,300,000

III. Klasse. Subsidien und Hülfleistungen

Dem Infanten Herzog von Parma	375,000
Dem Herzog von Zweibrücken	500,000

Dem

Dem Prinzen von Naſſau
  Saarbrück : 100,000
Andern auswärtigen Fürſten 375,000
―――――――
1,350,000

IV. Klaſſe. Geheime Ausgaben 200,000
V. Klaſſe. Gewöhnliche Ausgabe für
  die Schweiz und Graus
  bündten : 830,000

Die Ausgaben dieſer fünf Klaſſen betrugen demſ
zufolge, zuſammengenommen, im Jahre 1789:

1 — — 1,200,000
2 — — 3,300,000
3 — — 1,350,000
4 — —   200,000
5 — —   830,000
―――――――
6,880,000
6 Geld in der Kaſſe 450,000
―――――――
7,330,000

Für das Jahr 1790 wurden die Ausgaben des Departements der auswärtigen Affairen angegeben auf 6,700,000 Livres.

Am eilften Februar wurde, in der Nationalverſammlung, die Proklamation vorgeleſen und gebilligt, welche um dieſe Zeit die Verſammlung an die Provinzen des Königreichs ergehen ließ. Dieſe Proklamation war von dem Biſchofe von Autun aufgeſetzt und lautete folgendermaßen:

L 2

Die Nationalversammlung an die Frankreicher.

Am 11. Februar 1790.

Die Nationalversammlung, welche in dem Laufe ihrer Arbeiten unermüdet fortgeht, erhält von allen Seiten her die Glückwünsche der Provinzen, der Städte, der Gemeinheiten, die Zeugnisse der öffentlichen Freude, und den Beifall der Dankbarkeit: aber sie hört auch das Gemurmel und das Geschrei derjenigen, welche, durch die Abschaffung so vieler Mißbräuche, so vieler Privatvortheile, so vieler Vorurtheile, gelitten haben. Sie beschäftigt sich mit dem Glücke des Ganzen und ist unruhig über das Unglück der Einzelnen. Sie vergiebt dem Hasse, der Bitterkeit, und der Ungerechtigkeit: aber sie sieht es als eine heilige Pflicht an, Euch gegen den Einfluß der Verläumdung zu verwahren, und die ungegründete Furcht zu zerstören, welche man Euch beizubringen sucht. Ach! was hat man nicht Alles versucht, um Euch irre zu führen, um Euer Zutrauen zu schwächen! Man hat sich gestellt, als kennte man die Wohlthaten nicht, welche die Nationalversammlung Euch erwiesen hat: daher wollen wir Euch jetzo dieselben in das Gedächtniß zurückrufen. Man hat gegen dasjenige, was sie gethan hat, Schwierigkeiten aufgeworfen: und diese Einwürfe wollen wir jetzt beantworten. Man hat über das, was sie noch künftig thun wird, Ungewißheit verbreiten wollen: daher wollen wir Euch dieses jetzo anzeigen. Was hat die Versammlung gethan? Sie hat, mit

fester

fester Hand, mitten im Sturme, die Grundsätze derjenigen Konstitution, auf welcher künftig Eure Freiheit ruhen wird, festgesetzt. Die Rechte der Menschen waren verkannt, und schon seit Jahrhunderten verachtet. Nunmehr hat sie, durch jene Bekanntmachung, welche auf immer dem Widerstande gegen die Unterdrücker zum Grunde dienen, und dem Gesetzgeber selbst Gesetz seyn wird, diese Rechte für die ganze Menschheit wiederum hergestellt. Die Nation hatte das Recht verlohren Gesetze zu geben und Auflagen auszuschreiben. Dieses Recht hat dieselbe nunmehr wieder erhalten, und zugleich sind die wahren Grundsätze der Monarchie, nehmlich die Unverletzbarkeit des erhabenen Oberhauptes der Nation, und das Erbrecht des Throns in einer Familie, welche allen Frankreichern so theuer ist, festgesetzt worden. Wir hatten nur Reichsstände: jetzt aber habt Ihr eine Nationalversammlung, und diese werdet Ihr behalten. Stände, welche unter sich uneinig waren und sklavisch an alten Vorrechten hiengen, gaben Beschlüsse und konnten den Willen der Nation unterdrücken. Jetzt sind diese Stände nicht mehr vorhanden; alles ist vor dem ehrwürdigen Titel eines Staatsbürgers verschwunden. Da Alle zu Staatsbürgern wurden, so waren auch Bürger zu Vertheidigern nöthig, und auf den ersten Ruf erschien jene Bürgermiliz, welche, vereinigt durch Patriotismus und regiert durch Ehre, überall Ordnung erhält oder darstellt, und, mit unermüdetem Eifer, über die Sicherheit eines Jeden, über das Wohl Aller wacht. Vorrechte ohne Zahl, unverſöhnliche Feinde alles Guten, machten unſer Staatsrecht aus. Jetzt ſind dieſelben zerſtört, und ſobald Eure Verſammlung die Stimme erhob, haben auch diejenigen Provinzen, welche für ihre Vorrechte die größte Anhänglichkeit zeigten, die Aufhebung derſelben mit lautem Beifalle aufgenommen. Sie haben gefühlt, daß dieſer Verluſt ſie reicher machte. Das drückende Lehnrecht, welches noch in ſeinen letzten Trümmern ſo mächtig iſt, herrſchte über ganz Frankreich: nunmehr iſt es auf immer verſchwunden. Ihr waret, in den Provinzen, unter der Regierung einer quälenden Adminiſtration: von dieſer ſeyd Ihr nunmehr befreit. Willkürliche Befehle thaten Eingriffe in die Freiheit der Staatsbürger: und dieſe ſind vernichtet. Ihr verlangtet eine beſſere Einrichtung der Bürgermagiſtrate. Dieſe habt Ihr erhalten, und die Einrichtung derſelben, gewählt von Euch ſelbſt, ſtellt jetzt in Frankreich das erhabenſte Schauſpiel dar. Zugleich hat die Nationalverſammlung das Werk einer neuen Abtheilung des Königreiches geendigt, durch welche allein die letzten Spuren alter Vorurtheile ausgelöſcht werden konnten; durch welche, an die Stelle der Eigenliebe der Provinzen, die wahre Liebe zum Vaterlande trat; durch welche die Grundlagen einer guten Stellvertretung feſtgeſetzt, und zu gleicher Zeit die Rechte eines jeden Menſchen und eines jeden Kantons, im Verhältniſſe ſeiner Verbindung mit dem öffentlichen Weſen, beſtimmt wurden: eine ſchwere Aufgabe, deren Auflöſung, bis zu unſerer Zeit, unbekannt geblieben war.

wár. Seit langer Zeit habt Ihr schon die Abschaffung der verkäuflichen Magistratsstellen verlangt: diese ist jetzt geschehen. Ihr habt die Nothwendigkeit einer, auch nur vorläufigen Verbesserung des Kriminalrechts, gefühlt: und diese ist jetzt, in Erwartung einer gänzlichen Umänderung desselben, beschlossen. Aus allen Theilen des Königreiches sind Klagen, Fragen, Bitten an uns gekommen: und allen diesen haben wir, so viel wir konnten, Genüge zu leisten gesucht. Die Größe der öffentlichen Schuld erschreckte: aber wir haben die Grundsätze der öffentlichen Treue auf dieselbe angewandt. Ihr habt die Macht der Minister gefürchtet, und wir haben Ihnen das beruhigende Gesetz der Verantwortlichkeit aufgelegt. Die Salzsteuer war Euch verhaßt: wir haben dieselbe zuerst vermindert, und nachher ganz abzuschaffen versprochen. Denn uns genügt es nicht, daß Auflagen zu dem allgemeinen Besten unumgänglich nothwendig seyn: sie müssen noch ausserdem, durch Gleichheit, Weisheit und Sanftheit, rechtmäßig werden. Unmäßige Gnadengelder, oft ohne Vorwissen Eures Königs ausgetheilt, raubten Euch die Frucht Eurer Arbeit. Auf diese haben wir einen ernsten, strengen Blick geworfen, und künftig wollen wir dieselben in die engen Gränzen der strengen Gerechtigkeit einschließen. Endlich verlangten auch die Finanzen ungeheure Reformen. Daran haben wir, unterstützt durch den Minister, welchem Ihr Euer Zutrauen geschenkt habt, ohne Unterlaß gearbeitet: und bald werdet Ihr der Früchte dieser Arbeit genießen.

ßen. Dieß, Frankreicher, dieß ist unser Werk, oder vielmehr, es ist Euer Werk: denn wir sind bloß Eure Werkzeuge, und Ihr habt uns in unsern Arbeiten erleuchtet, aufgemuntert und unterstützt. Welch ein Zeitpunkt, zu dem wir endlich gelangt sind! Welch ein ehrenvolles Erbtheil, das Ihr Euren Nachkommen überlassen werdet! Zu dem Range von Staatsbürgern erhoben; wahlfähig zu allen Bedienungen; erleuchtete Aufseher der Administration, so lange dieselbe Euch nicht anvertraut ist: versichert daß Alles durch Euch und um Euertwillen geschieht; gleich vor dem Gesetze; frei zu handeln, zu sprechen und zu schreiben; niemals den Menschen, sondern jederzeit dem Gesetze Rechenschaft schuldig : welch ein herrlicher Zustand! Könnte es wohl einen einzigen Staatsbürger geben, der dieses Namens würdig wäre, und es wagen dürfte rückwärts zu sehen; der die Trümmer, mit denen wir umgeben sind, wiederum aufheben, und das alte Gebäude daraus wiederum zusammensetzen möchte! Und dennoch, was hat man nicht gesagt, was hat man nicht gethan, um in Euch den Eindruck zu schwächen, welchen so viele Wohlthaten nothwendig hervorbringen müssen! Wir haben, sagt man, Alles umgeworfen: aber Alles mußte neu gebaut werden. Und was ist dann dabei zu bedauern? man frage, wenn man es wissen will, über alle die verbesserten oder zerstörten Gegenstände, diejenigen Männer, welche keinen Nutzen von denselben zogen; man frage sogar aufrichtig diejenigen, welche davon Nutzen zogen; man höre aber nicht auf diejenigen,

welche,

welche, um den gekränkten Eigennutz zu verbergen, jetzt Mitleiden über das Schicksal derjenigen zeigen, die ihnen zu einer andern Zeit so gleichgültig gewesen sind: dann wird man erfahren, ob die Reform dieser Gegenstände nicht alle diejenigen Stimmen für sich habe, welche irgend verdienen, daß man auf sie höre. **Wir haben uns zu sehr übereilt.** — Dennoch werfen so viele andere uns vor, wir hätten zu langsam gearbeitet! zu sehr übereilt? Wem ist unbekannt, daß man auf keine andere Weise sich der Mißbräuche entledigen kann, als wenn man sie alle zugleich angreift und umwirft! Wem ist unbekannt, daß dann, und dann allein, Jeder ein Interesse hat, die Ordnung wiederum hergestellt zu sehen; daß langsame Reformen, und solche, die nur einen Theil des Ganzen betreffen, immer sich damit endigen, daß gar Nichts geschieht. Wer weiß endlich nicht, daß der Mißbrauch, den man beibehält, die Stütze, und bald nachher auch der Wiederhersteller der übrigen wird, die man zerstört zu haben glaubte? **Unsere Sitzungen sind tumultuarisch.** — Und was liegt denn daran, wenn nur unsere Beschlüsse weise sind? Uebrigens sind wir weit davon entfernt, von Euch Bewunderung des Details unserer Debatten zu verlangen. Mehr als einmal sind wir selbst darüber betrübt gewesen. Aber wir haben zugleich gefühlt, daß es ungerecht seyn würde, dieses gegen uns anzuwenden, und daß im Grunde diese Heftigkeit weiter nichts, als die beinahe unvermeidliche Wirkung des Ersten Streites seyn müsse, den vielleicht alle

Grundsätze gegen alle Irrthümer geführt haben. Man wirft uns vor, daß wir nach einer schimärischen Vollkommenheit streben. — Sonderbarer Vorwurf, der, wie man leicht einsieht, in der That weiter nichts, als ein übel versteckter Wunsch die Mißbräuche zu verewigen, ist. Die Nationalversammlung hat eigennützigen und furchtsamen Rathschlägen kein Gehör gegeben. Sie hat den Muth, oder vielmehr den Verstand gehabt, zu glauben, daß nützliche und dem menschlichen Geschlechte nothwendige Ideen nicht bloß allein dazu bestimmt seyn könnten die Seiten eines Buches zu schmücken, und daß das höchste Wesen, als es dem Menschen Perfektibilität gab, und dieselbe in seine Natur verwebte, ihm nicht verboten haben könne, sie auch auf die gesellschaftliche Ordnung anzuwenden, welche nunmehr sein höchstes Interesse und sein größtes Bedürfniß geworden ist Es ist unmöglich, sagt man, ein altes und verdorbenes Volk wiederum herzustellen. — Man wisse, daß nichts so verdorben ist, als diejenigen, welche verderbende Mißbräuche zu verewigen suchen, und daß ein Volk sich an demjenigen Tage verjüngt, an welchem es den Entschluß faßt, sich für die Freiheit wiederzugebähren. Betrachtet die künftige Generation! Seht, wie schon ihr Herz für Freude und Hoffnung schlägt! wie ihre Gesinnungen so rein, so edel, und so patriotisch sind! mit welchem Enthusiasmus sie nach der Ehre strebt den Bürgereid schwören zu dürfen! — Doch warum sollen wir auf einen so verächtlichen

Ein-

Einwurf antworten? Sollte dann die Nationalversammlung sich genöthigt sehen, sich entschuldigen zu müssen, weil sie geglaubt hat, daß die Französische Nation noch umzuschaffen sey? Man hat noch nichts für das Volk gethan. — Ist es nicht die Sache des Volks, welche überall siegt. Nichts für das Volk gethan! Bereitet denn nicht jeder Mißbrauch, welcher abgeschaft wird, ihm eine neue Erleichterung vor? Gab es denn irgend einen Mißbrauch der nicht das Volk gedrückt hätte? Dennoch klagte es nicht. — Die Größe seines Unglücks erstickte seine Klagen! Jetzo ist es unglücklich. — Sagt vielmehr: es ist noch unglücklich. Aber es soll nicht mehr lange unglücklich bleiben, das schwören wir ihm! Wir haben die ausübende Gewalt zerstört. — Nein! sagt die Gewalt der Minister: und diese Gewalt zerstörte, erniedrigte die ausübende Gewalt. Wir haben die ausübende Gewalt erleuchtet, indem wir derselben ihr wahres Recht gezeigt haben. Ausserdem haben wir sie geadelt, indem wir dieselbe zu der wahren Quelle ihrer Macht, zu der Macht des Volkes, zurückgeführt haben. Gegenwärtig ist sie ohne Kraft. — Ja! ohne Kraft gegen die Konstitution und gegen das Gesetz; aber zu Vertheidigung derselben wird sie mächtiger seyn als jemals. Das Volk hat sich bewafnet. — Ja! zu seiner Vertheidigung; und dieß war nothwendig. Aber an vielen Orten ist Unglück daraus entstanden. — Kann man dieß der Nationalversammlung vorwerfen? Wie kann man
ihr

ihr die Unordnungen zur Last legen, über welche sie seufzt, denen sie hat zuvorkommen, denen sie, durch die ganze Kraft ihrer Beschlüsse, hat Einhalt thun wollen, und die künftig ganz gewiß die unauflösliche Einigkeit zwischen beiden Arten von Gewalt, und die unwiderstehliche Wirkung aller Kräfte der Nation, aufhören machen wird? Wir haben die uns anvertraute Gewalt übertreten. — Die Antwort ist leicht. Wir waren unstreitig gesandt um eine Konstitution zu gründen; dieß war der Wunsch, dieß war das Bedürfniß von ganz Frankreich. Wie war es aber möglich dieselbe zu schaffen, wie war es möglich ein, auch nur unvollkommenes, Ganzes von konstitutionellen Beschlüssen zu verfertigen, ohne die Vollmacht der Gewalt, welche wir ausgeübt haben? Sagen wir noch mehr! Ohne die Nationalversammlung war Frankreich verlohren; ohne den Grundsatz, welcher alles der Mehrheit freier Stimmen unterwirft, und durch welchen alle unsere Beschlüsse entstanden sind, ist es unmöglich, sich eine Nationalversammlung zu denken; es ist unmöglich, nicht nur eine Konstitution, sondern sogar die Hoffnung auch den kleinsten Mißbrauch unwiderruflich abzuschaffen, sich nur zu denken. Dieser Grundsatz ist von ewiger Wahrheit; ganz Frankreich hat denselben anerkannt. In den zahlreichen Zuschriften, welche die Anhänglichkeit an unsere Beschlüsse verkündigten, und welche auf den Straßen den vielen Pasquillen begegneten, in denen man uns vorwarf, daß wir die uns anvertraute Gewalt übertreten hätten; in allen

diesen

diesen Zuschriften ist dieser Grundsatz anerkannt. Diese Zuschriften, diese Glückwünschungen, diese Huldigungen, diese patriotischen Eidschwüre, sind sie nicht alle die Bestätigung dieser Gewalt, welche man uns streitig zu machen sucht! Dieses, Frankreicher, sind die Vorwürfe, welche Euren Stellvertretern, in einer Menge sträflicher Schriften gemacht werden, in denen man den Ton einer patriotischen Wehmuth annimmt. Ach! man hofft vergeblich uns muthlos zu machen. Unser Muth verdoppelt sich, und bald werdet Ihr die Wirkungen desselben empfinden. Die Versammlung wird Euch eine militairische Konstitution geben, welche die Armee aus Bürgersoldaten zusammensetzt, und auf diese Weise den Muth, der das Vaterland vertheidigt, und die bürgerlichen Tugenden, welche es beschützen ohne es in Furcht zu setzen, miteinander vereinigen. Bald wird sie Euch ein System von Auflagen überreichen, welches den Ackerbau und die Betriebsamkeit schonen, und endlich die Freiheit des Handels nicht einschränken wird; ein System, welches einfach, deutlich, leicht begreiflich, allen denen, die da bezahlen, bestimmen wird, was sie schuldig seyn; ein System, welches die nothwendige Kenntniß der Anwendung der öffentlichen Gelder leicht machen, und den wahren Zustand der Finanzen (welcher bisher einem finstern Labyrinthe glich, wo das Auge den Spuren der Staatseinkünfte nicht folgen konnte) allen Frankreichern deutlich darlegen wird. Bald werden auch die Geistlichen zugleich Staatsbürger seyn, und, der

Armuth

Armuth eben sowohl als dem Reichthume entrückt, dem Reichen sowohl als dem Armen zum Beispiele dienen können. Sie werden die beleidigenden Aeußerungen eines vorübergehenden Wahnsinns verzeihen, und ein wahres, reines und allgemeines Zutrauen einflößen, welches weder durch Mißhandlung des Neides, noch durch herabsetzendes Bedauren gestört werden wird. Sie werden die Anhänglichkeit an die Religion noch vermehren. Durch sie wird der glückliche Einfluß derselben zunehmen, indem die Verbindung zwischen dem Volke und den Geistlichen angenehmer und enger wird; und künftig werden sie nicht mehr jenes Schauspiel darstellen, worüber der Patriotismus der Geistlichen selbst mehr als einmal in dieser Versammlung geklagt hat, nehmlich das Schauspiel des reichen Müßigganges und der unbelohnten Arbeitsamkeit. Bald wird ein von der Vernunft, der Gerechtigkeit und der Menschlichkeit vorgeschriebener Kodex der Kriminal- und der Strafgesetze, sogar in der Person der Schlachtopfer des Gesetzes, beweisen, welch eine Verehrung dem Menschen gebühre; eine Verehrung, ohne die man vergeblich von Moral spricht. Der Kodex der Civilgesetze, von Euch selbst gewählten Richtern anvertraut, welche die Gerechtigkeit umsonst ausüben, wird alle jene dunkeln, verwickelten, einander widersprechenden Gesetze, deren Unzusammenhang und deren Menge selbst einem unbestochenen Richter das Recht überließ seine Unwissenheit oder seinen Willen Gerechtigkeit zu nennen, verschwinden machen. Aber bis dahin müßt

Ihr

Ihr heilig diesen Gesetzen gehorchen, denn Ihr wißt,
daß Achtung für jedes Gesetz, welches noch nicht
aufgehoben ist, das unterscheidende Kennzeichen eines
wahren Staatsbürgers ausmacht. Endlich wollen
wir unsere Arbeiten mit einem Kodex des öffentlichen
Unterrichts und der Erziehung beschließen. Dieser
Kodex wird die Konstitution dem Schutze der entste:
henden Generation übertragen; und indem wir den
bürgerlichen Unterricht allen Stufen der Stellvertre:
tung mittheilen, übergeben wir allen Klassen der Ge:
sellschaft, die zu dem Glücke einer jeden dieser Klassen
nöthigen Kenntnisse. Seht, Frankreicher, dieses
ist die Aussicht von Glück und von Ruhm, die sich
vor Euch eröfnet! Noch bleiben einige Schritte zu
thun übrig, und hier erwarten Euch die Tadler der
Revolution. Hütet Euch vor einer aufwallenden
Lebhaftigkeit; fürchtet die Gewaltthätigkeit; denn
jede Unordnung schadet der Freiheit. Ihr liebt diese
Freiheit; Ihr besitzt dieselbe jetzt; zeigt Euch wür:
dig sie zu behalten; bleibt dem Geiste, dem Buchsta:
ben der von dem Könige angenommenen oder geneh:
migten Beschlüsse Eurer Stellvertreter getreu; un:
terscheidet sorgfältig die ohne Entschädigung abge:
schaften Rechte, von denjenigen Rechten, welche zwar
abgekauft werden können, aber noch existiren. Die
ersten dürfen künftig nicht mehr gefordert, aber die
zweiten dürfen auch nicht abgeschlagen werden. Er:
innert Euch an die drei geheiligten Worte, welche
diese Beschlüsse gültig machen; DIE NATION,
DAS GESETZ, DER KOENIG. Die

Nation

Nation, das seyd Ihr; das Gesetz, das seyd auch Ihr, denn es ist Euer Wille; der König ist der Beschützer des Gesetzes. Man mag Lügen ausstreuen so viel man will; zählt Ihr immer auf diese Verbindung. Vormals betrog man den König; jetzt betriegt man Euch; und der gütige König ist betrübt darüber. Er wünscht sein Volk vor den Schmeichlern zu bewahren, die er vom Throne entfernt hat; er wird die Wiege seines Sohnes vor ihnen bewahren; denn, mitten unter Euern Stellvertretern hat er erklärt, daß er aus dem Erben der Krone einen Beschützer der Konstitution machen wolle. Man darf Euch nicht mehr von zwei Partheien sprechen. Es giebt nur Eine Parthei (dieß haben wir alle geschworen) nur die Parthei der Freiheit. Ihr Sieg ist gewiß, und davon zeugen die Eroberungen, welche sie täglich macht. Laßt die Lästerer im Finstern uns mit Schimpfwörtern und mit Verläumbungen überhäufen, und denkt dabei nur: wenn diese uns lobten, so wäre es geschehen um Frankreich. Hütet Euch vorzüglich, durch Fehler, durch Unordnungen, durch Vergessung des Gesetzes, ihre Hoffnungen wieder zu erwecken. Seht, wie sie jetzo darüber triumphiren, daß die Einsammlung der Auflagen einige Schwierigkeit findet. Ach! Gebt ihnen ja nicht Gelegenheit zu einer grausamen Freude! Bedenkt daß diese Schuld — Nein! es ist keine Schuld mehr; es ist ein geheiligter Tribut, den jetzo das Vaterland, an Eurer Statt, an Eurer Kinder Statt, erhält. Es wird nicht länger zugeben, daß derselbe an Verschwen-

der

der ausgetheilt werde, welche jetzt wünschen, daß der öffentliche Schatz für den Staat versiegen möge, so wie er für sie versiegt ist. Sie wünschten Unglück, welchem unser gütige König zuvorgekommen ist, welches er unmöglich gemacht hat. Frankreicher vereinigt Euch mit Eurem Könige. Vertheidigt gegen jene sein Glück, seine Tugenden, seinen wahren Ruhm, dadurch daß Ihr die Gesetze achtet und verehrt. Beweist ihm, daß er niemals andere Feinde hatte, als die Feinde der Freiheit: beweist ihm, daß für die Freiheit und für ihn Eure Beständigkeit so groß ist als Euer Muth; daß man für die Freiheit, deren Vertheidiger er ist, niemals müde wird, niemals ermattet. Eure Erschlaffung war die letzte Hoffnung der Feinde der Revolution. Sie verlieren jetzt dieselbe. Erlaubt ihnen nun darüber zu seufzen, und bedauert, ohne Sie zu hassen, diesen Ueberrest von Schwäche, dieses Elend der Menschheit. Suchen wir, sagen wir sogar, was zu ihrer Entschuldigung dienen kann. Betrachtet den Zusammenfluß von Ursachen, welche ihre Täuschung verlängert und unterhalten haben. Ach! gehört denn nicht einige Zeit dazu, um aus seiner Seele die Gespenster eines langen Traumes, die Träume eines langen Lebens, zu verjagen? Wer ist im Stande in einem Augenblicke über Gewohnheiten des Verstandes, über Meinungen zu siegen, welche in der Jugend eingeprägt; durch die Einrichtung der Gesellschaft unterhalten; lange Zeit durch die öffentliche Knechtschaft begünstigt; einer Art von Stolz, welcher als Pflicht ange-

Dritter Theil. M sehen

sehen wurde, theuer gewesen; und endlich auch von
der Eigenliebe, welcher sie auf so mannigfaltige Weise
schmeichelten, in Schutz genommen worden sind.
Seine Täuschungen, seine Hoffnungen, seine theuersten Ideen, und einen Theil seines Vermögens zu
gleicher Zeit verlieren: giebt es wohl viele Menschen,
die dieses ohne Betrübniß, ohne Mühe, ohne Widerstand sollten geschehen lassen können? ein Widerstand, der Anfangs natürlich ist, den aber, in der
Folge, ein falsches Point d'Honneur verlängert?
Wenn es in dieser, vor kurzem noch so begünstigten
Klasse, Einige giebt, welche einen so großen Verlust
auf einmal zu tragen nicht fähig sind, O! so seyd
großmüthig! Bedenkt, daß es in eben dieser Klasse
Männer gegeben hat, welche es wagten sich bis zu
der Würde eines Staatsbürgers zu erheben, welche
unerschrockene Vertheidiger Eurer Rechte sind, und
welche, sogar im Innern ihrer Familie, ihren zärtlichsten Empfindungen den edlen Enthusiasmus der
Freiheit entgegensetzen. Bedauert, Frankreicher,
die blinden Opfer so vieler bedauernswürdiger Vorurtheile; aber sprecht nicht unter der Regierung der
Gesetze das Wort Rache aus. Muth, Standhaftigkeit, Großmuth; dieß sind die Tugenden der Freiheit, und wir fordern dieselben von Euch, im Namen der geheiligten Freiheit, welche die einzige des
Menschen würdige Eroberung ist, welche Eurer würdig ist, durch die Bemühungen die Ihr Euch um dieselbe gegeben, durch die Opfer die Ihr derselben gebracht, durch die Tugenden, die Ihr, bei den von

einer großen Revolution unzertrennlichen Uebeln, gezeigt habt. Haltet das schönste Werk nicht auf, dessen die Jahrbücher der Welt gedenken; entehrt dasselbe nicht. Was habt Ihr zu fürchten? — Nichts!
nein, Nichts als eine schädliche Ungedulb. Noch
kurze Zeit — um der Freiheit willen. So viele
Jahrhunderte habt Ihr dem Despotismus geschenkt;
Freunde, Mitbürger, jetzo eine großmüthige Geduld,
statt der vorigen sklavischen. Im Namen des Vaterlandes, denn jetzt besitzt Ihr eines; im Namen Eures Königs, denn nunmehro habt Ihr einen König;
er gehört Euch, nicht mehr als der König vieler tausend Menschen, sondern als der König der Franzö-
cher — aller Frankreicher. Wie muß er nicht jetzt
den Despotismus verachten! wie muß er denselben
hassen! Wie muß er nicht, als König eines freien
Volkes, die Falschheit jener trügerischen Täuschungen
erkennen, welche sein Hof unterhielt; der sich sein
Volk nannte! Täuschungen, welche ihn schon in der
Wiege umgaben, welche in seine Erziehung verflocht-
ten waren, und welche man zu jeder Zeit den Königen einzuprägen gesucht hat, um auf Ihre falschen
Begriffe das Erbtheil der Höfe zu gründen! Er ist
Euer. Und wie theuer muß er uns nicht seyn! Ach!
da nun sein Volk seinen Hofstaat ausmacht, könntet
Ihr ihm die Ruhe und das Glück versagen, deren
er so würdig ist? Möge er künftig keinen von jenen
gewaltthätigen Auftritten mehr vernehmen, die sein
Herz so sehr betrübt haben. Möge er hingegen vernehmen, daß die Ordnung sich herstellt; daß überall

das

das Eigenthum geachtet und vertheidigt wird; daß
Ihr den Unschuldigen und den Schuldigen dem Schuze
der Geseze anvertraut! — Den Schuldigen! Es
giebt keinen, so lange das Gesez ihn nicht dafür erklärt. Oder vielmehr, daß er vernehme, Euer tugendhafter Monarch, daß er einige von jenen großmüthigen Zügen, einige von jenen edlen Beispielen
vernehme, welche schon über die Wiege der Französischen Freiheit Ruhm verbreitet haben. — Sezt
ihn in Erstaunen durch Eure Tugenden, damit er
desto früher die Belohnung seiner eigenen Tugenden
erhalte, und damit er desto früher des Zeitpunkts der
öffentlichen Ruhe und des Schauspiels Eurer Glückseligkeit genießen möge. Wir aber, wir wollen unsere mühsame Arbeit fortsezen, und uns dem großen
Geschäfte der Konstitution widmen und heiligen. Es
ist Eure Arbeit so gut als die unsrige. Mit Hülfe
der Kenntnisse von ganz Frankreich, und nach Ueber-
windung aller Schwierigkeiten wollen wir dieselbe endigen. Beruhigt in unserem Gewissen, überzeugt,
und im Voraus schon glücklich über Euer bevorstehen-
des Glück, wollen wir in Eure Hände die geheiligte
Konstitution übergeben, unter dem Schuze der neuen
Tugenden, deren in Eure Seelen eingeschlossener
Keim, in den ersten Tagen der Freiheit sich entwi-
ckelt hat.

Bureaux de Puzy Präsident.

Diese vortrefliche Schuzrede für die Nationalversammlung, von ihr selbst aufgesezt, that in den
Provinzen alle die Würkung, welche die Versammlung

von derselben erwartet hatte, und vermehrte noch, die ohnehin schon bis zum Enthusiasmus große Anhänglichkeit beinahe aller Frankreicher an die Nationalversammlung, und das unbegränzte Vertrauen, welches Jedermann in die Weisheit ihrer Beschlüsse setzte.

Der dreizehnte Februar war abermals ein in der Geschichte der Menschheit äußerst merkwürdiger Tag. An diesem Tage wurde die gänzliche Aufhebung und Abschaffung aller männlichen und weiblichen Mönchsorden, und die Einziehung aller Klöster beschlossen. Ein vortreflicher Beschluß, dessen großen Nutzen die Protestanten schon seit langer Zeit aus Erfahrung kennen; und ein vortreffliches Beispiel, dem, wie wir um die Ehre der Menschheit willen hoffen, das übrige Europa bald nachfolgen wird. Weg mit den dummen, abergläubischen und schmutzigen Müßiggängern! Laßt sie nützliche Künste lernen! Prediget ihnen, daß derjenige, welcher essen will, auch arbeiten müsse, und daß das üppige und unthätige Klosterleben dem Zwecke, zu welchem wir von der Vorsehung in diese Welt gesetzt worden sind, geradezu entgegen sey!

Am zwölften Februar fieng die Diskussion an. Hr. Treilhard las eine Abhandlung über die Mönchsorden vor. Die Mönche, sagte er, entstanden aus dem löblichen Wunsche sich zu vervollkommnen, und sie haben vormals der Religion, dem Ackerbaue und den Wissenschaften nützliche Dienste geleistet. Aber die Demuth und die Entfernung von allen irrdischen

dischen Dingen, diese Tugenden, welche ihre Klöster gebaut hatten, sind beinahe überall ausgeartet, und haben sich in Faulheit und Unthätigkeit verwandelt. Dadurch werden jene Institute, die in ihrem ersten Ursprunge sehr erbaulich gewesen seyn mögen, heutzutage ärgerlich und lästig. Der Zeitpunkt der Reform ist demzufolge vorhanden, denn er ist allemal da, so oft eine Einrichtung aufhört nützlich zu seyn. Aber indem die Versammlung die Bande zerreissen wird, gegen welche die Rechte des Menschen sich sträuben, wird dieselbe zu gleicher Zeit ein großes Beispiel der Weisheit und der Gerechtigkeit geben; sie wird für diejenigen Mönche, welche bis an ihren Tod ihrer Regel zu folgen wünschen, Zufluchtsörter in den Klöstern eröfnen, und ich schlage vor, daß man allen Mönchen und Nonnen völlige Freiheit lassen soll, ob sie das Kloster verlassen, oder sich in ihrer Zelle lebendig begraben wollen. Man muß denjenigen, welche das Kloster verlassen, ein hinlängliches Jahrgeld aussetzen, von dem sie in der Welt leben können, und diejenigen, welche das Kloster nicht verlassen, muß man aus mehrern Klöstern in eins zusammen bringen.

Bischof von Klermont. Ich widersetze mich der Aufhebung der Mönchsorden. Diese Orden gehören mit zu unserer heiligen Religion!

Hr. Chapelier. Die Frage, über welche wir uns jetzt berathschlagen werden, ist folgende: Sollen die Mönchsorden abgeschafft werden oder nicht?

Die

Die Bischöffe von Nancy und von Clermont halten jeder eine lange Predigt über den Nutzen der Mönchsorden.

Herzog de la Rochefoucault. Ich leugne nicht, daß die Mönchsorden dem Ackerbaue große Dienste geleistet haben, zu jener Zeit, wo es noch nichts als Wüsteneien gab; daß sie den Wissenschaften Dienste geleistet haben, so lange die Buchdruckerkunst noch nicht erfunden war, und so lange die Gelehrtesten diejenigen waren, welche lesen konnten; aber die folgenden Jahrhunderte haben alles umgeändert.

Pethion de Villeneuve. Man sagt Ihnen, meine Herren, die Mönche seyn dem Ackerbaue nützlich; aber seit wie vielen Jahrhunderten haben schon ihre dem Müßiggange bestimmte Hände den Pflug nicht mehr geführt? Der Ackerbau wird sich vervollkommnen, wenn die weitläuftigen Güter, welche jetzt ein einziger Abt, oder ein einziges Kloster im Besitze hat, in kleinen Theilen unter die Hände einer großen Menge Hausväter, die für ihre Kinder arbeiten, vertheilt werden. Man sagt Ihnen, die Mönchsorden hätten an jedem Orte dasjenige verzehrt, was jeder Ort hervorgebracht habe; man sagt, große Almosen hätten um sie her das Land und die Stadt genährt. Aber ich, ich versichere Ihnen, daß diejenigen Klöster, welche auch nur ein wenig reich waren, alle ihre großen Provisionen in den Städten kauften; daß die Handwerker der Städte ihre wichtigsten Arbeiten verfertigten, und daß dem

M 4 zufolge

zufolge in den Städten, und nicht auf dem Lande, die Klöster ihr Vermögen verzehrt haben. Könnte wohl die Nation es bedauern, daß nun künftig vor den Thoren der Klöster keine Speisen mehr ausgetheilt werden, und daß das Volk nicht mehr gewöhnt wird, das verächtliche Brod des Almosens zu essen? Das Almosen ist zwar allemal achtungswürdig; aber die gewöhnlichste Folge desselben ist, daß durch dasselbe die Anzahl der Taugenichts und der Spitzbuben, in jener interessanten Volksklasse vermehrt wird, welcher man noch mehr schadet, wenn man sie verächtlich macht, als wenn man ihr das Joch der Arbeit auflegt. Für andere Menschen, als für Mönche, wollen Sie nunmehr das Land fruchtbar machen. Freiheit, und Geschmack an dem landwirthschaftlichen Leben, gehen Hand in Hand. Eure Konstitution wird die Städtebewohner auf das Land treiben, und die reichen Eigenthümer werden ihr Vermögen dahin bringen. Die Völker brauchen gute Gesetze; sie brauchen nicht Almosen, sondern Ackerbau, Künste und Handel.

Hr. Dagier. Soll man die Mönchsorden beibehalten? Nein! denn erstens ist ihr Zustand in beständigem Widerspruche mit den Rechten des Menschen, und zweitens sind sie ganz und gar unnütze.

Abbé de la Garde (General-Superior des Ordens der Lazaristen). Man verlangt, daß wir verfahren sollen wie die Wilden in Louisiana, die den Baum umhauen, um die Frucht desselben zu pflücken. Man hat die Fehler der Mönche sehr übertrieben.

Man

Man hat hur von ihrem Ehrgeize, von ihrem Müß si̊ggange und von ihren Betrügereien gesprochen, und ihre Tugenden für nichts gerechnet. Die Mönche verbreiten Almosen über den armen Landbewohner; sie bringen Ueberfluß in die Hütte des Armen. Ihre Güter, sagen Sie, werden bloß aus einer Hand in die andere gehen: aber werden dann die Hände der Kapitalisten großmüthig und wohlthätig seyn? Sehr viele Familien sind den Klöstern ihre Erziehung, ihr Vermögen und ihren Handel schuldig; denn dieser wurde durch kleine Geldsummen unterstützt, welche die Mönche, ohne Zinsen zu fordern, vorstreckten. Und nun soll das goldne Zeitalter wieder kommen, und das Wohl des Staates soll sich auf den Untergang der Geistlichen gründen! Ich schlage daher vor, daß man die Klöster verbessern aber nicht ganz aufheben solle, um soviel mehr, da der Staat durch die Aufhebung der Klöster gar nichts gewinnen würde a).

(Lautes

a) Der Lazaristenorden entstand in Palästina, gegen das Ende des eilften Jahrhunderts. Der Zweck ihrer Stiftung war, den Aussätzigen beizustehen, und die Pilgrimme zu begleiten. In den Statuten war befohlen, daß der Großmeister jederzeit ein Aussätziger seyn müsse. (Helyot Hist. des Ordres réligieux, T. I p. 263.) Ludwig der Junge brachte, bei seiner Rükkunft aus Palästina, die Lazaristen zuerst nach Frankreich, und schenkte ihnen, im Jahre 1154, das Gut Boigny. Der Orden war zu gleicher Zeit ein geistlicher und ein militairischer Orden. Der Maltheserorden gerieth mit dem Lazaristenorden in Streitigkeiten, und jener erhielt, im Jahre 1489, durch eine Bulle des Pabstes Innocenz des Achten, die Erlaubniß sich der Güter der Lazaristen zu bemächtigen. Heinrich der Vierte stiftete den Karmeliterorden (l'Ordre de Nôtre-Dame-du-Mont-Carmel) und

(Lautes und anhaltendes Gelächter in der Versammlung.)

Hr. Barnave. Mein Vorgänger, der Superior des heiligen Lazarus-Ordens, hat mit vieler Salbung gesprochen. Ich aber denke, daß ungeachtet des Vergnügens, welches Lazarus daran findet im Grabe zu seyn, man ihn dennoch, auch gegen seinen Willen, auferwecken müsse. Er hat zwei hübsche Schwestern, Martha und Magdalena, und ob er gleich schon seit mehr als vier Tagen im Grabe gelegen hat, und sogar schon ein wenig stinkt, so glaube ich dennoch, daß, wenn man ihm den Schmutz von der Kutte wäschet, er vielleicht noch die heilige Benedikta heirathen könnte, jene Schwester des heiligen Benedikts, welche dieser so sehr liebte. Ich glaube ferner, daß der geschorne Benediktus selbst, um des Kontrasts willen, sich in die schönen Haare der Magdalena verlieben würde, und daß der heilige Bernhardus, der die Küche so sehr liebt, sich bald mit der Martha vermählen würde, welche die Kochkunst so vortreflich versteht. Darum ist meine Meinung, daß Lazarus

und verband mit diesem den Orden der Lazaristen. Vermöge einer Bulle des Pabstes Pius des Fünften, von dem Jahre 1567, hatten die Lazaristen Erlaubniß zu heirathen (De Sibert, p. 127.) und das Gelübde der Keuschheit, welches die Ritter zu thun verbunden waren, wurde dahin erklärt, daß es das Gelübde der ehelichen Keuschheit bedeute. Heinrich ernannte, im Jahre 1604, Philbert de Nerestang zum Großmeister. Da es keine Aussätzige mehr gäb, so bemächtigten sich die Lazaristen auch für die Aussätzigen gestifteten Hospitäler, als eines ihnen zugehörigen Eigenthumes.

Lazarus ausgegraben werde: Lazarus komm heraus!

(Lautes und anhaltendes Gelächter in der Versammlung auf der einen Seite; rasendes Geschrei auf der andern Seite, unter den Geistlichen.)

Gesetzt es wäre wahr, was man uns glauben machen will, daß die Abschaffung der Mönchsorden uns kein Geld eintragen, sondern vielmehr Geld kosten würde; so müssen sie dennoch abgeschaft werden. Es ist hier nicht die Rede von einer Finanzoperation, sondern von einem moralischen und constitutionellen Gesetze. Wenn auch die Nation gar keinen Geldvortheil aus dieser Abschaffung ziehen sollte, so müßten die Mönche abgeschaft werden; denn ihre Existenz verträgt sich nicht mit den Rechten des Menschen, mit der guten Ordnung in der Gesellschaft; sie schadet der Religion, sie ist in aller Rücksicht unnütz, und erfüllt den Zweck nicht, zu welchem sie gestiftet wurde.

(Heftiger Lärm auf einer Seite der Versammlung. Die Priester rufen dem Redner zu: Sind Sie denn ein Kirchenvater? Beifallklatschen und Gelächter auf der andern Seite.)

Um der öffentlichen Erziehung willen, sagt man, müssen die Mönchsorden beibehalten werden. Aber die Erziehung darf inskünftige nicht Menschen anvertraut werden, welche aller häuslichen, civilen und politischen Verbindung abgeschworen haben. Künftig können nur Staatsbürger, andere Bürger des Staates erziehen. Auch kann ich mir nicht vorstellen,

len, daß der Fortgang der Vernunft könne durch Menschen befördert werden, welche ihre Vernunft freiwillig einem Joche unterworfen haben, das ihnen weder von der Natur, noch von der Gesellschaft, noch von der Vernunft aufgelegt war.

Bischof von Nancy. Ihr versprecht den Mönchen, welche ihre Klöster verlassen wollen, Pensionen zu geben; aber diese werden sie nicht bekommen. Betrachten Sie, meine Herren, die zerstreuten Mitglieder des Jesuiterordens, jener berühmten Gesellschaft, welche sich ganz der Erziehung widmete, und welcher vielleicht Frankreich seine größten Männer und seinen Ruhm in den letzten Jahrhunderten ganz allein zu verdanken hat. Es geht diesen, wie es so vielen tausend neuen Pensionairs des Staates gehen wird. Ihre Pension, und welch eine Pension! wird ihnen nicht bezahlt! ihre schmähliche, erniedrigende, barbarische Pension wird ihnen nicht bezahlt! — Diese armen Jesuiten, diese Greise, welche, gleich den schönen Gebäuden des Alterthums, noch in ihren Trümmern Bewunderung verursachen und dem Geschmacke zum Muster dienen; diese Greise, diese Sterben, diese Stützen, diese Muster der Kirchspiele in denen sie sich niedergelassen haben (und ich, meine Herren, habe das Glück in dem meinigen einige von ihnen zu besitzen) diese Greise haben nun ihre kleine Pension seit einiger Zeit gar nicht mehr erhalten.

Es war schon spät, und die Versammlung beschloß, die weitere Berathschlagung über diesen Gegenstand bis auf den folgenden Tag aufzuschieben.

7. Am dreizehnten Februar wurde die Berathschlagung fortgesetzt. Die Mönche erschienen, ausgerüstet mit allen Waffen der Hierarchie und des Fanatismus. Sie stellten sich auf die rechte Seite des Versammlungssaals.

Hr. Garat der ältere stieg auf den Rednerstuhl. Wenn man in einer so erleuchteten Versammlung über einen Gegenstand sprechen will, der so verschiedene Gesichtspunkte und so verschiedene Verhältnisse darbietet, so muß man, soviel als möglich, denselben untersucht haben, und dann die Resultate der Untersuchung vorlegen. Wird die Religion gewinnen, wenn die Mönchsorden aufgehoben werden? Ja! denn wenn die Mönche das Kloster verlassen, so werden sie sich dem Gottesdienste widmen, und ihre Frömmigkeit, welche bisher nur ihnen selbst diente, wird dann auf die öffentlichen Sitten Einfluß erhalten. Werden die Sitten dabei gewinnen? Wer könnte dieses läugnen! Eben so werden auch Erziehung und Finanzen dadurch gewinnen. Die Armen werden gewinnen; denn diese werden nun durch wohlthätige Bürger und durch den Staat erhalten. Werden die Familien dabei gewinnen? — Als ich gestern diese Frage aufwerfen hörte, habe ich gezittert. Aber, wenn es Familien geben sollte, welche kräftlich genug denken, um die Abschaffung der Mönchsorden deswegen zu mißbilligen, weil sie sich

nun

nunmehr ihrer Verwandten nicht mehr entledigen
können: so glaubs ich nicht, daß man auf ihre Einwürfe hören müsse. Werden die Rechte des Menschen gewinnen? Dieß ist die eigentliche Frage auf
die es ankommt. Die Mönchsorden sind die schrei-
endste Verletzung der Menschenrechte. In einem
Augenblicke der Andacht spricht ein Jüngling den Eid
aus: weder seinen Vater noch seine Mutter, noch
seine Anverwandten anzuerkennen; niemals weder
Gemahl noch Bürger zu seyn. Er ergreift das unglückliche Scheermesser; er unterwirft seinen Willen
dem Willen eines Andern; seine Seele der Seele
eines Andern; er thut Verzicht auf seine Freiheit,
in einem Alter, in welchem es ihm nicht erlaubt wäre
auf das kleinste Eigenthum Verzicht zu thun. Der
Eid, den er schwört, ist ein moralischer Selbstmord.
Hat es wohl einen für das menschliche Geschlecht be-
schämendern, beklagungswürdigern Zeitpunkt gegeben, als jenen, in welchem gegen die Bevölkerung
und gegen das reitzende Geschlecht, die Verschwörung
zu Clairvaux oder zu Monteassin gemacht
wurde? Ich schwöre, (heftig) daß, wenn ich über
die Mönchsorden nachdachte, ich niemals habe begreifen können, daß es dem Menschen eher erlaubt
seyn solle sich seines bürgerlichen Lebens zu berauben
als seines physischen Lebens. Ich schwöre (noch heftiger) daß ich niemals habe begreifen können, daß es
Gott gefallen haben solle, den Menschen derjenigen
Güter wiederum zu berauben, welche er dem menschlichen Geschlechte geschenkt hat; und daß es ein Mittel

tel seyn sollte uns ihm gefällig zu machen, wenn wir die Freiheit aufopfern, welche wir von ihm erhalten haben. Ich schwöre....

(Heftiger Lärm und Tumult auf der rechten Seite. Alle Arme werden gen Himmel geführt, und man hört nichts, als die Worte: Der Gottlose! Der Gotteslästerer! Der Präsident klingelt an Einem fort, und ruft: Ordnung! Ordnung! aber vergeblich. Die Glocke zerbricht. Es wird eine andere gebracht. Hr. Garat will in seiner Rede fortfahren, und beweisen, daß er orthodox und kein Gotteslästerer sey. Aber umsonst; Lärm und Tumult nehmen immer zu.)

Hr. Guillaume. Hr. Präsident, wir wollen die Berathschlagung schließen und Stimmen sammeln. Der Prozeß gegen die Kutten ist lange genug geführt worden.

Bischof von Nancy (mit der heftigsten Wuth). Ich verlange die Versammlung solle erklären, daß die römischkatholische Religion die Religion des Staates sey.

Der Präsident. Herr Bischof, dieser Vorschlag gehört nicht mit zu der Ordnung des heutigen Tages.

Hr. Roederer. Will etwa der Hr. Bischof von Nancy zu verstehen geben, daß die Religion in Gefahr sey, und will er, daß wir über einen Vorschlag uns berathschlagen, welcher eine wahre Beleidigung gegen die Versammlung ist?

Hr.

Hr. Dupont. Die katholische Religion ist die einzige, deren Geistliche der Staat bezahlt. Und da sogar, durch die Reform, welche vorgeschlagen worden ist, dieselbe der Nation achtzig Millionen kosten wird, so muß sie wahrlich wohl die nationale Religion seyn. Warum sollen wir uns über etwas berathschlagen, das Jedermann anerkennt?

Hr. Cazales. Es hat auch niemand daran gezweifelt, daß Frankreich eine Monarchie sey, und dennoch haben sie es beschlossen. Und warum sollte man nicht für die Religion thun, was man für die Regierung gethan hat?

Hr. Karl (vormals Graf) von Lameth. Ich habe gar nichts gegen den Vorschlag des Hrn. Bischofs von Nancy; aber ich setze mich aus allen Kräften gegen die Absicht des Apostels, welcher diesen Vorschlag gethan hat. Wollen Sie diese Absicht kennen lernen, so erinnern Sie sich nur an eine andere Gelegenheit. Als unter uns die Rede davon war, jene politischen Stände abzuschaffen, deren Existenz die gesunde Vernunft sowohl als das Volk beleidigte, rief man uns zu, daß wir die Monarchie umstürzen wollten. Jetzt, da die Rede davon ist die Mönchsorden abzuschaffen, schreit man, wir greifen die Religion an. Hier ist der Zufluchtsort aller Gewalt, das Heiligthum alles Ansehens. Wäre die Religion in Gefahr, so würde dieselbe hier ihre wahren Vertheidiger finden. Wir wollen nicht sowohl die Mönchsorden als die Mönchsunordnungen abschaffen: und dennoch kommen Männer, welche nur

hier

hier sind, um ihre Macht und ihren Reichthum zu
vertheidigen, hieher, um von der Gottheit zu sprechen! Bringt entweder diese Mönchsorten zu ihrer
ersten Reinigkeit und Einfachheit wiederum zurück,
oder gesteht, daß es weise gehandelt ist, dieselben zu
zerstören. Hat man die Absicht gehabt den Aberglauben des Volks gegen seine Wohlthäter aufzuwiegeln, und den Fanatismus gegen das Werk der Vernunft und der Weisheit zu bewaffnen: so läßt sich
im Voraus sagen, daß diese sträflichen Hoffnungen
ungegründet seyn werden. Die Nation ist, durch
Alles was sie ausgestanden hat, zu sehr erleuchtet,
als daß sie die muthigen Vertheidiger ihrer Rechte
für Feinde der Religion halten sollte. Nein! die
Religion hat unter uns eben so wenig Feinde als das
Ansehen des Königs! Und welch ein Zeitpunkt, um
unsern Glauben verdächtig zu machen! Derjenige,
in welchem wir dem höchsten Wesen zu danken schon
beschlossen haben. Nein! nicht durch einen Beschluß,
der für die Religion selbst beleidigend seyn würde,
müssen wir beweisen, daß wir eine Religion haben:
sondern morgen, wenn man die Stellvertreter der
Nation zu den Füßen des Altars niederfallen sehen
wird; dann wird Frankreich, dann wird ganz Europa erfahren, daß die römischkatholische Religion die
Religion der Nation sey.

(Langes, ununterbrochenes, und wenn es auf-
hörte von Neuem wieder angefangenes Beifallklatschen folgte auf diese Rede des Herrn Lameth. Von
der rechten Seite her ein schrecklicher Lärm. Der

194

Präsident klingelt an Einem fort. Er läutet die Sterbeglocke des Fanatismus, des Aberglaubens, der Dummheit; die Sterbeglocke der Mönchsorden. Heiliger Luther! Heiliger Calvin! Heiliger Zwingly! wie mögen Eure schönen Seelen sich, in jener Welt, an diesem Tage gefreut haben!)

„In diesem Augenblicke warfen alle Ordensstifter „sich vor dem Throne des Allmächtigen auf ihr Ange= „sicht; sie verlangten von J.H.M ein Wunder, wel= „ches ihre Orden und ihre Kirchthürme retten sollte. „Der heilige Dominikus und der heilige Bernhardus „sprachen beinahe eben so heftig als der Bischof von „Nancy. Die heilige Theresa fiel in Ohnmacht. „Sie schrien alle auf einmal und riefen: „Nun fejert „man meinen Festtag nicht mehr! Nun läutet man „mir zu Ehren nicht mehr! Nun hält man mir keine „Lobreden mehr!" Der heilige Benediktus, mit „einer Armee von 56,600 Heiligen seines Ordens, „bat um Aufschub a). Aber der Allmächtige war
„uner=

a) Im Jahre 424 stiftete der heilige Benedikt den Orden sei= nes Namens. Kein Orden war jemals blühender. Ausser dem Titel eines Abts von Mont=Cassin, nannte er sich: einen Vice=Kaiser, Vice=Kanzler des Reichs in Italien, Kanzler des Königreiches beider Sicilien, Kanzler von Je= rusalem und von Hungarn. Er besaß 300,000 Thaler Ein= künfte; er besaß zwei Fürstenthümer, zwei Herzogthümer, zwanzig Grafschaften, fünf und zwanzig Städte, 1,440 Fle= cken, 250 Schlösser, drei und zwanzig Seehäfen, drei und dreißig Inseln, dreihundert Ländereien, zwei hundert Müh= len, und 662 Kirchen. Genebrand erzählt, daß es einst 37,000 Abteien, 15,000 Priorate und 15,000 Nonnenklö= ster dieses Ordens gegeben habe. Und einige andre Schrift= steuer versichern, es würden von diesem Orden sechs und vier=

„unerbittlich. Er schlug das Wunder ab — und
„die Mönchsorden wurden aufgehoben a).“

Die Nationalversammlung gab folgendes Gesetz:

1. Die Nationalversammlung beschließt, als einen Artikel der Konstitution, daß das Gesetz künftig keine feierliche Mönchsgelübde, weder des einen noch des andern Geschlechts, mehr anerkennen solle. Sie erklärt demzufolge, daß alle regelmäßigen Orden und Kongregationen, in denen solche Gelübde gethan werden, in Frankreich aufgehoben sind und aufgehoben bleiben sollen, ohne daß künftig ähnliche Orden wiederum errichtet werden können.

2. Alle Individua, des einen oder des andern Geschlechts, welche jetzt in den Klöstern und in den geistlichen Häusern vorhanden sind, können dieselben verlassen, wenn sie sich bei dem Bürgerrathe ihres Orts melden, und es soll unverzüglich, durch eine hinlängliche Pension, für ihren Unterhalt gesorgt werden. Eben so sollen auch Häuser angezeigt werden, in welche sich diejenigen zurückziehen können, welche der Erlaubniß des gegenwärtigen Dekretes sich nicht bedienen wollen. Außerdem erklärt die Nationalversammlung, daß für jetzo in der Einrichtung der öffentlichen Erziehungshäuser und

---

219 Päbste, ein und funfzig Patriarchen, zweihundert Cardinäle, 1,600 Erzbischöfe, und 56,600 kanonisirte Heilige gezählt.

a) *Desmoulins* révolutions de France et du Brabant.

und der Waisenhäuser nichts verändert werden soll, so lange bis die Versammlung über diesen Gegenstand beschlossen haben wird.

3. Die Nonnen können in den Häusern bleiben, in denen sie jetzt sich befinden, und die Versammlung nimmt sie namentlich von dem Artikel aus, der die Ordensleute verbindet sich aus mehreren Häusern in Einem zu vereinigen.

Am sechszehnten Februar übersandte der Siegelbewahrer im Namen des Königs, an die Nationalversammlung eine Schrift, welche um soviel mehr in der Geschichte der Französischen Revolution eine Stelle verdient, da derselben, und der Berathschlagung, zu welcher sie Veranlassung gab, in dem Protokolle der Versammlung vorsetzlich keine ausführliche Erwähnung geschehen ist. Diese Schrift lautet folgendermaßen:

„Die Unordnungen, welche in mehrern Provinzen abermals ausgebrochen sind, und welche das Eigenthum und sogar das Leben der Staatsbürger bedrohen, sind für seine Majestät ein Gegenstand der tiefsten Betrübniß. Bewafnete Räuber begehen ungestraft die größten Excesse, und alles Eigenthum würde bald ein Raub derselben werden, wenn man nicht dahin gelangen könnte endlich die Ordnung und die Regierung der Gesetze wiederum herzustellen. Die Sorge dafür ist die erste Pflicht des Monarchen, und Seine Majestät hat, um dieselbe zu erfüllen, nichts versäumt, was von Ihr abhieng. Die Nationalversammlung, welche von einem Theile dieser Uebel unter-

unterrichtet ist, hat den König ersuchen lassen, daß er neue Befehle geben möge, damit das Dekret vom zehnten August des vorigen Jahres, welches Seine Majestät genehmigt haben, in Ausübung gebracht werden möge. Der König, um diesem gerechten Verlangen zu entsprechen, hat der Nationalversammlung bekannt machen wollen, was für Schwierigkeiten zu überwinden sind, und daß diese Schwierigkeiten, ohne die Mitwürkung aller Gewalt, nicht überwunden werden können. Als Seine Majestät das Dekret des zehnten Augusts genehmigte, that er dieses in der Zuversicht, daß die Civil= oder Bürgerbeamten keinen Anstand nehmen würden die Hülfe der Truppen anzurufen, um allen Aufruhr zu dämpfen, welcher durch ihren Einfluß, und durch die Bürgermiliz, nicht würde gedämpft werden können. Aber unzählige Beispiele beweisen, daß die Civil= und Bürgerbeamten, weil sie sich vor diesen Aufrührern selbst fürchten, es nicht wagen, den Beistand des Militairs zu verlangen. Die Nationalversammlung hat, als dieses ihr bekannt wurde, geglaubt ihren Beschluß abändern zu müssen, um die freie Zirkulation der Lebensmittel destomehr zu begünstigen, und daher hat dieselbe, durch ihren, von dem Könige genehmigten Beschluß des fünften Oktobers, befohlen: „daß die ausübende Gewalt und das Militair möch„ten um Hülfe angerufen werden, so oft dem Trans„porte des Getreides Schwierigkeiten entgegengesetzt „werden sollten." Neue Mißbräuche setzen jetzt das Eigenthum und das Leben der Staatsbürger in

Gefahr, und ein vor Kurzem geschehener Vorfall verdient in dieser Rücksicht, daß die Versammlung demselben ihre Aufmerksamkeit schenke. Die Stadt Beziers ist so eben der Schauplatz eines Aufruhrs gewesen, der sehr tragische Folgen gehabt hat. Die Ursache desselben war die Beschlagnehmung einer Quantität Salz, welches die Kontrebandiers einführen wollten. Zwei und dreißig oder drei und dreißig Mauthbediente hatten dieses Salz nach dem Rathhause gebracht, und sie blieben daselbst während der Nacht, um ihren Fang zu bewachen. Hr. de Baubre, Oberster des Regiments Medoc, welches zu Beziers in Garnison liegt, ließ seine Truppen gegen das Rathhaus anrücken, um dasselbe in Schutz zu nehmen, und um die Patrouille zu unterstützen. Er that noch mehr. Da er die Gefahren des folgenden Tages voraus sahe, so versuchte er, aber vergeblich, die Rathsherren des Bürgerrathes zu bewegen, daß sie während der Nacht die Mauthbedienten und Hrn. Bernard, den Kommandanten der Patrouille, möchten entwischen lassen; denn auch diesem vergab das aufgewiegelte Volk nicht, daß er die Mauthbediente in Schutz genommen hatte. Am folgenden Tage nahm die Gefahr zu, und Hr. de Baudre bot von Neuem, doch abermals vergeblich, sich an, durch Hülfe seiner Truppen, den Pöbel im Zaume zu halten. Er sagte den Rathsherren vorher, die Folge ihrer Unthätigkeit würde seyn, daß das Rathhaus angegriffen und die größten Excesse verübt werden könnten. Er verlangte, daß wenigstens einer von den
Bürger-

Bürgermeistern auf dem Rathhause bleiben möchte. Aber sein Eifer war fruchtlos. Die Bürgermeister entfernten sich, ohne irgend einen Befehl zu geben, und ohne die Hülfe des Militairs anzurufen. Bald nachher verlangte das erhitzte Volk, welches seine Stärke fühlte, Hr. Baudre möchte ihm den Hrn. Bernard und die Mauthbedienten ausliefern. Dieser Officier, welcher während des ganzen Vorfalls ausgezeichnete Proben von Verstand, Muth und Klugheit gegeben hat, fand das Mittel Zeit zu gewinnen, und machte sich dieselbe zu Nutze, um die Mauthbedienten, welche sich mit einigen ihrer Weiber in einen Saal des Rathhauses geflüchtet hatten, zu besuchen. Er stellt ihnen die Gefahr vor, in der sie sich befinden, nöthigt sie ihr Leben durch eine schnelle Flucht zu retten, und sagt ihnen, er mache sich Hoffnung den Eingang des Rathhauses, eine ganze Stunde lang, gegen den Einbruch des Volkes zu vertheidigen. Indessen greift das Volk mit Steinwürfen die Wache vor dem Rathhause an, aber der Officier will noch nicht erlauben, daß auf das Volk geschossen werden solle. Ein einziges Mittel blieb ihm nunmehr übrig, um die Wuth der Aufrührer zu mäßigen. Er läßt das Thor des Rathhauses zuschließen und dasselbe inwendig verrammeln. Aber bald wird dieses Thor mit Axthieben eingesprengt, und nun zieht sich Hr. de Baudre in den zweiten Hof zurück, schließt abermals das Thor zu, und verrammelt dasselbe inwendig. Während Hr. de Baudre diese beiden Thore vertheidigte, glaubte er, daß die Mauthbedienten würden

Zeit

Zeit gefunden haben zu entwischen. Er kam aus dem Rathhause, stellte seine Truppen auf dem Platze vor dem Rathhause in Schlachtordnung, ließ dieselben in dieser Stellung eine starke Viertelstunde lang stehen, und gab ihnen dann Befehl, sich in ihr Quartier zurück zu begeben. Die Aufrührer hingegen verfolgten ihre Schlachtopfer und bemächtigten sich einiger Mauthbedienten. Sie verübten an diesen und an den Weibern derselben die entsetzlichsten Mißhandlungen. Diese Unglücklichen sind auf eine Art verstümmelt worden, die man ohne Entsetzen nicht anhören kann. Fünfe von ihnen wurden aufgehängt. Die Aufrührer, hierdurch noch nicht befriedigt, verlangen Waffen von dem Kommandanten. Dieser weigert sich standhaft welche zu geben, und zum Glücke besteht der Haufe nicht auf seiner Bitte. Eine solche Anarchie ließ alles mögliche Unglück befürchten. Die Einwohner der Stadt versammeln sich daher in einer Kirche, und daselbst thut ein Mann aus dem Volke, dessen Name bekannt zu seyn verdiente, den Vorschlag, den Kommandanten zu bitten, daß er die Ruhe wiederum herstellen und die Sorge für die Polizei der Stadt übernehmen möchte. Dieser Vorschlag wurde einstimmig angenommen und befolgt. Hr. de Baudre willigt in diese, durch das Zutrauen der Bürger an ihn geschehene Bitte ein, und sucht nunmehr, so viel von ihm abhängt, den schlimmen Folgen der Unthätigkeit und der Entfernung der Bürgermeister, zuvorzukommen. Diese wurden, durch Bitte um den Beistand des Militärs, alles

Unglück

Unglück haben verhüten können. Eine Menge ähnlicher Beispiele beweisen, daß große Unordnungen verhütet worden wären, wenn man zu dem Militair hätte Zuflucht nehmen wollen. Aber, so nothwendig, in ähnlichen Fällen, der thätige Beistand der Truppen auch seyn mag, so hat dennoch der König geglaubt, daß er seinen Unterthanen das Beispiel der Unterwerfung unter das Gesetz schuldig sey. Seine Majestät hat für nothwendig gehalten diese Thatsachen und diese Bemerkungen der Versammlung vorzulegen, und dieselbe auf die stärkste und dringendste Weise zu bitten, daß sie Mittel ausfinden möge, die wirksam genug seyn um die Sicherheit der Staatsbürger, mit ihrer Freiheit, mit der Erhaltung ihres Eigenthums, und mit der Aufrechthaltung der öffentlichen Ordnung zu vereinigen. Seine Majestät kann nicht vertragen, daß Einer Seiner Unterthanen (welche sich alle mit Zutrauen auf Seine Wachsamkeit und sein Ansehen müssen verlassen können) Gewaltthätigkeiten und grausamer Behandlung ausgesetzt seyn solle: denn gegen diese empört sich das gemeinschaftliche Interesse, eben sowohl als die Gerechtigkeit und die Menschlichkeit. Und die Nationalversammlung wird ohne Zweifel einsehen, daß die fernere Fortsetzung solcher Unordnungen die Anhänglichkeit des Volks an dem Erfolge ihrer wichtigen Arbeiten schwächen, und die Wohlthat der Gründung einer neuen Konstitution, die der Gegenstand der Wünsche aller derer, die das Vaterland lieben, seyn muß

muß, halten müßte. Paris, am 16ten Februar 1790."

Der Erzbischof von Borbeaux.

Die Vorlesung dieser Schrift machte einen tiefen Eindruck auf die Gemüther der Mitglieder der Versammlung. Mehrere stiegen zu gleicher Zeit auf den Rednerstuhl, aber Hr. Emery behielt das Wort, und er sagte:

Hr. Emery. Solche Unordnungen haben allemal die Versammlung in tiefe Betrübniß versetzt, und es war von jeher ihr Zweck denselben zuvorzukommen. Aber sollen wir die Grundsätze verlassen auf welche die Konstitution gegründet ist? Ich habe jederzeit geglaubt, daß der König Macht genug in Händen habe, um die Unordnungen zu verhüten, von denen man spricht. Eure Konstitution giebt ihm das Recht die ganze Gewalt des Militairs anzuwenden, vorausgesetzt, daß diese Gewalt von den Civil= oder Bürgerbeamten verlangt, und von diesen geleitet werde. Aber, sagt man, diese Beamten wollen die Hülfe des Militairs nicht anrufen, weil sie die Folgen eines solchen Verlangens fürchten. Da müssen wir noch, ehe wir urtheilen, abwarten, wie sich die neugewählten Bürgerräthe verhalten werden. Ich glaube, daß wir auf ihren Patriotismus rechnen können. Ich suche gar nicht das Unangenehme der Zeitumstände zu verbergen. Keine Administration der Abtheilungen und der Unterabtheilungen; keine Hülfe gegen die Nachlässigkeit der Bürgerbeamten! Aber diesem wird in kurzer Zeit abgeholfen seyn.

Mar=

Marquis de Fourault. Ich, dem mehr daran liegt, als irgend einem Andern, die Ursache der Unruhen, welche in dem Reiche vorhanden sind, und welche sich in den mittäglichen Provinzen, und vorzüglich in der meinigen, am stärksten zeigen; ich will Ihnen dieselben beschreiben. Die Gewaltthätigkeiten, welche in dem Perigord an den Eigenthümern und an dem Eigenthume ausgeübt werden, sind im untern Limousin entstanden, haben sich von da, durch die Provinz Quercy, bis nach Perigord fortgepflanzt, und greifen noch täglich weiter um sich. Die thätigen Urheber dieser Unordnungen nahmen zum Vorwande die Aufhebung des Lehensystems und die Abschaffung alles Bodenzinses, und, um das Volk aufzuwiegeln, gaben sie vor, daß sie von dem Könige und von der Nationalversammlung Vollmacht erhalten hätten. Es war schwer diese Unordnungen in ihrem Anfange zu ersticken; aber jetzt ist es schlechterdings unmöglich denselben anders als durch außerordentliche Mittel Einhalt zu thun. Indessen muß man nicht sogleich Macht und Gewalt gebrauchen, sondern Vernunft und Unterricht, so lange bis die Bewohner der Provinz Perigord unterrichtet seyn werden, und die Beschlüsse der Versammlung begreifen können. Das Volk dieser Provinz ist das allerunerleuchtetste in ganz Frankreich, in allen Künsten am meisten zurück, und daher auch am leichtesten zu verleiten und irre zu führen. Das Volk an sich ist nicht strafbar. Es nimmt gute Eindrücke eben so leicht an als schlimme, und nur diejenigen sind strafbar,

bar, welche es in Bewegung setzen. Es giebt Gewaltthätigkeiten von mancherlei Art, und diese nehmen täglich zu. Im Anfange begnügte man sich damit, Anschläge in den Kirchspielen zu machen, und Galgen auf den Landstraßen aufzurichten, welche für denjenigen bestimmt waren, der sich unterstehen würde Bodenzins einzufordern, so wie auch für denjenigen der diesen Zins bezahlen würde. Diese Drohungen haben bloß allein die Wirkung gehabt, den Gläubiger und den Schuldner vorsichtig zu machen, und beide schwiegen gegenseitig stille. Aber bald nachher, als diejenigen, welche das Volk aufwiegelten, sahen, daß dieses erste Mittel keinen Aufruhr verursacht hatte, so ergriffen sie andere Mittel, wobei sie sich immer auf den Befehl des Königs und der Nationalversammlung stützten. Sie versammelten das Volk, und machten bekannt, daß Gesandtschaften von einem Kirchspiele nach dem andern sich begeben sollten, um daselbst den Majbaum zu pflanzen und die Schlösser zu erleuchten. Nun fiengen die Unordnungen an. Die Sturmglocken wurden geläutet und die Bauern begeben sich zu den Herren, welchen die Kirchspiele gehören. Sie verlangen von ihnen, daß sie die Fahnen abnehmen, und ihnen sogleich ein Maß Korn, ein halbes Maß, und ein durchlöchertes Sieb geben sollen. Sie befehlen dem Herrn, daß er den schönsten Baum auf seinen Gütern ausreissen, und mitten im Dorfe, auf dem Platze vor der Kirche, solle aufrichten lassen. Sie befehlen ihm ferner, zu einer bestimmten Stunde, Federn, Wein, Bänder und Lebens-

bensmittel aller Art nach dem Platze, zu diesem Bau:
me bringen zu lassen, und drohen, im Unterlassungs=
falle, sein Schloß zu verbrennen. Darauf gehen sie
zu dem Geistlichen, und verlangen von Ihm, mit
Schimpfen und Drohen, die Schlüssel der Kirche.
In derselben verbrennen sie die Stühle, die Bänke,
und oft sogar das Getäfel. Dann pflanzen sie auf
dem Platze vor der Kirche den Maibaum, befestigen
an diesem Baume die Fahnen, die Federn, das durch=
löcherte Sieb, die beiden Maße und die Bänder. An
dem Baume befestigen sie folgende Inschrift: „Auf
Befehl des Königs und der Nationalver=
„sammlung letzte Quittung des Bodens
„zinses." Nach dieser Zeremonie verzehren sie die
ihnen gesandten Lebensmittel, und erkundigen sich im
Rausche, ob Jemand den Zins bezählt habe. Sie
entheiligen die Kirchen, und fordern mit Gewalt
Geld von dem Gutsherrn, von dem Priester, und
von jedem, von dem sie vermuthen, daß er Geld be=
sitze. Weiber und Greise werden von ihnen abscheu=
lich mißhandelt. Wie kann man diesen Unordnungen
Einhalt thun? Ich habe schon gesagt, daß man nicht
sogleich Gewalt und Strenge anwenden müsse. Ich
habe gesagt, daß weiter nichts erfordert werde, als
das Volk zu unterrichten, und demselben die Beschlüsse
der Versammlung erklären zu lassen. Die Sache ist
dringend. Dennoch wird nöthig seyn das Volk durch
einige Kavallerie oder durch leichte Truppen in Furcht
zu setzen, und durch dieselben die Marechaussee, wel=
he allein viel zu schwach ist, unterstützen zu lassen.

Ich

Ich wiederhole es nochmals, und ich darf es versichern, ihre bloße Gegenwart würde die Ruhe herstellen, und sie würden dahin gesandt, mehr um Furcht einzujagen, als um thätig zu seyn. Uebrigens kann ich, meine Herren, Ihnen nicht zu oft wiederholen, und Ihnen nicht zu sehr einschärfen, daß das Volk auf dem Lande noch lange Zeit nicht im Stande seyn wird den Sinn Ihrer Beschlüsse zu fassen. Man kann nicht genug dafür sorgen, daß diese Beschlüsse ihm von rechtschaffenen Männern erklärt werden, und es wird zu gleicher Zeit eine öffentliche Gewalt erfordert, um den Aufrührern Einhalt zu thun, welche sich den Beschlüssen der Nationalversammlung widersetzen, oder sich denselben nicht unterwerfen wollen.

Hr. de la Fayette. (Sobald er auf den Rednerstuhl steigt wird ihm lauter Beifall zugeklatscht, ehe er noch zu reden angefangen hat). Sie haben ohne Aufhören Ihren Unwillen über alle Unordnungen zu erkennen gegeben, und dessenungeachtet dauren diese Unordnungen noch immer fort. Ja, ich möchte sagen, sie nehmen zu; zum großen Mißvergnügen der Freiheit, welche darunter leidet; zum großen Mißvergnügen der Gerechtigkeit und der Menschlichkeit, welche dieselben verhindern möchten; zum großen Mißvergnügen der Freunde des Volkes, deren Ruhe und deren Eigenthum in Gefahr ist. Das Volk will die Freiheit. Es verlangt Gerechtigkeit und Frieden. Es erwartet dieselben von den Bürgerbeamten, welche niemals ihre Pflicht einer vorhergehenden Popularität aufopfern sollten. Es er-

wartet

wartet dieselben von der Energie der ausübenden Gewalt, welche man nicht mehr unter den Trümmern, sondern da wo sie ist, in der Konstitution, suchen darf. Uebertragen Sie daher Ihrem Ausschusse, Ihnen einen Vorschlag zu einem Beschlusse zu machen, der fähig wäre Alles dasjenige zu zerstören, was sich der Gründung unserer Konstitution noch entgegensetzen könnte.

Es wurde auf der einen Seite von Neuem Beifall geklatscht, und die Versammlung beschloß einstimmig dem Ausschusse diesen Auftrag zu geben.

Am achtzehnten Februar las der Präsident der Nationalversammlung folgenden Brief vor, welchen er von dem Herzoge von Orleans erhalten hatte:

„London, am 15. Februar 1790."

„Mein Herr Präsident!"

„Da ich, zufolge einer von der Nationalversammlung am 14. Oktober des vorigen Jahres erhaltenen Erlaubniß, abwesend bin, um einen Auftrag auszurichten, welchen der König mir die Ehre gethan hat meiner Besorgung anvertrauen zu wollen; so habe ich, seit jener Zeit, den Eifer, der mich für die Nation und für den Ruhm des Monarchen belebt, auf andre Gegenstände zu richten mich genöthigt gesehen. Aber ich bin nichts desto weniger mit meinem Verstande, und mit meinem Herzen, mit der erhabenen Versammlung verbunden geblieben, von welcher ich die Ehre habe ein Mitglied zu seyn. Und, es sey mir erlaubt, es zu sagen, ich habe an Ihren Arbeiten um so viel mehr Antheil genommen, da ich

das

das Glück hatte, jederzeit meinen Privatwunsch mit dem allgemeinen Wunsche, von welchem Ihre Beschlüsse der Ausdruck sind, übereinstimmend zu finden. Eben so nehme ich auch Antheil an den Empfindungen der Liebe und der Verehrung, welche der wirklich königliche und väterliche Schritt seiner Majestät in der Versammlung hervorgebracht hat, da der König, ohne ein anderes Gefolge als seine Tugenden, und ohne einen andern Bewegungsgrund als die Liebe zu seinem Volke, gekommen ist sich mit den Stellvertretern der Nation zu vereinigen, um die glückliche Wiederherstellung, durch welche das Glück und der Ruhm Frankreichs auf immer gegründet ist, zu bestätigen, und wo möglich zu beschleunigen. Nichts war natürlicher, als daß an jenem merkwürdigen Tage jedes Mitglied der Versammlung eilte, um öffentlich die Grundsäze zu bekennen, nach welchen sie beständig gehandelt hat. Um mich darüber zu trösten, daß ich nicht Gelegenheit gehabt habe, an dieser großen und schönen Aufwallung Theil zu nehmen, war es nöthig, daß ich mich daran erinnerte, daß ich hier dem Vaterlande einigermaßen nützlich seyn könne. Bei so bewandten Umständen bitte ich Sie, Herr Präsident, daß Sie die Nationalversammlung in meinem Namen ersuchen mögen, daß dieselbe meinen förmlichen Beitritt zu dem Eide, den die Mitglieder am vierten dieses Monats geschworen haben, annehmen und erlauben wolle, daß ich, so wie Sie,

„schwöre: der Nation, dem Geseze
„und dem Könige getreu zu verbleiben,

und

„„und aus allen meinen Kräften die von
„der Nationalversammlug beschlossene,
„und von dem Könige genehmigte Kon=
„stitution zu erhalten."

„L. P. J. d'Orleans."

„Hierdurch erfülle ich, soviel in meinen Kräften
steht, den Beschluß der Nationalversammlung von
dem vierten Februar dieses Jahres, und ich schätze
mich glücklich, beständig mit ihr, durch meine Gesin=
nungen eben sowohl als durch meine Grundsätze, ver=
einigt gewesen zu seyn. Ich bin, u. s. w."

„L. P. J. d'Orleans."

Dieser Brief wurde von dem größten Theile
der Versammlung mit lautem Beifallklatschen auf=
genommen, und es wurde beschlossen, daß derselbe
in das Protokoll der Versammlung eingerückt wer=
den solle.

Am achtzehnten Februar wurde der Proceß gegen
den Marquis von Favras geendigt. Die Rich=
ter des Chatelet versammelten sich um neun Uhr Vor=
mittags. Das Vorlesen der Akten dauerte nahe an
fünf Stunden. Dann wurde Favras in den Saal
gebracht. Er antwortete auf alle Fragen, welche an
ihn geschahen, kaltblütig und standhaft. Sein Blick
war ruhig. Er beklagte sich heftig darüber, daß die
Richter die Zeugen, welche seine Unschuld beweisen
sollten, anzuhören sich weigerten, und daß man die=
jenigen, die ihn heimlich angegeben hatten, als Zeu=
gen gegen ihn gelten lasse. Der Gefangene wurde
weggeführt, und nunmehr hielt Hr. Thilorier,

der Advokat des Gefangenen, eine lange Rede, um die Unschuld desselben zu beweisen. Dann berathschlagten sich die Richter, und die Berathschlagung dauerte sechs Stunden. Der vor dem Hause in großer Menge versammelte Pöbel wurde ungeduldig, und verlangte, zu wiederholtenmalen, mit rasendem Geschrei, den Gefangenen. „Favras! Favras! Favras!" ertönte es von allen Seiten. Schrecklicheres läßt sich nicht denken, als dieses Geschrei eines Volkes, welches vor Ungeduld, eine Hinrichtung zu sehen, den Richtern nicht einmal Zeit läßt kaltblütig zu untersuchen, ob der Angeklagte schuldig sey oder nicht? In einem Anfalle von Wuth wollte der rasende Haufe mit Gewalt in das Haus einbrechen, den Gefangenen seinen Richtern entreißen, und die gräßlichen Auftritte, welche bei der Ermordung eines Foulon und eines Berthier vorfielen, erneuern. Aber eine starke Wache der Bürgermiliz stellte sich dem andringenden Pöbel entgegen, und trieb denselben zurück. Endlich sprachen die Richter das Urtheil. Favras wurde für schuldig erklärt und für überwiesen, einigen Officieren, Banquiers und andern Personen, den Plan einer Kontrerevolution mitgetheilt zu haben, dessen Urheber er selbst gewesen war. Wegen dieses Verbrechens ward er verurtheilt, vor dem Thore der Hauptkirche Kirchenbuße und Abbitte zu thun, und nachher auf dem Greveplatze gehangen zu werden. Dieser Urtheilsspruch wurde erst um Mitternacht ausgesprochen. Unter fünf und dreißig Richtern, welche das Gericht ausmachten, stimmten acht und zwanzig

zum

zum Tode. Das Volk war bis nach dem ausgesprochenen Urtheile vor dem Hause versammelt geblieben, und als der Schreiber das Todesurtheil, bei dem blassen Scheine einer Fackel, aus dem Fenster dem Volke vorlas, so ertönte der ganze Platz (mit Entsetzen schreibe ich es nieder) von einem lauten Jubelgeschrei, Händeklatschen, und wiederholtem Rufen: „Bravo! Bravo! Bravo!" Der blutdürstige Karakter der Pariser zeigte sich abermals; und jauchzend, jubelnd, und sich freuend auf das Schauspiel des folgenden Tages, giengen sie auseinander, und begaben sich nach Hause.

Favras erfuhr das über ihn gefällte Todesurtheil erst am folgenden Morgen um zehn Uhr, als der Scharfrichter in sein Gefängniß trat, und ihm das Ludwigskreuz, welches er trug, abriß. Um eilf Uhr wurde ihm sein Urtheil vorgelesen. Während des Vorlesens unterbrach er den Richter zu wiederholtenmalen und betheuerte seine Unschuld. Der Richter antwortete ihm, er möchte sich die Tröstungen der Religion nunmehr zu Nutze machen, als die einzigen, welche ihm in seiner Lage übrig blieben. Favras antwortete: „Ich tröste mich mit meiner Unschuld. Ich „sterbe als das Schlachtopfer der Verläumdung zweier „Schurken. Ich verlange den Priester von St. „Paul zu meinem Beichtvater." Der Priester erschien, und Favras schloß sich mit ihm anderthalb Stunden lang ein. Er bat, daß man ihm seine Hände loslassen möchte, aber vergeblich. Um halb vier Uhr stieg er, mit ruhigem Blicke, in den Karren,

ergriff

ergriff die brennende Wachskerze, und betrachtete, auf allen Seiten, die ungeheure Volksmenge, welche ihn mit Händeklatschen und Bravorufen empfieng. Eine sehr zahlreiche Wache der Bürgermiliz begleitete ihn, und in allen Straßen, durch welche er geführt wurde, war eine unzählbare Menge Volks versammelt, das durch Jauchzen seine Freude, über das angenehme Schauspiel zu erkennen gab, welches ein unglücklicher Verbrecher, der zum Tode geführt wurde, ihm gewährte. Diejenigen Zuschauer, welche nicht alles Gefühl verlohren hatten, wurden durch dieses Freudengeschrei bis in das Innerste ihrer Seele erschüttert, und mit Abscheu und Unwillen gegen den so tief gesunkenen Pöbel angefüllt, dessen angenehmstes Schauspiel die Hinrichtung eines, vielleicht unschuldigen, Nebenmenschen zu seyn schien. Favras blieb ruhig und gelassen, und die Freude des Volkes schien ihn weder zu erzürnen noch zu betrüben. Vor dem Thore der Hauptkirche stieg er von dem Karren, nahm sein Todesurtheil, welches er vorlesen sollte, in die Hand, und sagte mit starker Stimme: „Hört „ihr Leute, hört was ich euch sagen will. Die Grün„de dieses Urtheils sind durchaus falsch. Ich bin „unschuldig. Ja, ich bin unschuldig, so gewiß als „ich jetzt vor Gott erscheinen werde. Ich gehorche „der menschlichen Justiz, welche, wie Ihr selbst wißt, „nicht unfehlbar ist." Nun las er, laut und vernehmlich, sein eigenes Todesurtheil ab, stieg wiederum in den Karren, und sagte: Führt mich nach dem „Rathhause. Ich will dort wichtige Geheimnisse
„ent=

„entdecken." Nachdem er diese Worte gesagt hatte, erblaßte er, aber seine Standhaftigkeit verließ ihn nicht. Man brachte ihn nach dem Greveplatze. Er stieg aus dem Karren und gieng die Treppe des Rathhauses hinauf. Er kam in den Saal, grüßte die Richter, und bat um Erlaubniß sein Testament diktiren zu dürfen. Er erhielt die Erlaubniß, und diktirte nun dem Schreiber laut, mit der größten Gegenwart des Geistes, ein sehr langes Testament. Er unterschrieb jede Seite desselben, und affektirte die Seelenruhe so sehr, daß er sogar einzelne Ausdrücke und Sprachfehler des Schreibers abänderte und verbesserte. Nun übergab Favras dem Priester von St. Paul seinen Beutel, welcher zwanzig Louisd'or nebst einigem Silbergelde enthielt, mit der Bitte, denselben seiner Gemahlin zu übergeben.

Indessen war es ganz finster geworden. Einige eifrige Demokraten, welche des Schauspiels gerne recht genießen wollten, theilten unter das Volk auf dem Platze brennende Lämpchen aus, und setzten sogar einige auf den Galgen. Der Haufe schrie unaufhörlich: „Favras! Favras! Favras!" Endlich erschien er. Mit festem Schritte gieng er die Treppe des Rathhauses herunter. Das versammelte Volk empfieng ihn mit wildem Jauchzen und Jubelgeschrei. Am Fuße des Galgens sagte er: „Mit„bürger, ich sterbe unschuldig; bittet Gott für mich." Als er oben auf der Leiter angelangt war, sagte er: „Stillschweigen, Mitbürger; ich wiederhole es,

„daß

„daß ich unschuldig sterbe. Bittet Gott für mich. „Und Ihr, (indem er sich zu dem Scharfrichter „wandte) thut Eure Pflicht." Der Pöbel antwortete auf diese Anrede durch ein Hohngelächter und rief ihm zu: Saute Marquis! Saute Marquis! Der Scharfrichter knüpfte ihn auf und warf ihn von der Leiter, und der Pöbel rief indessen das, bei einem solchen Auftritte entsetzliche Wort: Bis! Bis! Bis! a)

Nachdem er eine Zeitlang gehangen hatte, wurde sein Körper abgenommen und seiner Familie übergeben. Der Pöbel drang wüthend auf den Leichnam zu, um sich desselben zu bemächtigen und ihn durch die Straßen der Stadt zu schleifen. Aber die Bürgermiliz trieb den Haufen mit Gewalt zurück, und so wurde dann der Leichnam dieses, mehr unglücklichen als schuldigen Mannes, alles Widerstandes ungeachtet, endlich begraben.

Ueber der Geschichte des Favras liegt bis jetzt noch ein undurchdringliches Geheimniß. War er schuldig? War er unschuldig? Wenn er schuldig war, worin bestand sein Verbrechen? Wurde er der Wuth des Pöbels aufgeopfert, um andre zu retten? Drangen vielleicht seine Mitverschwornen selbst darauf, daß er hingerichtet werden sollte, damit das Geheimniß der Verschwörung nicht durch ihn verrathen werde? — Alle diese Fragen lassen sich noch nicht beantworten!

Die

---

a) Révolutions de Paris, No. 33. p. 21.

Die unglückliche Gemahlin des Favras mußte, bis nach der Hinrichtung ihres Mannes, im Gefängnisse bleiben. Zwei Monathe lang blieb sie im Gefängnisse, ohne schuldig, ja sogar ohne einmal angeklagt zu seyn. Vergebens fragte man warum? Vergebens sagte man, daß eine solche unerhörte Grausamkeit eine Verletzung der so heilig anerkannten Rechte des Menschen und des Bürgers sey.

Siebente Abtheilung.

Geschichte der Französischen Revolution,
von der
Hinrichtung des Marquis von Favras bis zu dem großen Nationalfeste.

Berathschlagungen in der Versammlung, wie der Anarchie abzuhelfen sey. Zustand der Kolonien. Zuschrift der Stadt und Landschaft Bordeaux. Montpellier. Dauphine. Bretagne. Mademoiselle Theroigne de Mericourt. Danksagungen der Nonnen. Patriotische Armee in Burgund. Lächerliche Verordnung zu Duplines. Aufhebung der Verhaftbriefe. Ostindische Kompagnie. La Fayettes Rede. Gesandtschaft an den König, wegen des Todes des Kaisers. Das rothe Buch. Rückkunft des Prinzen von Conti. Berathschlagungen über die Errichtung eines Finanzrathes. Insolenz eines Officiers zu Marseille. Patriotische Geschenke. Priester predigen Aufruhr. Brief einer Staatsbürgerin. Berathschlagungen über das Privilegium der Ostindischen Kompagnie. Zuschrift der Schweizerrepublik Graubündten an die Nationalversammlung. Maillebois macht den Plan zu einer Kontrerevolution, und wird verrathen. Sonderbares Betragen des Hrn. Necker. Berathschlagungen über die Frage: ob die katholische Religion die herrschende seyn solle? General Paoli. Hundertjähriger Friede mit dem Dey von Algier. Nachrichten über das Seewesen. Königliche Proklamation wegen der Assignate. Gefecht zwischen den Schweizern und dem Jägerkorps. Anekdote von der Königin. Aufruhr zu Marseille, zu Montpellier, zu Toulouse, zu Nismes, zu Alais, zu Vitteaux, zu Valence, in Korsika, zu Toulon, zu Montauban. Brief des Königs an die Kolonien. Zuschrift der Städte Mezieres und Charleville. Zuschrift

ſchrift der Dünen in Poitou. La Tubes Rede. Beſchäftigung des Chevalier Bonne Savardin. Anekdoten von der königlichen Familie. Unruhen zu Avignon. Berathſchlagungen über den Aufruhr zu Marſeille. Soll dem Könige das Recht zugeſtanden werden, Krieg und Frieden zu ſchließen? La Fayettes Heldenmuth. Vertheidigung des Chatelet. Briefwechſel zwiſchen Lameth und La Fayette. Heldenmuth des Herzogs de Duras. Geldmangel. Paoli. Necker. Königliche Proklamation. Civiliſte. Neue Einrichtung der Geiſtlichkeit. Nationalfeſt. Franklins Tod. Avignon. Perpignan. Nismes. Abſchaffung in der Armee. Baron Cloots, ein Don Quichotte der Freiheit. Bilderſtürmerei. Abſchaffung des Erbadels und der adelichen Titel. Abgeſandte von Avignon. Rückkunft des Herzogs von Orleans. Zubereitungen zu dem großen Nationalfeſte.

"Speaking of Government he cited the *Arcadia*. Princes are to remember whom they govern: men, rational creatures, who ſoon ſcorn at follies, and repine at injuries." Adding, of his own: that it was an unparalleled arrogance and fanaticiſm in any one man, to believe, that GOD, from eternity, had appointed all creatures for his pleaſure, men for his ambition, women for his luſt; and that the doctrine of *Preces et Lacrimae* ought to be diſcreetly handled, leſt the people believed they made themſelves ſlaves, when they became Chriſtians; and leſt Princes ſhould ſo far miſtake, as to believe their ſubjects made up of Knees and eyes, and no hands.

   Memorable Sayings of Mr. HOBBES.

Am zwei und zwanzigſten Februar berathſchlagte ſich endlich die Nationalverſammlung über die Mittel, welche angewandt werden könnten, um den immer mehr zunehmenden Unordnungen Einhalt zu thun.

 Hr. Robespierre. Wozu ein Geſetz gegen die Unordnungen? Dieſe ſind ja gar nicht der Rede werth. Einige verbrannte Schlöſſer, das iſt Alles.

Das Volk ist besorgt, es seufzt; aber es verhält sich ruhig. Man höre auf das Volk zu verläumden! Nur die Feinde der Revolution werfen demselben Grausamkeit vor! Ich hingegen, ich behaupte, daß niemals eine Revolution weniger Blut gekostet hat, als die unsrige.

(Die eine Seite der Versammlung, und alle Zuschauer auf den Gallerien, klatschen dem Redner lauten Beifall zu.)

Abbé Maury. Was soll das Klatschen? Wir spielen keine Komödie!

Hr. Robespierre (fährt fort). Welch ein schönes Schauspiel! Ein Volk, Herr seines Schicksals, sieht um sich her alle die Gewalt, durch welche es so lange gedrückt worden war, fallen, und dennoch begiebt es sich von selbst zur Ruhe und verlangt eine Konstitution! Seine Sanftmuth und seine unveränderliche Mäßigung haben die Manövers seiner Feinde zerstört. Wozu wollt Ihr denn Gewalt anwenden? Es giebt ja, wie Ihr seht, in Frankreich zwei Partheien: die Parthei des Volkes, und die Parthei der Aristokraten, oder des Despotismus. Und warum wollt Ihr denn Ruhe auf Unkosten der Freiheit herstellen? Wollt Ihr etwa zu der ausübenden Gewalt sagen: „Sende dein Militair da oder dorthin; bringe Schrecken in die Städte und auf das Land!" Das hieße ja offenbar die Aristokraten begünstigen. Stellen wir dem Volke vor, daß es menschlich und gerecht handeln muß; aber schrecken dürfen wir es nicht!

Ht.

Hr. von Clermont Tonnerre. Vor dem Reiche der Freiheit schmeichelte man den Königen. Man wagts es nicht, in ihrer Gegenwart, die Wörter Volk und Nation zu nennen; und wer es hätte wagen dürfen mit ihnen von den Rechten ihrer Unterthanen zu sprechen, der würde als ein Aufrührer behandelt worden seyn. Hüten wir uns nunmehr diesem Beyspiele zu folgen, indem wir dem Volke schmeicheln. Sagen wir demselben jederzeit, nicht was seinen Leidenschaften gefällt, sondern was wahr, und was ihm zu hören nothwendig ist. Wollt Ihr den Triumph der Freiheit durch eben die Ungerechtigkeit beflecken, deren sich der Despotismus schuldig gemacht hat? Mein Vorgänger sagt: keine Revolution habe so wenig Blut gekostet als die unsrige. Aber, wäre auch nur ein einziger Blutstropfen vergossen, ein einziger Mann aufgeopfert worden: so würde dieses ein Verbrechen seyn, das bestraft werden müßte. Jetzt werden die Auflagen nicht bezahlt, die ausübende Gewalt ist ohne Kraft, das Volk überläßt sich dem Aufruhr: und dennoch kann das Volk seine Rechte nicht anders erhalten, als wenn es seine Pflichten erfüllt. Bleibt der König ohne Gewalt; so werden die Auflagen nicht bezahlt werden; der Aufruhr wird fortdauern, und die größten Uebel werden daraus entstehen.

Hr. Duport. Man hat uns oft das Beispiel der Engelländer vorgehalten: aber der Engländer weicht der Straße aus, auf welcher er Räuber fürchtet, ehe er zugeben sollte, daß eine Marechaussee errichtet nichtet würde, um die Straßen sicherer zu machen. Man sagt Ihnen, um die Ruhe herzustellen, müsse eine zurückhaltende Gewalt vorhanden seyn. Dieses ist das Mittel des Despotismus. Unter dem Reiche der Freiheit wird die Ruhe durch die Gerechtigkeit und durch billige Gesetze erhalten werden: jede andre Ruhe ist weiter nichts als die Geduld der Sklaverei. Graf Mirabeau. Was? Sehen denn diejenigen, welche uns die Republik (ich meyne das öffentliche Wesen) in Gefahr zeigen, kein anderes Mittel als die Diktatur? Die Diktatur, in einem Lande von vier und zwanzig Millionen Menschen! Die Diktatur eines Einzigen! und zwar zu einer Zeit, wo die Nation ihre rechtmäßigen Stellvertreter hat, und an einer Konstitution arbeitet! Lesen Sie, lesen Sie die mit Blut geschriebenen Zeilen des Generals Dalton an den Kaiser: „Ich sehe lieber brennende „Dörfer, als aufrührische Dörfer a)." Dies ist der Kodex eines Diktators! Und so etwas wagt man noch einer Versammlung vorzuschlagen, welche zweimal, im Junius und im Julius des verwichenen Jahres, den Staat vor diktatorischen Proklamationen gerettet hat! Und da mahlt man uns das Gemählde der Tugenden unsers erhabenen Monarchen mit den schönsten Farben aus; Tugenden, welche wir selbst, mehr als einmal, mit Recht gelobt haben! Lassen wir dem Könige Gerechtigkeit widerfahren! Wir gestehen

---

a) J'aime mieux voir des villages incendiés, que des villages révoltés.

wir auch zugleich, daß die Diktatur für die Kräfte eines Einzigen zu groß ist, wie groß auch übrigens sein Karakter, seine Tugenden und sein Genie seyn mögen.

Herzog von Aiguillon. Wir können nicht mit zuviel Gelindigkeit verfahren. Darum schlage ich vor, die Berathschlagung über alle gewaltsamen Mittel, bis auf eine unbestimmte Zeit, aufzuschieben.

Hr. Cazales. Wenn man den Räubern, welche jetzt die Schlösser zerstören, nicht Einhalt thut, so wird bald kein Eigenthum mehr vor denselben sicher seyn. Wir werden dann einen Krieg derjenigen, welche Nichts besitzen gegen diejenigen welche Etwas besitzen, überall ausbrechen sehen.

(Lärm. Tumult. Geschrei: „Stimmt! Stimmt! Stimmt! keine weitere Berathschlagung!" Klingeln des Präsidenten. Es wird erst nach einer Stunde wieder völlig ruhig.)

Nach langen, unordentlichen und uninteressanten Debatten, gab endlich die Versammlung ein Gesetz, um den, in den Provinzen ausgebrochenen, Unruhen und Unordnungen Einhalt zu thun.

Am fünf und zwanzigsten Februar wurde ein Brief des Hrn. Marggrafen von Anspach an die Nationalversammlung vorgelesen. Der Hr. Marggraf wünscht der Versammlung zu dem Erfolge ihrer Arbeiten Glück, lobt die Weisheit ihrer Beschlüsse, und macht bekannt, daß er an der Französischen Regierung die Summe von 573,000 Livres, wegen einiger,

einiger, im siebenjährigen Kriege gethaner Lieferungen, zu fordern habe.

Die Nachrichten, welche um diese Zeit aus den Kolonien ankamen, waren äußerst beunruhigend. Auf der Insel St. Domingue nöthigten die Einwohner den Kommandanten zu fliehen, und mißhandelten die übrigen Officiere. Den Hrn. Moreau de St. Mery hängten sie im Bildnisse auf, weil sie erfahren hatten, daß er sich zu Paris mit der Gesellschaft vereinigt hätte, welche die Abschaffung des Sklavenhandels verlangte. Seinen Schwager führte man auf einem Esel in der Stadt herum, und am andern Tage ward, aus Freude über die erlangte Freiheit, das Te Deum gesungen. Der Gouverneur der Vestung wurde gefangen genommen, und sein erster Officier aufgehängt. Im Januar 1790 nahmen die Unruhen zu St. Domingue bis auf einen fürchterlichen Grad zu. Das Zeughaus wurde erbrochen, und die Waffen mit Gewalt herausgenommen; eine Bürgermiliz wurde errichtet, und das Regiment du Cap mit dieser Miliz verbunden. Der Königliche Staatsrath ward aufgehoben, und ein Bürgerrath an dessen Stelle gesetzt. Um sich einen Begriff zu machen, wie groß der Enthusiasmus der Freiheit auf der Insel St. Domingue war, darf man nur folgenden Brief lesen, welchen Hr. Bacon de la Chevalerie, Präsident der Volksversammlung zu Cap Francois, an Hrn. de Peynier, den königlichen Kommandanten, am 31. December 1789 schrieb:

„Herr

„Herr General. Nichts ist ehrenvoller, als das Zutrauen seiner Mitbürger zu besitzen; nichts ist demüthigender, als dieses Zutrauen nicht zu verdienen; nichts ist sträflicher, als dasselbe zu verrathen. Sie wollen wissen was St. Domingue sey? Wir antworten: es ist ein schönes und weitläufriges Land, welches sich freiwillig mit Frankreich verbunden hat; aber unter der Bedingung, daß es keine andere Auflagen bezahlen dürfe, als solche die es sich selbst auflegt. Nun fragen wir, unsrerseits, ob man diesen Verträg gehalten habe? Durch den ersten Beschluß der Nationalversammlung vom 17ten Junius, sagen Sie, seyen alle alten Auflagen beibehalten und bestätigt worden. Aber zu diesem Beschlusse haben unsere Abgesandten nicht beigetragen. Sie sind erst am 20. Junius zu der Versammlung zugelassen worden. Eine große Gesellschaft, welche sich von denjenigen, denen das Detail ihrer Administration anvertraut ist, verlassen, gedrückt oder verrathen sieht, hat unstreitig von der Natur das Recht erhalten, sich selbst Gesetze zu ihrer Sicherheit zu geben, Strafen festzusetzen, treulose Briefe aufzufangen, und sich verdächtiger Personen zu bemächtigen. Hätte der Minister nicht, durch heimliche und sträfliche Manövers, den Untergang der Kolonie zu befördern gesucht, so würde jetzt alles ruhig seyn. Weder Sie, noch die Truppen unter Ihrem Befehle, haben den Eid geschworen. Daß Sie hier regieren, weiß man nur daraus, daß ein Ausrufer, mit einem Trommelschläger, von Zeit zu Zeit Ihre Befehle ausruft, und

nach-

nachher dieselben an die Ecken der Straßen anschlägt. Unser Bürgerrath hingegen (welcher sein Recht von dem Volke, so wie das Volk von der Natur erhalten hat), unser Bürgerrath hat gethan was er thun konnte und was er thun mußte. Wenn Sie die ganze Kolonie werden versammelt haben, dann wollen wir unsere Meinungen und unsere Aufführung dem Urtheile unserer Mitbürger unterwerfen."

Auf der Insel Martinique waren die Unruhen nicht weniger groß.

Am fünf und zwanzigsten Februar kam eine Gesandschaft der Kaufleute von Bordeaux an die Nationalversammlung. Sie stellten vor, daß, im Jahre 1789, 1,419 Schiffe weniger im Hafen zu Bordeaux eingelaufen wären, als im Jahre 1788; daß die Manufakturen nicht mehr arbeiteten, kein baares Geld mehr gesehen würde, und daß eine große Menge von Arbeitern sich ohne Brodt befinde. Die Kolonien, sagten sie, ernähren in Frankreich sechs Millionen Menschen. Und diese Kolonien, welche 249 Millionen werth hervorbringen, und eine Balanz von achtzig Millionen zu unserem Vortheile geben, können ohne den Sklavenhandel nicht bestehen. Die Abschaffung des Sklavenhandels würde der Handlung einen tödtlichen Streich versetzen, und die Schiffahrt größtentheils zu Grunde richten.

In Rücksicht auf die Kolonien beschloß die Versammlung, am achten März, Folgendes:

„Die Nationalversammlung, indem sie über die
„Dankschriften und Bittschriften der Handlungs
und

„und Manufaktur-Städte, und über die neulich von
„Martinique und St. Domingue gekommenen Nach-
„richten sich berathschlägt, erklärt, daß, da sie die
„Kolonien für einen Theil des Französischen Reiches
„ansieht, und wünscht dieselben die Früchte der in
„diesem Reiche vorgefallenen, glücklichen Umänderung
„fühlen zu lassen; es dessen ungeachtet niemals ihre
„Absicht gewesen sey, die Kolonien derjenigen Kon-
„stitution, welche sie dem Königreiche gegeben hat,
„zu unterwerfen, oder ihnen Gesetze vorzuschreiben,
„die mit ihrer eigenen, lokalen Verfassung sich nicht
„vertragen möchten. Demzufolge hat sie beschlossen,
„und beschließt, wie folgt:

1) „Jede Kolonie hat das Recht ihren Wunsch
„über die Konstitution, die Gesetzgebung, und
„die Administration, welche zu dem Wohlstande
„und dem Glücke ihrer Einwohner nöthig ist,
„zu erkennen zu geben; jedoch unter der Be-
„dingung, daß sie nicht gegen die allgemeinen
„Grundsätze streiten, welche die Kolonien mit
„dem Mutterlande verbinden, und auf welchen
„die Erhaltung ihres gegenseitigen Wohls gänz-
„lich beruht."

2) „In denjenigen Kolonien, in welchen von dem
„Volke freiwillig gewählte und anerkannte
„Kolonieversammlungen vorhanden sind, soll
„es diesen Versammlungen erlaubt seyn, das
„Verlangen der Kolonie bekannt zu machen;
„und in denjenigen Kolonien, in welchen noch
„keine solche Versammlungen vorhanden sind,
„sollen

"sollen dieselben, zu eben diesem Zwecke, so-
"gleich errichtet werden."

3) "Der König wird ersucht werden, in jede Ko-
"lonie einen Unterricht der Nationalversamm-
"lung gelangen zu laſſen, welcher enthalten ſoll:
"1tens die Weiſe, wie Kolonieverſammlungen
"in denjenigen Kolonien eingerichtet werden
"können, die noch keine haben. 2tens die
"allgemeinen Grundſätze, denen die Kolonie-
"verſammlungen, in den Planen zu ihrer Kon-
"ſtitution, folgen müſſen."

4) "Die in den genannten Kolonieverſammlungen
"feſtgeſetzten Plane ſollen der Nationalver-
"ſammlung vorgelegt, von derſelben unterſucht,
"angenommen, und von dem Könige geneh-
"migt werden."

5) "Die Beſchlüſſe der Nationalverſammlung, über
"die Einrichtung der Bürgergerichte und der
"Volksverſammlungen, ſollen jenen Kolonie-
"verſammlungen zugeſandt werden, mit der
"Vollmacht, denjenigen Theil dieſer Beſchlüſſe,
"welcher ſich mit dem Lokale verträgt, in Aus-
"führung zu bringen, und mit dem Vorbehalte,
"daß die in den Beſchlüſſen gemachten Verän-
"derungen der Nationalverſammlung und dem
"Könige, zur Genehmigung, müſſen vorgelegt
"werden."

"Uebrigens erklärt die Nationalverſammlung, daß
"es nicht ihre Abſicht geweſen ſey, in irgend einem
"Theile des Handels, welchen die Kolonien, mittel-
"bar

„bar oder unmittelbar, mit dem Mutterlande führen,
„Neuerungen zu machen, und daß sie die Kolonisten,
„und das Eigenthum derselben, unter den besonderen
„Schutz der Nation nehme. Sie erklärt denjenigen
„für einen Verbrecher gegen die Nation, der da su=
„chen würde, gegen die Kolonisten Aufruhr zu erwe=
„cken. Uebrigens erwartet sie, von dem Patriotis=
„mus der Kolonisten, Erhaltung der Ruhe, und un=
„verbrüchliche Treue, gegen die Nation, gegen das
„Gesetz, und gegen den König."

Der Enthusiasmus der Freiheit war in den Pro=
vinzen nicht weniger groß, in einigen sogar noch grö=
ßer, als zu Paris. Eine ungeheure Menge von
Zuschriften und Dankschriften kam täglich an die Na=
tionalversammlung, aus allen Theilen des Königrei=
ches. Diese Zuschriften enthielten das feierliche Ver=
sprechen, den von der Nationalversammlung gegebe=
nen Gesetzen pünktlich zu folgen, und die neuerwor=
bene Freiheit vertheidigen zu wollen. Aus der gro=
ßen Menge dieser Zuschriften wollen wir hier eine
ausheben, um zu zeigen, von welcher Art der
Freiheitsgeist war, der die Provinzen belebte. Wir
wählen die Adresse der Einwohner von Bordeaux.

Zuschrift der Zweihunderter des Bürgerrathes der Stadt und Landschaft Bordeaux, an die Nationalversammlung.

„Erhabene Stellvertreter der Nation."
„Ihnen, die Sie allein alle Gewalt der Frank=
reicher (von denen Ihnen dieselbe anvertraut ist) in

Händen haben; Ihnen wiederholen wir unsere Huldigung, und übergeben Ihnen aufs Neue den Theil dieser Gewalt, welcher uns zugehört, und welcher mit dem Ganzen unzertrennlich verbunden ist. Die Kraft und Würde, welche diese Gewalt in Ihren Händen erhalten hat, fordert unsere Dankbarkeit. Die Kämpfe, welche es Ihnen kostet, um diese Gewalt zu vertheidigen, und dieselbe in ihrer Reinheit bewahren zu können, machen uns die Gefahren bekannt, mit denen dieselbe umgeben ist, so wie auch die Größe Ihres Muthes. Seitdem diese oberste Gewalt der Nation, von welcher Ihre Beschlüsse herkommen, die ausübende Gewalt geschaffen hat, die weiter nichts als der Agent und das Werkzeug derselben ist; seither hat man versucht, aber vergeblich, denjenigen, dem Sie diese Gewalt anvertraut haben, die Quelle, aus welcher dieselbe herkommt, zu verbergen. Jetzt hat jeder Bürger des Staats das Recht seine Stimme zu erheben; und dieses Recht macht es ihm zur Pflicht zu sprechen, weil das öffentliche Wohl davon abhängt. Ja, wir müssen und wir dürfen, im Angesichte der ganzen Welt, welche Throne errichtet und Throne umwirft, sagen, daß die Natur allen Nationen das Recht gegeben hat sich selbst zu regieren, mit Königen, oder ohne Könige; daß sie ihnen das Recht gegeben hat, den Arm, welcher den Zügel des Reiches lenkt, zu verlängern, niederzudrücken, zu bewafnen, oder zu entwafnen; das Recht über die Ausübung ihrer Gewalt Niemand Rechenschaft schuldig zu seyn, aber dagegen Rechnung

von

von denjenigen zu fordern, denen sie einen Theil der Gewalt übertragen haben. Alle Völker müssen wissen, daß sie vom Himmel und von der Erde zu Richtern über ihre Regierungsform, so wie zu Schöpfern derselben, bestimmt sind; daß Niemand mit ihnen über den Theil, welchen sie davon zurück zu behalten für gut finden möchten, eben so wenig als über den Theil, welchen sie abgeben wollen, streiten kann; daß es von ihnen abhängt, Form und Sache nach Gefallen zu modificiren; und daß Gesetzgeber denjenigen nicht seines Rechts berauben, dessen Macht sie einschränken: denn in einem Staate hat Niemand ein Recht, das nicht von dem Volke gegeben wäre. Mögen diese Grundsätze, welche zu lange unter dem Altare und dem Throne vergraben gewesen sind, endlich das Stillschweigen verlassen, in welchem Furcht dieselben seit zehen Jahrhunderten gefangen hielt! Mögen die Nationen erwachen, um dieselben zu hören! und mögen auch diejenigen Völker, die bisher am gedrücktesten gewesen sind, dieselben anerkennen dürfen! Diese Grundsätze stehen in der neuen Welt geschrieben: wie konnte dann die alte Welt dieselben verkennen? Wenn man sich fürchtet den Völkern zu sagen, wie weit ihre Rechte gehen, damit sie diese Kenntniß nicht mißbrauchen mögen; wie viel schrecklicher war dann, in den Händen jener Menschen, die allein über das Volk erhaben waren, Mißbrauch der Rechte, welche ihnen nicht zugehörten, sondern welche die Leidenschaften ohne Damm und ohne Zügel, durch List oder Gewalt, sich erworben hatten. Dies ist

die

die ewige Sprache der Freiheit, welche, indem sie Menschen aus Nichts schaft, oder sie aus dem Grabe der Knechtschaft auferweckt, Gedanken in Worte, und Worte in Handlungen verwandelt. Aber diese Freiheit (welche schon in Frankreich Märtyrer und Ueberwinder hat, Helden entweder durch Sieg oder durch Tod), diese Freiheit verlangt, wo nicht Schlachtopfer, doch noch Aufopferungen. Sie wird dieselben erhalten, durch Einschränkung des Luxus, durch die Großmuth der Reichen; und von dem Volke, indem es einen Theil seines Nothwendigen abgiebt. Aber aus diesen Aufopferungen wird der Wohlstand des Staates entstehen. In den Städten wird man bald, durch Einschränkung der Ausgaben, dasjenige wieder erhalten, was man dem Staate geschenkt hat. Mäßigkeit wird das Land bevölkern und anbauen, und die Gesellschaft wird sich von den Lastern reinigen, welche die Eitelkeit in allen Ständen erzeugte. Dann wird die Nation dieser Freiheit, deren Früchte sie nicht genießen kann, ehe sie ihre Tugenden sich erworben hat, erst recht würdig seyn. Nur um diesen Preis erwirbt und behält man sie; denn es hilft nichts sie zu kennen, wenn man nicht zugleich die Sitten hat, welche sie verlangt. Opfern wir zuerst der Freiheit unser Vermögen auf. Unser Leben aufzuopfern wird uns desto weniger kosten, je theurer wir dasselbe verkaufen werden. Vielleicht ist jetzt der Zeitpunkt da, in welchem jeder Bürger des Staates sich fragen und sagen muß: Ist es besser frei zu sterben, oder als ein Sklave zu leben? Die Auflagen

müssen

müssen bezahlt werden, weil ohne dieselbe Freiheit nicht bestehen könnte. Je mehr wir uns versagen müssen, um den Staat zu bezahlen, desto theurer muß er uns werden. Sich zu enthalten um geben zu können, ist Pflicht und zugleich das Mittel besser und tugendhafter zu werden. Weniger Genuß vermehrt die Kräfte, und nährt den Muth welchen die Freiheit erfordert. Die Freiheit will mit dem edeln Schweiße der Arbeit, mit dem Wolkenbruche des Volksaufruhrs, und zuweilen auch mit Blut benetzt seyn. Aber dieses durch den Verlust gereinigte Blut vermehrt sich, indem es verschwendet wird, und verschaft zahlreich Kinder den Vätern, welche ihr Blut für das Vaterland vergießen; für diese fruchtbare, für diese unerschöpfliche Mutter, die niemals stirbt, so lange sie sich nur unter der Fahne der Freiheit aufopfert a)."

In demselben Tone fährt diese Zuschrift noch lange fort, und ladet alle Europäischen Nationen ein, dem Beispiele Frankreichs zu folgen, und ein allgemeines Bündniß zu einem ewigen Frieden zu machen.

Die Einwohner von Montpellier schreiben an die Nationalversammlung: „Wir haben den Eid geschworen, welcher uns die heiligste Pflicht auflegt. Der Himmel war Zeuge. Mögen die Worte die-

―――――――――
a) In der französischen Sprache läßt sich dieses weit stärker ausdrücken, weil da das Wort Vaterland (la Patrie) weiblichen Geschlechts ist.

"ses Eides bis zu Ihren Ohren gelangen; möge er
"Ihre Standhaftigkeit erhalten! Die Schwerdter,
"mit denen der Patriotismus, in den Tagen des
"Schreckens, unsere Hände bewafnet hat, sollen sich
"gegen die Meineidigen kehren, und wir werden nie
"zugeben, daß der Ihnen schuldige Gehorsam im
"Mindesten verletzt werde; eben so wenig als die
"Treue, welche wir der Nation, dem Gesetze, und
"dem Könige geschworen haben."

In der Dauphiné versammelten sich 18,500 bewafnete Bürger, unter freiem Himmel, und schwo-ren folgenden Eid: "Wir französische Bürger, Be-
"wohner der Alpen, die wir hier, am Ufer des Dro-
"me, versammelt, und, durch die Liebe zu dem all-
"gemeinen Besten und zu der Freiheit, vereinigt sind,
"schwören, in Gegenwart des Vaters der Menschen,
"und auf den Altar des Vaterlandes, bei unserem
"Gewissen, bei unseren Waffen, und bei Allem, was
"uns am Theuersten ist, von dem gegenwärtigen Au-
"genblicke an, mit allen guten Frankreichern die Ban-
"de der Einigkeit und der Brüderschaft zu knüpfen;
"um die von der Nationalversammlung gegebenen
"Gesetze zu unterstützen, die Unverletzlichkeit ihrer
"Mitglieder zu behaupten, und allen für die Freiheit
"streitenden Frankreichern zu Hülfe zu eilen. Wir
"schwören unserem guten Könige getreu zu bleiben,
"und ihm, bei jeder Gelegenheit, Beweise derjeni-
"gen Liebe zu geben, welche, wegen seiner Tugenden,
"alle Frankreicher für ihn hegen. Durchdrungen von
"Hochachtung für die würdigen Stellvertreter der
"Nation,

„Nation, und für Bewunderung ihrer edeln Arbei-
„ten, versprechen wir denselben unbegränzte Dank-
„barkeit, und schwören, für sie unser Vermögen und
„unser Leben in Gefahr zu setzen. Wir schwören,
„einzeln und alle zugleich, über Alles, was die öffent-
„liche Ruhe betrift, zu wachen, die Zirkulation der
„Lebensmittel zu begünstigen, und Personen und Ei-
„genthum zu sichern. Wir schwören, uns auf den
„ersten Ruf dahin zu begeben, wohin das öffentliche
„Wohl uns rufen wird; wir schwören allen Unter-
„schied der Provinzen ab; und überall, wo Frankrei-
„cher, aus Liebe zur Freiheit, aus Achtung für das
„Gesetz, und aus Treue für den Monarchen, der ein
„Freund seiner Unterthanen ist, versammelt seyn wer-
„den, erkennen wir in denselben unsere Brüder, un-
„sere Freunde, und unsere Mitbürger."

Die Bretagner schworen folgenden Eid. „Im
„Angesichte der ganzen Welt, auf den Altar des
„Gottes, der den Meineid bestraft, versprechen und
„schwören wir, der Nation, dem Gesetze und dem
„Könige getreu zu bleiben, und die französische Kon-
„stitution aufrecht zu erhalten. Verderben demjeni-
„gen, der diesen heiligen Bund zu brechen wagt!
„Fortdaurender Wohlstand demjenigen, der denselben
„heilig beobachtet!"

Dieser Eid, oder ein ähnlicher, wurde über ganz
Frankreich, in allen Provinzen, geschworen, und die
Beschlüsse der Nationalversammlung wurden alle,
über ganz Frankreich, pünktlich und genau, ausgeübt
und befolgt.

Die

Die berüchtigte Mademoiselle Theroigne de Mericourt, welche am fünften und sechsten Oktober zu Versailles eine so auffallende Rolle spielte, hatte seither auch zu Paris öftere patriotische Versammlungen gehalten. Im März that sie dem Distrikte der Cordeliers, in welchem ihre Wohnung lag, den Vorschlag: einen Pallast für die Nationalversammlung auf den Ruinen der Bastille zu erbauen. „Können denn die wahren Patrioten, rief sie aus, „noch länger leiden, daß die ausübende Gewalt in „den schönsten Pallästen der Welt wohne; während „die gesetzgebende Gewalt, welche den einzigen und „wahren Souverain vorstellt, unter Zelten wohnt, „und sich bald mit einem Ballhause a), bald mit „einer Reitschule b), behelfen muß, und der es geht, „wie Noahs Taube, welche keinen Ort fand, wo sie „ihren Fuß hinsetzen konnte." Der Vorschlag dieser Dame wurde mit großen Beifallsbezeugungen aufgenommen, und es wurde beschlossen, daß an alle Bürgergerichte geschrieben, und daß zu dem Bau eines Pallastes für die Sitzungen der Nationalversammlung, Subskriptionen angenommen werden sollten.

Am sechsten März wurde in der Versammlung eine lange Abhandlung über die Finanzen vorgelesen, welche Hr. Necker an die Versammlung gesandt hatte.

Am

---

a) Wie zu Versailles am 20. Junius 1789.
b) Das Haus, in welchem die Nationalversammlung zu Paris ihre Sitzungen hält, ist vorher eine Reitbahn gewesen.

Am eilften März erschien vor den Schranken der Versammlung Marie Louise Jouet, eine Nonne, und nach erhaltener Erlaubniß las sie Folgendes ab:

„Gnädige Herren!"

„Empfindungen, die eben so angenehm auszu „drücken als zu vernehmen sind, führen mich heute „hieher; es sind die Empfindungen der Dankbarkeit. „Sie sehen an mir eines von jenen unglücklichen Ge- „schöpfen, welche Ungerechtigkeit, oder Gewalt, oder „Geiz, oder ein übelverstandener und zu weit getrie- „bener Eifer in die Sklaverei, bald hätte ich gesagt „in das Grab, gestürzt hatte. Ihr bedaurenswür- „diges Schicksal, welches zu lange vergessen worden „ist, hat endlich unter Ihnen, gnädige Herren, ge- „fühlvolle Beschützer, unerschrockene Vertheidiger, „und wohlwollende Tröster gefunden. Ich, gnädi- „ge Herren, bin eine von jenen, welche am meisten „die angenehmen Wirkungen Ihrer schätzbaren Mensch- „lichkeit empfunden haben. Auch bin ich eine von „denen, welche von Herzen diese erhabene Versamm- „lung segnen. Wer mich sieht, der wird mir ohne „Zweifel nicht Schuld geben können, daß ein unbe- „ständiger oder leichtsinniger Karakter mich angetrie- „ben habe, mit Ihren Beschluß zu Nutze zu machen. „Noch weniger wird man mir weltliche Gesinnungen „vorwerfen können. Ein Körper, welcher durch „Gram, Schmerz, Furcht, und, mehr als Alles „dieses, durch das schreckliche Unglück meiner Freiheit „beraubt zu seyn, ganz hinfällig geworden ist; sehen

„Sie,

„Sie, dies sind die traurigen Ueberbleibsel des kränk-
„lichen Lebens, welches ich der Gesellschaft zurück-
„bringe; dies ist das Schlachtopfer, welches Eure
„Weisheit der Knechtschaft entrissen hat, und dem
„Sie das Leben wiedergegeben haben. O! man
„wird sehen, daß ich dieses Leben bloß allein zu Aus-
„übung der gesellschaftlichen Tugenden (die sich mit
„den Klostertugenden recht gut vertragen), zu der
„Ausübung Ihrer weisen Grundsätze, und zu der
„allerunverbrüchlichsten Verehrung der Konstitution,
„der Nation, des Gesetzes und des Königs, denen
„ich hier getreu zu seyn schwöre, anwenden werde.
„Wie angenehm ist es mir, diesen Eid in dem Hei-
„ligthume des Patriotismus, der Freiheit und der
„Gesetze, leisten zu können! Erlauben Sie, gnädige
„Herren, daß ich, als einen ersten Beweis meines
„festen Entschlusses dieses neue Versprechen strenge
„zu erfüllen, Ihnen die Schwierigkeiten aller Art
„bekannt mache, welche in den Klöstern der Ausübung
„Ihrer Gesetze entgegengesetzt werden. Verspre-
„chungen, Drohungen, Beleidigungen, Schreckun-
„gen, Schlingen, Verführungen, Mittel aller Art
„werden angewandt; Nichts wird versäumt, um aufs
„Neue die Bande zu knüpfen, welche Sie haben zer-
„reißen wollen. Nehmen Sie, gnädige Herren,
„die Maßregeln, welche Ihre Klugheit Ihnen ein-
„geben wird, um den Fortgang so sträflicher Mand-
„vere Einhalt zu thun. Leiden Sie nicht, daß
„Ihre Wohlthaten aufgeschoben, verkannt und ver-
„leumdet werden. Endigen Sie Ihr großes Werk.
„Wenn

„Wenn Ihre Standhaftigkeit Ihnen Feinde gemacht
„hat, so hat dieselbe Ihnen auch auf immer die Be-
„wunderung des Volks erworben, und alle wahren
„Frankreicher sind Ihre Freunde."

Der Präsident antwortete ihr:

„Die Nationalversammlung, indem sie sich über
„die patriotische Anhänglichkeit der Staatsbürger bei-
„der Geschlechter und aller Stände freut, wünscht
„sich selbst mit besonderem Vergnügen Glück dazu,
„daß sie schwache und unglückliche Geschöpfe in ihre
„natürlichen Rechte wiederum eingesetzt hat; um so-
„viel mehr, da dieselben von ihrer Freiheit einen so
„edeln und rührenden Gebrauch machen."

Am 21. Februar versammelte sich, zu Dole in
Burgund, die bewafnete Bürgermiliz der Franche
Comte, eines Theils des Elsasses, und der Provinz
Champagne. Diese patriotische Armee, von 150,000
Mann, schwor unter freiem Himmel den Bürgereid,
und bezeugte einstimmig ihre Anhänglichkeit an die
Beschlüsse der Nationalversammlung, und ihre Liebe
für den König. Sie übersandte der Nationalver-
sammlung eine Zuschrift, und schrieb an den König
folgenden Brief:

„Wenn das Herz Eurer Majestät sich bei der
„Erinnerung alles des Unglücks betrübt, das wir eben
„sowohl gefühlt haben als Sie, so mögen Sie Sich
„zu gleicher Zeit sagen, daß diesen Unordnungen über-
„all Einhalt gethan worden, oder daß dieselben auch
„ganz unterblieben sind, aus Furcht Ihnen zu miß-
„fallen; und daß dieser Grund niemals ohne Wir-
„kung

„kung ist vorgetragen worden, selbst nicht in der Ver-
„irrung und in den schrecklichsten Unruhen. Wenn,
„mitten in der Gährung der Anarchie, die Tugenden
„Eurer Majestät, und die Verehrung, welche diesel-
„ben Ihrem Volke einflößen, dem Schwindel der hef-
„tigsten Leidenschaften haben Einhalt thun können;
„was werden Sie denn nicht, Sire, für den Wohl-
„stand und das Glück Ihres Königreiches vermögen,
„wenn die Liebe der Frankreicher für Sie bis auf ei-
„nen unaussprechlichen Grad gestiegen seyn wird, und
„Sie Sich denselben nicht mehr anders als mit Ge-
„setzen umgeben, welche gerecht, und der Ausdruck
„des Willens der ganzen Nation sind, darstellen
„werden!"

Einige von den neuerrichteten französischen Bürgergerichten gaben im Anfange äußerst sonderbare, zum
Theil auch höchst lächerliche Verordnungen. So erschien z. B. am achtzehnten März, von dem Bürgerrathe zu Ouplines, im Französischen Flandern,
folgende Verordnung:

„Nachdem wir Maire und Bürgerräthe schon
„lange bemerkt haben, daß die Aristokraten, von de-
„nen diese Gegend voll ist, den Despotismus begün-
„stigen, und auf eine sträfliche Weise unterstützen;
„wie auch, daß sie sich Mühe geben, durch ihre Re-
„den die ruhigen Einwohner unserer Stadt zu betrü-
„gen, und kränkende Unruhe über eine Zukunft zu
„verbreiten, die so großes Glück verspricht; daß sie
„uns mit antinationalen Broschüren überschwemmen;
„daß diese Betrüger aussprengen, die Plans der Na-
tional-

„tionalversammlung seyen zwar gut in der Theorie,
„in der That aber unausführbar (da doch alle hier
„schon in Ausübung gebracht sind); der König geneh-
„migt nur weil er nicht frei sey (da uns der König
„doch selbst die Ehre angethan hat, uns seine Rede
„vom vierten Februar zuzusenden, um uns das Ge-
„gentheil zu beweisen). Da wir nun gerechter Weise
„aufgebracht sind, daß man Ludwig den Sechszehnten,
„den guten Bürgerkönig, den Wiederhersteller der
„Freiheit, den Besten der Könige, auf diese Weise
„zu verläumden wagt; so haben wir verboten, und
„verbieten ausdrücklich, aristokratische Reden zu füh-
„ren, und Schriften zu lesen, die dahin abzwecken
„könnten die Bürger von Ouplines über die Folgen
„der glücklichen Revolution unruhig zu machen, oder
„die Hochachtung, und die schnelle und unbedingte
„Unterwürfigkeit, unter die weisen Beschlüsse der er-
„habenen Nationalversammlung, zu vermindern; bei
„Strafe gegen die Ungehorsamen, für Störer der
„Ruhe und für Feinde des Vaterlandes angesehen,
„und als Verbrecher der beleidigten Nation bestraft
„zu werden. Und da die Publicität die
„Schutzwehr des Volkes ist, so haben wir zu
„gleicher Zeit befohlen, daß diese unsere Verordnung
„in der Kirche verlesen, gedruckt, bekannt gemacht,
„und überall, wo es nöthig seyn wird, angeschlagen
„werden soll."

Am dreizehnten März gab die Versammlung,
allen denen, die durch Verhaftbriefe ungerechter Weise
waren

waren gefangen gehalten worden, durch folgende Verordnung die Freiheit:

„Die Nationalversammlung hat beschlossen, und „beschließt wie folgt: Innerhalb sechs Wochen, nach „der Bekanntmachung des gegenwärtigen Beschlusses, „sollen alle Personen, welche in Schlössern, Klöstern, „Zuchthäusern, Polizeihäusern, oder andern Gefäng= „nissen, von welcher Art dieselben seyn möchten, „durch Verhaftbriefe, oder auf Befehl der Agenten „der ausübenden Gewalt, ohne durch ein gerichtliches „Urtheil dazu verurtheilt zu seyn, gefangen gehalten „sind, wenn nicht gegen sie eine Klage über ein Ka= „pitalverbrechen vorhanden ist, oder wenn sie nicht „um des Wahnsinns willen eingeschlossen sind, auf „freien Fuß gesetzt werden."

Nach der Hinrichtung des Marquis von Favras untersuchte das Gericht des Chatelet zu Paris die Anklagen, welche gegen die übrigen, in den Gefäng= nissen verwahrten Staatsgefangenen vorhanden wa= ren. Man fand dieselben unschuldig, und gab ihnen ihre Freiheit. Aber die Demokraten waren mit die= ser Gelindigkeit sehr unzufrieden, und rächten sich an den Richtern, durch Pa.quille, Schimpfwörter und Epigrammen, von welchen letzteren wir Eines zur Probe hersetzen wollen.

Addresse au Châtelet.

Vous, qui lavez Broglie, Augéard,
Qui lavez Bésenval, qui laveriez la peste,
Vous êtes le papier brouillard.
Vous enlevez la tache, et la tache vous reste.

Am

Am achtzehnten März fieng die Nationalversammlung an sich über die Frage zu berathschlagen: ob das ausschließende Privilegium der Französischen Ostindischen Kompagnie ferner fortdauren solle, oder nicht?

Im Jahre 1664 war der Handel nach Ostindien in Frankreich noch sehr geringe, als Colbert es für nützlich hielt, diesen Handel ausschließender Weise einer Kompagnie zu überlassen. Diese Kompagnie gab, im Jahre 1769, dem Staate ihr Privilegium wieder zurück, weil sie fand, daß sie zu schwach sey, um sich desselben ferner bedienen zu können. Privatpersonen trieben den Ostindischen Handel, mit mehr oder weniger Glück, von 1769 bis 1785. In diesem Jahre gab die Regierung einer neuen Kompagnie abermals das Monopol dieses Handels. Alle Handlungs- und Manufakturstädte des Königreiches und mit ihnen die Insel Isle de France in Ostindien, thaten Vorstellungen gegen diese Operation der Minister.

Von der Zeit der Aufhebung der alten Ostindischen Kompagnie bis zu der Errichtung der neuen Kompagnie, so lange der Handel frei war, das heißt von dem Jahre 1769 bis zu dem Jahre 1789, sind aus den französischen Seehäfen 340 Schiffe, zusammengenommen 148,945 Tonnen haltend, nach Ostindien abgegangen. Dies giebt, im Durchschnitte genommen, für jedes Jahr, 21 Schiffe und 9,309 Tonnen. In den vier Jahren von 1774 bis 1777 sind 118 Schiffe von 57,190 Tonnen abgegangen,

Dritter Theil. Q und

und dieses giebt für jedes Jahr 29 Schiffe und 14,297 Tonnen.

Hingegen hat die neuerrichtete Ostindische Kompagnie, in den vier Jahren 1785, 1786, 1787 und 1788, weit weniger Schiffe weggeschickt. Im Jahre 1785 nur drei, im Jahre 1786 neun, im Jahre 1787 zehen, und 1788 nur sieben; zusammengenommen 29 Schiffe oder 17,038 Tonnen. Dies giebt, im Durchschnitte genommen, für jedes Jahr sieben Schiffe, und 4,258 Tonnen. Zu der Zeit, da der Ostindische Handel frei war, betrugen die eingeführten Waaren, in denjenigen Jahren, in welchen die Einfuhr am stärksten war, nahe an drei und dreißig Millionen; die Kompagnie hingegen hat ihre Einfuhr niemals über drei und zwanzig Millionen in Einem Jahre bringen können.

Die Berathschlagung über das ausschließende Recht der Ostindischen Kompagnie wurde von der Versammlung bis auf den dreißigsten März verschoben.

Am ein und zwanzigsten März las Hr. Baron de Menou einen Plan zu den künftigen Arbeiten der Versammlung vor. Er hielt der Versammlung eine Lobrede, bemerkte, dieselbe sey weiter gegangen, als irgend eine andere Nation zu gehen bisher habe wagen dürfen. Sie habe es gewagt, alle Irrthümer, alle vorhandenen Einrichtungen, alle Mißbräuche, alle Gewohnheiten zu zerstören; sie habe es gewagt, durch Vernunft und Gerechtigkeit, auf den Trümmern des Privatvortheils, die Grundlage zu einer

einer neuen Ordnung der Dinge zu legen. „Diejenigen, sagte er, welche unsere Arbeiten tadeln, werfen uns vor, daß wir Alles umgeworfen hätten. Wozu hat sich denn die Nation versammelt, als dazu, auf einmal alle diese Mißbräuche abzuschaffen und den Bankerott zu verhindern, welchem dieselben uns zuführten? Es war keine Zeit mehr Palliativmittel zu gebrauchen: Alles war fehlerhaft, und Alles mußte zerstört werden. Sie werfen uns vor, wir hätten die Monarchie zerstört. Aber wenn sie unsere Arbeiten betrachten, so werden sie finden, daß dieselben dahin abzwecken, eine Monarchie zu gründen, welche frei durch die Gesetze seyn soll. Was für ein Recht hatte der König ehe die Nationalversammlung versammelt war? Das Recht der Gewalt. War der Monarch glücklich? Nein! Mit einer ungeheuren Last beladen, deren Gewicht er allein zu tragen nicht im Stande war, betrogen, von den Höflingen tyrannisirt, hatte er weiter nichts als den Schein der Macht, ohne die Würde derselben zu haben. Was wird jetzt geschehen? Der König, als Mittelpunkt aller Gewalt, als Oberhaupt der ausübenden und der administrirenden Gewalt, wird der ganzen politischen Maschine den Stoß geben. Jederzeit wird man ihm gehorchen; denn er wird im Namen des Gesetzes befehlen, und alle Staatsbürger werden die Gesetze beschützen, welche sie selbst gegeben haben. Er wird Macht haben Gutes zu thun, und das glückliche Unvermögen Böses thun zu können. Als Oberhaupt eines freien Volks, wird er der mächtigste

Monarch in der ganzen Welt seyn. Aber (wirft man uns vor) die Nationalversammlung spricht von nichts als von Freiheit, von Ruhe, und von dem Ansehen des Königs: und von alle diesem ist nichts vorhanden. Antwortet, verkehrte Menschen, die ihr Zwietracht streuet, kann der König alle das Ansehen, alle die Freiheit, welche die Konstitution ihm zugestehen wird, erhalten, ehe diese Konstitution noch geendigt ist? Darum schlage ich vor, daß wir einen neuen Plan machen, um die Konstitution so bald als möglich zu Ende zu bringen."

Hr. de la Fayette. Ich unterstütze den Vorschlag des Hrn. Menou, und jeden andern Vorschlag, welcher unsere Fortschritte begünstigt, die Unruhe dämpft, und die Verläumdung verstummen macht. In der That, was können unsere Tadler sagen, wenn die Nationalversammlung in ihren Berathschlagungen Allem ausweicht, was nicht zu der Sache gehört, wenn ihre Sitzungen nicht mehr unfruchtbar und nicht mehr stürmisch sind, wenn sie ihre Pflichten und ihre Arbeiten auf folgende zwei Worte einschränkt: Finanzen und Konstitution? Finanzen, denn die Revolution muß, indem sie dem Volke alle seine Rechte zurückgiebt, zu gleicher Zeit sein Glück auf immer bevestigen; und man kann nicht leugnen, daß jetzt das Volk leidet, daß die Handlung in Unthätigkeit ist, daß die Handwerker ohne Arbeit sind, und daß jeder Aufschub uns dem Verderben zuführt. Konstitution, denn mit ihr hat man alles. Stellvertretende Gesetzgeber,

welche

welche Geſetze mit Weisheit geben; eine Juſtiz, deren Grundlagen die Geſchwornen (die engländiſchen Jurys) ſind; Volkswahlen; disciplinirte Armeen, von denen kein Mißbrauch gemacht werden kann; eine Erziehung, welche die Grundſätze einſchärft, und die Anlagen ausbildet; eine ruhige Nation, unter den Waffen der Freiheit; einen König, mit aller der Macht begabt, welche eine große Monarchie erfordert, und mit alle dem Glanze, welcher ſich für die Majeſtät eines großen Volks ſchickt; endlich, eine feſtgeſetzte und vollſtändige Einrichtung der Regierungsform, und jene genaue Beſtimmung einer jeden Art von Gewalt, welche allein die Tyranney verbannt. Ich verſichere die Verſammlung, daß die Bürgermiliz, deren Eifer eben ſo anhaltend als kräftig iſt, ſehr darnach verlangt, in Unſeren Beſchlüſſen ihre konſtitutionelle Stelle zu finden, und in denſelben ihre Pflichten zu leſen. Doch geſtehe ich, daß die vorläufige Einrichtung der Juſtiz noch um ſo viel nothwendiger iſt, da das Geſetz nur zu oft noch in denjenigen, denen die Ausübung deſſelben übertragen iſt, Widerſacher findet, und da es noch immer Komplotte aller Art giebt, welche, in ihren ſträflichen Verirrungen, den Verſuch machen könnten, Schwierigkeiten oder Vorwände (prétextes) der Gründung der öffentlichen Ruhe entgegen zu ſetzen. Und vielleicht verzeiht man Ungedult die Konſtitution geendigt zu ſehen demjenigen, der dem Volke verſprochen hat, nicht ihm zu ſchmeicheln, ſondern daſſelbe zu vertheidigen, und der ſich ſelbſt verſpricht, daß das Ende der

Revolution, indem es ihn genau wieder auf diejenige Stelle setzt, auf welcher er war ehe dieselbe anfieng, ihn ganz der Reinheit seiner Erinnerung überlassen werde."

Am ein und zwanzigsten März sandte die Nationalversammlung eine Gesandtschaft an den König und die Königin, um beiden Majestäten ihr Beileid über den Tod des Kaisers zu bezeugen. Der Präsident, Herr Rabaud de St. Etienne, hielt folgende Anrede an den König.

„Sire."

„Die Nationalversammlung rechnet es mit unter ihre heiligsten Pflichten, unangenehme Vorfälle, welche Eure Majestät betreffen, mit Ihnen zu theilen, und Ihnen die Gesinnungen eines zahlreichen Volkes, dessen Stellvertreter sie ist, zu überbringen. Wir haben von ihr den Auftrag erhalten, Eurer Majestät die Theilnahme zu bezeugen, welche dieselbe an dem Verluste nimmt, den Eure Majestät erlitten haben. Wir erfüllen, Sire, diese traurige Pflicht. Ihr Herz hat großer Tröstungen vonnöthen, und die Nationalversammlung ist dieselben Eurer Majestät schuldig. Indem sie sich ohne Aufhören damit beschäftigt, die Konstitution zu beendigen, deren Grundsätze Eure Majestät angenommen hat; indem sie sich damit beschäftigt, Ordnung in die Finanzen zu bringen, hofft sie zuverlässig, das öffentliche Zutrauen, welches durch hundert übertriebene Schreckbilder verirrt worden ist, gegen Eure Majestät wiederum herzustellen. Dann wird die Nationalversammlung Eurer Majestät, als einen

einen Tribut, Versicherungen überbringen, die Ihres gefühlvollen Herzens würdig sind: die Herstellung des öffentlichen Kredits, ein wiedergebohrnes Reich, eine neue Ordnung von Dingen, welche aus den Trümmern hervorgeht, und glückliche Völker, unter der Regierung des besten und großmüthigsten aller Könige."

Der König antwortete:

„Meine Herren. Versichern Sie die Nationalversammlung, daß ich über den Antheil, welchen dieselbe an meinem Verluste nimmt, sehr gerührt bin. Sie kennt mein Herz, wenn sie glaubt, daß das zuverläßigste Mittel meinen Schmerz zu trösten darin bestehe, daß sie thätig für das Wohl meines Volkes arbeite."

Zu der Königin sagte der Präsident:

„Madame."

„Die Nationalversammlung hat uns aufgetragen, Ihnen den Antheil zu bezeugen, welchen sie an dem gerechten Schmerze nimmt, den Eure Majestät über den Verlust Seiner Kaiserlichen Majestät, Ihres erhabenen Bruders, empfunden haben. Indessen glaubt die Versammlung, sich nicht von der Achtung zu entfernen, welche dieselbe Ihrer Betrübniß schuldig ist, wenn sie Eure Majestät ersucht, Ihren Schmerz zu vergessen, und sich gänzlich einem großen Volke zu widmen, das mit Zuversicht seine Blicke auf Sie gerichtet hat. Es setzt seine Hoffnung in jene Größe des Karakters, durch welche Eure Majestät Sich so sehr über Ihr Geschlecht erhebt.

Es hofft, Madame, Ihren Trost und den seinigen in eben den Gefühlen der Natur zu finden, welche jetzt die Ursache Ihrer Trauer sind, und welche, indem sie sich mit desto größerer Zärtlichkeit auf das königliche Kind lenken, das Eure Majestät zum Glücke der Frankreicher erzieht, Ihnen Veranlassung gegeben haben, uns anzukündigen, daß Sie für jenes und für dieses gleiches Schicksal verlangen. Die Nationalversammlung, indem sie die Bekümmernisse Eurer Majestät mit Ihnen theilt, zweifelt nicht, Madame, daß Sie nicht auch an dem was uns bekümmert Antheil nehmen sollten; und sie hofft, daß, nach den großen Bewegungen, welche das Schicksal Frankreichs gehoben und gleichsam aufgehalten haben, dasselbe bald wiederum seinen Lauf, zum festen Ruhme des Throns, und zu der Wohlfahrt der Nation, nehmen werde."

Die Königin antwortete:

„Ich bin sehr gerührt, über den Antheil, den die Versammlung an dem Verluste nimmt, welchen ich erlitten habe. Ich bin von den Gesinnungen derselben gegen mich überzeugt, und ich bitte Sie ihr meine Dankbarkeit zu bezeugen a)."

Eines der merkwürdigsten Ereignisse um diese Zeit war die öffentliche Bekanntmachung des sogenannten rothen Buches, oder des Verzeichnisses

der

---

a) Je suis très sensible à la part que l'Assemblée prend à la perte que je viens de faire. Je suis persuadée de ses sentiments pour moi, et je vous prie de lui en témoigner ma reconnoissance.

der geheimen Pensionen und Gnadengehalte, welche aus dem königlichen Schatze, an die große Menge der Höflinge, Pflastertreter, Schmarotzer und Blutigel ausgezahlt wurden. Unwille bemächtigt sich der Seele des Menschenfreundes, der dieses, von dem blutigen Schweiße, tief gebeugter und zu Boden gedrückter Unterthanen, roth gefärbte Buch, in die Hand nimmt; und wenn er es weglegt, so lobpreist er die Vorsehung, welche diesem Unfuge endlich ein Ende gemacht, und den stolzen und schmarotzenden Hofadel in Frankreich auf immer zerstört hat!

Während der letzten zwanzig Jahre der Regierung Ludwigs des Funfzehnten, und seit der Thronbesteigung des jetzt regierenden Königs, hatten Uebermuth und Ueppigkeit, unter den unnützen Bürgern des Staates, und Elend und Armuth unter den nützlichen Bürgern desselben, in gleichem Verhältnisse zugenommen. In den Städten hatte der Luxus sogar die niedrigsten Klassen ergriffen. Dieser Luxus war ein goldnes Kleid, das einen siechen Körper bedeckte. Das häusliche Glück wurde den Vergnügungen der Eitelkeit aufgeopfert, und man versagte sich die nöthigen Nahrungsmittel um geputzte Kleider tragen zu können. Der Bauer hatte in der Nähe der Städte alle Laster derselben angenommen, und war faul, träge und geldgierig. Ferne von den Städten konnte er sich durch anhaltende Arbeit nicht einmal das Nothwendige verschaffen. Schwarzes Brod, Wurzeln, Wasser, grobe und zerlumpte Kleider, verfallene Strohhütten: dies war der Anblick, den die Provinzen

vinzen gewährten. Die Bevölkerung nahm zusehends ab, und in einigen Provinzen verfaulte ein Theil der Ernde auf dem Felde, weil nicht Menschen genug vorhanden waren, um dieselbe einzusammeln. Eben so elend lebte der Soldat. Ein wenig warmes Wasser auf grobes und ungenießbares Kommißbrod gegossen; dies war sein Frühstück. Ein Stück schwarzes Brod und ein wenig halbverfaultes oder trocknes Fleisch; dies war sein Abendessen. Auf solche Weise lebten dreimal hundert tausend Frankreicher, während sich der Hof, und was dazu gehörte, in Ueppigkeit und in Wollüsten mästete, und dem Geschrei des Armen nicht nur seine Ohren verschloß, sondern denselben, um durch seinen Anblick im Genusse nicht gestört zu werden, mit unmenschlicher Insolenz, von sich entfernte. Von dem gedrückten Volke erpreßte man das Geld, und dieses Geldes bediente man sich, um dasselbe noch mehr zu drücken. Die feilen, kriechenden Höflinge erniedrigten sich gegen die Großen bis zu den niederträchtigsten Schmeicheleien, und predigten unaufhörlich die Lehre: es gäbe zwei Klassen von Menschen, von denen die Eine zum arbeiten, gehorchen, bezahlen, seufzen, leiden und dulden; die andere hingegen zum verzehren, befehlen, erpressen, genießen, quälen und trotzen, von der Natur bestimmt sey. Die ersten Herren des Hofes waren die kriechendsten Schmeichler. Der Gouverneur Ludwigs des Sechszehnten und seiner Brüder, erhielt, auf seine eigene Bitte, einen Befehl von dem königlichen Staatsrathe, wodurch ihm und seinen Kollegen

verbo=

verboten wurde, in Gegenwart ihrer Zöglinge sich zu setzen, sich zu bedecken, und mit denselben zu essen. Bald nachher bekam er das Podagra. Er konnte nun nicht mehr stehen. Aber was that der kriechende Höfling? Er ließ sich ein Taburet in den Saal bringen, kniete darauf, und ließ sich, in dieser Stellung, so lange er mit den Prinzen sprach, von zwei Kammerdienern halten, von denen ihm zu jeder Seite Einer stand. Und nun macht man den Prinzen noch Vorwürfe! man wundert sich darüber, daß sie glauben sie wären mehr als andere Menschen; da sie doch von der Wiege an, und schon im Kinderröckchen, gewohnt sind, um sich her kriechende Sklaven zu sehen, und mit abergläubischer Andacht angebetet zu werden! Kein Wunder, daß sie sich, in spätern Jahren, für Gottheiten halten, und ihre Nebenmenschen wie verächtliche Thiere behandeln! Aber, der Vorsehung sey es gedankt, diese Zeiten sind vorbei, und sie werden nicht wieder kommen! Ludwig der Sechzehnte schaffte, bei dem jetzigen Dauphin, diese sklavische Etikette ab, und sagte: „Der Sohn des Monarchen ist ein Kind, und muß auch als ein Kind behandelt werden."

Das rothe Buch ist ein Verzeichniß von Ausgaben. Es ist in rothen Saffian gebunden, und besteht aus 122 Blättern. Das Papier ist das schönste Holländische, aus der Manufaktur des D. et C. Blauw, mit der Devise im Papier: Pro Patria et Libertate. Die ersten zehn Blätter enthalten die Ausgaben der Regierung Ludwigs des Funfzehnten.

Die

Die zwei und dreißig folgenden gehören zu der Regierung Ludwigs des Sechszehnten; die übrigen sind noch unbeschrieben. Der erste Artikel der jetzigen Regierung ist vom 19. May 1774, über 200,000 Livres, welche den Armen, bei Gelegenheit des Todes Ludwigs des Funfzehnten, ausgetheilt worden sind. Der letzte Artikel ist vom 16. August 1789, über 7,500 Livres, als ein Vierteljahr der Pension der Madame d'Ossun. Der König verlangte, daß diejenigen Blätter, welche die Ausgaben seines Vorfahren beträfen, nicht gelesen, sondern versiegelt werden sollten; und dieses ist auch geschehen.

Alle geheimen Ausgaben der gegenwärtigen Regierung lassen sich unter zehen Klassen bringen:

1.	Den Brüdern des Königs	28,364,000
2.	Geschenke und Gnadenbezeugungen	6,174,000
3.	Pensionen und Gehalte	2,221,000
4.	Almosen	254,000
5.	Entschädigungen und Vorschüsse	15,254,000
6.	Gekaufte Stellen	20,868,000
7.	Finanzsachen	5,825,000
8.	Auswärtige Geschäfte und Posten	135,804,000
9.	Verschiedene Ausgaben	1,794,000
10.	Ausgaben für die Person des Königs und der Königin	11,423,000
	Summe	227,981,000

Wenn

Wenn man diese ungeheure Summe betrachtet, so darf man dabei nicht vergessen, daß dieses nur ein kleiner Theil der königlichen Ausgaben ist; nur die geheimen Ausgaben. Die nicht geheimen sind in der vorher schon gedruckten, ebenfalls ungeheuren Pensionsliste, von welcher oben schon Meldung geschah, und in dem Verzeichnisse der Ausgaben des Departements der auswärtigen Geschäfte (dessen ebenfalls schon erwähnt wurde) zu finden. Uebrigens verdient noch bemerkt zu werden, daß dieses nur das rothe Buch des Finanzministers ist; denn jeder Minister hatte ein eigenes rothes Buch, in welches er die geheimen Ausgaben eintrug, das heißt, diejenigen Ausgaben, welche er anzugeben sich geschämt hatte, oder welche er zu beweisen unmöglich fand. Ausserdem gab es noch sogenannte Ordonnances de Comptant, und diese beliefen sich, von dem Jahre 1779 bis zum Jahre 1787, jedes Jahr von 87 bis zu 136 Millionen.

Es sey uns erlaubt, über jede Klasse der Ausgaben des rothen Buchs einige Bemerkungen zu machen.

Erste Klasse. Den Brüdern des Königs. Monsieur, oder der Graf von Provence, hat, von dem Jahre 1782 bis zum Jahre 1787, aus dem königlichen Schatze genommen: 14,614,000 Livres. Der Graf von Artois, in demselben Zeitraume: 13,750,000 Livres. Ausserdem nahm der König, am 28. December 1783, den schändlichen Vorschlag des Calonne an, die Schulden des

Grafen

Grafen von Artois aus dem königlichen Schatze zu bezahlen. Außer demjenigen, was schon bezahlt worden ist, hatte sich der Schatz noch anheischig gemacht, für den Grafen, im Jahre 1788, 1,600,000 Livres, im Jahre 1790 eben soviel, und im Jahre 1791 zwei Millionen zu bezahlen. Nun besaßen die Brüder des Königs, noch außerdem, Apanagen, königliche Schlösser, Güter, beträchtliche Leibrenten, und ungeheure Schulden. Wahrlich! wenn man alles dieses bedenkt, so wundert man sich nicht, daß jener Kammerherr am Französischen Hofe, als er die Geburt eines Prinzen erfuhr, überlaut ausrief: „Abermals ein junger Wolf!"

Zweite Klasse. Geschenke und Gnadenbezeugungen. Auch hier steht die Familie Polignac, so wie auf der Pensionsliste, oben an. Es ist ungeheuer, wie viel diese Blutigel des Staates aus dem öffentlichen Schatze geraubt haben. So findet man hier, daß sie die Grafschaft Fenestrange, 1,200,000 Livres an Werth, geschenkt erhalten haben. Der erste Präsident des Pariser Parlaments d'Aligre, bekam, in sieben verschiedenen Artikeln, zusammen 64,500 Livres, und man begreift leicht, daß eine, durch eine so große Summe bestochene Magistratsperson, die Rechte des Volkes gegen den König nicht vertheidigt haben wird. Der Rheingraf von Salm hatte 400,000 Livres erhalten. Der Gräfin Lameth, der Mutter der beiden demokratischen Grafen Lameth, 40,000 Livres. Um die Schulden der Prinzessin Christina

zu

zu bezahlen, 150,000 Livres. Dem Hrn. Sartine 200,000 Livres.

Dritte Klasse. Pensionen und Gehalte. Unter diesen geheimen Pensionären findet man den Prinzen von Conde, den Prinzen von Zweibrücken, Thierry, den Kammerdiener des Königs, und sehr viele Hof- und Gesellschaftsdamen der Königin: z. B. die Damen de Pile, d'Albani, de Clermont Tonnerre, d'Andlau, d'Ossun, de Briosne, und andere.

Vierte Klasse. Almosen. Hier steht z. B. „Dem Volke, bei der Ankunft des Königs zu Paris, 15,000 Livres."

Fünfte Klasse. Entschädigungen und Vorschüsse. Der Marschallinn Mirepoix 125,000 Livres, als eine Entschädigung. Der Prinzessin Conty eine Entschädigung von 2,400 Livres. (Unglaublich! eine Prinzessin, und nur hundert Louisd'ors! Wahrlich, dies war der Mühe nicht werth!) Hrn. Furth, am 21. Februar 1778, zur Entschädigung für die ganze Auflage eines Pasquills, 22,680 Livres. Der Madame du Barry, zur Entschädigung, 5,250,000 Livres.

Sechste Klasse. Gekaufte Stellen. Hier erfahren wir etwas sehr Sonderbares. Der König von Frankreich hatte Leibrenten! Sieben Millionen und fünfmal hundert tausend Livres hatte der Prinz von Conde auf den Kopf des Monarchen gesetzt. Das heißt: er ließ sich das In-

teresse

teresse dieser Summe zu neun Procent bezahlen, und behielt das Kapital in seinem Portefeuille.

Siebente Klasse. Finanzsachen. An die Pariser Bankiers 5,825,000 Livres, für Seiner Majestät geleistete, und Derselben bekannte Dienste.

Achte Klasse. Auswärtige Geschäfte und Postsachen. Diese Klasse ist die unbegreiflichste von allen. Man findet hier, daß das sogenannte Postgeheimniß, das heißt, das Erbrechen öffentlicher Treue anvertrauter Briefe, der Französischen Regierung jährlich dreimal hundert tausend Livres kostete. Von allen Ministern Frankreichs war keiner, der sich nicht des Mittels bedient hätte, Briefe auf der Post eröfnen zu lassen; sogar Necker nicht, wie folgende Anekdote beweist. Vor einigen Jahren forderte ein Kaufmann aus Bordeaux von Hrn. Necker eine beträchtliche Summe, für den Verlust eines ihm zugehörigen, und mit seiner ganzen Ladung, im Dienste des Königs, aufgeopferten Schiffes. Necker suchte die Sache in die Länge zu ziehen, und machte Schikanen über Schikanen. Einst wurde der Kaufmann, im Gespräche mit dem Minister, sehr dringend und zuletzt heftig. Hierauf warf ihm Necker vor, daß er von ihm sehr unanständig gesprochen hätte, und wiederholte seine eigenen Ausdrücke. — „Nein! antwortete der Kauf-
„mann heftig, auf diese Weise habe ich mit Niemand
„von Ihnen gesprochen; aber meinem Vater habe
„ich es geschrieben, und Sie können es unmöglich auf
„eine andere Weise erfahren haben, als dadurch, daß
Sie

„Sie meine Briefe auf der Post haben erbrechen las„sen." Der Minister schwieg stille, schien verwirrt, und brach die Unterredung ab.

Die geheimen Ausgaben des auswärtigen Departements belaufen sich, von dem Jahre 1774 bis 1788, auf hundert und siebzehn Millionen. Wo ist dieses Geld hingekommen? Dies scheint ein unauflößliches Räthsel zu seyn. Wir haben oben gesehen, daß unter den bestimmten, festgesetzten Ausgaben des auswärtigen Departements 200,000 Livres für geheime Ausgaben, und 450,000 Livres für unvorhergesehene Ausgaben, jährlich berechnet wurden. Mit dieser Summe könnte man ja alle Spione in ganz Europa bezahlen, und die Hälfte der Sekretairs bestechen. Wo ist denn jene ungeheure Summe hingekommen? Mit Gewißheit können wir diese Frage nicht beantworten: und Vermuthungen würden hier vermessen seyn. Merkwürdig scheint es, daß diese geheimen, auswärtigen Ausgaben, in den Jahren 1787 und 1788 um einige Millionen zugenommen haben, da doch Frankreich in diesen Jahren keinen Krieg führte, sondern des ruhigsten Friedens genoß.

Neunte Classe. Vermischte Ausgaben. Enthält keine beträchtliche Ausgaben. Mit Erstaunen sieht man, daß die Reise des Königs nach Cherbourg nur 148,000 Livres gekostet hat.

Zehente Klasse. Ausgaben, welche die Person des Königs und der Königin angehen. Nicht mehr als eilf Millionen, seit der

Thronbesteigung des Königs! gewiß eine sehr mäßige Summe!

Der Prinz von Conti, welcher im Anfange der Revolution, mit den übrigen Prinzen geflohen war, kam am Ende des Märzmonaths wiederum nach Paris zurück. Er kam in die Versammlung der Bürger desjenigen Distrikts, in welchem seine Wohnung war, schwor den Bürgereid, und schenkte den Armen seines Distrikts zweitausend Livres. Er wurde mit den größten Freudenbezeugungen aufgenommen. Das Volk zu Paris hat diesen Prinzen von jeher mehr als alle übrigen geliebt: denn er war der Einzige, welcher Handwerksleute, die für ihn arbeiteten, bezahlte; von den andern war niemals Geld zu erhalten gewesen.

Hr. Necker hatte, in seiner, am vierten März an die Versammlung gesandten Abhandlung, verlangt, daß die Versammlung einige Glieder aus ihrer Mitte wählen solle, damit diese, mit ihm zugleich, die Aufsicht über die Finanzen haben, und einen Finanzrath (Bureau de Treforerie) ausmachen möchten, dessen Präsident er seyn würde. Diese Bitte hatte er, am zwölften März, in einem Briefe an die Versammlung wiederholt. Aber die Versammlung hatte sich über diesen Vorschlag gar nicht berathschlagt, weil derselbe einem ihrer Beschlüsse entgegen war; nehmlich demjenigen, welcher verbietet, daß ein Mitglied der Versammlung irgend eine Stelle von der Regierung annehmen könne. Nun erhielt, am fünf und zwanzigsten März, der Präsident der Versammlung

folgen-

folgenden Brief von dem Könige, welchen er der Versammlung vorlas:

„Mein Herr. Ich habe mit Erstaunen erfahren, „daß die Versammlung über das Verlangen, welches „mein Finanzminister derselben bezeugt hat, einen „Finanzrath zu errichten, dessen Mitglieder ich bei„nahe alle aus der Nationalversammlung zu nehmen „gedenke, sich noch nicht berathschlagt habe. Die „Ausführung dieses Verlangens wird täglich wichti„ger, und darum wünsche ich, daß dieser Gegenstand „in Berathschlagung genommen werden möge."

„LUDWIG."

Die Versammlung beschloß, daß der Präsident sich zu dem Könige begeben solle, um seiner Majestät zu sagen: die Versammlung würde am folgenden Tage seinem Verlangen entsprechen, und sich über seinen Vorschlag berathschlagen. Am sechs und zwanzigsten März entstanden, über diesen Gegenstand, in der Versammlung folgende Debatten:

Hr. Reubel. Es ist jetzt noch nicht Zeit zu untersuchen, ob der Minister nicht sein Erstaunen bis auf die Zeit hätte verschieben sollen, in welcher die Versammlung den unkonstitutionellen Vorschlag, den er uns gethan hat, annehmen wird.

Hr. de Lepaur (nachdem er ausführlich bewiesen hatte, daß der Vorschlag des Hrn. Neckers der Konstitution entgegen sey und folglich nicht angenommen werden könne, fuhr folgendermaßen fort): Noch sey es mir erlaubt, über den unkonstitutionellen Brief, welchen die Minister dem Besten der Könige eingege-

R 2 ben

ben haben, einige Bemerkungen zu machen. Dieser Brief müßte von einem Minister unterschrieben seyn. Der Hr. Siegelbewahrer hat sich schuldig gemacht, dadurch, daß er uns denselben übersandt hat, indem er uns in die zweydeutige Lage versetzt, entweder unsern Grundsätzen und dem Wohl des Volkes entgegen zu handeln, oder einen König zu betrüben, der unserer Liebe so würdig ist. Einem Fürsten die Wahrheit sagen; dieß heißt beweisen, er sey würdig dieselbe zu hören; es ist die schönste Lobrede, welche ein König nur verlangen kann. Sagen wir daher freimüthig, daß wir den Vorschlag Seiner Majestät nicht in Berathschlagung nehmen können. Wachen Sie über die Minister! Wachen Sie, meine Herren, über die Minister!

Hr. Barnave. Der Finanzrath, den man Ihnen vorschlägt, ist Ihren Beschlüssen entgegen; er zielt nur dahin ab, den Ministern die Verantwortlichkeit abzunehmen, und dieselbe den Mitgliedern der Versammlung zu übertragen. Diese enthält, wie der Minister sich ausdrückt, die vorzüglichsten Kenntnisse. Aber Sie geben ja die Gesetze. Und was braucht es denn für Kenntnisse dazu, um diese Gesetze auszuüben? Ueberdieß lassen Sie ja den Finanzminister, so oft er etwas vorzutragen hat, in der Versammlung zu. Die Gemeinschaft zwischen ihm und der Versammlung, welche er verlangt, ist demzufolge schon vorhanden. Ein Finanzrath würde also nicht nur gefährlich, sondern auch unnütz seyn.

Darum

Darum schließe ich, daß dieser Vorschlag keine Berathschlagung verdiene.

„Hr. Demeunier. Auch ich bin der Meinung meiner Vorgänger, und ich schlage vor, folgenden Beschluß zu fassen: „Die Nationalversammlung, „nachdem dieselbe den Aufsatz des Hrn. Necker vor„lesen gehört hatte, wollte einen Beweis ihrer Rück„sicht auf den Wunsch des Königs, so wie ihrer Ver„ehrung und ihrer Liebe für die Person Seiner Ma„jestät geben; sie hat daher die Beweggründe ihrer „Beschlüsse vom 7. November 1789 und vom 26. „Januar 1790, aufs Neue untersucht, und sie er„klärt, daß sie bei denselben beharre."

Dieser Vorschlag wurde angenommen, und die Versammlung faßte den Beschluß wörtlich so ab, wie Hr. Demeunier denselben vorgetragen hatte. Nun entstanden aber neue Debatten.

Graf Mirabeau. Stellen Sie dem Könige vor, daß keiner seiner Vorschläge, als von ihm kommend, der Versammlung vorgelegt werden kann, wenn derselbe nicht von einem Minister unterzeichnet ist.

(Man klatscht Beifall auf der einen Seite der Versammlung.)

Hr. Garat der ältere. Ich verwerfe den Vorschlag, welchen Hr. von Mirabeau als konstitutionell uns vorträgt. Und ich verwerfe ihn mit der Konstitution in der Hand. Der dreizehnte Artikel derselben heißt: „Der König kann die Versammlung „einladen, einen Gegenstand in Berathschlagung zu „nehmen,

„nehmen, aber Gesetze vorzuschlagen, dies kommt
„den Stellvertretern der Nation allein zu." "Der
achtzehnte Artikel lautet wie folgt: „Die Minister
„und Agenten der ausübenden Gewalt sollen für ihr
„Departement verantwortlich seyn. Kein Befehl
„des Königs kann ausgeübt werden, wenn derselbe
„nicht von dem Könige unterschrieben, und von dem
„Minister des Departements unterzeichnet ist." Sie
sehen demzufolge, meine Herren, daß die Unterschrift
des Ministers nur die Befehle des Königs betrift,
aber auf keine Weise die Einladungen des Königs an
die Nationalversammlung, und daß Sie Ihrer Konstitution zuwider handeln würden, wenn Sie diesen
Grundsatz festsetzten. In der That, was würde
daraus entstehen? alle persönliche Gemeinschaft zwischen dem Könige und den Stellvertretern der Nation
würde aufgehoben: und wie könnte Ihre Vernunft,
oder Ihr Herz, so etwas zugeben? Würde der König betrogen, und Sie wollten ihn zurechtweisen, was
könnten Sie da wohl für ein anderes Mittel haben,
als ihn vor den Rathschlägen der Minister zu warnen?
Es ist nöthig, daß er Ihnen geradezu seine Meinung
bekannt mache, und daß Sie ihm, ohne Umschweife,
die Wahrheit und das Interesse seines Volkes müssen
vorstellen können. Darum schließe ich, daß man
über den Vorschlag des Hrn. von Mirabeau sich gar
nicht berathschlagen solle.

Hr. von Mirabeau. Aus den Artikeln der
Konstitution, welche mein Vorgänger vorgelesen hat,
folgt das gar nicht, was er daraus schließen will.

Da die Person des Königs geheiligt ist, und da das Gesetz ihm eine idealische Unfehlbarkeit zugesteht, so frage ich: ob es nicht nöthig sey, daß jederzeit Jemand vorhanden sey, der für den Rath des Königs stehe. Ich schließe, daß dem Präsidenten aufgetragen werden soll, dem Könige verehrungsvoll vorzustellen, daß sein Brief gar keinen Karakter der Gesetzmäßigkeit habe, und daß derselbe dem Lehrsatze der Verantwortlichkeit entgegen sey.

(Großer Lärm und Tumult. Auf der einen Seite wird Beifall geklatscht; auf der andern Aufschub der Berathschlagung über diesen Gegenstand verlangt. Endlich beschloß die Versammlung, sich gar nicht darüber zu berathschlagen.)

Die von der Versammlung ausgeschriebene patriotische Steuer, welche den vierten Theil der Einkünfte eines jeden Staatsbürgers ausmachen und freiwillig seyn sollte, wurde so langsam, so saumselig und so nachlässig bezahlt, daß endlich vorgeschlagen wurde, diese freiwillige Steuer in eine gezwungene, die Bitte in einen Befehl zu verwandeln.

Hr. Robespierre. Wenn Sie die freiwillige Kontribution in die drückendste aller Auflagen verwandeln wollen, was wird dann ein solcher Schritt auf die Gemüther für Wirkung hervorbringen? Geben Sie nicht dadurch den Feinden des öffentlichen Wohls selbst die Waffen in die Hände?

Hr. Roederer. Der Vorschlag, den man heute thut, streitet gegen zwei von Ihren Beschlüssen.

Sie haben verlangt, daß die patriotische Steuer allen
Schein des Patriotismus haben solle; Sie haben be=
schlossen, daß keine Eintreibung derselben Statt finden
solle. Warum schlägt man Ihnen denn heute vor,
diese freiwillige Steuer in eine gezwungene zu ver=
wandeln? Nein! auf eine solche Weise darf keine
Auflage ausgeschrieben werden. Dieß hieße der Ehr=
lichkeit der Staatsbürger eine Falle legen. Verlangen
Sie nur freiwillige Opfer, und lassen Sie zur Beloh=
nung die Ehre dieselben gebracht zu haben.

Es wurde beschlossen, daß das Verzeichniß der=
jenigen, welche die patriotische Steuer bezahlt hätten,
gedruckt werden solle.

Am ein und zwanzigsten März trug sich ein son=
derbarer Vorfall zu. Der Marquis d'Ambert,
der Oberste des Regiments Royal Marine, wel=
ches zu Marseille in Garnison lag, kam mit Extrapost
nach Marseille. Am Thore wurde er, von der Bür=
gerwache, so wie jeder andere Reisende, angehalten,
und um seinen Namen gefragt. Er weigerte sich
denselben zu sagen. Nun kam der Officier des Po=
stens und wiederholte die Frage. Er weigerte sich
abermals und sagte dem Officier Grobheiten. Der
Officier antwortete. Dann sprang d'Ambert aus sei=
ner Chaise, ergriff den Officier bei dem Kragen, und
sagte zu ihm: „Wollen Sie Krieg! Meinetwegen!
„ich rücke mit meinem Regimente aus und mache
„mich anheischig diese ganze Kanaille zu zerstören.
„Sie können dem Bürgerrathe sagen, daß der Maire
„und die übrigen Räthe zum T... gehen mögen."

Hr.

Hr. d'Ambert wurde wegen dieser Insolenz ins Gefängniß gebracht, und der Vorfall ward an die Nationalversammlung und an den König berichtet. Der König, über dieses Betragen des Hrn. d'Ambert aufgebracht, befahl, daß er solle so lange im Gefängnisse bleiben, bis ihm nach Kriegsrecht der Proceß gemacht seyn würde; und der Bürgermiliz zu Marseille, so wie dem Bürgerrathe dieser Stadt, ließ der König, für ihr vernünftiges und kluges Betragen bei diesem Vorfalle, danken. Die Nationalversammlung bestätigte dieses Urtheil, und dankte, auch in ihrem Namen, dem Bürgerrathe und der Bürgermiliz der Stadt Marseille.

Der unglaublich große Enthusiasmus für Freiheit, welcher Frankreich von einem Ende bis zum andern belebte, zeigte sich vorzüglich in der ungeheuren Menge patriotischer, freiwilliger Geschenke, welche von allen Orten her an die Nationalversammlung gesandt wurden. Da war keine Stadt, kein Dorf, kein Club, keine Gesellschaft von irgend einer Art, welche nicht ein mehr oder weniger beträchtliches Geschenk dem Staate gemacht hätte, um den bedrängten Finanzen aufzuhelfen, außer den großen Summen, die von einzelnen Personen dem Staate geschenkt wurden. Im Märzmonathe 1790 war die Summe, welche diese Geschenke zusammengenommen ausmachten, schon so beträchtlich, daß die Nationalversammlung sich darüber berathschlagte, auf welche Weise dieselben wohl am besten möchten anzuwenden seyn? Es wurde beschlossen, daß von diesen patriotischen

R 5 Ge-

Geschenken die kleinen Leibrenten, von fünfzig Livres und darunter, bezahlt, und mit dieser Bezahlung sogleich der Anfang gemacht worden solle.

Während die Ruhe in Frankreich hergestellt schien, während die Nationalversammlung sich eifrig damit beschäftigte die neue Konstitution fest zu gründen, während das Volk mit dem größten Enthusiasmus alle Beschlüsse dieser erhabenen Versammlung auf das Allergenaueste in Ausführung brachte, und mehr und mehr einsehen lernte, wie sehr diese Beschlüsse das allgemeine Beste zum Zweck hatten: während dieser Zeit bemüheten sich die Mißvergnügten, und vorzüglich die Geistlichen, Unordnung und Zwietracht anzufachen und zu erneuern. Sie predigten in den Provinzen Frankreichs einen Kreuzzug gegen die Stellvertreter der Nation. Sie wollten das Volk bewafnen, und einen bürgerlichen Krieg veranlassen, um den vormaligen, so glücklich verbannten Despotismus, wiederum herzustellen, damit sie im Weinberge der Kirche ferner ungestört zechen könnten. Sie predigten dem Volke: die Religion sey in Gefahr; man wolle Aufklärung verbreiten, Philosophie einführen, die Heiligen abschaffen, die Reliquien nicht mehr küssen, und keine Seelmessen mehr bezahlen. Die Priester lasen, auf dem Lande, den Bauern vorgebliche Dekrete der Nationalversammlung vor, und ermahnten sie, sich für die Sache Gottes zu bewafnen, und den König zu befreien, welchen man zu Paris gefangen halte, und welcher nur auf seine Befreiung warte, um sich alsdann an die Spitze seiner getreuen Unter-

thanen

Hüten zu stellen, den Glauben zu beschützen, und sich des Namens eines Allerchristlichsten Königs würdig zu zeigen. Diese Predigten beschlossen die Priester mit einem Gebet für die Königliche Familie, in welchem gesagt wurde: „Gott! errette den König aus „den Händen der Gottlosen, und von dieser Sekte „der neuen Philosophen, welche an dem Unglücke „Frankreichs Schuld sind!" Zum Glücke erreichten diese aufruhrpredigenden Priester ihren Zweck nicht.

Am neun und zwanzigsten März wurde in der Nationalversammlung folgender Brief vorgelesen, den eine Dame, aus der Stadt Landon, an den Präsidenten der Versammlung geschrieben hatte:

„Mein Herr Präsident."

„Von den Weibern kommt in der Konstitution „kein einziges Wort vor, und ich gestehe gerne, daß „es ihnen nicht zukomme sich in öffentliche Geschäfte „zu mischen. Indessen müssen doch die Mütter „Bürgerinnen des Staates seyn: und welche wollte „nicht dem Beispiele unserer Königin folgen, die da „versprochen hat ihren erhabenen Sohn in den Grund„sätzen der neuen Konstitution erziehen zu lassen? „Von dieser patriotischen Erklärung gerühret und „durchdrungen, habe ich, die ich eine Mutter von „zehn Kindern bin, und gegenwärtig das Jüngste „derselben stille, diese Kinder um mich her versam„melt, und dann habe ich, in Gegenwart ihrer Groß„mutter, auf den Knieen, vor Gott geschworen; sie „in der Treue gegen die Nation und den König zu „erziehen. Meine älteste Tochter hat dasselbe ge-

geschwo-

„geschworen: denn auch sie ist Mutter, und sich
„selbst. Ich würde untröstlich seyn, Herr Präsident,
„wenn diese Handlung der Versammlung mißfallen
„könnte. Ich schmeichle mir, im Gegentheil, daß
„dieselbe einen Befehl werde ergehen lassen, vermöge
„welches den Müttern erlaubt seyn soll, diesen feier-
„lichen Eid in Gegenwart der Bürgerbeamten abzu-
„legen; denn diese werden wir künftig hochschätzen,
„weil sie von dem Volke gewählt seyn werden. Ich
„glaube, daß diese ehrwürdige Zeremonie es wün-
„schenswerth machen müßte, Mutter zu seyn, und
„daß durch dieselbe die bürgerlichen Pflichten dieses
„Standes, den ersten Erzieherinnen der Staatsbürger
„eingeschärft werden würden."

„Ich bin u. s. w."

An eben diesem Tage erschien der Kardinal
von Rohan in der Versammlung und bat um Erlaubniß, als Mitglied der Versammlung, den Bürgereid schwören zu dürfen. Diese Bitte wurde ihm
gewährt, und er schwor den Eid.

Am ein und dreißigsten März wurden die wichtigen Berathschlagungen über das Privilegium der
Französischen Ostindischen Kompagnie angefangen, und
an den folgenden Tagen fortgesetzt und geendigt.

Hr. von Noailles. "Jedes ausschließende
Privilegium ist eine Ungerechtigkeit. Das Privilegium der Ostindischen Kompagnie schadet dem Handel; denn das stärkste Handlungsjahr der Ostindischen
Kompagnie steigt nicht höher als ein und zwanzig
Millionen; ein Jahr des freien Handels betrug hingegen

gegen drei und dreißig Millionen. Die Ostindische
Kompagnie kommt dem Staate sehr theuer zu stehen.
Wir haben derselben Palläste, Kontors, u. s. w. geschenkt. Warum sollen wir die Mühe ein solches
Privilegium zu geben so theuer bezahlen; da es so
viele Staatsbürger giebt, welche diesen Handel umsonst zu treiben bereit sind? Meine Meinung ist, daß
das ausschließende Privilegium der Ostindischen Kompagnie aufgehoben werden solle.

Hr. de la Jacqueminiere. Je mehr der
Ostindische Handel ausgedehnt und blühend ist, desto
mehr wird die Handlung im Innern des Königreiches, und die Betriebsamkeit der Nation abnehmen.
Man bringt uns Waaren für den Luxus, und man
führt unser baares Geld aus dem Königreiche. Daher glaube ich, daß die Freiheit dieses Handels zwar
einigen Kaufleuten nützlich, aber für den Staat schädlich seyn würde.

Hr. de Sinetty. So lange nur davon die
Rede ist, einem Volke einen bisher noch unbekannten
Handlungszweig zu eröffnen, so lange kann vielleicht
eine, mit dem Privilegium versehene Kompagnie nützlich seyn: aber wenn der Handlungszweig erst einmal
bekannt ist, dann ändert sich die Lage der Dinge
gänzlich. Dieses ist nunmehr der Fall mit dem
Ostindischen Handel, und darum glaube ich auch,
daß das Privilegium der Kompagnie müsse aufgehoben werden.

Abbé Maury. Hier ist nicht die Rede von
einer Handlungsaufgabe; sondern der Gegenstand betrift

trift das Interesse des Staats. Drei Nationen handeln nach Ostindien: England, Holland und Frankreich. Die beiden ersten haben eine freie Regierungsform, und dessen ungeachtet eine Ostindische Kompagnie. Dreimal schon ist die Frage, in England und in Holland, vor den geschicktesten Kaufleuten aufgeworfen, und dreimal zu Gunsten des ausschließenden Privilegiums entschieden worden. Monopole im Handel sind nothwendig, und thun den Rechten des Menschen keinen Eintrag. Ich gestehe gerne, daß der Ostindische Handel eine Plage ist, die den Staat drückt. Dieser Handel hat den Luxus eingeführt, und durch denselben sind eine Menge künstlicher Bedürfnisse entstanden. Sie kennen jenes alte Sprüchwort des Sully? „So oft du einen Menschen mit „goldnen Tressen stehst, wirst du jederzeit einen mit „Lumpen bedeckten Mann neben ihm erblicken." Der Handel mit Ostindien kann bloß allein mit baarem Gelde geführt werden: denn die Indianer, mäßig in ihrer Nahrung, einfach in ihrer Kleidung, verlangen nichts als Geld, welches sie, nach ihrem Tode, mit ihrem Körper einscharren lassen, in Hoffnung in jener Welt sich dasselbe zu Nutze zu machen. Nun verlieren wir schon drei und dreißig Millionen jährlich in der Balanz unsers Handels mit England und der Schweiz. Die Schweiz allein liefert uns jährlich für fünfzehn Millionen Mousseline, und wir verkaufen derselben für nicht mehr als vier Millionen Baumwolle, welche wir aus Ostindien haben. Mit England verlieren wir zwei und zwanzig Millionen. Und
Sie

Sie wundern sich noch daß das Geld so rar ist! Wahrlich! wenn es noch zehen Jahre auf diese Weise fortdauert, so geht der Staat zu Grunde. Es ist daher meine Meinung, daß ein so schädlicher Handel nicht frei gegeben werde, sondern daß das Privilegium der Kompagnie beibehalten werden soll; aber unter der Bedingung, daß dieselbe allen Gewinnst, der mehr als acht Procent beträgt, mit dem Staate theile.

Hr. Nerac. Ich will die Rede meines Vorgängers Wort für Wort widerlegen, und beweisen, daß er von der ganzen Sache nichts versteht ....

(Der Präsident ruft: „Ordnung! Ordnung!")

(Heftig.) Ja! ich habe Recht; ich will den Kaufmannsstand gegen die Beleidigungen vertheidigen, welche mein Vorgänger demselben zugefügt hat. Ich verstehe mehr davon als der Abbe Maury, und spreche mit mehr Aufrichtigkeit. Die Kaufleute sind nützliche Menschen, welche täglich dahin arbeiten, das Vaterland zu bereichern: aber was hat denn Er für dasselbe gethan?

Hr. von Clermont Tonnerre. Ich habe über diese große, den Staat betreffende Frage, weiter nichts als Zweifel vorzubringen. Weder die Rede des Hrn. Abbe Maury, noch die Widerlegung meines Vorgängers haben mich überzeugt. Die erste schien mir bloß eine traurige Erdichtung, und die zweite ein schöner Traum zu seyn. Ich sehe, nach Allem was bisher gesagt worden ist, weiter nichts, als Erläuterungen, die zu verlangen, und Thatsachen, die

die zu beweisen wären. Und wenn ich nicht wüßte, daß das Engländische Parlament drei Monathe mit Debatten über diese Frage zugebracht, und daß es alle unterrichtete Personen darüber verhört hat; so würde ich mich meiner Unwissenheit schämen. Freilich sollte keine Kompagnie das Vorrecht dieses Handels allein besitzen. Wie ist es aber möglich diesen Miß: brauch jetzt abzuschaffen? Die Erfahrung entscheidet nichts: denn sie beweist sogar, daß in England eine mächtige Kompagnie dem Reiche sehr nützlich ist. Der Hr. Abbe Maury hat nicht bewiesen, daß der Ostindische Handel für Frankreich schädlich, und noch weniger, daß die gänzliche Vernichtung desselben möglich sey. Dazu wäre doch nöthig vorher zu wissen, in welchem Verhältnisse dieser Handel mit unsern Manufakturen stehe. Diese Data haben wir nicht. Wir können dieselben auch gegenwärtig nicht bekommen: folglich sind wir auch nicht im Stande die Frage zu entscheiden. Der Abbe Maury hat Colbert den dreimal großen Colbert genannt! Auch ich verehre das Andenken Colberts: aber die Nachwelt hat das Recht alle Menschen strenge zu richten, und nun will ich Ihnen einen Brief vorlesen, welchen dieser Minister an einen Gouverneur in Ostindien schrieb, und in welchem er demselben vorwirft, daß er die Kolonie unter der Gestalt von Reichsständen zusammen berufen habe; wobei er zugleich bemerkt, es sey der Wunsch des Königs, daß das Andenken an die Reichsstände sich nach und nach verlieren möge, mit dem beigefügten Befehle, sogar die Stelle eines Syndikus auf-

aufzuheben, damit man die Unterthanen allmählig gewöhne, daß jeder nur für sich spreche, und daß keiner berechtigt sey im Namen von Allen zu sprechen.

Auszug eines Briefes des Hrn. Colbert, an Hrn. Camprenac, Gouverneur zu . . . .

„Sie haben nicht wohl gethan die Einwohner „Ihrer Kolonie in drei Ständen zu versammeln; „denn dieses bringt die Reichsstände in das Gedächt„niß zurück: eine Art von Versammlung, welche in „dem Königreiche abgeschaft ist, und von welcher die „Könige, zu ihrem eigenen Besten, für gut gehalten „haben, daß sich das Andenken an dieselbe allmählig „verlieren möge." Suchen Sie, mit der Zeit, den „Syndik abzuschaffen, welcher, im Namen der Ein„wohner, Bittschriften überreicht. Es ist besser, „daß jeder für sich, und keiner im Namen Aller „spreche."

Da wir nun also mit dem Gegenstande noch nicht genug bekannt sind, so schlage ich vor, daß über denselben für jetzt noch nichts beschlossen, sondern daß der Beschluß so lange verschoben werde, bis Ihr Kommerzausschuß sich die nöthigen Erläuterungen wird haben verschaffen können.

Hr. Begouen. Ich will den Kaufmannsstand gegen den Hrn. Abbé Maury vertheidigen. Nicht nur einige geldgierige Kaufleute, sondern alle große Städte des Königreiches verlangen einstimmig die Freiheit des Handels. Unstreitig kann der Ostindische Handel Europa schädlich werden; aber dieß läßt

Dritter Theil. S sich

sich leicht verhindern. Legen Sie Zölle auf die aus Ostindien eingeführten Waaren, vorzüglich auf die Waaren des Luxus. Hingegen auf diejenigen Waaren, welche aus Frankreich wiederum ausgeführt werden, legen Sie keine Zölle; dies ist das wahre Mittel den Schaden dieses Handels aufzuheben.

(Lärm und Tumult. Viele Mitglieder rufen: „Stimmt! Stimmt! keine weiteren Debatten!" Aber der größte Theil der Versammlung rief aus: „Nein! Nein! fahren wir mit den Berathschla„gungen fort!")

Hr. de Cazales. Man hat Ihnen gesagt, der Ostindische Handel sey schädlich, weil durch denselben das Geld aus dem Lande geführt wird; aber die Ausfuhr des Geldes ist nicht allemal ein Unglück. Je mehr Geld im Lande ist, desto theurer wird die Händearbeit, und zuletzt können die inländischen Manufakturen den Konkurs mit den auswärtigen nicht mehr aushalten. Wir haben einen beträchtlichen Handel mit Spanien. Wenn nun das Geld, welches wir aus diesem Lande ziehen, nicht nach Ostindien ausgeführt werden könnte; so würde sich dasselbe zu sehr anhäufen, und dadurch an seinem Werthe verlieren: und dann würden auch diejenigen Manufakturen, welche jetzt Waaren liefern, die nach Spanien geführt und gegen die Metalle umgetauscht werden, verlohren seyn. Seit der Revolution hat sich Alles verändert. Durch die Auswanderungen, und durch das Papiergeld ist das Geld verschwunden, und vielleicht wäre daher gegenwärtig der Ostindische

Handel

Handel schädlich. Aber ein zufälliger Umstand darf uns nicht verleiten einen Beschluß zu fassen, dessen Folgen fortdauernd seyn würden. So lange bis das Zutrauen und das Geld wiederkommen, können wir, weder die Verhältnisse des Geldes zum Handel, noch die Verbindungen, welche die verschiednen Handlungszweige untereinander haben, genau kennen. Daher können wir auch nicht entscheiden, ob der Handel begünstigt oder eingeschränkt werden solle, noch auf welche Weise dieses geschehen müsse. Darum schlage ich vor, diese Frage den künftigen Gesetzgebern zur Entscheidung zu überlassen.

Hr. Despremenil. Das Privilegium der Ostindischen Kompagnie ist ein Eigenthum, das wenigstens so lange nicht angetastet werden darf, bis der Pachtkontrakt zu Ende ist. So lange der Ostindische Handel frei gegeben war, wurde zwar Handlung dahin getrieben, aber nicht auf eigene Rechnung, und gerade dadurch wurde dieser Handel sehr schädlich für den Staat. Man muß in Ostindien für die Waaren, welche man einkaufen will, ein Jahr zuvor den Kontrakt schließen; man muß den Preis derselben voraus bezahlen. Kleine Kaufleute, welche nicht Kapital genug besitzen, um so beträchtliche Auslagen zu machen, kaufen weiter nichts als Ausschußwaaren, oder Waaren von der Englischen Ostindischen Kompagnie. Alle diese Thatsachen sind wichtig. Die Würde der Versammlung erfordert, daß sie dieselben untersuche, und darum verlange ich, daß die Entscheidung dieser Frage noch aufgeschoben werde. Der Ostindische

Handel kann nicht anders, als durch eine souveraine und bewafnete Kompagnie geführt werden, und durch eine Kompagnie welche Land besitzt. Ich beweise dieses durch Thatsachen und durch die Erfahrung. Die Ostindische Regierung ist ganz despotisch. Nichts ist dort gewöhnlicher, als daß, unter dem leichtesten Vorwande, willkührliche Auflagen gefordert werden: und dieses ist den ersten Kompagnien, so lange dieselben noch schwach waren, und auch den einzelnen Kaufleuten oft widerfahren. Geschlossene Kontrakte müssen dort durch eine Armee unterstützt werden, wenn sie gültig seyn sollen. Ueberdies verlangt die Natur dieses Handels Besitzungen im Lande selbst, deren Ertrag auf der Stelle gehoben werden könne: damit hiedurch die allzugroße Ausfuhr des Geldes aus dem Königreiche vermindert, und die Indianer genöthigt werden, ihre Waaren mit ihrem eigenen Gelde zu bezahlen.

Hr. Malouet. Wir kennen nicht einmal den Zustand unserer politischen Verbindungen in Ostindien. Neulich ist daselbst eine große Macht entstanden. Tipoo Saib, an der Spitze einer Armee von hundert tausend Mann, und Herr von einem gewaltigen Reiche, hat verlangt mit uns ein Bündniß zu schließen. Mit den Maratten hat er, durch die Hülfe des Hrn. de Cossigny, des französischen Befehlshabers, einen nützlichen Frieden geschlossen. In seinen Staaten werden größtentheils diejenigen Mousselinen und Baumwollentücher verfertigt, die am meisten geschätzt sind. Vielleicht sind wir in der

Noth-

Nothwendigkeit unsere Kontore unter den Schutz dieses Fürsten zu setzen. Die Gewißheit, daß, gleich nach dem ersten Ausbruche eines Krieges, unsere Truppen von Madras verjagt werden würden, verbunden mit ökonomischen Gründen, haben uns bewogen unsere Garnisonen wegzuziehen. Wenn nun, zu eben der Zeit, da wir unsere Truppen wegnehmen, die Kompagnie genöthig wird ihre Agenten zurückzurufen und ihre Waarenhäuser zu leeren: so wird Tipoo Saib glauben, wir verwerfen seine Allianz, und wir geben, freiwillig oder gezwungen, den ganzen Ostindischen Handel auf. Wir können also diese Frage nicht entscheiden, ehe wir nicht vorher mit dem Minister des Seewesens uns über diesen Gegenstand berathschlagt haben. Darum verlange ich, daß die Entscheidung noch aufgeschoben werde.

Hr. le Coulteur de Canteleu. Wird das Privilegium unserer Ostindischen Kompagnie aufgehoben, so geht unser Handel zu Grunde und fällt in die Hände der Engländer. Aber, sagt man, das ausschließende Privilegium streitet gegen die Bekanntmachung der Rechte des Menschen! Ich sehe aber schon zum voraus, daß Sie niemals im Stande seyn werden irgend einen Gegenstand, welcher auswärtige politische Verbindungen betrift, diesen Grundsätzen anzupassen. Das haben Sie ja schon gesehen, als von den Kolonien die Rede war. Und übrigens glaube ich, es sey der Bekanntmachung der Rechte gemäß, daß der Vortheil des ganzen Königreiches dem Vortheile einiger einzelnen Kaufleute vorgezogen werde.

werde. Alles läuft jetzt hier, in dieser Hauptstadt, durcheinander. Abgesandte aus England, von Ostende, aus Holland und von Brüssel, sind hier angekommen. Sie verbreiten sich in allen Gesellschaften, in allen Klubs, in allen Distrikten. Sie gehen in ihren Freiheitsgrundsätzen weiter als selbst wir gehen. Lassen Sie uns gegen diese hinterlistigen Manövers mißtrauisch seyn! Die Engländer jubeln schon laut vor Freude über den Beschluß, den sie erwarten daß wir fassen werden. Ueberdem hat die Kompagnie dreißig Millionen aufgenommen. Müßte sie diese auf einmahl zurückbezahlen, so würde dadurch der Wechselhandel unglaublich leiden. Daher ist meine Meinung, daß die Entscheidung dieser Frage bis auf eine unbestimmte Zeit verschoben werde.

(Geschrei von allen Seiten: „Stimmt! Stimmt! Stimmt! wir wollen nichts mehr hören!")

Hr. de Tracy. Ein verabscheuungswürdiger Minister, der uns Schande macht, Calonne hat die Ostindische Kompagnie gestiftet; und sein Geist belebt noch jetzt diejenigen, welche den Handel tadeln und das ausschließende Privilegium vertheidigen!

(Lautes und wiederholtes Beifallklatschen.)

Am dritten April wurde endlich beschlossen: „Daß „der Handel nach Ostindien, jenseits des Vorgebür= „ges der guten Hoffnung, für alle Frankreicher offen „stehen solle."

Zwei Kouriere von London warteten, vor der Thüre des Versammlungssaales, auf die Entscheidung dieser

dieser so höchst wichtigen Frage, und reisten sogleich ab, um die angenehme Nachricht, so schnell als möglich, nach England zu überbringen.

Die drei Bünde der, mit der Schweizerrepublik im Bündnisse stehenden Republik Graubündten, sandten an die Nationalversammlung folgende Zuschrift:

„Meine Herren!"

„Unstreitig genügt es Ihnen zu Ihrer Zufriedenheit, aus allen Theilen des großen Reiches, dessen Stellvertreter Sie sind, wiederholte Danksagungen, und unaufhörliche Versicherungen der Anhänglichkeit an Ihre Beschlüsse erhalten zu haben. Dennoch erlauben Sie, daß zwischen so viel Ruhm sich bis zu Ihnen die Stimme eines Volkes erhebe, welches zwar einfach in seinen Sitten ist, aber die Ehre zu haben wünscht, eines der ersten in der glücklichen Brüderschaft zu seyn, welche Sie zwischen allen freien Nationen gestiftet haben. Die hohen Gebirge des alten Rhätiens, welche wir bewohnen, sind wie ein heiliger Tempel, in welchem, begünstigt durch eine reine Demokratie, seit vielen Jahrhunderten der heilige Keim der Freiheit sich erhalten hat. Wir genossen die Früchte desselben allein, und es war der sinnreichsten Nation des Erdbodens aufbehalten, zum Besten der Welt, derselben zu Hülfe zu kommen. Das haben Sie jetzt gethan, meine Herren, durch die Rechte welche sie bekannt gemacht, durch die Grundsätze auf welche sie ihre Konstitution gegründet haben. Durch dieselbe haben die Menschen den

Zweck kennen gelernt, zu dem sie gebohren sind, die
Bedingungen unter denen sie die Erde bewohnen sollen, und den Vertrag welcher sie in Gesellschaft vereinigen muß. Ihre Beschlüsse, und Ihre kraftvol-
len Ausdrücke über die Freiheit haben das Gefühl
derselben in allen Herzen, die sie schon trugen, aufs
Neue angefacht, und durch dieselben ist sie sogar in
solchen Herzen entstanden, denen sie vorher unbekannt
gewesen war. Aber indem sie jetzt die Huldigungen
für so viele Wohlthaten erhalten, welche die Wieder-
gebährung Ihres Reiches dem menschlichen Geschlechte bringen wird, ist es nothwendig, meine Herren,
daß Ihnen nicht unbekannt bleibe, daß die Gebrechen
Ihrer vormaligen Regierungsform ihren traurigen
Einfluß bis in solche Staaten erstreckt haben, deren
Lage sie von derselben unabhängig zu machen schien.
Dieses hat unsere Republik erfahren, und es wird
Ihnen leicht werden, und ehrenvoll für sie seyn, dieselben zu vernichten. Aber hören Sie ein Wort über
unsere Konstitution. Die Republik Graubünden
besteht aus sieben und zwanzig freien Gemeinheiten,
welche in allem, sogar in ihrer Administration und
ihrer Privatpolizei, unabhängig sind, und deren Ober-
häupter und Richter von dem Volke gewählt werden.
Mehrere einzelne Gemeinschaften machen vereinigt
größere Gemeinschaften, welche nach demselben Grundsatze regiert werden. Die Stellvertreter, oder Abgesandten der Gemeinschaften, vereinigen sich unter
dreien Abtheilungen, welche Bünde genannt werden, und nachher in einer einzigen Versammlung,

welche

welche die allgemeine Tagsatzung genannt wird. Diese übt das Recht der Oberherrschaft über die ganze Verbündung aus. Erlauben Sie uns den Stolz, unsere Gemeinschaften mit Ihren Bürgergerichten, unsere größeren Gemeinschaften mit Ihren Unterabtheilungen, unsere drei Bünde mit Ihren Abtheilungen, und unsere Tagsatzung mit Ihrer Nationalversammlung vergleichen zu dürfen. Scharfsinnige Gesetzgeber haben Ihre Konstitution gebildet; einfache Menschen, bloß allein durch die Nothwendigkeit der Unterdrückung zu entgehen geleitet, haben, seit dem Jahre 1400, die unsrige angefangen; und die Uebereinstimmung beider beweist hinlänglich, wie genau Sie die Natur und die Rechte derselben gekannt haben. Einen einzigen Unterschied forderte die Größe Ihres Reiches, und Sie haben denselben, glücklicherweise, in der Existenz, und in der bestimmten Thronfolge eines obersten und unabsetzlichen Oberhauptes gefunden, welcher selbst großmüthig zu Ihrem erhabenen Werke mit beigetragen hat. Aber von so vielen Mißbräuchen, welche Sie vernichtet haben, könnten leicht noch einige Spuren in unserem Vaterlande übrig bleiben, und fortfahren in demselben unserer Freiheit schädlich zu werden. Das System der geheimen Subsidien verträgt sich nicht mit Ihren Grundsätzen. Nun sind aber, unter den außerordentlichen Ausgaben, welche die französische Regierung in unsern Staaten macht, einige, welche ihrer Natur und der Art ihrer Vertheilung nach, unsere Regierungsform zu Grunde richten, ohne Frankreich

nützlich

nützlich zu seyn; und dieses ist ein Uebel das Sie kennen mußten. Ein andres hat eben diese Wirkung. Die Neigung des Graubündtischen Volkes zu dem Soldatenstande, seine Anhänglichkeit an Frankreich, und die uneingeschränkte Freiheit, welche unsere Konstitution ihm gewährt sich diesen beiden Neigungen zu überlassen, erlauben uns eine gewisse Anzahl Truppen in Ihrem Solde zu haben. Aber, außer den Graubündtischen Kompagnien, die sich unter den Schweizerregimentern befinden, hat ein ganzes Regiment die Ehre den Namen unserer Nation zu tragen; und dennoch vergiebt in demselben der Chef alle Aemter, alle Kompagnien, alle Stellen der Staabsofficiere, zufolge einer Einrichtung, an welcher unsere Republik keinen Theil hat. Wenn Sie bedenken, daß dieser Chef jederzeit einer unserer Mitbürger ist, so werden Sie leicht einsehen, welchen gefährlichen Einfluß in unsere innere Angelegenheiten demselben solche Mittel geben müssen; indem dieses zu gleicher Zeit eine Einrichtung ist, welche die wahren militairischen Grundsätze von Grund aus zerstöhren muß. Wir hoffen daher, meine Herren, daß die neue Art von Fortrückung, welche Sie einzuführen vorhaben, sich, vermöge eines Ihrer Beschlüsse, auch auf unsere Truppen erstrecken werde, und daß durch dieselbe zugleich die berühmten Zeiten der französischen Armee und die Zeiten unserer vormaligen Milizen wiederum werden eingeführt werden. Nichts ist einer solchen Anordnung entgegen. Unsere Republik hat mit Frankreich keine Kapitulation, und

unsere

unsere Truppen sind in Ihren Armeen bloß allein vermöge eines gegenseitigen Zutrauens vorhanden. Dieses sind, nach unsern Huldigungen, diejenigen Gegenstände, welche wir die Nationalversammlung in Ueberlegung zu nehmen, und der ausübenden Gewalt zu empfehlen bitten. Wir setzen noch unsere aufrichtigen Wünsche für den Wohlstand der französischen Monarchie hinzu, mit welcher die Grundsätze, nach denen dieselbe jetzt regiert wird, uns nur noch enger verbunden haben, und diese Grundsätze werden auf uns jederzeit kräftiger wirken als die ganze Kunst der Diplomatik. Denn ein freies Volk kann nur allein dort wahre Freunde zu finden hoffen, wo der gesellschaftliche Vertrag auf jenem heiligen Grundsatze ruht: Die Stimme des Volkes ist die Quelle des Gesetzes. Wir wünschen uns Glück, daß sich uns diese Gelegenheit dargeboten hat, um Sie von der tiefen Verehrung zu versichern, mit welcher wir die Ehre haben zu seyn u. s. w.

„Die Mitglieder von Graubündten, drei und funfzig an der Zahl."

Die zu Smyrna, in der Levante, ansässigen Franzosen sandten der Nationalversammlung ein patriotisches Geschenk von 31,500 Livres, mit einem Briefe, in welchem sie ihre Anhänglichkeit an die neue Konstitution bezeugten.

Am achten April wurde in der Versammlung ein Brief des Fürstbischofs von Bamberg und Würzburg an den Präsidenten vorgelesen, in welchem derselbe eine Summe von 1,500,000 Livres,

für,

für, im siebenjährigen Kriege gelieferte, Fouragen verlangte.

Die Ruhe, welche seit einiger Zeit in Paris hergestellt schien, wurde jetzt aufs Neue durch das Gerücht einer Verschwörung gegen die Freiheit und des vorhandenen, und zum Theil schon ausgeführten Plans einer Gegenrevolution gestöhrt. Diesmahl war es Hr. von Maillebois, welcher, von seinem eigenen Sekretair, bei dem Untersuchungsausschusse, als Urheber des Plans heimlich angegeben wurde, und kaum blieb ihm noch Zeit genug übrig, um durch die Flucht einem schmählichen Tode zu entgehen.

Der Sekretair des Grafen von Maillebois, Hr. Massot Grandmaison, sagte, am vier und zwanzigsten März, vor dem Untersuchungsausschusse, Folgendes aus: „In der Mitte des verwichenen Februars kam der Chevalier de Bonne Savardin, Kapitain in Holländischen Diensten, unter der Legion Maillebois, zu mir, und übergab mir einen, von dem Hrn. von Maillebois eigenhändig geschriebenen Aufsatz, mit der Bitte, denselben für ihn abzuschreiben, weil er mit einer sehr unleserlichen Hand geschrieben wäre. Ich versprach dem Chevalier diese Bitte zu erfüllen; aber nach dem Durchlesen dieses Aufsatzes bin ich über den Inhalt desselben erschrocken. Indessen habe ich ihn dem Hrn. de Bonne übergeben, unter der Bedingung, daß dieser denselben, in seiner Gegenwart abschreiben lassen, und mir meine eigene Handschrift zurückgeben sollte.

Dieses

Dieses geschah, und nachher warf ich meine Abschrift in das Feuer, und gab Hrn. Bonne das Original zurück. Am zwei und zwanzigsten Februar verreiste Hr. de Bonne nach Turin, und ich, dem das Andenken dessen, was ich gelesen hatte, beständig gegenwärtig blieb, schrieb nur die Hauptideen des Plans auf, und faßte sogleich den Entschluß, die Dienste des Hrn. Maillebois zu verlassen, um nicht in eine so wichtige Sache mit verwickelt zu werden. Dem zufolge schrieb ich meiner Mutter: sie möchte mich, unter irgend einem Vorwande, zu sich rufen. Dieses that ich, damit Hr. von Maillebois nicht auf den Verdacht kommen möchte, daß ich von seinem Vorhaben unterrichtet sey. Hr. von Maillebois sagte mir, bald nachher, es würden Briefe von Hrn. Bonne Savardin, unter folgender Adresse ankommen: A Monsieur de Grandmaison Nr. 91. Rue Grenelle-Saint-Germain, und da die Hand des Hrn. de Bonne Savardin mir bekannt war, so bat er mich, ich möchte diese Briefe uneröffnet ihm zustellen, welche ich, noch außerdem, daran kennen könnte, daß dieselben mit zwei Sternchen bezeichnet seyn würden. Ich erhielt zwei solche Briefe und übergab dieselben dem Hrn. von Maillebois. Meine Furcht wegen dieser Korrespondenz war sehr groß, und nahm noch mehr zu, als ich durch einen Zufall entdeckte, daß diese Briefe des Hrn. de Bonne gleichsam an mich geschrieben waren, und daß er mich in denselben: mein lieber Grandmaison nannte. Sonnabends, am zwanzigsten März, verließ ich heimlich das

das Schloß Thury, wo Hr. von Maillebois wohnte, und am Podagra krank lag. Ich übersandte den Schlüssel meines Zimmers dem Kammerdiener des Hrn. von Maillebois, mit der Bitte, daß er mein Portefeuille zu sich nehmen und verwahren möge. Als ich zu Paris ankam, nahm ich mir vor, Hrn. von Maillebois hier zu erwarten, und ihm zu sagen, ich würde ihn verlassen, da mir sein Projekt bekannt sey, und ich würde ihn angeben, wenn er von demselben nicht abstehe. Als ich aber gestern die Madame de Maillebois besuchte, erfuhr ich von ihr: am verwichenen Sonntage habe Hr. von Maillebois, als er bemerkte, daß ich nicht wieder zurück kam, und erfuhr, daß ich befohlen hätte mein Portefeuille in Verwahrung zu nehmen, Verdacht geschöpft; daher habe er sich mein Portefeuille geben lassen, dasselbe aufgebrochen, und sey nachher, am Montag frühe, verreist, ohne zu sagen wohin er gehe. Ich weiß, daß der Sardinische Gesandte von dem ganzen Plane unterrichtet und mit Hrn. von Maillebois einverstanden ist. Ich thue diese Anzeige aus bloßem Patriotismus und verlange keine Belohnung. Das Projekt, welches ich für Hrn. de Bonne abgeschrieben habe, ist folgendes:

„Ein geübter Officier (Hr. von Maillebois) bie-
„tet dem Hrn. Grafen von Artois seine Dienste an,
„um ihn, auf eine Seiner würdige Weise wiederum
„nach Frankreich zurück zu bringen. Dieser Officier,
„welcher die Sache für sehr möglich hält, schlägt vor,
„den König von Sardinien dahin zu bewegen, daß
„er

„er fünf und zwanzig tausend Mann Truppen leihen, „und sechs Millionen Livres vorschießen möge. Fer„ner, daß Spanien an dem Projekte Theil nehme, „entweder dadurch daß es Truppen liefere, oder aber „acht Millionen Livres vorschieße. Bei dem Kaiser „anzufragen, ob nicht vielleicht auch Er geneigt sey, „diesen Plan, auf die eine oder auf die andere Weise „zu unterstützen. Es scheint beinahe gewiß, daß der „Herzog von Zweibrücken, der Marggraf von Ba„den und der Landgraf von Hessen Darmstadt aus „allen Kräften dieses Projekt unterstützen werden, „weil sie entschlossen sind ihre Rechte im Elsaß gelten „zu machen. Wenn diese Verbündung geschehen ist, „dann wird es nöthig seyn in dem Kabinet des Prin„zen ein Manifest zu verfertigen, welches von den „Herren Mounier und Lally Tolendal aufgesetzt, und „auf die Erklärung des drei und zwanzigsten Junius „gegründet seyn muß. Dieses Manifest müßte, nach„dem dasselbe von dem Officiere durchgesehen wäre, „vor dem Anfange des Krieges bekannt gemacht wer„den. Man würde den Anfang damit machen, daß „man gegen Lyon anrückte, wo man nur wenige „Schwierigkeiten zu finden hofft, vermöge der Vor„rechte, welche dieser Stadt, für ihren Handel, so„gleich würden bewilligt werden. Eine andere Di„vision müßte durch Flandern einrücken; und die „dritte Division durch Lothringen. Es ist voraus „zu sehen, daß diese drei Divisionen der Armee sich „auf ihrem Marsche, durch die Menge der Antipa„triotischgesinnten sehr vergrößern müßten. Man
„würde,

„würde, durch die Manövers verschlagener Leute, „und durch Geldaustheilungen, die Truppen gewin- „nen, welche auf den Grenzen stehen. Die drei „Divisionen der Armee würden bis Corbeil, Sen- „lis und Meaux vorrücken, auf ihrem Marsche „und in der Nähe desselben alle Bürger entwaffnen, „dieselben dem Könige den Eid schwören lassen, und „sie zwingen ihre Abgesandten bei der Nationalver- „sammlung zurück zu berufen, vorausgesetzt, daß die „Reichsstände alsdann ihre Sitzungen noch fortsetzen „sollten. Paris würde blokirt werden; und durch „dieses Mittel hofft man dann die Nation zu Paaren „zu treiben."

„Gestern erhielt ich einen an mich adressirten, und für Hrn. von Maillebois bestimmten Brief des Hrn. Bonne. Ich eröffnete denselben, und fand, daß er von Novalese datirt ist; aber keine wichtige Nachrichten enthält. Ich überliefere denselben hier- mit."

Bald nachher erschien auch Hr. Lenoir Du- clos, der Kammerdiener des Hrn. von Maillebois, vor dem Untersuchungsausschusse, und sagte:

„Vor ungefähr drei Wochen hörte ich von Hrn. Massot Grandmaison, dem Sekretair des Hrn. von Maillebois, bei welchem ich Kammerdiener war, daß Hr. von Maillebois an einer Gegenrevolution arbeite, und wir versprachen uns gegenseitig, daß wir seinen Dienst verlassen wollten. Nachdem Hr. Massot sich aus dem Schlosse Thury entfernt hatte, übersandte er mir den Schlüssel seines Zimmers, und bat mich

sein

sein Portefeuille in Verwahrung zu nehmen. Ich
gieng in sein Zimmer, nahm das Portefeuille und
wollte es auf mein Zimmer tragen, als ich Hrn. von
Maillebois antraf, welcher mir dasselbe abforderte.
Ich gab es ihm, und sogleich schloß er sich mit Ma
dame de Cassini auf sein Zimmer ein. Am Mon
tag früh, als ich, meiner Gewohnheit gemäß, zwi
schen acht und neun Uhr des Morgens, zu Hrn. von
Maillebois in das Zimmer trat, um ihm seine Cho
kolade zu bringen, fand ich ihn in großer Unruhe.
Ungefähr eine Viertelstunde nachher befahl er mir,
seinen Reisewagen fertig zu halten, und ihn anzuzie
hen. Als er sich niedergesetzt hatte, um sich rasieren
zu lassen, sprang er hastig wiederum auf, sagte nichts,
und gieng nach dem Zimmer der Madame de Cassini.
Bald nachher kam er zurück und schien jetzt noch viel
unruhiger als vorher zu seyn. Während des Rasie
rens stieg ihm die Hitze in das Gesicht. Nachdem
er fertig war, stand er auf, stützte sich auf das Ka
min, und sagte zu mir: „Massot hat mich schrecklich
hintergangen." Dann zog er sich an, stieg in seinen
Wagen, wiederholte noch einmal dieselben Worte,
und befahl mir, nach Paris zu reisen, und der Ma
dame de Maillebois zu sagen, daß Massot ihn betro
gen haben, und daß er deswegen verreist sey."

Sobald diese Anklagen bei dem geheimen Unter
suchungsausschuße geschehen waren, gab sich derselbe
Mühe, den andern Mitschuldigen, Hrn. de Bonne
Savardin, auf seiner Reise irgendwo auffangen zu
lassen, und denselben in seine Gewalt zu bekommen.

Sie sandten zu dem Ende eine Beschreibung seines Aussehens an die meisten Städte des Königreiches.

Der Plan einer solchen Gegenrevolution war wohl der ungereimteste Plan dieser Art, der nur hätte ausgedacht werden können. Die deutschen Fürsten sollten das Elsaß einnehmen; der König von Sardinien sollte, mit 25,000 Mann und mit vierzehn Millionen Livres, Frankreich erobern; Legionen von unzufriedenen Frankreichern sollten die, aus sechs bis siebenmal hundert tausend Mann bestehende Bürgermiliz, niedermetzeln; Lyon sollte eingenommen, die Weiber und die Kinder der Widerspenstigen ermordet, und endlich Paris blokirt, ausgehungert, geplündert, eingenommen und verbrannt werden, damit der Glanz und die Pracht dieser Hauptstadt wiederum hergestellt und die Herzen der Frankreicher mit Liebe für ihre Ueberwinder erfüllt würden. Welch ein ungereimter Plan! Auch verwarf der Graf von Artois denselben geradezu, als er ihm vorgelegt wurde; und das Projekt diente in der That zu weiter nichts, als dem Urheber desselben, dem Hrn. von Maillebois Verfolgungen zuzuziehen, und dem geheimen Untersuchungsausschusse der Stadt Paris auf einige Zeit Beschäftigung zu geben.

Nichts war ein größerer Beweis des schwachen, furchtsamen, unbeständigen, und zur Unzeit hartnäckigen und eigensinnigen Karakters des Hrn. Necker, als sein Betragen um diese Zeit. Bald gab er der Nationalversammlung in Allem, was dieselbe verlangte, nach, bald verweigerte er ihr Alles. Zuweilen
nahm

nahm er sogar zu den kleinsten und unanständigsten Ausflüchten seine Zuflucht. Drei Monathe lang hatte er sich geweigert das rothe Buch herauszugeben, aber endlich gab er dasselbe dennoch; und so verfuhr er auch jetzt, als die Rechnungen der vorigen Administrationen der Finanzen von ihm gefordert wurden. Schon seit dem neunzehnten März hatte der Pensionsausschuß der Nationalversammlung diese Rechnungen von dem Minister verlangt. Dieser zögerte, ohne eine bestimmte Antwort zu geben, bis zum dritten April. An diesem Tage schrieb er endlich an den Ausschuß: „Die Mitglieder desselben möchten am sechsten April, um sechs Uhr des Abends, sich zu Herrn Dufresne de St. Leon verfügen, um daselbst diese Rechnungen zu sehen, welche ihnen vorgelegt werden sollten. Um halb sieben Uhr schrieb Hr. Dufresne an den Ausschuß: „er sehe sich genöthigt auszugehen, zu Hrn. Necker, und er könne demzufolge ihren Besuch nicht annehmen." Die Mitglieder des Ausschusses begaben sich dessen ungeachtet zu ihm, und als sie ihn nicht zu Hause fanden, schrieben sie einen Brief an Hrn. Necker. Der Minister bat sie, in seiner Antwort, daß sie nach seiner eigenen Wohnung kommen möchten. Sie giengen hin, und da gestand Hr. Necker, er habe Hrn. Dufresne befohlen nicht zu Hause zu seyn, damit sie die Rechnungen nicht sehen könnten, denn da sie das rothe Buch hätten drucken lassen, so wolle er ihnen diese Rechnungen nicht eher zeigen, als bis er über diesen Gegenstand mit dem Könige gesprochen, und den Befehl Seiner Majestät erhalten hätte. Die Mitglieder des Ausschusses gaben zur Antwort: "sie fänden es sehr sonderbar, daß Hr. Necker ihnen seine Gesinnungen nicht geradezu und offenherzig bekannt gemacht, sondern zu dem armseligen Mittel seine Zuflucht genommen hätte, seinen Kommis aus dem Hause zu schicken." Hr. Necker beklagte sich hierauf, daß der Ausschuß das rothe Buch hätte drucken lassen, ohne hiezu, weder von der Nationalversammlung noch von dem Könige, Befehl erhalten zu haben. Die Mitglieder des Ausschusses antworteten: "Was die Nationalversammlung betreffe, so seyen sie Niemand anders als der Versammlung, über die Beweggründe, durch welche sie zu diesem Schritte wären bewogen worden, Rechenschaft schuldig. Und was den König angehe, so seyen sie nicht seine Stellvertreter, und daher wären sie ihm auch, von dem Auftrage, den sie im Namen der Nationalversammlung ausgeführt hätten, keine Rechenschaft schuldig." Die Versammlung beschloß hierauf: daß der Finanzminister gehalten seyn solle, alle Rechnungen, die im Namen der Versammlung von ihm gefordert würden, unverweigert zum Einsehen dem Ausschusse mitzutheilen.

Die Sitzung, welche die Nationalversammlung am dreizehnten April hielt, war eine der stürmendsten und lärmendsten, die seit langer Zeit waren gehalten worden. Partheihaß und Wuth stiegen auf den höchsten Grad, und man erwartete schon den Augenblick, in welchem die Mitglieder der Versammlung unter einander handgemein werden würden. Dom Gerle,

Gerle, ein Kartheusermönch, schlug vor: „Damit „man nicht ferner der Nationalversammlung den un= „gerechten Vorwurf mache, der größte Theil ihrer „Mitglieder, habe keine Religion, und aus dieser Ur= „sache hätte sie sich der Güter der Geistlichen bemäch= „tigt; so möchte die Versammlung beschließen, daß „die Römischkatholische und Apostolische Religion, die „herrschende Religion des Königreiches, und der öf= „fentliche Gottesdienst derselben der einzige gesetz= „mäßige sey." Hierauf las der Abbé Samarie eine lange Rede vor, in welcher er ausführlich bewies, daß die Römischkatholische Religion vor allen andern Religionen den Vorzug verdiene. Dann stand der Baron de Menou auf, und sagte:

„Meine Herren. Mit großem Mißvergnügen sehe ich, die gegenwärtige Frage zur Berathschlagung aufgeworfen. Ich fange damit an, öffentlich mein Glaubensbekenntniß abzulegen. Innig verehre ich die Römischkatholische und Apostolische Religion; ich halte dieselbe für die einzige wahre, und unterwerfe ihr meinen Verstand und mein Herz. Aber meine Ueberzeugung in Rücksicht auf diese Religion, und die Art des Gottesdienstes, den ich dem höchsten Wesen leiste, sind nicht, und können nicht die Folgen eines Beschlusses, oder eines Gesetzes seyn. Nein! gewiß nicht! Meine Meinungen und mein Gewissen gehören mir allein, und ich bin nicht schuldig Jemand anders, als dem Gott, welchen ich anbete, darüber Rechenschaft zu geben. Weder Gesetze, noch Regie= rungsformen, noch Menschen, haben, in Rücksicht

T 3 auf

auf diesen Gegenstand, irgend einige Gewalt über mich. Ich darf Niemand in seinen Religionsmeinungen stören; aber auch mich darf Niemand in denselben stören. Diese Grundsätze sind in Ihrer Bekanntmachung der Rechte feierlich anerkannt worden; denn diese Bekanntmachung sichert allen Menschen bürgerliche, politische und religiöse Freiheit zu. Warum sollte ich denn aus derjenigen Religion, die ich verehre, die herrschende Religion meines Landes machen wollen? Wenn das Gewissen und die Meinungen keinem Gesetze unterworfen seyn können; wenn alle Menschen an Rechten gleich sind: wie darf ich mir dann das Recht anmaßen, meine Gebräuche, meine Meinungen, meine religiösen Zeremonien herrschend machen zu wollen? Könnte nicht ein Anderer zu mir sagen: „Meinen Meinungen gehört der Vor„zug, nicht den Deinigen! Meine Religion muß die „herrschende seyn, denn ich halte sie für besser!" Und wenn wir nun beide gleich hartnäckig darauf bestünden, unsern Meinungen das Uebergewicht geben zu wollen, müßte dann nicht nothwendig daraus ein Streit entstehen, welcher sich nur mit dem Tode des Einen von uns, vielleicht mit dem Tode Beider, endigen würde? Und was unter zwei einzelnen Personen einen bloßen Streit veranlaßt, das verursacht unter dem Volke einen blutigen Krieg. Enthält denn nicht das Wort herrschend die Idee einer Uebergewalt, die den Grundsätzen derjenigen Gleichheit entgegen ist, welche die Grundlage unserer Konstitution ausmacht? Unstreitig ist in Frankreich die katho-

katholische Religion, Religion des größten Theils der Nation. Aber gesetzt, es gäbe auch nur einen einzigen Menschen, der eine andere Religion hätte: so hat er eben das Recht nach derselben zu leben, vorausgesetzt, daß er weder der Religion des größten Theils, noch der öffentlichen Ruhe, schädlich werde. Von allem übrigen ist er nur Gott allein Rechenschaft schuldig. In jedem Staate, in welchem die wahren Grundsätze der Moral und der Vernunft befolgt werden, kann es demzufolge keine herrschende Religion geben. Man öffne die Jahrbücher der Geschichte, und vorzüglich der Geschichte Frankreichs. Wie viel Unglück haben nicht die Religionskriege über dieses schöne Reich gebracht! O, welche Greuelthaten haben nicht die Regierungen mehrerer unserer Könige, von Franz dem Ersten bis auf Ludwig den Vierzehnten, befleckt! Ich bin weit entfernt dieselben der katholischen Religion allein zuschreiben zu wollen. Diese Greuel sind das unausbleibliche Resultat von Religionsstreitigkeiten aller Art. Aber lassen Sie uns die Augen von diesen greulichen Denkmalen des Religionsfanatismus abwenden, und diesen entehrenden Theil unserer Geschichte mit einem Schleier bedecken. Ihr Priester eines Gottes des Friedens, der sein Reich nur durch Sanftmuth und durch Ueberredung gründen will, der Euch so große Beispiele von Toleranz und von Liebe gegeben hat, solltet Ihr die Fackel der Zwietracht anzünden wollen, anzünden können? Solltet Ihr verlangen, daß die Nationalversammlung das Werkzeug des Unglücks, und vielleicht

der

der Zerstöhrung des Volkes werde! Ach nein! Ein übelverstandener Eifer hat Euch auf einen Augenblick irre geführt. Sobald Ihr zu Euch selbst kommt, sobald Ihr Euch Eures heiligen Dienstes erinnert: sobald werdet Ihr Euch auch bemühen, durch Eure Beispiele und durch Eure Tugenden die Religion auszubreiten, welche Ihr lehrt. Ihr werdet derselben nicht durch ein Gesetz Vorzüge geben wollen. Hat nicht Gott, ja Gott selbst, gesagt, daß, ungeachtet aller Bemühungen der Menschen, seine heilige Religion sich ausbreiten, zunehmen, und endlich sich über die ganze Welt verbreiten würde? Hat er nicht gesagt: die Pforten der Hölle würden dieselbe nicht überwältigen? Und Ihr solltet nun, durch einen Beschluß, diese erhabenen Worte des Schöpfers der Welt bestätigen wollen? Wenn Ihr, wie ich nicht zweifle, von der Wahrheit dieser Religion, deren Priester Ihr seyd, überzeugt seyd, wie könnt Ihr denn fürchten, daß dieselbe untergehen werde? Könnt Ihr glauben, daß der Wille und die Gesetze der Vorsehung den Beistand unserer Beschlüsse vonnöthen haben? Hieße dieses nicht im Gegentheil die Hochachtung verletzen, welche wir derselben schuldig sind? Hieße dieses nicht eben soviel, als uns Gott gleich machen wollen? Und ist nicht die Religion von allen Bemühungen des menschlichen Verstandes unabhängig? Und haben wir nicht schon, in Allem was von unserer Macht abhängt, alles gethan, und thun wir nicht noch täglich Alles, was von uns abhängt, zur Aufrechthaltung des Gottesdienstes der katholischen

Re=

Religion? Beschäftigen wir uns nicht damit, die Anzahl der zum Dienste des Altars nöthigen Priester zu bestimmen? Arbeiten wir nicht, um die Ausgabe, welche die Unterhaltung der Kirchen, und die ganze geistliche Hierarchie erfordert, festzusetzen? Wollte man, um die Nationalversammlung in einen übeln Ruf zu bringen, das Volk überreden, daß wir uns mit der Religion gar nicht hätten beschäftigen wollen? Ferne von mir sey dieser Gedanke! Alles was ohne Unbequemlichkeit zu thun möglich ist, das wollen wir thun: aber warum sollen wir, durch unnütze, ich sage sogar, durch der Majestät der Religion schädliche Beschlüsse, dem Volke die Waffen in die Hand geben; Intriguen, Haß, Rachsucht, und Laster aller Art, welche sich in den Mantel des Fanatismus einhüllen, begünstigen? Können wir voraus sagen, wann und wo das Morden und das Zerstören sich endigen werden? Nein! solche Gedanken sind nicht in dem Verstande irgend eines Mitgliedes dieser Versammlung aufgestiegen. Aber, wenn es möglich wäre, daß sie in demselben aufsteigen könnten; wenn die Nationalversammlung den Beschluß faßte, den man vorgeschlagen hat, und dem ich mich zu unterwerfen genöthigt seyn würde, weil die Mehrheit der Stimmen das Gesetz giebt: so fürchte ich mich nicht zu sagen, daß ich, als Stellvertreter der ganzen Nation, diejenigen, welche für den Beschluß gestimmt haben werden, verantwortlich für alles das Unglück mache, das ich voraussehe, und für alles das Blut, welches fließen wird. Demzufolge verlange ich, daß die Versammlung, aus Hochachtung für das höchste Wesen und für die Römischkatholische Religion, über diesen Gegenstand gar nicht beschließen solle."

Dom Gerle. Ich nehme meinen Vorschlag zurück, und stimme dem Herrn de Menou bei.

(Ein großer Theil der Mitglieder ruft: „Stimmt! Stimmt! Stimmt!" Großer Lärm und Geschrei. Hr. de Cazales, Despremenil und andere verlangen zu sprechen. Der Präsident verweigert ihnen das Wort. Sie sprechen dennoch. Der Lärm wird heftig und dauert lange fort.)

Hr. de Cazales. Der größere Theil der Versammlung tyrannisirt den kleineren. Die Stimmen sind nicht mehr frei!

Hr. de la Rochefoucauld. Ich schlage vor, daß die Versammlung folgenden Beschluß fassen solle: „Die Nationalversammlung sieht ein, daß sie über „das Gewissen und über Religionsmeinungen keine „Gewalt auszuüben hat, noch haben kann; daß die „Majestät der Religion, und die tiefe Verehrung, „die ihr gebührt, nicht erlauben, daß sie der Gegen„stand einer Berathschlagung werde. Da ferner die „Anhänglichkeit der Nationalversammlung an die Rö„mischkatholische und Apostolische Religion keinem „Zweifel unterworfen seyn kann, besonders in einem „Zeitpunkte, in welchem dieser Gottesdienst von ihr „unter den öffentlichen Ausgaben an die erste Stelle „gesetzt worden ist, und in welchem, durch ein ein„stimmiges Gefühl von Hochachtung, sie ihre Gesin„nungen

„nungen auf die einzige Weise ausgedrückt hat, wel-
„che der Würde der Religion und dem Charakter der
„Nationalversammlung angemessen ist: so beschließt
„dieselbe, daß sie über den gethanen Vorschlag sich
„weder berathschlagen kann noch darf, und daß sie die
„Ordnung des Tages vornehmen wird, welche von
„den geistlichen Zehenten handelt."

 (Lärm und Tumult. Sehr viele Mitglieder
 stimmen diesem neuen Vorschlage bei. Hr.
 de Virieu, Abbé Maury, Hr. Madier, und
 andere, verlangen das Wort, um gegen denselben zu sprechen.)

 Hr. de Montlausier. Man sieht wohl,
daß hier ein Komplott vorhanden ist; denn der Versammlungssaal ist rund herum mit Truppen umgeben.

 Hr. de Foucaud (steigt auf den Rednerstuhl
und fängt an zu sprechen.)

 Hr. de Biauzat. Hr. Präsident, warum
lassen Sie Hrn. de Foucaud sprechen? er hat ja das
Wort nicht.

 Präsident. Sie haben das Wort nicht!
Stillschweigen!

 Hr. de Biauzat. Herr Präsident, ich habe
das Wort nicht; aber ich nehme es, um Sie an Ihre
Pflicht zu erinnern. (Hr. de Foucaud steigt vom
Rednerstuhl herab, und hört auf zu sprechen.)

 Abbé Maury (indem er sich zu seiner Parthei auf der rechten Seite wendet.) Meine Herren, Sie können sich nach Hause begeben. (Allgemeines

meines Geschrei, und Murmeln des Unwillens bei diesen Worten.)

Hr. de Cazales. Ich nehme das Publikum zu Zeugen, daß die Versammlung nicht frei ist.

(Großer Lärm und Tumult auf der rechten Seite der Versammlung.)

Präsident. Es soll jetzt über den Vorschlag des Hrn. de la Rochefoucauld gestimmt werden. Wer Verbesserungen in demselben anzubringen hat, der spreche.

Hr. Despremenil. Die Ausdrücke des Vorschlages des Hrn. de la Rochefoucauld sind geschraubt. Als die Juden Christum am Kreuze sahen, riefen sie ihm zu: „wir grüßen dich, du König der Juden!"

Graf Mirabeau. Hr. Präsident, rufen Sie Hrn. Despremenil zur Ordnung.

Hr. de Clermont Lodeve. Hr. Präsident, verschaffen Sie Stillschweigen. Hr. von Mirabeau muß zur Ordnung gerufen werden. Und wenn es Ihnen nicht gelingt, ihn dahin zurückzubringen, so will ich ihn lehren die Redner nicht zu unterbrechen.

Der Präsident (liest die Ordnung vor, und sagt alsdann zu Hrn. de Lodeve) Mein Herr, ich rufe Sie zur Ordnung.

Hr. de Lodeve. Wenn ich jetzt Zeit hätte mich mit mir selbst zu beschäftigen, so würde ich beweisen, daß ich nicht hätte zur Ordnung gerufen werden sollen. Aber in dem gegenwärtigen Zeitpunkte

punkte rechne ich mir es zur Ehre, zur Ordnung gerufen worden zu seyn.

Hr. De ſtourmel. Zufolge der Traktaten, zwiſchen einem von unſern Königen und dem Franzöſiſchen Flandern, wurde feſtgeſetzt, daß der König nicht zugeben ſollte, daß die Proteſtanten, weder heimlich noch öffentlich, ihren Gottesdienſt feierten, und daß keine Gewiſſensfreiheit ſeyn ſolle. Nun verlange ich, daß dieſer Traktat gehalten werde.

Graf Mirabeau. Wir ſind nicht mehr in den Zeiten der Bartholomäusnächte! Hier, hier ſehe ich das Fenſter, an welchem der fanatiſche König Karl der Neunte ſtand, und auf ſeine Unterthanen ſchoß!

Abbé Maury. Man ſtellt ſich, als hätte man Hochachtung und Verehrung gegen die Religion, und dennoch will man ihr die größte aller Huldigungen verſagen! Die Verſammlung hat nicht einmal das Recht über den dogmatiſchen Theil der Religion etwas zu beſchließen!

Hr. de Foucaud. Ich ſage, die Stimmen in der Verſammlung ſeyen nicht frei! Zu Ihnen ſpreche ich, Hr. Maire von Paris, und ich verlange von Ihnen, daß Sie der großen Anzahl von Menſchen, welche jetzt unſern Verſammlungsſaal umgeben, befehlen ſollen, daß ſie ſich wegbegeben. Zu Ihnen ſpreche ich, Herr Kommandant, und ich verlange von Ihnen, daß Sie den bewafneten Truppen, die unſern Saal umgeben, befehlen ſollen, daß ſie ſich entfernen.

Hr.

Hr. de la Fayette. Da einige Personen dem Hrn. Maire von Paris gesagt haben, daß Unruhen zu befürchten seyen, so hat er geglaubt mir befehlen zu müssen, daß ich die Bürgerwache, mit welcher die Nationalversammlung sich zu umgeben gewürdigt hat, vermehren möchte, ob er gleich eben so wenig als ich glaubte, daß diese Furcht gegründet sey. Erlauben Sie mir, meine Herren, mich dieser Gelegenheit zu bedienen, um der Versammlung, im Namen der Bürgermiliz, zu wiederholen, daß keiner unter uns ist, der nicht den letzten Tropfen seines Blutes dahin geben würde, um die Ausführung Ihrer Beschlüsse, sowohl als die Freiheit Ihrer Berathschlagungen zu unterstützen, und die Unverletzbarkeit eines jeden Ihrer Mitglieder sicher zu stellen.

Endlich nahm die Versammlung den Vorschlag des Herrn de la Rochefoucauld, wörtlich, so wie er denselben vorgetragen hatte, an; und so war denn auch diese stürmische Sitzung geendigt, und dem Fanatismus wurde abermals ein tödtlicher Streich versetzt.

Am folgenden Tage war die Sitzung nicht weniger stürmisch. Die Versammlung berathschlagte sich über die Zehenten der Geistlichen, und über die beste Methode die Güter der Geistlichen für die Nation in Besitz zu nehmen. Hr. Royer, ein Priester von Chavannes, fieng die Berathschlagung an. Er hielt eine schöne Rede, in welcher er, aus der Kirchengeschichte, den Ursprung der geistlichen Güter zeigte, und bewies, daß die Priester gar kein Recht

Recht haben könnten, sich der Besitznehmung dieser Güter zu widersetzen.

„Es giebt, sagte er, zwei Mächte, durch welche die Welt vorzüglich regiert wird: die Macht der Priester und die Macht der Könige. Glauben, Moral und innere Disciplin; dies ist das Gebiet der Kirche. Zeitliche Glückseligkeit, Beobachtung der Gesetze, Erhaltung und Unterstützung des politischen Körpers; dies ist das Gebiet der weltlichen Macht. Die Kirche muß, durch ihre Lehren, und noch mehr durch ihr Beispiel, den Staat und die Gesetze zu lieben lehren, allen Unterthanen ein Interesse an der Wohlfahrt desselben einflößen, das Glück der Ruhe, und das Verdienst der Unterwürfigkeit kennen lehren, und das Ebenbild der Gottheit in der Person derjenigen zeigen, auf welchen die ganze Macht derselben ruht. Der Staat muß die religiösen Einrichtungen beschützen, dieselben in dem Genusse ihrer natürlichen Rechte erhalten, und über die Ausübung ihrer Gesetze wachen. Die Kirche, welche weiter nichts als eine religiöse Gesellschaft ist, hat weder eine weltliche Gerichtsbarkeit, noch eine zwingende Gewalt außer ihr; und der Staat hat, seiner Natur nach, weder Einfluß auf die Meinungen, noch Gewalt über die Gewissen. Die Macht der Kirche ist bloß allein geistlich; und den Fürsten kommt es zu, in soferne sie die obersten Magistratspersonen sind, über die äußere Polizei der Kirche zu wachen, die Lehren der Disciplin anzunehmen oder zu verwerfen, je nachdem ihnen dieselben mit den, in ihrem Staate angenommenen

Grund-

Grundsätzen, und mit dem Wohl ihrer Unterthanen, übereinstimmend oder nicht übereinstimmend scheinen. Warum schränken sich denn nicht die Priester in die geheiligten Pflichten ihres Amtes ein! Allein damit müssen sie sich beschäftigen, den Glauben vor dem Gifte der Neuheit zu bewahren, von der Heerde die reißenden Wölfe zu entfernen, und durch weise Anordnungen die Kirchendisciplin aufrecht zu erhalten. Aber auch von seiner Seite muß der politische Magistrat sich mit dem Titel und den Pflichten eines Beschützers begnügen. Er darf nicht die Hand an das Rauchfaß legen, und sich nicht das Recht anmaßen, über die Lehre zu entscheiden, und die Grundsätze vorzuschreiben, welche die Priester, in der Austheilung der geistlichen Güter, leiten sollen. Auf diese Weise wird Alles in Ordnung seyn. Beide Gesellschaften werden sich gegenseitige Hülfe leisten, und gegenseitig wird die Eine zu dem Glanze der Anderen beitragen. Aber sobald diese geheiligten Gränzen, durch eine von den beiden Mächten, überschritten werden, entstehen Unruhen, Argwohn, und Streitigkeiten; und dasjenige, was dazu bestimmt war die Welt glücklich zu machen, wird die Quelle unendlicher Uebel. Zu viele traurige Beispiele haben, in dem Laufe der Jahrhunderte, diese Bemerkungen bestätigt."

Am zwei und zwanzigsten April erschien der berühmte Korsikanische General Paoli vor den Schranken der Versammlung, und mit ihm die Korsikanischen Abge

Abgesandten, die Herren **Panathieri** und **Casabianca**. Hr. Casabianca sagte:

"Gnädige Herren. Das freie Korsika sendet uns zu Ihnen, um Ihnen zu danken, daß Sie es befreit haben. Der Despotismus hatte uns zu Boden gedrückt, aber, wir dürfen es sagen, er hatte uns nicht unterjocht. Ihre Gerechtigkeit allein hat uns erobert, und vor Ihrer Großmuth legen wir die Waffen nieder. Wir haßten die Frankreicher, so lange sie unsere Herren waren; jetzt lieben wir sie, als Brüder und Befreier. Vier hundert Jahre lang haben wir für die Freiheit gestritten; Ströme von Blut haben wir für dieselbe vergossen, und dennoch haben wir sie nicht erhalten können. Sie haben uns dieselbe in Einem Tage geschenkt: schließen Sie nun selbst, ob wir aufrührisch oder undankbar seyn könnten. Ganz Europa bewundert Ihre Arbeiten, ganz Frankreich dankt Ihnen für Ihre Gesetze; aber keine Abtheilung Frankreichs bewundert dieselben mehr, fühlt besser den Werth derselben, als Korsika. Es giebt nicht Einen Ihrer Beschlüsse, welcher nicht dem Volke ein Recht wiedergegeben, eine Einschränkung vernichtet, eine Wohlthat erzeigt hätte: urtheilen Sie nun selbst, ob die Urtheile verschieden seyn können! Wenn wir unseren vorigen Zustand mit dem jetzigen vergleichen, und betrachten was wir künftig seyn werden, so nimmt unsere Dankbarkeit noch zu, und unsere Anhänglichkeit wird noch fester. Wir waren eine schwache Nation, ein eingeschränkter Staat. Seit dem wir Frankreicher wurden, sind wir eine mächtige Nation

Nation geworden. Wir haben die Stärke eines großen Reiches, und genießen aller Vortheile desselben. Es schützt unsere Ruhe, und wir sind für dasselbe ein Hafen der Vertheidigung und des Handels. Die feste Grundlage jeder Verbindung, das gegenseitige Interesse beveftigt die unsrige. Ja! gnädige Herren, seyn Sie versichert, Frankreich hat kein Volk, das ihm mehr ergeben, die Nationalversammlung keine Anhänger, welche eifriger, und die Konstitution und der König keine Unterthanen, welche getreuer wären, als die Korsen. Dieses Gemählde unserer Pflichten ruft uns ein anderes in das Gedächtniß zurück, welches uns um soviel theurer ist, da Sie selbst es gebilligt haben, und da es sich an die Gesinnungen anschließt, die wir Ihnen anbieten. Meine Landsleute haben, indem sie von Ihnen mit Dankbarkeit sprechen, nothwendig unter denen, die für die Vertheidigung ihrer Freiheit gefochten haben, sich des Mannes erinnern müssen, der ihnen die Reize derselben so lebhaft gemahlt hat; und durch ein Gefühl von Gerechtigkeit haben sie gewollt, daß derjenige, welcher in ihrem Unglücke an ihrer Spitze war, auch an dem Tage ihres Triumphs und ihres Glückes an ihrer Spitze seyn sollte. Nun diese Pflicht erfüllt ist, verlangen sie ihn inständigst zurück; um das Beispiel seiner Tugenden vor Augen zu haben, um sich seine Kenntnisse, bei der Beobachtung der Gesetze, welche Sie geben, zu Nutze zu machen, und um ihnen behülflich zu seyn, das Uebel einer Regierungsform, welche alles verheert hat, wiederum gut zu machen.

machen. Wir kommen jetzt von dem äußersten Ende Frankreichs; wir sind das Land beinahe in seiner ganzen Länge durchgereist; überall haben wir nichts als Freude und Wohlstand gesehen; überall haben wir gehört, daß man diese Wohlthaten der National-versammlung zuschrieb. Ueberall haben wir Ihre Weisheit segnen, ihren Muth loben gehört, und wenn wir jetzt die Huldigungen unserer Dankbarkeit und unserer Verehrung Ihnen darbringen: so sind es nicht bloß Korsikas Huldigungen, sondern die Huldigungen des ganzen Frankreichs, nunmehr unsers gemeinschaftlichen Vaterlandes."

Hr. Paoli sagte hierauf: "Meine Herren. Dieser Tag ist der schönste und der glücklichste meines Lebens. Ich habe dasselbe damit zugebracht Freiheit zu suchen, und hier sehe ich ihr edelstes Schauspiel. Unterjocht habe ich mein Vaterland verlassen; frei finde ich es wieder. Nun bleibt mir nichts mehr zu wünschen übrig. Ich weiß nicht, was für eine Veränderung die zwanzigjährige Knechtschaft auf meine Landsleute hervorgebracht haben mag. Sie muß wohl traurig seyn, denn Unterdrückung verdirbt den Karatter. Aber Sie haben den Korsen ihre Ketten zerbrochen, und dadurch haben Sie ihnen ihre vorige Tugend wiedergegeben. Da ich jetzt wiederum in mein Vaterland zurückkehren darf, so wird es Ihnen leicht werden, sich meine Empfindungen hiebei zu denken. Sie sind großmüthig gegen mich gewesen, und ich, ich war niemals ein Sklave. Meine vorige Aufführung, welche Sie zu billigen gewürdigt haben,

ist

ist Ihnen Bürge für meine künftige Aufführung. Ich darf wohl sagen, daß mein ganzes Leben ein der Freiheit geleisteter Eid gewesen sey. Dadurch habe ich schon vorläufig denselben der Konstitution geleistet, welche Sie gründen. Aber ich muß ihn noch der Nation leisten, die mich aufnimmt, und dem Fürsten, den ich anerkenne. Dieses thun zu dürfen verlange ich von der Versammlung als eine Gunst."

(Langes, anhaltendes und wiederholtes Beifallklatschen.)

Der Präsident antwortete: "Ein für die Unabhängigkeit gebohrnes Volk, ein Volk, dessen Muth Frankreich bewunderte, so lange es mit demselben zu streiten hatte, und welches in der That nicht eher erobert wurde, als an dem Tage, an welchem ihm die Freiheit wiedergeschenkt ward, muß unstreitig, mehr als irgend ein anderer Theil des Reiches, den Werth einer Konstitution fühlen, welche dem Menschen alle seine Rechte wiedergiebt, und welche dem Staatsbürger, Glück, Ehre und Wohlstand verheißt. Die Huldigung, welche Sie der Nationalversammlung überbringen, ist Ihrer und der Versammlung würdig. Mit Vergnügen wirft dieselbe ihre Blicke auf eine stolze und großmüthige Nation, welche künftig mit Frankreich nur Eins seyn wird, und gerne sieht sie, mitten unter Ihnen, denjenigen, den eine freie Wahl vormals an Ihre Spitze setzte, und den nunmehr ein Beschluß, welchen sich die Versammlung vorzüglich zur Ehre rechnet, Ihren Wünschen wiedergeschenkt hat. Sie sieht in ihm den Helden,

und

und den Märtyrer der Freiheit. Nehmen Sie, die Frankreich zu Kindern angenommen hat, erhalten Sie das Glück, welches Ihnen zubereitet wird; und bezahlen Sie es durch Ihre Liebe, und durch jene Treue, welche Sie so feierlich geschworen haben. Schenken Sie dieselbe Liebe und dieselbe Treue dem Monarchen, dem auch wir geschworen haben; dem Bürgerkönige, welcher der Ruhm des Volkes ist, das ihn anbetet; diesem Könige, der unser Glück und unsere Freiheit wiederum hergestellt hat. Die Römer suchten sich Kinder in fremden Familien aus; Frankreich findet welche in einer benachbarten Nation; und die Kinder, welche es angenommen hat, welche es gerufen hat, um seine Rechte und seinen Namen mit denselben zu theilen, sind ihm nicht weniger lieb, nicht weniger theuer, als die übrigen. Die Nationalversammlung hat Ihren Eid erhalten, und Sie erlaubt Ihnen der Sitzung beizuwohnen."

Am sechs und zwanzigsten April schrieb der Minister des Königs, der Graf de la Luzerne folgenden Brief an den Präsidenten der Versammlung:

„Mein Herr Präsident. Der König trägt mir auf Ihnen Nachricht zu geben, daß die Streitigkeiten, welche mit der Regierung zu Algier entstanden waren, und welche dem Handel zu drohen schienen, glücklich beigelegt sind. Der Marquis de Saineville, der außerordentliche Abgesandte Seiner Majestät zu dem Dey, hat, am neun und zwanzigsten des verwichenen Monaths, mit diesem Fürsten einen Vertrag geschlossen, vermöge welches der Friede

wiederum auf hundert Jahre erneuert ist, und hat
in diesem Vertrage solche Bedingungen gemacht, die
am zuverläßigsten schienen, um künftig alle Ursache
zu Mißverständnissen zu vermeiden. Obgleich diese
Sache noch nicht ganz zu Ende gebracht, und der
Traktat noch nicht ratificirt ist, so zweifelt dennoch
Seine Majestät nicht, daß die Nationalversammlung
mit Vergnügen den Erfolg einer für die Sicherheit
der Schiffahrt so wichtigen Unterhandlung vernehme;
und daher hat auch der König es nicht wollen anstehen lassen Derselben davon Nachricht zu geben. Diejenigen Frankreicher, welche sich auf einigen, im vorigen Jahre von den Algierischen Seeräubern weggenommenen Schiffen befanden, und welche bis jetzt in
Sklaverei waren gehalten worden, sind freigegeben,
und der Herr Marquis de Gaineville hat sie nach
Toulon gebracht. Ich bin mit Verehrung u. s. w."

Die Versammlung trug ihrem Präsidenten auf,
dem Könige in ihrem Namen dafür zu danken.

Nach einem, von Hrn. Malouet, der Nationalversammlung vorgelegten Plane, werden die
Ausgaben für das Seewesen, im Jahre 1790 seyn:

I. Bestimmte Ausgaben   13,281,746 Livr.
II. Unbestimmte Ausgaben, ungefähr   ,   16,718,254 ,
           Summe   30,000,000 Livr.
III. Außerordentliche Ausgaben für 1790   ,   3,679,548 ,
           Summe   33,679,548 Livr.

Transport 33,679,548 Livr.

IV. Kolonien.

St. Domingue   119,250
Martinique   1,795,585
Guadeloupe   845,989
Sainte Lucie   585,863
Tabago   504,069
Cayenne   718,415
Saint Pierre   117,492
Senegal   8,250
Komtor zu Juda   37,800
Isle de France   4,583,071
Pondichery   139,568
Vermischte Aus-
  gaben   1,044,646
                 ──────────
                 10,499,998 10,499,998 Lvr.

Summe 44,179,646 Lvr.

V. Außerordentliche Negociation
   mit Algier   1,800,000

VI. Unbestimmte Ausgaben für
    die Kolonien   1,683,307

Summe 47,662,853 Livr.

Die Französische Flotte hatte, im Jahre 1789: 2,138 Officiere, welche 3,351,759 Livres kosteten. Ein Schiff von 118 Kanonen kostet in Frankreich zu bauen 1,362,764 Livres. Ein Schiff von 80 Kanonen kostet 1,053,350. Eines von 74 kostet 906,531. Eine Fregatte von 18 Kanonen kostet

449,433

44 †433. Eine von 12 Kanonen koſtet 399,800 Livres.

Die oben angegebenen Ausgaben für die Kolonien, begreifen nicht die ganze Ausgabe, ſondern nur die Ausgabe, nach Abzug deſſen, was die Kolonien ſelbſt, an Auflagen und Abgaben, an die Regierung bezahlen: denn dieſes iſt zu ihrer Erhaltung lange nicht hinreichend.

Ein Jahr lang ein Schiff bewafnet zu erhalten, koſtet im Frieden; u. im Kriege:
Für ein Schiff von
, 118 Kanonen 708,950 — 854,544
, 110 , 655,844 — 790,304
, 80 , 525,670 — 644,606
, 74 , 448,510 — 542,110
, 64 , 363,902 — 434,672
Für eine Fregatte von
, 18 , 234,012 — 276,739

Die Franzöſiſche Seemacht beſteht gegenwärtig aus Einem Schiffe von 118 Kanonen, fünf von 110, ſieben von 80, neun und vierzig von 74, und Einem von 64 Kanonen, außer den Fregatten und Schaluppen.

Die Verſammlung beſchloß, daß, unter dem Namen von Aſſignaten, ein neues Papiergeld verfertigt und in Umlauf gebracht werden ſolle, deſſen Hypothek die eingezogenen Güter der Geiſtlichen ſeyn würden. Hierüber ließ der König an die Frankreicher folgende Proklamation ergehen:

„Am 19. April 1790."

„Der König hat das Dekret der Nationalversammlung, durch welches dieselbe die Verfertigung
von 400 Millionen Assignaten beschlossen hat, genehmigt. Dieses Papiergeld muß als die heiligste
Schuld der Nation angesehen werden. Und da der
von dem Könige genehmigte Beschluß der Versammlung weiter nichts gethan hat, noch thun kann, als
die Pflicht aufzulegen diese Noten an Zahlungsstatt,
zwischen Gläubiger und Schuldner, anzunehmen: so
ersucht Seine Majestät noch ganz ausdrücklich, alle
Einwohner Seines Königreiches, diese Noten ohne
Einwürfe oder Schwierigkeiten anzunehmen, und
sich derselben bei allen Kontrakten und Käufen zu bedienen; damit, durch die Folge eines gerechten Zutrauens, die Nationalnoten überall dem baaren Gelde
gleich geachtet werden mögen. Eine patriotische Gesinnung muß allen guten Frankreichern dieses zur
Pflicht machen, und zu einer Zeit, wo eine solche
Gesinnung soviel Gutes hervorbringen wird, zweifelt
Seine Majestät nicht, daß jeder sich getreu zeige.
Niemals wird es eine Gelegenheit geben, wo man,
auf eine reellere, und auf eine nützlichere Weise, die
ausgedehnte Macht einer Nation wird zeigen können,
deren Staatsbürger durch Ehre, Vernunft und Freiheit vereinigt sind. Der König wird zu jeder Zeit
das feierliche Versprechen, welches die Stellvertreter
dieser großen Nation für die Sicherheit der Assignate
gethan haben, beschützen. Indem also der König
seine Unterthanen ersucht, aus allen ihren Kräften

den Kredit und den Umlauf dieser Assignaten zu begünstigen, so glaubt er, seine unverletzliche Anhänglichkeit an die unveränderlichen Grundsätze der Gerechtigkeit, mit dem Antheil, welchen er an der Wiederherstellung der Ordnung in den Finanzen, und an dem allgemeinen Wohl des Königreiches nimmt, vollkommen zu vereinigen."

„LUDWIG."

Eine Streitigkeit, welche an den Thoren von Paris entstand, hätte gefährliche Folgen haben können, wenn nicht die unermüdete Wachsamkeit des Hrn. de la Fayette denselben zuvorgekommen wäre. Der Unterofficier eines Schweizerregiments, welcher seit der Revolution sein Regiment verlassen, und sich unter dem Jägerkorps der Bürgermiliz hatte anwerben lassen, kam auf den Einfall seinen Landsleuten und vormaligen Kameraden einen Besuch zu machen. Der Adjutant der Kompagnie beleidigte ihn. Darauf schlugen sie sich, und der Adjutant wurde verwundet. Daraus entstand nachher ein Streit zwischen den Schweizern und dem Jägerkorps. Die Schweizer nehmen sich vor, ihren verwundeten Adjutanten an allen Jägern zu rächen die sie antreffen würden. Sie zogen auf die Jäger los, und die Jäger zogen ihnen entgegen. Schon hatte das Gefecht angefangen, als Herr de la Fayette erschien, und die Ruhe wiederum herstellte. Er befahl den Jägern sich zurückzuziehen, und gieng dann zum Könige, um die Befehle des Monarchen in Rücksicht der Schweizer zu erhalten, weil diese nicht unter seinem Kommando standen.

Das

Das Gericht des Chatelet setzte indessen zu Paris die Untersuchung über die Greuelthaten des fünften und sechsten Oktobers fort. Eine Gesandtschaft dieses Gerichtes kam zu der Königin, um auch ihr Zeugniß sich zu erbitten. Aber die großmüthige Monarchin antwortete: „Niemals werde ich die „Angeberin der Unterthanen des Königs „seyn a)." Bald nachher wurde eine zweite Gesandtschaft zu der Königin gesandt, welche die Bitte um ihr Zeugniß wiederholen sollte. Aber sie sagte: „Ich habe Alles gesehn, Alles gewußt, „und Alles vergessen b)."

In den Provinzen fiengen, um diese Zeit, die Unruhen aufs Neue an. Zu Marseille versammelten sich die Bürger, und faßten den Entschluß, die Zitadelle der Stadt einzunehmen. In der Nacht vom neun und zwanzigsten auf den dreißigsten April zogen sie, in der Stille, Pelottonsweise, auf die Zitadelle zu, und verlangten, daß die Zugbrücke niedergelassen werden solle. Dieses geschah. Nun überfielen zwei von ihnen die Schildwache auf ihrem Posten, und befahlen ihr, im Namen der Nation, mit der Pistole auf der Brust, keinen Lärm zu machen. Sie dringen ein und der Haufe folgt nach. Sie bemächtigten sich aller Ausgänge, überfallen die Offiziere in ihren Betten, und nehmen dieselben gefangen.

a) Jamais je ne ferai la Délatrice des sujets du Roi.

b) J'ai tout vu, j'ai tout su, et j'ai tout oublié.

gen. Nun senden sie einige Abgesandte an den Bürgerrath, mit der Nachricht, daß sie die Zitadelle eingenommen hätten. Es wird in allen Straßen Lärm geschlagen, die Sturmglocken in der ganzen Stadt werden geläutet, der Pöbel versammelt sich haufenweise, er begiebt sich nach der andern Zitadelle, dem Fort St. Jean, und verlangt, mit wüthendem Geschrei, daß ihm auch diese übergeben werden solle. Die Officiere in der Festung versammeln sich, halten Kriegsrath, und beschließen, daß sie, um die Stadt und die in dem Hafen liegenden Schiffe zu verschonen, einen Theil der Bürgermiliz in die Festung hereinlassen wollen: denn man konnte aus der Festung keinen Kanonenschuß thun, ohne die gegenüberliegenden Häuser zu zerstören. Am folgenden Tage wurde in der Stadt das Gerücht verbreitet, daß sich der Chevalier de Bausset, der Kommandant der Festung, in dem Kriegsrathe der Aufnahme der Bürgermiliz widersetzt hätte. Der, durch diese Nachricht aufgebrachte Pöbel, zog hierauf nach seinem Hause, ermordete ihn auf der Schwelle seiner Hausthüre, schlug ihm den Kopf ab, steckte denselben auf eine Stange, und trug denselben im Triumphe in den Straßen der Stadt herum. Die Garnison hatte nicht einen einzigen Schuß gethan. Der Bürgerrath der Stadt unterstützte die Aufrührer, und billigte den Aufruhr.

Auch zu Montpellier bemächtigte sich die Bürgermiliz der Zitadelle.

Zu

Zu Toulouse wiegelten fanatische Priester das Volk auf. Sie predigten Aufruhr, veranstalteten Prozessionen, Wallfahrten, öffentliche Gebete, und streuten unter das Volk aufrührische Schriften gegen den König und gegen die Nationalversammlung aus. Das Volk wurde, durch diese Schriften, aufgefodert, zu verlangen, daß die Römischkatholische Religion für die Religion des Staates erklärt, und daß die Klöster nicht aufgehoben werden möchten. Am achtzehnten April geschahen solche Aufforderungen an das Volk von allen Kanzeln. Am achtzehnten April, und an den folgenden Tagen, versammelten sich die Aufrührer, in der Augustinerkirche, und in dem Saale der Akademie der Wissenschaften. In allen Straßen wurde gerufen: „Zu den Waffen! Zu den Waffen!" Der Bürgerrath verbot diese Versammlungen und stellte endlich, nach vieler Mühe, die Ruhe wieder her.

Zu Nismes versammelten sich, am zwanzigsten April, die katholischen Einwohner der Stadt, und verlangten, daß die katholische Religion für die einzige Religion des Staates erklärt, und daß in allem, was die geistliche Hierarchie angehe, keine Veränderungen gemacht werden sollten. Sie verlangten ferner, daß dem Könige seine vorige, unumschränkte Macht wieder übergeben werde. Zu gleicher Zeit legte ein großer Theil der Bürgermiliz die Nationalkokarde ab, und steckte die weiße Kokarde an deren Stelle. Die Soldaten des Regiments Guienne, das zu Nismes in Garnison lag, rissen die weiße Kokarde,

Kokarde, allen denen, welche dieselbe trugen, von den Hüten. Daraus entstanden Streitigkeiten, und kleine Scharmützel, in denen einige Personen verwundet wurden. Endlich verbot der Bürgerrath die weiße Kokarde zu tragen, und die Ruhe wurde wieder hergestellt.

Die Einwohner der Stadt Alais widersetzen sich der Aufhebung der Klöster, und sandten eine Bittschrift an die Nationalversammlung, in welcher sie sagten: „Das Gerücht, daß einige Bißthümer „aufgehoben werden sollen, beunruhigt uns. Das „Domkapitel erhält die Majestät des Gottesdienstes, „und die Gottesfurcht der Gläubigen, durch sein „Beispiel. Die Mönchsorden beider Geschlechter „sind offene Zufluchtsörter für die verirrte Tugend, „und für die verlassene Armuth."

Zu Vitteaux, in der Gegend von Semur, wurde, am acht und zwanzigsten April, der Graf von Sainte Colombe, ein fünf und siebenzigjähriger Greis, von seinen Bauern ermordet, ob er gleich den Bürgereid geschworen hatte. Und an demselben Tage warfen eben diese Bauern die Herren de Damas und de Sainte Maure mit Steinen todt, und ermordeten den Priester von Massigny mit Messerstichen.

Zu Valence, in der Dauphine, wurde Herr de Voisins, der Kommandant der Garnison, von dem Pöbel umgebracht. Er war schon seit langer Zeit, wegen einiger unvorsichtigen Reden, verdächtig gewesen, und da er nun, im Anfange des Maimonaths, nachts, als er erfuhr, was zu Montpellier und zu Marseille vorgefallen war, einige Anstalten machte, um sich zu vertheidigen, so wurde der Verdacht bei dem Volke in Gewißheit verwandelt. Am zehnten Mai begab sich der Bürgerrath, begleitet von dem Pöbel, in seine Wohnung. Er wurde gefangen genommen und nach der Kirche St. Jean geführt, damit er sich daselbst, vor dem versammelten Volke und den Soldaten, vertheidigen könne. Sobald er aus dem Hause kam, rief der Pöbel mit Ungestüm: „Wo ist er! Wo ist er! Wo ist das Ungeheuer! „Wir sind verlohren, wenn er unserer Rache entgeht!" Man drängte sich von allen Seiten auf ihn zu; die Bürgermiliz bemühete sich vergeblich ihn zu beschützen und wegzuführen. Er erhielt zwei Messerstiche, und bald nachher streckte ihn ein Flintenschuß, der aus dem Haufen kam, todt nieder.

Zu Bastia, in Korsika, wurde Hr. de Rully, Oberster des Regiments du Maine, von dem Volke ermordet. Man hatte ihm Schuld gegeben, daß er, während der Unruhen zu Bastia, den Truppen Befehl gegeben hätte, auf das Volk zu schießen. Er bemerkte die Gefahr, in welcher er sich wegen dieses Gerüchts befand, und entfernte sich aus der Stadt, in welcher er proskribirt war. Nach einiger Zeit kam er nach Bastia zurück, in der Hoffnung daß alles vergessen seyn würde. Aber, in der Nacht nach seiner Ankunft, wurde er umgebracht.

Zu Toulon versammelten sich, am dritten Mai, um zwei Uhr Nachmittags, die Arbeiter der Schiffswerfte

werfte vor dem Arsenale. Sie fanden die Thore verschlossen, und zogen daher nach dem Hotel des Seewesens, wo der Herr Kommandeur de Glandeves wohnte, welcher eben bei Tische saß. Sie verlangten von ihm, daß er drei Matrosen, welche auf der Fregatte Alceste gefangen gehalten wurden, frei geben möchte. Hr. de Glandeves antwortete: „ich habe über diese Sache an den Kriegsminister geschrieben, und ich gebe sie frei." Hierauf verlangten die Aufrührer Flinten und Patrontaschen. Auch diese Forderung wurde bewilligt. Dieser Nachgiebigkeit ungeachtet, zwang man ihn das Hotel des Seewesens zu verlassen, und nach dem Rathhause zu kommen. Seinen Bruder, den Chevalier de Glandeves, der ihn begleiten wollte, riß der Pöbel von seiner Seite. Herr de Chaulet, der neben ihm gieng, bekam drei Säbelhiebe und zwei Bajonetstiche, und würde ermordet worden seyn, wenn ihn nicht die Bürgermiliz noch gerettet hätte. Der Kommandeur selbst wurde von dem Pöbel beleidigt und geschimpft. Endlich kam er auf dem Rathhause an, wo er den Hrn. Maire an der Spitze des versammelten Bürgerraths antraf. Auf dem Rathhause wurde er einige Tage gefangen gehalten; dann aber wiederum frei gelassen.

Zu Montauban waren die Priester geschäftig. Der Bischof von Montauban schrieb einen Hirtenbrief gegen die Nationalversammlung, und verordnete öffentliche Gebete um Erhaltung der katholischen Religion, und der Klöster. Am zehnten Mai war man

damit

damit beschäftigt, in dem Franziskanerkloster das Inventarium zu machen. Die Geistlichen bezahlten einige Weiber, damit diese nach dem Kloster hingehen und sich widersetzen möchten. Zu denselben gesellten sich noch eine Menge anderer Weiber, und schon um sieben Uhr des Morgens begab sich der ganze Haufe nach dem Franziskanerkloster. In einem Nonnenkloster, welches nahe dabei lag, ließen die Nonnen eine hohe Messe lesen, und alle diese Weiber hörten dieselbe mit an. Die Bürgerräthe kamen um das Inventarium aufzunehmen, aber die fanatischen Weiber widersetzten sich ihnen, und sie mußten sich zurückbegeben. Die Bürgerräthe, statt, durch Hülfe der Bürgermiliz, und des zu Montauban in Garnison liegenden Regiments Languedok, den Aufruhr zu dämpfen, begaben sich weg, und ließen diese Weiber, sammt dem Pöbel, der sich um sie her versammelt hatte, machen was sie wollten. Der Pöbel begab sich nach dem Hause des Hrn. de Puy Mombrun, des Kommandanten der Bürgermiliz, und drohte ihn aufzuhängen. Indessen hatte sich die Bürgermiliz nach dem Rathhause begeben, um dort Waffen zu holen, und bald nachher wurde der Kommandant der Miliz von dem Pöbel auch dahin gebracht, um gefangen gesetzt zu werden. Indessen giengen einige, von den Mönchen abgesandte, Aufwiegler des Volks, in der Stadt umher, und sagten: die Protestanten hätten sich gegen die Katholiken verschworen, es wären Waffen in ihren Häusern versteckt, und sie wollten sich der geistlichen Güter bemächtigen. Der, durch

Dritter Theil.   X   diese

diese und ähnliche Gerüchte aufgewiegelte Pöbel, er hebt ein fanatisches Mordgeschrei gegen die Protestanten. Sie versammeln sich vor dem Rathhause, und verlangen, mit rasendem Geschrei, Waffen, um die Protestanten umzubringen. Die Bürgermiliz stellt sich in Ordnung vor dem Rathhause, und vertheidigt den Eingang desselben. Der Pöbel dringt auf die Miliz zu. Ein Bürgersoldat schießt seine Flinte los, und nunmehr fängt das Morden an. Vier Dragoner der Miliz werden auf der Stelle umgebracht, und der Pöbel begiebt sich wieder nach dem Franziskanerkloster. Hier steigt ein Priester in der Kirche auf die Kanzel. Er bittet den Pöbel, daß derselbe die Bürgermiliz angreifen möge; er zerreißt öffentlich die Nationalkokarde und steckt, statt derselben, eine weiße, mit einem rothen Kreuz versehene Kokarde, auf seinen Hut. Ein Haufe, unter den Zuhörern vertheilter, und dazu bestellter Leute, folgt seinem Beispiele. In diesem Augenblicke tritt der Herzog de la Force in die Kirche. Er zieht seinen Säbel, und ladet Alle ein, die Waffen zu ergreifen, und ihm nachzufolgen. Sie bewafnen sich mit allem was ihnen zuerst unter die Hände kommt; sie verfolgen, beschimpfen und ermorden die Protestanten; sie greifen die Dragoner der Bürgermiliz an und nehmen dieselben gefangen. Indessen rückt das Regiment Languedok aus; um dem Blutvergießen Einhalt zu thun: aber es wird zurückgeschlagen, und einige von den Soldaten gefangen genommen. Diesen zieht der Pöbel die Kleider aus, führt sie mit fliegendem Haare, und

mit

mit bloßem Kopfe, in Prozession, durch alle Straßen der Stadt, läßt sie in der Hauptkirche Kirchenbuße thun, und schließt sie nachher in das Gefängniß ein. Zwei Mitglieder des Bürgerrathes führten die Prozession selbst an. Die Nachricht von diesen Greueln verbreitete sich bald bis nach Bordeaux, und sogleich verlangte ein Theil der dortigen Miliz abzureisen, um zu Montauban die Ruhe wiederum herzustellen. Der Bürgerrath von Bordeaux erlaubte, daß funfzehnhundert Soldaten abreisen durften, und diese wurden durch das Loos gewählt. Es gelang ihnen auch in kurzer Zeit, dem, durch die Intoleranz der Pfaffen verursachten, Kriege gegen die unschuldigen Protestanten, ein Ende zu machen.

Auch in den Kolonien dauerten die Unruhen noch immer fort, und daher schrieb der König an die Einwohner der Kolonie St. Domingue und Martinique folgenden Brief.

„Gute und geliebte Unterthanen. Zweifeln Sie nicht, daß ungeachtet der Entfernung, in welcher Sie Sich von dem Orte meiner Residenz befinden, ich mich unaufhörlich mit Ihrer Wohlfahrt beschäftigt habe. Ich hätte gewünscht genau zu wissen, was eigentlich zu derselben beitragen könnte, und dann würden Sie noch deutlicher die Wirkung meiner guten Gesinnungen haben bemerken können. Aber jetzt, da ich die Kenntnisse und den Rath der ganzen Nation zu meinem Beistande angerufen habe, finde ich mehr Mittel, um Ihre Zufriedenheit auf eine feste und unveränderliche Weise mir zu erwerben. Der

Beschluß der Nationalversammlung, welchen ich Ihnen zusende, nachdem ich denselben zuvor gebilligt und genehmigt habe, ist Ihnen der erste Beweis, wie groß die Hoffnungen sind, die Sie fassen dürfen. Es ist nicht mehr als gerecht, daß Sie auch an den Vortheilen der Konstitution, deren Früchte meine Unterthanen in Europa künftig genießen werden, Antheil nehmen: denn Sie haben mit diesen gleiche Rechte, und gleichen Anspruch auf meine Gewogenheit. Sie pflanzen, mit Einsicht und mit gutem Erfolge, eine Kolonie an, deren Produkte einen wesentlichen Theil der Reichthümer des französischen Reiches ausmachen. Demzufolge werden Sie zu dem gemeinen Besten beitragen, wenn Sie Sich, wie Sie jetzt dazu eingeladen sind, damit beschäftigen, die Einrichtungen anzuzeigen, welche unter Ihnen die beste Ordnung hervorbringen und alle Einwohner der Kolonie, durch die Bande des Glückes und des Zutrauens, unter sich vereinigen können. Sie werden niemals vergessen, daß, da Sie mit uns nur Eins sind, Sie sorgfältig für den Vortheil des französischen Handels sorgen müssen; so wie Frankreich gegenseitig die Mittel aufsuchen wird, welche fähig sind Ihre nützlichen Arbeiten zu begünstigen. Durch eine solche Eintracht, welche der Gegenstand meiner Wünsche ist, werden meine Unterthanen auf beiden Halbkugeln zusammen nur eine einzige Familie ausmachen, und die Plane derjenigen, die unglücklich genug sind nur an Uneinigkeit Vergnügen zu finden, werden zerstört werden. An Ihrer Treue habe ich keinen Augenblick gezweifelt;

denn

denn Sie sind Frankreicher, und Sie haben großmüthigen Patriotismus bei den wichtigsten Gelegenheiten bewiesen. Darum habe ich auch Vergnügen daran gefunden, Ihnen geradezu einen Beweis meiner Gesinnungen zu geben, und Sie können und dürfen zu jeder Zeit auf dieselben zählen."

„LUDWIG."

Zuschriften und Danksagungsbriefe kamen indessen immer noch, aus allen Theilen des Reiches, an die Nationalversammlung. Unter der ungeheuren Menge derselben zeichnete sich vorzüglich die Zuschrift der Städte Mezieres und Charleville aus. Sie lautete folgendermaßen:

„Meine Herren. Wir, die Wahlherren der Städte Mezieres und Charleville, kommen, um den weisen Gesetzen zu huldigen, welche Sie gegeben haben. Wir waren Sklaven, und nun sind wir zu freien Bürgern des Staates umgeschaffen worden. Sie haben den Koloß der Ministergewalt, welcher das Volk drückte, umgeworfen. Die ungeheure Beraubung der Finanzen hatte das Reich seinem Untergange nahe gebracht: und Sie retten dasselbe jetzt, indem Sie die Wunde in ihrer ganzen Tiefe sondiren, und indem Sie eine unverbrüchliche Ordnung in der Verwaltung der öffentlichen Gelder einführen. Die Provinzen waren durch Kommissarien gedrückt; Sie haben verwaltende Korps an deren Stelle gesetzt, und diese Korps bestehen aus Bürgern, über deren Geschäfte Sie wachen werden. Das Lehensystem, jenes Ungeheuer, welches durch die Unwissenheit der Völker und die Schwäche der Regierungen entstanden war, setzte der Wiederherstellung Frankreichs einen Widerstand entgegen, den man für unüberwindlich hielt. Euer Muth hat ihn zerstört. Dieses große und ausgedehnte Reich, welches vormals durch innere Unruhen, deren Vorwand die Religion war, erschüttert wurde, wird nun künftig nicht mehr fürchten dürfen, sein Inneres durch den Fanatismus verheeren zu sehen. Sie haben die Freiheit der Meinungen zum Gesetz gemacht, und aus Verehrung für die katholische Religion haben Sie ihr, auf eine derselben würdige Weise, gehuldigt, indem Sie sogar den Verdacht, daß ein Beschluß in dieser Rücksicht nöthig seyn könnte, entfernten. Ihre neue Eintheilung des Königreiches ist ein Meisterstück, welches aus allen Einwohnern der verschiedenen Provinzen nur eine Familie macht, da dieselben vorher, durch verschiedenes Interesse, so wie durch Gewohnheiten und Vorrechte, getrennt, und eben soviel verschiedene Völkerschaften zu seyn schienen. Die Parlamenter hatten eine gewisse Uebermacht, welche mit derjenigen stritt, die eigentlich nur in der Nation allein ruht. Diese gefährlich gewordenen Korps haben Sie zerstöhrt, und ihre Stellen haben Sie mit Männern besetzt, welche nur, vermöge ihrer Talente und ihrer Tugenden, zu der Verwaltung der Justiz gelangen werden. Was vermögen nun noch Pasquille, Kabalen, und falsche Gerüchte gegen so viele Wohlthaten? Glauben Sie, meine Herren, der

Liebe

Liebe zur Freiheit und zum Glücke, welche beide tief in das Herz der Frankreicher gegraben sind: alle Bemühungen der Feinde der Revolution werden gegen die Menge der guten Bürger des Staates und der Nationaltruppen, die zu Erhaltung der Konstitution bewafnet sind, nichts ausrichten, und Frankreich wird, unter Ihrem Schutze, unter Ihren Gesetzen, und durch das Beispiel des Besten der Könige beseelt, mit großen Schritten der Vollkommenheit entgegen gehen."

Die Damen der Stadt Auray in Poitou sandten eine Zuschrift an die Versammlung, welche folgendermaßen lautete:

"Gnädige Herren. Da wir gewünscht haben, dem Vaterlande Beweise unsers Patriotismus zu geben, so haben wir, nach dem Beispiele unserer Mitbürger, unter uns, mit dem Namen National-amazonen, eine Miliz errichtet. Dieser Vorschlag wurde unserem Bürgerrathe vorgelegt, und von demselben mit lautem Beifalle aufgenommen. Am achtzehnten dieses Monaths nahm er unsern Eid ab, daß wir der Nation, dem Gesetze und dem Könige getreu seyn, und aus allen unsern Kräften die neue Konstitution des Staates zu erhalten trachten würden. Am Abend desselben Tages verbanden wir uns mit unsern Mitbürgern, um vor dem Altare den Bürgereid zu schwören. Nunmehr eilen wir, gnädige Herren, Ihnen unsere Zuneigung für unser Vaterland zu erkennen zu geben, unsere Anhänglichkeit an Ihre erhabenen Beschlüsse in Ihre Hände niederzulegen,

zulegen, und unsere Wünsche für die Wohlfahrt und die Ruhe Frankreichs, und für die Erhaltung des Monarchen, den wir lieben, Ihnen mitzutheilen. Wir ersuchen Sie, daß Sie uns erlauben mögen, unsere Verbindung, welche bloß allein den Zweck hat, in unsern Männern und in unsern Kindern den Wunsch des öffentlichen Wohls zu erwecken, ferner fortzusetzen. Glücklich und tausendmal glücklich werden wir uns schätzen, wenn unser Rath und unser Beispiel jederzeit bei denselben die patriotischen Gesinnungen unterhält, von denen wir durchdrungen sind und durchdrungen bleiben werden."

Auch der berühmte Gefangene de la Tude, dessen Schicksale oben erzählt worden sind, stellte sich der Versammlung vor, und sein Advokat, Herr Thiery, der Verfasser seiner Geschichte, hielt an die Versammlung folgende Rede:

„Meine Herren. Herr de la Tude, dessen Vertheidiger ich bin, hat mir es überlassen für ihn zu sprechen; denn die Schwäche seiner Stimme und die Schüchternheit, welche er in Ihrer Gegenwart fühlt, erlauben ihm nicht Sie selbst anzureden. Dieses unglückliche und nur zu berühmte Schlachtopfer des Despotismus hat fünf und dreißig Jahre in Staatsgefängnissen zugebracht. Hr. de la Tude hat fünf und dreißig Jahre in Thränen und Verzweiflung verlebt. Und er war unschuldig! Wenigstens war sein Verbrechen kein anderes, als das Mißfallen einer Favoritin und zweier Minister auf sich gezogen zu haben. Jetzt macht er die Geschichte seiner Leiden

öffent-

öffentlich bekannt, und Ihnen, meine Herren, war er die erste Huldigung derselben schuldig. Er übergiebt Ihnen dieses Buch, und hält dafür, daſſelbe ſey würdig auf den Altar des Vaterlandes niedergelegt zu werden. Eine zu traurige Erfahrung hat ihn gelehrt, weſſen der vorige Despotismus fähig war. Er hat denſelben aufgedeckt; er hat alles geſagt; und er hat es vielleicht nicht ohne Kraft geſagt. Wie angenehm iſt es nicht für ihn, daß er ſeine, durch eine ſo lange Einkerkerung geſchwächten Blicke, bis zu Ihnen, meine Herren, erheben kann! Wie tröſtend iſt es ihm nicht, daß er jetzt ſagen kann, er habe auch in den Feſſeln, ſeinem Vaterlande gedient, und daß er denken darf, die Thränen, welche er vergoſſen hat, ſeyen nicht ganz unfruchtbar geweſen! Ja, meine Herren, wenn man dieſes traurige Schlachtopfer des Haſſes zweier Miniſter betrachtet, wenn man die Eindrücke der Feſſeln ſieht, welche ſie ihm aufgelegt haben, ſo bekommt man neuen Muth; und bei der Erzählung deſſen, was man damals zu thun wagen durfte, und was man ungeſtraft zu thun wagen durfte, werden unſere Mitbürger, mit deſto mehr Stolz über Ihre Arbeiten erfüllt, auch deſto lebhafter die Ruhe fühlen, welche wir durch Sie erhalten haben. Sie werden deſto mehr den Werth Ihrer Wohlthaten einſehen lernen."

Seitdem der Unterſuchungsausſchuß erfahren hatte, daß der Chevalier de Bonne Savardin Mitverſchworner des von Hrn. Maillebois angelegten Plans zu einer Gegenrevolution war, gab man sich viele Mühe, sich dieses Mannes zu bemächtigen, und endlich gelang es. Bonne Savardin war nach Paris gekommen, hatte sich daselbst einige Zeit versteckt, bei dem Sardinischen Gesandten, aufgehalten, und war dann mit neuen Depeschen nach Turin abgereist. Zu Pont de Beauvoisin, an der Gränze von Savoyen, wurde er in Verhaft genommen. Er war vor der Stadt aus seiner Postchaise gestiegen, und wollte zu Fuß, durch die Stadt und auf das Savoysche Gebiet, über die Gränze übergehen. Aber am Gränzthore ward er als verdächtig angehalten, und nach dem Rathhause zurückgeführt. Einige Zeit nachher wurde er nach Paris gebracht, und daselbst in den Gefängnissen des Chatelet gefangen gehalten, und ausgefragt. Durch seine Antworten, auf die an ihn geschehenen Fragen, erfuhr man, daß auch der Minister Graf von St. Priest um den Plan wußte und denselben gebilligt hatte. Doch waren die Thatsachen nicht hinlänglich bewiesen, um auch gegen den Minister zu einer Klage Gelegenheit zu geben. Hr. de Bonne gestand, daß er folgende Unterredung, welche er aufgeschrieben hatte, und welche man geschrieben unter seinen Papieren fand, mit Hrn. de St. Priest wirklich gehalten hätte.

Chev. Bonne. Wann wird sich dies endigen?

St. Priest. Es muß doch wohl einmal aufhören. Und wenn uns diese Hoffnung nicht erhielte,
so

so müßte man das Haus zuschließen, und dann geduldig warten bis man ermordet würde.

Chev. Bonne. Aber sehen Sie voraus, wann das Ende da seyn wird?

St. Priest. Im Frühling, denn um diese Zeit will der König in die Provinzen reisen.

Chev. Bonne. Aber fürchten Sie nicht, daß die Miliz im Wege stehe; daß dieselbe darauf bestehe Ihnen zu folgen, und daß sie die Ausführung aller Ihrer Projekte verhindere?

St. Priest. Meinetwegen! wenn sie uns folgen will, so mag sie es thun. Sitzen wir erst einmal auf dem Sattel, so wollen wir dann schon sehen!

Chev. Bonne. Ja, ich begreife, daß es alsdann Mittel geben würde, wenn Sie Truppen hätten; aber wo werden Sie welche finden? (keine Antwort.) Wie wollen Sie Sich la Fayette vom Halse schaffen? Sein Ehrgeiz ist groß, und er hat jetzt die Macht in Händen.

St. Priest. Ach! der arme Teufel ist mehr als wir in Verlegenheit!

Chev. Bonne. Man spricht von seinen Projekten: man sagt er wolle Connetable werden.

St. Priest. Und ich, ich glaube, er will werden was er werden kann, bis die Konstitution geendigt ist; und dann wird er das Volk im Stiche lassen.

Chev. Bonne. Aber, mein Herr, er wird es nicht im Stiche lassen, ohne etwas Anderes vorzunehmen.

nehmen. Seine Thätigkeit und sein Ehrgeiz werden ihm nicht erlauben unthätig zu bleiben, oder thätig zu seyn ohne etwas Nützliches zu thun.

St. Priest. Wenn uns weiter Niemand im Wege steht, als er, so wird es uns an Mitteln nicht fehlen.

Chev. Bonne. Ja, es wird Ihnen nicht fehlen; aber an einem General fehlt es Ihnen, wenn Sie nicht Maillebois zu gewinnen suchen.

St. Priest. Es ist gar nicht möglich, daß ich mich jetzt damit abgeben, oder die Schwierigkeiten zu überwinden hoffen dürfte.

Chev. Bonne. Schwierigkeiten, mein Herr! Es giebt keine, und kann keine geben. Niemand in Frankreich kann es an Talenten, an Fruchtbarkeit der Erfindungskraft, und an Mitteln zur Ausgleichung, mit ihm aufnehmen: und ich glaube, daß man schon lange die größten Aufopferungen gegen ihn sich nicht hätte gereuen lassen sollen.

St. Priest. Ich bin davon überzeugt, weil ich ihn kenne: aber er gehört nicht in meinen Plan. Dennoch sage ich nicht, daß es nicht noch geschehen könne.

Chev. Bonne. Gesetzt aber, Sie nähmen ihn nicht, wollten Sie dann den Marschall von Broglio wählen?

St. Priest. Welch eine Thorheit! Er hat sich so betragen, daß auch diejenigen, die am meisten für ihn eingenommen sind, die Lust, sich seiner ferner zu bedienen, verlohren haben. Ich habe seine Parthei

thei genommen und mich lange gestritten. Was thut er denn seither? Warum ist er da wo er sich aufhält? Was kann er hoffen? Wenn er Verstand und Kraft hätte: so würde er nach Turin, zu dem Grafen von Artois, sich begeben haben. Dort wäre er um so viel mehr an seiner Stelle gewesen, weil er in Savoyen Güter hat. Aber sein Kopf ist weg! Leben Sie wohl.

Seitdem der König mit seiner Familie zu Paris wohnte, fuhr er zuweilen aus, um die öffentlichen Anstalten in Augenschein zu nehmen. Im April besah der König, mit der Königin, die große Spiegelmanufaktur in der Vorstadt St. Antoine. Die Arbeiter drängten sich um den König. Er griff in seine Tasche, zog einige Assignatennoten heraus, und wollte sie austheilen. Aber in demselben Augenblicke steckte er die Noten wiederum ein, und sagte: „Kin„der, ihr würdet auf diese Noten verlieren, und hät„tet noch überdieß Mühe und Zeitverlust, um diesel„ben in Geld zu verwandeln. Geht in meinem „Namen zu Hrn. de Villequier, und er wird euch „Thaler geben a)." Als der König, durch die Vorstadt St. Antoine wiederum nach seinem Schlosse zurückfuhr, rief das Volk, in der Vorstadt St. Honore, wiederholt und anhaltend: „Hoch lebe der „König! Hoch lebe die Königin!" Der König sagte hierauf:

---

a) Mes enfans, ces billets vous occasionneroient quelque perte, des embarras et emploi de tems pour les convertir en especes. Allez trouver de ma part Mr. de Villequier, il vous donnera des écus.

hierauf: „Es ist doch ein gutes Volk, wenn man „kommt es zu besuchen *a*)." Eine Hofdame der Königin antwortete: „Ja, aber es ist ganz anders, „wenn es kommt um zu holen *b*)." „Das kommt „daher" versetzte die Königin lebhaft „weil es als-„dann durch fremden Einfluß geleitet wird *c*)."

Am siebenten April hielt Madame, die älteste Tochter des Königs, ihre erste Kommunion in der Kirche St. Germain l'Auxerrois. Am Abend vorher warf sie sich zu den Füßen des Königs nieder, und bat um seinen Segen. Hierauf hielt der Monarch folgende Rede an sie, und weinte dabei heiße Thränen: „Meine Tochter, Sie verlangen meinen „Segen. Ich gebe Ihnen denselben von ganzem „Herzen. Sie kennen die Wichtigkeit der Hand-„lung, welche Sie jetzt vornehmen sollen. Verges-„sen Sie niemals was Sie Gott schuldig sind. Mein „Kind, die großen Grundsätze der Religion müssen „das Gesetz Ihrer Aufführung seyn, und wir sind, „um des Beispiels willen, noch mehr als Andere, „verbunden darnach zu leben. Die heilige Religion „ist der einzige Trost, den wir in unserem Unglück „haben. Sie sind alt genug, meine Tochter, um „unsere Leiden zu fühlen. Ich habe niemals mit
„Ihnen

---

a) Que ce peuple est bon, quand on vient le chercher!
b) Il est bien différent lorsqu'il vient chercher lui-même.
c) C'est qu'alors il est mû par des impulsions étrangères.

„Ihnen darüber gesprochen, aber jetzt glaube ich, daß
„sich mein Herz gegen Sie ergießen darf. Unser
„Unglück ist groß, aber es betrübt mich weniger, als
„das Unglück meines Königreiches. Das Gebet der
„Unschuld muß bei dem Himmel Gnade finden. Be-
„ten Sie zu ihm, mit aller der Andacht deren Sie
„fähig sind, um das Ende unseres Unglücks, und
„vorzüglich für mein Volk, dessen Lage, ich wieder-
„hole es, mir äußerst nahe geht."

Die Stadt Avignon, welche dem Pabste zugehört und mit ihrem Gebiete mitten in Frankreich
liegt, wurde bald auch von dem Schwindel der Freiheit ergriffen. Schon im Februar entstanden daselbst
Unruhen, und diese nahmen nachher immer mehr
und mehr zu. Am vierzehnten März berief der Vi-
celegat des Pabstes eine allgemeine Versammlung
aller Einwohner zusammen, damit sie funfzig Abgesandte wählen möchten, welche den Plan zu einer
neuen Einrichtung des Bürgerrathes ihm vorlegen
sollten. Es wurde, unter großem Lärm und Tumult, ein Maire der Stadt und ein Bürgerrath gewählt, dem man eben die Einrichtung gab wie den
neuen Bürgergerichten in Frankreich. Am dreizehnten April entstand ein neuer und heftiger Aufruhr.
Das Volk versammelte sich haufenweise vor dem Hause
des Hrn. Grafen Palamede de Forbin, und
verlangte Hrn. de Coeffier, einen Officier der
Bürgermiliz, dessen Grundsätze verdächtig waren.
Der Pöbel drohte mit Gewalt in das Haus einzu-
dringen. Um diesem Unglücke zuvorzukommen, verließ

ließ Hr. de-Forbin (welcher nur achtzehn Jahre alt ist) das Haus. Er drängte sich durch den Pöbel, und dieser wagte es nicht ihn anzugreifen, aber man verfolgte ihn mit Drohungen und Schimpfwörtern. Endlich wurde er umringt. Ein Mann ergriff ihn bei dem Kragen, und schrie ihm in das Gesicht: „an die Laterne! an die Laterne!" Der Graf Palamede zog seinen Degen und sagte: „ich achte das Leben der Staatsbürger, aber ich werde meine Ehre vertheidigen." Ein Kerl aus dem Haufen faßte den Degen um denselben zu zerbrechen. Der Graf wehrte sich, und verwundete den Kerl an der Hand. Der rasende Haufe wird noch wüthender da er das fließende Blut erblickt. Er bricht in ein wüthendes Geschrei aus: „Tödtet ihn! zerreißt ihn! stecht ihn todt!" Man dringt von allen Seiten auf den Grafen zu, und er wehrt sich standhaft, und so kaltblütig, daß er, nach einem langen Gefechte, nicht mehr als drei oder vier Männer verwundet hat. Endlich sind seine Kräfte erschöpft, und schon ist er im Begriffe niederzusinken, als ein alter Bedienter seines Vaters, Namens Richard, welchen das Geschrei des Pöbels herbeigeführt hatte, ihn mitten unter den Mördern erblickt. Dieser drängt sich mit Gewalt durch den Haufen, und faßt den Grafen. Der Pöbel hält ihn für einen Henker, und erwartet nunmehr die Ermordung seines Feindes mit anzusehen: aber der Bediente flieht mit dem Grafen in ein nahe gelegenes Haus. Sie verrammeln inwendig die Thüre, und der Pöbel droht das Haus in Brand zu stecken.

stecken. Der junge Graf, welcher diese Drohungen hört, will das Leben seines Freundes und der Bewohner des Hauses nicht in Gefahr setzen, sondern er bietet sich an, das Haus zu verlassen und sich dem wüthenden Haufen zu übergeben. Aber Richard und der Mann, dem das Haus zugehört, bitten ihn knieend, sich zu retten. Mit Hülfe einer Leiter steigt er auf das Dach. Das Volk erblickt ihn. Er steigt von Dach zu Dache, von Straße zu Straße. Immerfort verfolgt ihn unten der Haufe, mit rasendem Mordgeschrei, und Richard folgt dem Grafen überall nach. Endlich, erschöpft an Kräften, steigen sie beide in ein Haus, verstecken sich im Keller, und verlassen, in der darauf folgenden Nacht, verkleidet die Stadt.

Am achtzehnten April traten die neuen Bürgerräthe zu Avignon ihr Amt an. Die päbstlichen Truppen und die Bürgermiliz versammelten sich, und, unter kriegerischer Musik, wurde folgender Eid geschworen: „Wir schwören dem Vaterlande und dem heiligen Stuhle getreu zu verbleiben, unsere Pflichten wohl und getreu zu erfüllen, und aus aller unserer Macht die Berathschlagungen der Distrikte dieser Stadt und die von denselben angenommene Konstitution aufrecht zu erhalten." Die Bürgermiliz und die Truppen schworen denselben Eid. Nachher wurde das Te Deum gesungen, die Glocken geläutet, die Kanonen gelöst, und des Nachts die Stadt erleuchtet. Der Pabst war über alle diese Vorfälle höchst unzufrieden. Er ließ, am ein und zwanzigsten

Dritter Theil. Y April,

April, ein Breve nach Avignon ergehen, in welchem er alle Anordnungen und Befehle seines Vicelegaten mißbilliget, verwirft und für null und nichtig erklärt; so wie auch alles, was, zufolge dieser Verordnungen, geschehen und beschlossen worden ist; oder noch ferner beschlossen werden könnte. Zugleich sandte der Pabst Hrn. Celestini nach Avignon, um mit dem Vicelegaten und mit der Bürgerschaft über die Herstellung der Ruhe sich zu berathschlagen. Sobald dieses päbstliche Breve in Avignon bekannt wurde, versammelte sich die Bürgerschaft, und beschloß einstimmig, den Hrn. Celestini gar nicht in die Stadt zu lassen. Zu diesem Ende wurde ihm eine Staffette auf die nächste Poststation entgegen gesandt, mit der Bitte, daß er seine Reise nicht weiter fortsetzen möchte. Auch wurde an den Thoren der Stadt Befehl gegeben, daß wenn er sich daselbst blicken ließe, man ihm sagen sollte: er müßte sich auf der Stelle wiederum zurückbegeben, wenn er nicht als ein Störer der öffentlichen Ruhe und der öffentlichen Freiheit angesehen und behandelt werden wolle. Der Bürgerrath beschloß ferner, das päbstliche Breve gar nicht anzunehmen, sondern, statt desselben, alle Beschlüsse der französischen Nationalversammlung, welche auf die Lage der Stadt Avignon passend wären, bei sich einzuführen.

Am zwölften Mai wurde, in der Nationalversammlung, ein Brief des Ministers, Hrn. de St. Priest, vorgelesen, in welchem derselbe der Versammlung die zu Marseille vorgefallenen Unruhen und die

Ein-

Einnahme der beiden Festungen durch die Bürgermiliz berichtet, und zugleich bekannt macht, was für Maßregeln der König zu nehmen für nöthig gehalten habe. Die Berathschlagung über diesen wichtigen Vorfall wurde sehr heftig und lärmend. Zuerst sprach Hr. D'andre.

Hr. D'andre. Die Stadt Marseille hätte ruhig bleiben sollen. Alles, was sie verlangt hat, ist ihr gewährt worden; was verlangt sie denn noch? Der Bürgerrath nimmt die königlichen Festungen ein! Sind denn die Bürgergerichte souverain? Sind sie mit dem Könige im Kriege? Aber der König hat sich an die Spitze der Revolution gesetzt; und nunmehr frage ich, ob Festungen anzugreifen, welche unter seinen Befehlen stehen, nicht eine Verletzung aller Grundsätze sey? Was für Mittel haben Sie, um eine Stadt, wie Marseille ist, im Zaum zu halten, wenn sich dieselbe gegen Ihre Beschlüsse auflehnen wollte, und diejenigen Mittel, welche der ausübenden Gewalt zugehören, selbst in Händen hätte? Wenn überall die der ausübenden Gewalt zugehörige Kraft geraubt wird; so giebt es in Frankreich keine Polizei und keine Regierung mehr. Ich spreche offenherzig, ob mir gleich die Gefahr nicht unbekannt ist, welche durch diese Offenherzigkeit über mich kommen kann. Alles was ich habe, meine Güter, meine Frau und meine Kinder, befinden sich in der Nähe von Marseille, nur fünf Stunden von der Stadt. Ich habe ihre Gefahr und dasjenige, was mir am theuersten ist, vergessen, weil es meine Pflicht erfordert, dere, für die Revolution und für die Freiheit zu sprechen, und Ausgelassenheit und Gesetzlosigkeit einzuschränken.

Hr. de Castellanet. Alles was der Bürgerrath zu Marseille nicht gethan hat, und, wie man jetzt behauptet, hätte thun sollen, würde zu weiter nichts gedient haben, als das Unglück noch größer zu machen. Das Volk war schwer zu beruhigen. Es war aufgebracht darüber, daß die Truppen so viele Schwierigkeiten machten, um die Stadt zu verlassen. Das Kriegsgesetz vermag nichts, in einer Stadt wie Marseille, wo das wüthende Volk nicht ermangeln würde, das Lazareth zu öfnen und den Keim der Pest in die Stadt zu bringen. Es vermag nichts, in einer Stadt, wo dreißigtausend Matrosen von diesem Gesetze nichts zu befürchten haben, sobald sie sich auf ihre Schiffe begeben.

Hr. de la Fayette. Die Begebenheiten, welche zu Marseille vorgefallen sind, haben meine Vorgänger Ihnen ausführlich erzählt. Wenn der König eine verirrte Stadt zu ihrer Pflicht wieder zurückrufe; wenn er die Urheber einer Mordthat aufsuchen läßt; wenn er über die Sicherheit der Seehäfen und der Zeughäuser wacht; wenn er, in verschiedenen Theilen des Reiches, den Unordnungen Einhalt thut: so kann ich, in dieser nothwendigen und constitutionsmäßigen Ausübung seines Ansehens, weiter nichts finden, als Sorge für das öffentliche Wohl. Ich glaube nicht an jene Bewegungen zu einer Gegenrevolution, welche es thöricht seyn würde

nur

nur zu versuchen, feigherzig zu fürchten, und welche weiter nichts als Wachsamkeit erfordern, um sie im Keime zu ersticken. Und sogar dann, wenn neidische Nachbarn unsere werdende Freiheit angreifen sollten; was würde da eine, durch ihre alte Tapferkeit und durch ihre neuen Tugenden starke Nation nicht vermögen, wenn sie durch Freiheit vereinigt wäre, und für dieselbe streiten sollte? Der Gesinnungen ihres Oberhauptes gewiß, was vermag sie nicht, um eine Revolution vollkommen zu machen, die sich vorzüglich durch zwei Hauptzüge auszeichnet; durch Kraft des Volkes und durch Rechtschaffenheit des Königs? Aber ich muß mich dieser Gelegenheit bedienen, um die Versammlung aufmerksam auf diese neue Gährung zu machen, welche sich jetzt von Straßburg bis nach Nismes, und von Brest bis nach Toulon erstreckt, und welche die Feinde des Volkes vergeblich von dem Volke herleiten wollen, da sie vielmehr, deutlich genug, die Folge eines geheimen Einflusses ist. Ist man damit beschäftigt die neuen Eintheilungen Frankreichs einzurichten? so werden die Felder verwüstet, und Personen proscribirt! Waffnen sich die benachbarten Mächte? so ist sogleich Unordnung in unsern Seehäfen! Möge der gerechte Unwille der Versammlung, gegen solche ungesetzmäßige Gewaltthätigkeiten, künftig unsre Kommandanten und unsre Zeughäuser beschützen! Wahrlich! man findet in solchen Excessen, weder den Vortheil, noch die Gesinnungen des Volks! Aber wenn sogar Bürgergerichte ihre Gewalt überschreiten; wenn sie Mißtrauen gegen die Regierung selbehalten, nachdem alle Mißbräuche derselben abgeschaft sind; wenn sie vergessen, daß in der unrichtigen Vertheilung der Gewalt die Tirannei besteht; und daß, sobald sie vertheilt ist, die freie Ausübung eines jeden Theils derselben zu dem allgemeinen Besten nothwendig wird: dann, meine Herren, lassen Sie ja nicht einen eiteln Wunsch nach Popularität irgend Einen von uns verhindern, die Grundsätze festzusetzen, und unsere Mitbürger zu denselben zurückzuführen.

Graf Mirabeau. Ich unterscheide den Befehl des Königs, von der Schrift des Ministers. Das Bürgergericht zu Marseille läßt sich leicht entschuldigen. Es hat etwas Ungesetzliches gethan; aber deswegen ist es keiner Rebellion schuldig. Die Einwohner von Marseille haben am dreißigsten April weiter nichts gethan, als was auch wir am fünften Oktober thaten. Und warum sollte denn nicht auch das Beil, wegen jenes Tages, auf die Pariser fallen, da man alle Blitze der ausübenden Gewalt auf die Einwohner von Marseille herabruft! Aber man sieht wohl die Absicht gewisser Leute. Sie wollen die Stadt Marseille zum Aufruhr reizen, um das Kommando einer Armee gegen dieselbe zu erhalten, und den König mit sich nehmen zu können.

Hr. de la Fayette. Mit der Ruhe eines reinen Gewissens, welches niemals über irgend eine seiner Handlungen, noch über irgend eine seiner Gesinnungen zu erröthen hatte, und mit dem lebhaftesten Wunsche, daß alle Umstände, welche die

Revo

Revolution betreffen, an das Tageslicht kommen mögen, wünsche ich, daß auch die Umstände des Vorfalls zu Marseille auf das genaueste untersucht werden mögen.

Graf Mirabeau. Ich verachte die Verläumder, welche vorgeben, daß ich die Unruhen zu Marseille unterhalte, und welche sagen, das Chatelet untersuche den Vorfall des sechsten Oktobers nur um das Verbrechen zu beleuchten. Ich habe den Frieden zu Marseille hergestellt; ich stelle den Frieden zu Marseille her; ich werde den Frieden zu Marseille herstellen. Laßt sie kommen diese Verläumder! Laßt sie mich anklagen! Ich verlange es! Ich verlange, daß alle meine Verbrechen bekannt gemacht werden!

Am sechszehnten Mai, und an den folgenden Tagen, berathschlagte sich die Nationalversammlung über die wichtige Frage: "Soll die Nation dem "Könige das Recht übertragen, Krieg "zu führen und Frieden zu schließen?"

Der Herzog von Levis. Der offensive Krieg muß von dem defensiven wohl unterschieden werden. Offensiven Krieg darf Niemand führen; aber der defensive ist gerecht. Wir müssen also, damit den Anfang machen, zu erklären, daß unsere Nation niemals etwas gegen die Freiheit irgend eines Volks unternehmen wolle, aber daß sie die Angriffe ihrer Feinde zurückzustoßen bereit sey. Nachher wird man untersuchen, wer das Recht haben solle den Krieg zu erklären. Endlich wird man untersuchen müssen, ob Bündnisse für Frankreich nützlich oder schädlich seyn.

Graf de Sérent. Die Ausübung der öffentlichen Gewalt muß einem Einzigen übertragen werden. Der König muß das Recht haben Krieg und Frieden nach Gefallen zu beschließen. Alle Einwürfe, welche man dagegen, wegen des Ehrgeizes der Könige und der Leidenschaften der Minister, machen könnte, sind unbedeutend. Ein zahlreiches gesetzgebendes Korps ist der Wirkung der Leidenschaften noch mehr ausgesetzt, als das Kabinet der Minister; und es wird fremden Nationen leichter werden Mitglieder der Versammlung zu bestechen, als Minister. Ausserdem verlangt der Krieg Geheimniß des Beschlusses und Schnelligkeit in der Ausführung. Behält sich die Versammlung vor, in solchen Fällen zu entscheiden: so wird der Feind die Entscheidung erfahren, ehe dieselbe noch gegeben ist. Der König wird verachtet und die Nation ohne Ansehen seyn.

Herzog von Aiguillon. Alle Gewalt gehört der Nation zu; folglich auch die Gewalt Krieg und Frieden zu schließen. Könige, gleichviel ob gut oder schlecht, und die guten am meisten, lassen sich allemal von ihren Ministern leiten. So ließ Louvois das Blut der Frankreicher fließen; bloß allein, damit er Ludwig dem Vierzehnten Beschäftigung geben möge, weil dieser König, wegen eines unrecht angebrachten Fensters zu Trianon, gegen Louvois aufgebracht war. Um den gefährlichen Folgen der Launen der Maitressen und des Ehrgeizes der Minister

ſtet auszuweichen, muß man dem Könige das Recht
nicht überlaſſen Krieg und Frieden zu ſchließen. Daß
das Geheimniß beibehalten werden müſſe, iſt nur ein
eitler Vorwand. Wer ſich nicht zu fürchten braucht,
der hat kein Geheimniß nöthig. Ein großmüthiges
Volk, welches die Größe ſeines Karakters gezeigt hat,
muß die Ehre, die ganze Welt zu der Vertrauten
ſeiner Plane zu machen, einer krummen und verroſ-
teten Politik vorziehen. Nach der Bekanntmachung der Rechte des Menſchen wird noch eine
Bekanntmachung der gegenſeitigen Rechte der Nationen erfodert.

Der Weltprieſter Jallet. Keine Na-
tion hat das Recht offenſiven Krieg zu führen. Laßt
alle Nationen frei werden, wie wir es ſind, dann
wird es keinen offenſiven Krieg mehr geben, weil es
dann Könige und keine Despoten mehr geben wird.
Die Kriege, welche der Geſchichte Schande machen,
ſind nicht die Folge des Haſſes und der Feindſchaft
der Nationen, denn dieſe liegt gar nicht in der Natur; ſondern ſie ſind die Folge des Ehrgeizes der
Despoten, der Fürſten, der Miniſter, welche das
Vermögen und das Blut ihrer Unterthanen für nichts
rechnen.

Hr. de Cuſtine. Dieſe Grundſätze ſind ſehr
ſchön und gut. Aber man muß die Lage des Königreiches, ſeine Kräfte, ſeine Traktaten, nicht aus den
Augen verliehren. Frankreich hat ſchöne Kolonien;
aber ohne ein anſehnliches Seeweſen wird es dieſelben bald verlieren. Wir haben England zum Nach-

ber,

bar, welches sich unsere Schwäche und die großmüthige Uneigennützigkeit, von der man spricht, zu Nutze machen wird. Das System eines allgemeinen Friedens schickt sich nur für ein Königreich, das mit der See überall umgeben ist, und keinen plötzlichen Einfall zu befürchten hat. Daher ist es unumgänglich nothwendig, dem Oberhaupte der Nation das Recht zu lassen Krieg und Frieden zu beschließen. Die Nation ist geschützt genug, durch die Verantwortlichkeit der Minister; durch die Verbindlichkeit der Minister; durch die Verbindlichkeit des Monarchen, dem gesetzgebenden Korps Nachricht zu geben, acht Tage nachdem die Maßregeln genommen sind; und durch die Todesstrafe, welche die Strafe eines jeden schuldigen Ministers seyn muß.

Graf Charles de Lameth. Das gesetzgebende Korps, und nicht der König, muß das Recht haben Krieg und Frieden zu beschließen. Dieses hat zwar seine Unbequemlichkeiten: aber wer würde nicht lieber sich denselben aussetzen, als einen Grundsatz festsetzen, von welchem selbst der furchtsame Montesquieu die Gefahr nicht verbergen konnte? Der Abgott Frankreichs, Heinrich der Vierte selbst, hatte eben das Projekt, um des Besitzes der Prinzessin von Conde willen, ganz Europa in einen Krieg zu verwickeln, als ein schreckliches Verbrechen ihn der Welt entriß....

("Dieß ist eine Verleumdung!" schrie der Abbé Maury.)

Ich

Ich wundre mich darüber, daß man es wagen darf mich zu unterbrechen, und ich sage noch einmal: Heinrich der Vierte war im Begriffe, ganz Europa, um des Besitzes der Prinzessin von Conde willen, in einen allgemeinen Krieg zu verwickeln, als er ermordet wurde.....

("Dieß ist eine Verleumdung!" schrie der Abbé Maury abermals.)

Nun dann, wer daran zweifelt, der lese die Memoiren des Sully, des Freundes Heinrichs des Vierten. Es ist unmöglich, daß ich, der ich diesen König so sehr hoch schätze, einen solchen Zug in seinem Leben sollte erfinden können. Hätten wir jederzeit einen so tugendhaften König, wie Ludwig der Sechzehnte ist; so dürften wir dieses Recht mit Zuversicht in den Händen des Monarchen lassen. Aber das väterliche Herz dieses Fürsten würde ein solches Recht, ein Recht, Tausende von Frankreichern dem Tode entgegen zu senden, ein Recht das Reich zu entvölkern, vielmehr verwerfen als annehmen. Daher schließe ich, daß, da die ausübende Gewalt weiter nichts thun kann, als ausüben, das Recht den Krieg zu bestimmen der Nation zugehöre, und von den Stellvertretern derselben müsse verwaltet werden.

Graf Virieu. Der Fürst muß dieses Vorrecht besitzen, wenn Einheit, Geheimniß und Schnelligkeit in den Operationen seyn soll. Müßte nicht eine Versammlung von Gesetzgebern, bestehend aus Mitgliedern, welche mit den diplomatischen Kenntnissen unbekannt sind, und welche gar keine Verant-
wort

wortschaft haben, ein Schlachtfeld werden, auf welchem benachbarte Nationen, durch Guineen und Piaster, um eine ihnen günstige Entscheidung sich streiten würden? Friede und Krieg würden in einer solchen Versammlung, an den Meistbietenden verkauft werden! Betrachten Sie das Beispiel der Athenienser, der Schweden, der Holländer!

Marquis de Sillery. Unstreitig muß die ausübende Gewalt mit hinlänglicher Macht versehen seyn, um alle Unternehmungen der Feinde von außen zu verhindern; aber von ganz anderer Art ist das Recht zu urtheilen, ob Krieg oder Frieden vorzuziehen sey. Dieser Gegenstand ist kein Gegenstand der Ausübung, und darum muß auch darüber von der Nation selbst, durch die Stimme ihrer Stellvertreter, entschieden werden.

Hr. Malouet. Der König kann den Krieg nicht fortsetzen, wenn die Nation ihm die Subsidien versagt. Auch die Engländer haben ihrem Könige das Recht übertragen Krieg und Frieden zu beschließen, nicht um aus demselben einen Despoten zu machen; sondern weil es ein Recht ist, welches Verschwiegenheit fordert. Freie Nationen haben mehr ehrgeizige Kriege geführt, als die Despoten, ob man gleich das Gegentheil hier behauptet. Seit einem Jahrhunderte ist der Großsultan der Einzige, der bloß allein defensive Kriege geführt hat. Defensive Kriege muß der Monarch allein, offensive aber nur mit der Einstimmung des gesetzgebenden Korps, führen dürfen.

Hr.

Hr. Pethion de Villeneuve. Vom dem Jahre 1356 bis zu dem Jahre 1614 findet man die Reichsstände über Krieg und Frieden, über Traktaten und Bündnissen, sich berathschlagend. Für das Glück Frankreichs haben sie gar nichts gethan, wenn Sie ihrem Oberhaupte eine so gefährliche Macht in den Händen lassen. Betrachten Sie Frankreich; sehen Sie, was das Reich, durch das Uebertragen dieser Macht, gelitten hat! Betrachten Sie mit mir, was ein ehrgeiziger und grausamer Despote zu thun im Stande seyn würde. Er wird seine Nachbaren reizen; er wird Krieg führen, um von der Nation Geld zu bekommen; mit diesem Gelde wird er die Armee verführen; er wird die Fremden überwinden, und vor seinem mit Sieg gekrönten Oberhaupte wird das Volk in den Staub niederfallen. Die Nation, einmal in den Krieg verwickelt, wird denselben fortsetzen müssen; und das gebieterische Joch der Nothwendigkeit wird sie zwingen Subsidien zu bewilligen, welche sie gerne abschlagen möchte. Aber, sagt man, Geheimniß ist nothwendig. Nein! Das Geheimniß dient nur der Ungerechtigkeit, und bringt lauter Fehler hervor. Es giebt keine andre verehrungswürdige und feste Traktaten, als solche, die auf Gerechtigkeit gebaut sind, und sich auf das gegenseitige Interesse gründen. Das wahre Interesse des Menschen besteht darin, gerecht zu seyn! Alle Wissenschaft der Staatsmänner ist kindisch und eitel. Sie betriegen ihre Zeitgenossen; und opfern ihre Nachkommen auf. Bestechungen, welche auf einzelne

Men-

Menschen so sehr wirken, werden unnütze in einer großen Versammlung, wo die vereinigten Kenntnisse nicht allein dazu dienen, um die Diskussion zu erhellen, sondern auch um die Kabalen zu entdecken. Lassen Sie uns, meine Herren, durch ein Manifest, feierlich erklären, daß wir aus der Politik alle List, alle Betrügereien verbannen, und Aufrichtigkeit und Gerechtigkeit an deren Stelle setzen wollen. Laßt Frankreich allen ehrgeitzigen Plannen, allen Eroberungen entsagen! Seine Gränzen scheinen durch das stolze Schicksal festgesetzt. Laßt uns erklären, daß jeder Einfall in ein fremdes Territorium für eine feig hitzige Niederträchtigkeit anzusehen sey. Sie könnten nichts thun, was, mehr als eine solche Erklärung, das Erstaunen und die Bewunderung der Nachwelt erwecken würde.

Der Graf de Montlausier. Es ist schwer über eine Frage zu sprechen, zu einer Zeit, wo in Frankreich, über diesen und ähnliche Gegenstände, ein allgemeiner Wahnsinn herrscht. Die Könige bedienen sich ihrer Gewalt jederzeit zum Besten der Nationen. Dennoch schont man nicht einmal das Andenken der Könige; nicht das Andenken von Ludwig dem Vierzehnten; nicht das Andenken von Ludwig dem Funfzehnten; nicht das Andenken von Heinrich dem Vierten. Sogar der schreckliche Mord des Ravaillac wird jetzt entschuldigt.

(Graf Lameth: „keine persönlichen Beleidigungen mein Herr.")

Herr Präsident, ich muß Ihnen im Voraus sagen, daß ich noch einige solche Redensarten habe.

(Präsident. Zur Ordnung, mein Herr!) (heftig) Heinrich der Vierte war vielleicht nicht ohne Schwachheiten, aber er deckte dieselben mit seinen öffentlichen Tugenden zu. Liebe zu seinem Volke war jederzeit die erste Leidenschaft seines Herzens. Es ist daher sehr ungeschickt, wenn man ihn zum Beispiele anführt, um hämische Blicke auf den königlichen Karakter zu werfen. — Man spricht viel von Freiheit. Aber was ist Freiheit? Sie kommen mir vor wie die ältesten Römer, welche nur Brod und Freiheit verlangten: aber bald werden Sie auch, wie jene, nur Brod und Schauspiele verlangen.

Hr. de Sinetti. Die vortreflichen Ideen des Herrn Pethion, verdienen meine ganze Bewunderung. Aber ich bitte, um der Klugheit, um der Erhaltung des Friedens, und um des Gleichgewichts von Europa willen, daß das neugebohrne Frankreich sich nicht bloß allein auf seine Vertheidigung einschränke, damit seine Verbündeten sicher seyn können, in seiner Tapferkeit den Beistand zu finden, auf welchen die Traktaten ihnen den Anspruch geben. In der Politik darf man nicht eine mathematische Vollkommenheit suchen.

Hr. de Beauchernois. Herr de Montlausier, und diejenigen, welche ähnliche Gesinnungen mit ihm haben, verleumden die Nation, ihre Stellvertreter und die Beschlüsse derselben. Vielleicht hat man nicht mit Unrecht das System eines allgemeinen meines Friedens für eine schöne Schimäre gehalten, aber es darf wohl im achtzehnten Jahrhunderte der Nationalversammlung erlaubt seyn, die Hoffnung dieses System erfüllt zu sehen, vorzutragen.

Der Herzog von Praslin. Der Unterschied zwischen offensiven und defensiven Kriegen, worüber soviel gesprochen worden ist, ist eigentlich ganz ungegründet. Jede kriegführende Macht behauptet, daß der Krieg von ihrer Seite defensiv sey. Als der König von Preußen in Sachsen einfiel, als die Kaiserin von Rußland die Pforte angriff, schienen beide die allerrechtmäßigsten Beweggründe dazu zu haben.

Hr. von Robespierre. Ich wünsche, daß man dieses gefährliche Recht demjenigen überlasse, der am wenigsten geneigt seyn wird dasselbe zu mißbrauchen. Das gesetzgebende Corps wird nur im Falle der unabänderlichen Nothwendigkeit Krieg verlangen. Hingegen die ausübende Gewalt wird den Krieg suchen, um ihre Vorrechte zu üben und auszudehnen.

Hr. D'Harambure. Die Versammlung darf nicht das Recht haben Krieg und Frieden zu beschließen. Denn das Volk kann seine Rechte keinen andern als solchen Agenten übertragen, die verantwortlich sind. Dem Könige gehört dieses Recht zu.

Hr. de Clermont Tonnerre. (Er bewies, in einer langen und vortreflichen Rede, daß das Recht, Krieg und Frieden zu beschließen, dem Könige zugehöre.)

Hr.

Hr. Reubel. Unstreitig muß die National-versammlung das Recht behalten über Krieg und Frieden zu entscheiden. Sonst würde eine Vermischung der Gewalt entstehen; Wille und Ausführung, Gesetz und Ausübung desselben, würden vereinigt. Die Verantwortlichkeit der Minister, bürgt für nichts: denn wie könnte der Kopf der Minister oder ihr Vermögen, für die traurigen Folgen eines unvorsichtig unternommenen Krieges entschädigen? Die Minister wünschen allemal Krieg: denn der Krieg verschafft ihnen Mittel heimlich Geld zu erhalten.

Hr. de Crillon. Diejenigen, die alle Last des Krieges tragen, müssen auch entscheiden können, ob derselbe Statt haben solle oder nicht. Folglich müssen die Stellvertreter des Volkes über den Krieg entscheiden, aber dem Könige muß das Vorrecht bleiben den Frieden vorschlagen zu können.

Abbe Maury. Auflagen sind eine beträchtliche Ressurce, sie sind das Maaß der öffentlichen Macht. Man hat Ihnen gesagt, Auflagen könnten verweigert werden, und man hat darauf geantwortet: dieses würde ein wahres Mittel seyn Aufruhr zu stiften. So lange aber die Auflage noch nicht ausgeschrieben ist, so lange kann dieselbe auch keinen Aufruhr veranlassen. Dieß ist der Schild der öffentlichen Freiheit. Hören wir nunmehr auf den Wunsch der Nation, und auch dieser wird Sie lehren, daß es besser sey dem Könige das Recht Krieg und Frieden zu beschließen zu übertragen. Sonst würden Sie ja mit Völkern umgeben seyn, welchen alle Ihre Plane bekannt wären, während Sie die Plane jener Nationen nicht kennen könnten. Wäre Ihre Absicht, Anstalten zum Kriege zu machen, um einen Krieg zu vermeiden: so könnten Sie Ihren Zweck nicht erreichen, weil Ihre Absicht bekannt werden würde. Sie werden gar kein Geheimniß haben; aber um Sie her wird Alles geheim seyn. Was können Sie wohl von dieser neuen Ordnung der Dinge erwarten? Wer wird Ihr Freund werden, und seine Geheimnisse öffentlich bekannt gemacht sehen wollen? Welch ein Unterschied zwischen der Politik und den Finanzen! Der Wohlstand beruht auf dem Kredit, und der Kredit auf der öffentlichen Bekanntmachung der Lage der Dinge. Ganz anders verhält es sich mit politischen Operationen. Hier fängt die Gewalt der Meinung an sich zu zeigen; hier muß man auf den moralischen Karakter der Könige, auf ihre Talente, auf ihre Tugenden und auf ihre Laster, Rücksicht nehmen. Man muß ihre Minister, ihre Verbündeten, und ihre Feinde, kennen gelernt haben. Wie ist nun so etwas in dieser Versammlung möglich? Oder soll etwa dieser Rednerstuhl in ein Tribunal der Verleumdung und der bösen Nachreden verwandelt werden? Wer möchte wohl der Verbündete eines solchen Volkes seyn? Seit den großen Grundlagen, welche der Kardinal Richelieu gelegt hat, ist in Europa alles im Gleichgewicht. Sie können daher nicht allein, und für sich existiren; sonst würden Sie bald von Ihren Nachbarn verschlungen werden. Der Wunsch und das Interesse

esse der Nation erfordern demzufolge, daß der König das Recht habe, den Krieg zu erklären. Die Könige, sagt man, werden dieses Recht mißbrauchen: aber welche Republik hat dasselbe nicht auch gemißbraucht? Sehen Sie einmal, ob es genug ist frei zu seyn, um die Freiheit anderer Nationen zu schätzen! Sehen Sie ob nicht die freien Staaten am meisten kriegerisch sind! Man hat uns gesagt, Heinrich der Vierte habe ganz Europa in einen Krieg verwickeln wollen, damit er zu dem Besitze der Charlotte de Montmorenci, Prinzessin von Conde gelange. Erlauben Sie mir, erlauben Sie einem Stellvertreter der Nation, das Andenken Heinrichs zu vertheidigen. Nein, er wollte nicht, um einer unsinnigen Leidenschaft willen, das Feuer über ganz Europa verbreiten; er wollte einen Plan ausführen, den er, schon seit ein und zwanzig Jahren, überlegt, und mit der Königin Elisabeth verabredet hatte. Es brauchte viele Mühe seinen Freund Sully diesen Plan billigen zu machen. Endlich aber erkannte Sully denselben für leicht, gerecht und glorreich. Heinrich wollte aus ganz Europa nur eine einzige, große Verbündung machen. Nun sieht man, warum Heinrich, noch am Abende vor seinem Todestage, schrieb: „Lebe ich „am Montag, so fängt am Montag mein Ruhm an." Aber am Freitage beraubte ein Ungeheuer die Frankreicher ihres Vaters; und Frankreich vergoß Thränen, welche zwei Jahrhunderte noch nicht haben trocknen können.

(Allgemeines Beifallklatschen von allen Seiten des Saals.)

Hr. de Volney. Sie müssen, meine Herren, den jetzigen, traurigen Zustand der Dinge in Europa umändern. Sie müssen nicht länger zugeben, daß Millionen Menschen das Spielzeug einiger Weniger ihres Gleichen seyn. Sie werden den Nationen ihre Würde und ihre Rechte zurück geben! Die heutige Berathschlagung ist darum wichtig, weil sie gleichsam der Uebergang in diese neue Welt ist. Heute halten Sie Ihren Einzug in die politische Welt. Bisher haben Sie in Frankreich, und für Frankreich, sich berathschlagt: aber heute berathschlagen Sie Sich in der Welt und für die Welt. Sie rufen heute, ich darf es sagen, eine Versammlung aller Völker zusammen. Darum ist es auch sehr wichtig, auf eine eindruckmachende Weise, die Meinung festzusetzen, welche die Völker von Ihnen, und von Ihren Grundsätzen erhalten sollen.

Hr. de Saint Fargeau. Es sind hier zwei Fragen, welche wohl müssen von einander unterschieden werden: nehmlich die konstitutionelle Frage, über das Recht Krieg und Frieden zu beschließen, und das Verzichtthun auf alle Eroberungen. Das ausschließende Recht Traktaten und Bündnisse zu schließen, ist mit der ersten Frage so genau verbunden, daß beide von einander unzertrennlich sind, oder sich einander aufheben, wenn sie getheilt werden. Die Gefahr dieses Recht der ausübenden Gewalt zu überlassen, ist allzugroß. Die Einwohner von Großbrittanien bewohnen

wohnen eine Insel, und haben von auswärtigen Kabalen nichts zu befürchten. Eine Seemacht ist überhaupt für die Freiheit nicht gefährlich. Ausserdem hat jedes Parlamentshaus sein eignes Veto. Da nun diese Konstitution eine augenblickliche Unthätigkeit voraussetzt; so hat man das Recht Krieg zu führen einer thätigen Gewalt übertragen müssen, deren Beschlüsse durch nichts aufgehalten werden können. Hingegen in Frankreich, wo es nur ein einziges gesetzgebendes Korps giebt, muß man demselben dieses Recht übertragen, weil es dasselbe am wenigsten mißbrauchen wird.

Hr. de Bousmard. Lassen Sie dem Könige ein Recht, in dessen Besitze er schon ist.

Hr. Chabroud. Das Recht, über Krieg und Frieden zu beschließen, ist ein Recht, welches die Nation nicht ausüben kann, welches man ohne Gefahr dem Könige nicht übertragen kann, und welches, in den Händen der Stellvertreter der Nation, zu Grunde gehen würde. Was ist nunmehr zu thun? Der König muß die Anstalten zum Kriege machen, und alle nöthigen Maaßregeln nehmen; dann muß er die Stellvertreter der Nation zusammen berufen, und wenn sie den Krieg erklärt haben, so übernimmt der König das Kommando der Armee, bestimmt alle Bewegungen derselben, und ernennt die Generale. Findet die Versammlung es für nöthig, gegen den Willen der Minister, Frieden zu schließen, so wird dieses jederzeit in ihrer Macht stehen; denn sie darf nur einen Theil der Armee zurück berufen.

Hr.

Hr. Dupont. Das Recht, einen offensiven Krieg zu führen, gehört Niemand, nicht einmal der Nation, zu. Nun kann man aber ein Recht, welches man selbst nicht hat, auch niemand anders übertragen, und daher kann die Nation dasselbe ihrem Oberhaupte nicht übergeben. Aber das Recht zu einem defensiven Kriege gehört Jedermann zu, und dieses Recht kann ohne Ungerechtigkeit dem Könige nicht genommen werden. Ja, noch mehr, zu der Zeit eines Einfalls in das Reich, würde sich der König strafbar machen, wenn er, um den Feind zurückzutreiben, so lange warten würde, bis das gesetzgebende Korps sich versammelt und berathschlagt hätte. Ein defensives Bündniß ist ein um so viel heiligeres Bündniß, da es auf die Gerechtigkeit und auf das gegenseitige Interesse beider Partheien sich gründet, und ohne die Uebereinstimmung beider nicht gebrochen werden kann. Da aber ein offensiver Krieg allemal ein Verbrechen ist, so ist auch ein offensives Bündniß ein Verbrechen, und bindet keinesweges: denn ein Versprechen Böses zu thun ist kein gültiges Versprechen. Es ist zwar ein erhabener Wahnsinn, aber doch gewiß ein Wahnsinn, zu behaupten, daß Frankreich gar keiner Bündnisse bedürfe. Ehre und Klugheit legen uns das Gesetz auf, die defensiven Bündnisse zu halten, welche wir geschlossen haben.

Abbé de Montesquiou. Es giebt keinen defensiven Krieg, der nicht in kurzer Zeit offensiv würde: folglich ist der Unterschied zwischen beiden nicht gegründet. Der König muß das Recht haben

den

den Krieg zu erklären. Und dieses Recht ist für ihn nicht so vortheilhaft, wie es zu seyn scheint. Fällt der Krieg unglücklich aus, so schiebt die öffentliche Meinung dieses auf ihn; da hingegen alles auf die Nationalversammlung zurückfallen würde, wenn diese sich das Recht vorbehielte den Krieg zu erklären. Im ersten Falle wird daher der König nicht ohne große Ueberlegung den Krieg anfangen; aber in dem zweiten Falle wird ihn nichts zurückhalten. Wilhelm der Dritte war, genau betrachtet, König in Holland und Statthalter in England. Das einzige Mittel, unsere Freiheit zu erhalten, besteht darin, daß wir den Monarchen aufmuntern dieselbe zu vertheidigen. Der Wunsch eines allgemeinen Friedens, dieses Projekt des Abbé Saint Pierre, ist ein schöner Wunsch, den jeder erleuchtete und gefühlvolle Mann wünscht, ohne an die Möglichkeit der Erfüllung zu glauben. Meine Meinung ist also, daß das Recht, Krieg und Frieden zu beschließen, dem Könige übertragen werde. Man fürchtet sich vor einer Gegenrevolution! Was heißt denn das, eine Gegenrevolution? Ist unsere Konstitution gut, so kann dieselbe unmöglich umgeworfen werden: ist dieselbe nicht gut, gefällt sie der Nation nicht, so ist nichts im Stande zu verhindern, daß sie nicht umgeworfen werde.

Der Graf de la Galissonniere. Unsere Nachbaren haben nicht, so wie man uns zu thun vorschlägt, den Entschluß gefaßt, niemals das Eigenthum eines andern anzugreifen. Sie werden uns, im Stillen, Unglück zubereiten; Geheimniß wird ihre Anschläge bedecken. Wie groß ist nicht der Vortheil, welchen wir denselben über uns, durch unsere öffentlichen Berathschlagungen, gestätten? Schöne Plane anzugeben ist nicht alles: diese Plane müssen auch auszuführen möglich seyn! Nur wenn man richtig den Zufall berechnet, nur dann ist man in dem Erfolge seiner Unternehmungen glücklich; sind aber einmal unsere Plane bekannt, so wird der Zufall weiter nichts mehr für uns thun. Wir haben gar kein Recht dem Könige die Entscheidung über Krieg und Frieden zu rauben.

Hr. Regnaud. Man sagt uns, der König sey schon lange im Besitze dieses Rechtes. Besitzung ist aber nicht Recht, und keine Besitzung kann eine Nation ihrer unvergeblichen Rechte berauben. Wir leben nicht in einem Staate, wo der Wille des Monarchen Alles thun kann. Wie darf man verlangen, daß der König bei uns, wo er nicht einmal das Recht hat mit dem Eigenthume eines seiner Unterthanen nach Willkühr zu schalten, mit der Existenz seiner Unterthanen nach Willkühr solle schalten können?

Hr. Freteau. Das Recht, Krieg zu führen, hat jederzeit der Nation zugehört, und, ohne gegen alle Grundsätze zu handeln, ohne das Interesse des Vaterlandes in Gefahr zu setzen, können Sie dieses Recht Niemand anders als dem gesetzgebenden Korps übertragen. Ich kann aus der Geschichte beweisen, daß seit der Existenz unserer Monarchie, die letzten hundert und sechzig Jahre ausgenommen, die Nation

alle-

allezeit dieses Recht ausgeübt hat. Sie haben beschlossen, die Nation solle frei seyn; Aber dieses ist unmöglich, wenn dieselbe der Gewalt der Minister und dem Spiele fremder Mächte ausgesetzt ist. Jeder Krieg zweckt dahin ab, die monarchische Gewalt zu theilen. Könnten die Minister Krieg nach Gefallen führen: so würden sie auch Auflagen ausschreiben, und mit dem Eigenthum der Nation nach Gefallen schalten können.

Graf von Mirabeau. Wenn ich über eine Materie spreche, welche schon seit fünf Tagen ein Gegenstand der Berathschlagungen ist: so thue ich es nur um die Frage gehörig zu bestimmen; denn, wo ich nicht irre, so ist dieses bis jetzt noch nicht geschehen. Muß der König das Recht bekommen über Krieg und Frieden zu beschließen; oder muß das gesetzgebende Korps dieses Recht erhalten? So, meine Herren, so hat man bisher die Frage gesetzt; aber ich gestehe, daß die Frage, wenn dieselbe auf diese Weise gesetzt wird, für mich selbst unauflöslich seyn würde. Ich glaube nicht, daß man, ohne die Konstitution umzuwerfen, die Ausübung des Rechts, Krieg und Frieden zu beschließen, dem Könige überlassen könne; ich glaube auch nicht, daß man ausschließend dem gesetzgebenden Korps dieses Recht überlassen dürfe, wenn wir uns nicht Gefahren einer andern Art aussetzen wollen. Aber wir brauchen ja nicht eine ausschließende Wahl zu treffen. Kann man nicht zu einem Geschäfte, welches Willen und Handlung, Ausübung und Berathschlagung, zu gleicher

Zeit erfordert, beide Arten von Gewalt, welche zusammen die nationelle Stärke ausmachen, zugleich beitragen lassen? Kann man nicht die Rechte, oder vielmehr die Mißbräuche, des vormaligen königlichen Ansehens einschränken, ohne deswegen die öffentliche Kraft zu lähmen? Daher, meine Herren, denke ich mir die Aufgabe, welche aufzulösen ist, auf folgende Weise: Muß man nicht das Recht, Krieg zu führen und Frieden zu schließen, den beiden Arten von Gewalt, welche unsere Konstitution festgesetzt hat, gemeinschaftlich übertragen? Ehe wir über diesen neuen Gesichtspunkt entscheiden, will ich erst mit Ihnen untersuchen, ob in Krieg und Frieden die Natur der Dinge uns nicht den Zeitpunkt, wo jede der beiden Gewalten abgesondert handeln muß; die Punkte wo sie zusammentreffen; die Geschäfte welche beiden gemein sind; und die Geschäfte welche jeder einzeln zugehören; von selbst anzeigen. Erstens muß der König oder das gesetzgebende Korps auswärtige Verbindungen unterhalten, über die Sicherheit des Reiches wachen, und die nöthigen Vorkehrungen zu der Vertheidigung desselben befehlen? Gewiß kommt dieses allein dem Könige zu. Wenigstens können Sie diese Frage auf keine andere Weise entscheiden, wenn Sie nicht in dem Königreiche zwei ausübende Gewalten haben wollen. Entscheiden Sie aber, daß dieses dem Könige zukomme, so haben Sie auch dadurch schon entschieden, daß die öffentliche Macht sich in dem Falle befinden kann, einem feindlichen Einfalle sich widersetzen zu müssen, ehe noch das gesetzgebende Korps

Korps Zeit gehabt hat, seinen Beifall oder seine Abneigung dagegen an den Tag zu legen. Was heißt das aber anders, einem feindlichen Einfalle sich widersetzen, als den Krieg anfangen? Ist also von einem defensiven Kriege die Rede: so hat entweder der Feind Feindseligkeiten begangen, und dann hat der Krieg schon seinen Anfang genommen; oder derselbe macht Kriegszurüstungen, und verräth dadurch seine Absicht. Auch in dem letztern Falle hat der Krieg schon angefangen. Es giebt noch einen dritten Fall, nehmlich: wenn entschieden werden muß, ob ein bestrittenes oder angemaßtes Recht, durch die Gewalt der Waffen erhalten werden soll. In allen diesen Fällen sehe ich gar nicht ein, worüber das gesetzgebende Korps sich zu berathschlagen hätte. Die Zeit kommt aber, wo die Zurüstungen zu der Vertheidigung die gewöhnlichen Fonds überschreiten, und das her dem gesetzgebenden Korps angezeigt werden müssen; und ich will nunmehr zeigen, was es in diesem Falle für ein Recht hat. Aber, werden Sie sagen, sollte dann das gesetzgebende Korps nicht jederzeit das Recht haben den Anfang des Krieges zu verhindern? Nein! das ist eben soviel, als wenn Sie verlangten, daß ein Mittel ausgefunden werden sollte, um fremde Nationen zu verhindern uns anzugreifen: und wo giebt es ein solches Mittel? (In einer langen Rede bewies nun Mirabeau, mit bewundernswürdiger Beredsamkeit, daß dem Könige allein das Recht zukomme, den Krieg anzufangen.)

Hr.

Hr. de Cazalès. Die Nationalversammlung hat anerkannt, daß die französische Regierungsform eine Monarchie sey. Sie hat ferner erklärt, was sie unter einer Monarchie verstehe, nehmlich, daß die ausübende Gewalt ganz allein in den Händen des Königs bleiben solle. Nun ist doch unstreitig das Recht, Krieg und Frieden zu beschließen, ein Theil der ausübenden Gewalt. Es ist wohl Niemand hier, in dieser Versammlung, der sich unterstehen dürfte zu behaupten, einen Frieden zu schließen heiße ein Gesetz geben. In einer freien Regierungsform muß das gesetzgebende Korps sich darauf einschränken, die Grundsätze der Traktaten und der Kriegserklärungen zu bestimmen: und von diesen Grundsätzen darf die ausübende Gewalt niemals abgehen. Ich frage die Versammlung: Ist ein einziges unter ihren Mitgliedern, welches, als es dafür stimmte, daß die höchste ausübende Gewalt dem Könige zugehören solle, nicht auch zugleich ihm das Recht, Krieg und Frieden zu beschließen, zu übertragen glaubte?

(Ein Theil der Versammlung ruft: „Nein! Nein! Nein!")

Ich antworte denjenigen, die mich jetzo unterbrechen, daß zu Versailles über jenen Beschluß lange Debatten gehalten worden sind. Man stritt sich lange über das Wort höchste, und wahrscheinlich waren diejenigen, die mich jetzt unterbrechen, damals nicht der Meinung, daß das Wort höchste sollte angenommen werden.

(Lärm,

(Lärm, Tumult, und Gemurmel des Unwillens.)

Es ist kein Zweifel, daß, wenn die Nationalversammlung noch aus eben den Mitgliedern bestände, aus denen dieselbe damals bestand, und wenn nicht unsere feigherzigen Kollegen den Posten verlassen hätten, auf welchen das öffentliche Zutrauen sie gesetzt hatte, diese Frage nicht einmal einer Berathschlagung würde unterworfen werden. Da es aber unglücklicher Weise nicht geleugnet werden kann, daß diese Versammlung, durch ihre eignen Beschlüsse, nicht gebunden ist; daß diese Beschlüsse, in dem, was sie selbst angeht, bloße Resolutionen sind; und daß sie am Morgen umwirft, was sie am Abend vorher gebauet hatte.....

(Heftiger Lärm und Tumult.)

Obgleich die Versammlung beschlossen hat, daß über diese Frage debattirt werden solle; so glaube ich doch überzeugt zu seyn, daß sie nicht seit sechs Monaten ihre Grundsätze werde umgeändert haben; und daß sie nicht das Beispiel einer für den Gesetzgeber sehr entehrenden Veränderlichkeit in den Gesetzen geben werde. Viele Redner haben, auf diesem Rednerstuhle, behauptet, kein offensiver Krieg sey gerecht; sie haben die Grundsätze der modernen Philosophie ausgekramt: aber die Gesetzgeber dürfen nicht auf die unbestimmten Grundsätze der Menschlichkeit ihre Gesetze gründen. Diese Grundsätze begreifen alle Völker der Welt in sich. Lassen Sie dieses allgemeine Menschengefühl, welches weiter nichts ist als Prahlerei;

kerei; und bedenken Sie, daß das Vaterland der Gegenstand unsrer Liebe vorzüglich seyn muß. Vaterlandsliebe macht mehr als Menschen: sie macht Bürger des Staates. Diese Liebe hat die Spartaner hervorgebracht, an deren Existenz wir beinahe zweifeln möchten, wenn wir betrachten, wie unwürdig wir sind ihnen nachzuahmen. Ich für mich, ich sage es offenherzig, ich liebe nicht die Russen, nicht die Deutschen, nicht die Engländer, sondern die Frankreicher: und das Blut eines einzigen meiner Mitbürger ist für mich kostbarer, als das Blut aller Völker des Erdbodens.

(Allgemeiner Lärm, Tumult, und lebhafter Ausdruck des Unwillens.)

Alles was zu Erhaltung der Freiheit nothwendig erfordert wird, ist rechtmäßig. Wird dazu ein offensiver Krieg erfordert, so ist derselbe rechtmäßig. Ich weiß nicht, was Sie durch die Konstitution werden mögen; aber jetzt sind Sie das schwächste Volk in Europa.

(Lärm und Tumult.)

Dieses Gemurmel, welches mich unterbricht, beweist mir die Nothwendigkeit das zu sagen, was ich behauptet habe. Ein Theil von Eurer Armee ist ausgerissen; ein anderer Theil befindet sich in einer offenbaren Insubordination. Eine solche Armee ist keine Armee. Die Erschütterung alles Eigenthums hat die öffentlichen Einkünfte in der Quelle versiegt. Eure Finanzen erhalten sich nur noch durch ein künstliches Papiergeld. Eure Ausgaben bezahlt Ihr von

dem

dem Kapital; einen großen Theil Eurer Bevölkerung habt Ihr verlohren; Euer baares Geld ist außer Landes gegangen; Eure Mitbürger, Reiche sowohl als Arme, haben Euch verlassen; sie fliehen, vor den Greuelthaten des Aufruhrs, des Elendes und des Hungers. Und bemerkt nun noch, was das größte Unglück erwarten läßt. Unter allen Klassen von Bürgern herrscht eine Trennung. Es giebt kein Dorf, dessen Einwohner nicht in zwei Partheien getheilt wären.

(Heftiger Lärm und Tumult.)

Suchen Sie nicht, meine Herren, die Uebel zu verbergen, welche das Reich drücken. Es ist Eure Pflicht denselben zuvor zu kommen, und bekannt zu machen, daß dieselben Euch betrüben. Sprecht zuweilen mit diesem Volke auch von seinen Pflichten. Verbannen Sie, proscribiren Sie die schrecklichen Worte: Aristokratie und Demokratie; sie dienen den Partheigängern zur Parole. Prediget allen Frankreichen Eintracht; vereinigt dieselben durch Gefühle und Gesinnungen, durch Zuneigung und Interesse; laßt alles Privatinteresse in dem öffentlichen Wohl sich vereinigen: dann werdet Ihr erfahren, wie mächtig Ihr seyd! Ich darf nicht hoffen, daß die Einwendungen, auf welche ich so eben geantwortet habe, Wirkung genug hervorbringen werden, um den größten Theil der Versammlung zu überzeugen, daß auch ein offensiver Krieg gerecht seyn könne; daß es ungereimt seyn würde, ganz allein das politische System von Europa verlassen zu wollen; daß
unser

unser Interesse, unsere Ehre und unsere Rechtschaffenheit erfordern, daß wir unsere getreuen Verbündeten nicht verlassen. Jetzt ist nur die Frage: wem man, zum Besten des Volks, das Recht, Krieg und Frieden zu beschließen, übertragen müsse? Uebertragt Ihr dieses Recht der Nationalversammlung, so folgt daraus, daß dieselbe Gesandte und Generale der Armee ernennen, und mit allem, was Krieg und Frieden betrift, schalten kann. Wenn der Gang der Geschäfte Geheimniß, Schnelligkeit, Gewandtheit erfordert: so lange die jetzige Europäische Politik Statt findet: so ist es unmöglich, daß eine zahlreiche Versammlung den Faden derselben halten und leiten könne. Sie haben dem Könige schon zwei seiner Rechte genommen: die innere Administration und die Verwaltung der Justiz. Nehmen Eure Beschlüsse ihm nunmehr auch noch das dritte Recht, so wird es nöthig seyn, dem Volke ein großes Geheimniß zu entdecken; nehmlich, daß es, von diesem Tage an, keinen König mehr hat. Das Recht, Krieg und Frieden zu beschließen, gehört dem Monarchen.

Hr. Barnave. Diejenigen ausgenommen, die, seit dem Anfange unserer Arbeiten, alle Grundsätze bestritten haben, hat niemand hier die theoretischen Grundsätze geleugnet, nach denen Sie entscheiden müssen. Ich will nicht von der Souverainität des Volkes sprechen: denn diese ist durch die Bekanntmachung der Rechte festgesetzt worden. Sobald Sie die Konstitution anfiengen, haben Sie auch angefangen

fangen diesen großen Grundsatz anzuwenden. Darum ist es unnöthig, denselben in Erinnerung zu bringen, und es kommt jetzo nur darauf an, wem das Recht, über Krieg und Frieden zu urtheilen, solle übertragen werden, und wem der öffentliche Nutzen erheische, daß es übertragen werde. Man hat allgemein den Grundsatz der Vertheilung der Gewalt anerkannt. Sie haben beschlossen, daß die Nationalversammlung das Recht haben solle, das Gesetz zu geben, und der König das Recht dasselbe ausführen zu lassen. Da nun der Entschluß weiter nichts als der Ausdruck des allgemeinen Willens ist; so muß dieser Entschluß den Stellvertretern des Volkes übertragen werden. Es läßt sich gar nicht leugnen, daß diese Handlung, welche eine Vermehrung der Auflagen zur Folge hat; diese Handlung, welche die öffentliche Freiheit zerstöhren, die politische Maschine zu Grunde richten kann; denjenigen übertragen werden müsse, die dazu da sind den öffentlichen Willen auszudrücken. Die Pflichten des Monarchen sind nicht weniger leicht einzusehen. Er hat die Oberaufsicht über die Entschlüsse der Nation, und er kann die nöthigen Maaßregeln nehmen, um die Sicherheit des Reiches zu erhalten. Alles, was einen Karakter von Majestät an sich trägt, haben wir dem Könige aufgelegt. Für die Sicherheit des Reiches zu sorgen, darüber zu wachen, daß in die Würde desselben kein Eingriff geschehe: dies ist der Karakter des Oberhauptes der Nation. Der Hauptfehler des Vorschlages des Herrn von Mirabeau besteht darin, daß er in

Dritter Theil.   A a   der

der That dem Könige ausschließend das Recht giebt Krieg zu führen. Es ist allgemein anerkannt, daß der König für die Vertheidigung der Gränzen, und für die Erhaltung der, der Nation zugehörigen, Besitzungen zu sorgen habe. Es ist anerkannt, daß, ohne den Willen des Königs, Streitigkeiten zwischen einigen Individuen der Nation und einigen Individuen fremder Nationen vorhanden seyn können. Herr von Mirabeau scheint zu glauben, dieß sey der Anfang des Krieges, und daß, demzufolge, da der Anfang des Krieges willkührlich sey, das Recht, den Krieg zu erklären, dem gesetzgebenden Korps nicht zukommen könne. Auf diesen Irrthum sich stützend, und die Feindseligkeiten sehr weit ausdehnend, hat Herr von Mirabeau dem Könige das Recht zugestanden, jede Art von Krieg, selbst den ungerechten Krieg, zu führen, und der Nation läßt er die unbedeutende Ausflucht, das Mittel, welches unvermögend ist den Krieg aufhören zu machen, wenn er nicht sonst aufhört. Dennoch ist es allgemein, sogar nach den Grundsätzen eines Montesquieu und Mably, anerkannt, daß Feindseligkeiten nichts weniger als eine Kriegserklärung sind; daß die ersten Feindseligkeiten weiter nichts sind als Zweikämpfe zwischen Partikularpersonen; aber daß die Billigung, und der Schutz, welchen die Nation solchen Feindseligkeiten gewährt, eigentlich die Kriegserklärung ausmache. Und in der That, wenn der Anfang der Feindseligkeiten zwei Nationen in Krieg versetzen könnte: so würde weder die gesetzgebende Gewalt,

noch

noch die ausübende Gewalt, das Recht behalten kön̈́nen den Krieg anzukündigen. Jeder Schiffskapitain, jeder Kaufmann, jeder Officier, würde, durch den Angriff auf einen fremden Unterthan, oder durch seine Vertheidigung gegen einen solchen Angriff, sich das Recht anmaßen den Krieg anzukündigen. Es ist freylich wahr, daß Feindseligkeiten sehr oft die Ursache eines Krieges sind: aber der Krieg selbst fängt allemal durch den Willen der Nation an. Die Beleidigung wird Denjenigen hinterbracht, welche das Kriegesrecht in dem Namen der Nation ausüben. Diese untersuchen, ob es vortheilhaft sey, für die Beleidigung eine Entschädigung zu verlangen. Wird die Entschädigung abgeschlagen, dann muß erst der Krieg, nach dem Willen der Nation, entweder unternommen oder demselben ausgewichen werden. Ich will ein, erst vor kurzem vorgefallenes, Beispiel anführen. Jedermann weiß, was in dem Südmeere, zwischen den Engländern und den Spaniern vorgefallen ist. Nun frage ich: ist denn jetzt Krieg zwischen diesen beiden Nationen? Hat die Macht, welche das Kriegsrecht ausübt, den Krieg erklärt? Oder ist nicht vielmehr noch alles im vorigen Zustande? Was würde die Folge seyn, wenn Spanien eine Nationalversammlung hätte? Die Agenten der ausübenden Gewalt würden den Stellvertretern der spanischen Nation von den angefangenen Feindseligkeiten Nachricht geben. Zufolge dieser gegebenen Nachricht, würde die Versammlung untersuchen, ob es gerecht und für die Nation vortheilhaft sey, den

Aa 2 Krieg

Krieg fortzusetzen. Wenn die Gerechtigkeit es erfordertte; so würde dieselbe eine Entschädigung bewilligen. Fände sie es hingegen gerecht die Entschädigung zu versagen; so würde sie den Krieg beschließen, und dem Könige auftragen diesen Beschluß in Ausübung zu bringen. In diesem Falle befindet sich die französische Nation. Feindseligkeiten, von welcher Art dieselben auch seyn mögen, sind weiter nichts als bloße Feindseligkeiten, so lange die Gesetzgeber den Krieg noch nicht erklärt haben. Feindseligkeiten können eine Nation zwar in den Krieg verwickeln: aber niemals können sie ihr das Recht benehmen, zu erklären, daß sie sich lieber die größten Aufopferungen wolle gefallen lassen. Folglich kann niemals eine Nation in Krieg gerathen, ohne die Einwilligung derjenigen, die das Recht haben den Krieg zu erklären. Das Raisonnement des Herrn von Mirabeau ist also weiter nichts als ein Mittel der Frage auszuweichen. Eigentlich verlangt er, daß man dem Könige das Recht den Krieg zu führen überlassen solle. Die Grundsätze, welche er vorbringt, zwecken so sehr dahin ab, zu beweisen, daß man dem Könige das Recht, den Krieg zu erklären, überlassen müsse, daß, um sein System zu widerlegen, ich weiter nichts zu thun nöthig habe, als seine Grundsätze selbst zu untersuchen. . . . Es ist wahr, dem gesetzgebenden Korps das Recht, den Krieg zu beschließen, zu übertragen, dieß hieße die Schnelligkeit und das Geheimniß aufheben, die man für so sehr nöthig hält. Herr von Mably sagte: die herrschende

Macht

Macht in Europa brauche keine andere Politik, als Rechtschaffenheit und ununterbrochene Treue. Er hat bewiesen, daß, in der Politik wie in den Finanzen, das Zutrauen den Kredit verdoppelt, und den Einfluß vergrößert. Aber in welchen Fällen sollte dann wohl das Geheimniß nöthig seyn? Wenn von vorläufigen Maaßregeln, von Negoziationen, von Verhandlungen einer Nation mit der andern, die Rede ist. Aber alles dieses gehört der ausübenden Gewalt zu. Sie wird daher jederzeit noch Mittel genug haben sich des Geheimnisses bedienen zu können; aber alles, was Sie thun werden, würde unnütze seyn zu verbergen. Man hat gesagt, ein gesetzgebendes Korps würde sich durch Leidenschaften, oder wohl gar durch Bestechungen, leiten lassen. Ist denn diese Gefahr nicht weit größer bei einem Minister, als in der Nationalversammlung? Wird man wohl leugnen können, daß es weit leichter seyn wird, den Staatsrath des Königs, als 720, von dem Volke gewählte Personen, zu bestechen? Vielleicht wird die Versammlung einen Irrthum begehen: aber bald wird sie von demselben zurückkommen; weil ihre Meinung und die Meinung der Nation Eine und dieselbe sind. Der Minister hingegen wird sich beinahe allemal irren; weil sein Interesse und das Interesse der Nation verschieden sind. Das Interesse des Ministers besteht darin, daß er den Krieg erklären lasse; denn auf diese Weise erhält er die ungeheuren Subsidien, welche vonnöthen sind; in seine Hände und sein Ansehen nimmt ohne Maaß zu. Er ver-

giebt

giebt eine Menge von Stellen; er gewöhnt die Nation daran, den Ruhm der Eroberungen der Freiheit vorzuziehen; er schaft den Karakter des Volkes um, und bildet dasselbe für die Sklaverei. Durch den Krieg verändert er auch den Karakter und die Grundsätze der Soldaten. Jene tapfern Truppen, deren Patriotismus jetzt mit dem Patriotismus der Bürger um die Wette streitet, würden ganz anderes Sinnes werden, wenn sie auf seinen Feldzügen einen erobernden König, einen von jenen Helden der Geschichte begleitet hätten, die beinahe allemal eine Geißel der Nationen sind. Vergeblich stellt man uns die Verantwortlichkeit der Minister entgegen. Verantwortlichkeit findet nur bei Verbrechen Statt. Sie ist ganz unmöglich, so lange der Krieg fortdauert, und mit dem Erfolg desselben steht der Minister, der ihn angefangen hat, in der allergenauesten Verbindung. Und was hilft dann die Verantwortlichkeit, wenn der Krieg geendigt ist? Nachdem das öffentliche Vermögen verschwendet ist; nachdem Eure Brüder und Eure Mitbürger umgekommen sind; wozu könnte alsdann der Tod eines Ministers weiter dienen? Eine solche Todesstrafe würde zwar den Nationen ein Beispiel der Gerechtigkeit darbieten: aber würde sie Euch wiedergeben, was Ihr verlohren habt? Nicht nur ist die Verantwortlichkeit während des Krieges unmöglich; sondern man weiß sogar, daß ein Krieg das beste Mittel ist, um der schuldigen Verantwortlichkeit, wegen eines Deficit, das schon entstanden aber noch unbekannt ist, zu entgehen. Der
Mini-

Minister erklärt den Krieg, um durch vorgebliche Ausgaben seine Räubereien zu bedecken. Die Erfahrung hat gezeigt, daß das beste Mittel, für einen geschickten Minister, um seine Verbrechen zu verbergen, darin besteht, daß er sich dieselbe, wegen seiner Siege, vergeben lasse. Fragen Sie jetzo die öffentliche Meinung. Da werden Sie, auf einer Seite, Männer finden, die da hoffen in der Armee vorzurücken, oder in auswärtigen Geschäften gebraucht zu werden; Männer, die mit den Ministern und ihren Agenten in Verbindung stehen. Seht! dieses sind die Männer, die das System vertheidigen, welches dem Könige, das heißt den Ministern, dieses schreckliche Recht übertragen will. Aber so denkt nicht das Volk, nicht der tugendhafte, ruhige Bürger, der, unbekannt und ohne Ehrgeiz, sein Wohl in dem allgemeinen Wohl findet. Die wahren Bürger des Staates, die wahren Freunde der Freiheit, befinden sich in gar keiner Ungewißheit über diesen Gegenstand. Fragt sie, und sie werden Euch sagen: „gebt dem „Könige alles, was zu seinem Ruhme und zu seiner „Größe beitragen kann; Er allein soll kommandiren, „er soll nach Gefallen unsere Armeen vertheilen; Er „soll uns vertheidigen, wenn die Nation ihn dazu „auffordert: aber betrübt nicht sein Herz, indem Ihr „ihm das schreckliche Vorrecht anvertraut, uns in „einen Krieg zu verwickeln, Ströme von Blut flies„sen zu machen, und jenes System der gegenseitigen „Feindschaft zu vertheidigen; jenes falsche und treu„lose System, welches den Nationen Schande macht."

Die wahren Freunde der Freiheit werden sich weigern, der Regierung dieses traurige Recht zu überlassen, und alle Nationen werden, früh oder spät, hierin unserem Beispiele nachfolgen.

(Lautes und anhaltendes Beifallklatschen in allen Theilen des Saals.)

Der Erzbischof von Aix. Unstreitig ist die Nation souverain, und hat folglich auch das Recht über Krieg und Frieden. Aber wem soll dieselbe dieses Recht übertragen: dem Könige oder dem gesetzgebenden Korps? Dem gesetzgebenden Korps kommt es zu, durch weise Gesetze (welche die Fälle, in denen der König Krieg führen soll oder nicht, im Voraus bestimmen), die Handlungen der ausübenden Gewalt einzuschränken. Das gesetzgebende Korps muß die Regeln zum Handeln festsetzen; und die ausübende Gewalt muß handeln. Dem Könige muß das Recht über Krieg und Frieden übertragen werden: dadurch wird die Macht und das Ansehen der Nation auswärtig vermehrt, und für die Freiheit ist nicht die geringste Gefahr.

Hr. de Biauzat. Es ist gegen die Natur der ausübenden Gewalt, daß sie das Recht besitze, über Krieg und Frieden zu beschließen, und folglich dadurch ihren eigenen Willen in Ausübung zu bringen. Ihre Pflichten bestehen darin, und schränken sich darauf ein, daß sie den allgemeinen Wunsch der Nation ausführe. Einen eigenen Willen, ein Recht etwas zu wollen, kann die ausübende Gewalt, ihrer Natur nach, gar nicht besitzen. Das Geheimniß, sagt man,

ist

ist nothwendig! Das Geheimniß ist aber nur vorgeblich und anscheinend. Vermöge der Briefposten und der Buchdruckerei erfahrt man alles, und diese angebliche Vorsicht, welche keinen andern Zweck hat, als die Widersprüche der Politik, und die Treulosigkeit der Minister zu verbergen, ist weiter nichts, als das Geheimniß eines Trauerspiels, in welchem man die Schauspieler immer vor Augen hat, sprechen hört und handeln sieht, obgleich die Scene angeblich in einer großen Entfernung vorgeht. Alle politischen Geheimnisse erfährt man heutzutage; nichts bleibt verborgen. Das Privatleben der Fürsten und ihre geheimsten Handlungen werden öffentlich bekannt. Als der Despotismus seinen Hauptstreich, auf den achten Mai 1788, heimlich zubereitete, wurden alle seine Manövers bekannt, ungeachtet der Mühe, welche man sich gegeben hatte, diejenigen, die da um das Geheimniß wußten, einzusperren, und alle Zugänge mit Bajonetten zu besetzen. Und am vorigen Freitage, als die Debatte, mit welcher wir uns jetzt beschäftigen, zuerst anfing, waren alle Gesandten der fremden Mächte auf den Gallerien, um der Berathschlagung zuzuhören. Sie wußten also schon, wovon die Rede seyn würde; ungeachtet die Mitglieder der Versammlung selbst damals davon noch nicht unterrichtet waren. Das Geheimniß ist also unnütz; und gewiß sind Offenherzigkeit und Ehrlichkeit weit sicherere Mittel, um sich das Zutrauen verbündeter Nationen zu erwerben. Das Gleichgewicht von Europa müsse, sagt man, um des Friedens willen,

noth-

nothwendig erhalten werden, und doch soll es unmöglich erhalten werden können, wenn nicht dem Könige das Recht über Krieg und Frieden übertragen würde. Dieses Gleichgewicht beruht aber auf einem Grundsatze, der den Grundlagen der französischen Konstitution gerade entgegen ist. Jedes Bündniß einzelner Mächte ist drückend, für diejenigen Mächte, die in dem Bündnisse nicht mit begriffen sind. Das Gleichgewicht beruht auf dem unrichtigen Grundsatze: daß unter Fürsten der Wille des Stärkern das einzige Gesetz seyn müsse. Aber man darf, in der allgemeinen Politik, einen so despotischen Grundsatz keinesweges annehmen; denn derselbe ist offenbar dem Rechte des Eigenthums und der Freiheit zuwider. Dieses Recht ist die Grundlage einer jeden Konstitution, und es würde gefährlich seyn, die Könige und die Minister an einen solchen Grundsatz zu gewöhnen; denn diese müssen es sich zur Pflicht machen, in allen ihren Handlungen die Verehrung nicht zu verletzen, welche sie der Freiheit schuldig sind.

Hr. le Chapelier. Die so lange schon debattirte Frage fängt nun endlich an deutlicher zu werden. Zwar ist dieselbe noch nicht recht genau gesetzt; aber doch wird es leicht jetzt die Schwierigkeiten einzusehen, welche zu heben sind. Die Versammlung ist in zwei einander entgegengesetzte Meinungen getheilt. Soll der König das Recht über Krieg und Frieden haben? Soll das gesetzgebende Korps dieses Recht haben? Bei der ersten Frage halte ich mich

gar

ger nicht auf. Niemand hier wird den Ministern
das Recht überlassen wollen, den Staat zu Grunde
zu richten, und nach Gefallen das Blut der Frankrei
cher vergießen zu können. Jedermann erkennt das
unzureichende der Verantwortlichkeit, und die Gefahr,
welche mit der Verweigerung der Subsidien verbun
den seyn würde. Darum muß das gesetzgebende
Korps über Krieg, Frieden und Traktaten beschließen.
Ich schlage vor, daß die Versammlung den Beschluß
fasse: daß, ohne einen Beschluß des gesetzgebenden
Korps, gar kein Krieg Statt finden könne; aber
nicht, daß dieses Korps, ohne Einwilligung des Kö
nigs, den Krieg erklären könne. Nein, dieß würde
große Unbequemlichkeiten mit sich führen. Dieß
hieße die Regierung in eine bloße Republik verwan
deln, und die Grundsätze Eurer eignen Konstitution
umstoßen wollen. Könnte das gesetzgebende Korps,
auf den Vorschlag irgend eines seiner Mitglieder, den
Krieg erklären; so wäre der Monarch von der Kon
stitution ausgeschlossen: Er wäre weiter nichts als
ein General der Armee. Die Würde, und der Ein
fluß des Oberhauptes der Nation und der Nation
selbst, bei den auswärtigen Höfen, müste abnehmen,
und Sie würden eine der Grundlagen jener Konstitu
tion zerstöhren, welche die Weisheit gebaut hat. Sie
haben dem Könige die Genehmigung gegeben: seine
Einstimmung zu den Gesetzen ist also zu der Gültig
keit derselben nothwendig: warum denn nicht auch
zum Kriege? Wenn es in diesem Falle nicht möglich
ist, daß der König ein aufschiebendes Veto haben
könne:

könne: so muß doch wenigstens das gesetzgebende Korps nicht ohne Einwilligung des Königs Krieg erklären können. Es ist das Interesse des Volkes, so selten als möglich Krieg zu führen. Daher gebe ich zu, daß das gesetzgebende Korps den Krieg müsse verhindern, und sagen können: Es soll kein Krieg seyn. Gesteht man aber diesem Korps das Recht zu, den Krieg zu erklären; so ist dieses ein Mittel mehr, um sich den Krieg zuzuziehen. Alle Maaßregeln der Regierung sind in diesem Falle aufgehoben, und die Monarchie existirt nicht mehr: Und sehen Sie denn nicht, daß wenn der Krieg unglücklich ausfallen sollte, die Schuld auf das gesetzgebende Korps würde geschoben werden, welches den Krieg beschlossen hätte? Sehen Sie nicht, daß dieses Korps, bei einem muthvollen und auf den Ruhm seiner Waffen eifersüchtigen Volke, allen Kredit verlieren müßte? Sehen Sie nicht, daß die gedemüthigte Nation sich an den König wenden, und daß das gesetzgebende Korps alle seine Kraft gegen die ausübende Gewalt verlieren würde? Daher schlage ich vor: daß das gesetzgebende Korps die Macht haben solle den Krieg zu verhindern; daß der König die Macht haben solle den Krieg zu verhindern: aber daß, weder der eine noch das andere, die Macht haben solle, Krieg zu führen, wenn nicht beide einstimmig sind.

De la Fayette. Ich stimme für den Vorschlag des Herrn von Mirabeau, so wie derselbe von Herrn Chapelier verbessert worden ist; denn ich sehe, in diesem Vorschlage, alles, was der Majestät eines

großen

großen Volkes, der Moral eines freien Volkes, und
dem Interesse eines zahlreichen Volkes zukommt,
dessen Betriebsamkeit, dessen Besitzungen, und dessen
auswärtige Verbindungen einen kräftigen Schutz erfordern. Ich finde in diesem Vorschlage jene Vertheilung der Gewalt, welche mit den wahren und
konstitutionellen Grundsätzen der Freiheit und der
Monarchie am angemessensten zu seyn scheint; welche
am fähigsten ist, die Geisel des Krieges zu entfernen;
und welche für das Volk am vortheilhaftesten ist:
vorzüglich jetzo, wo man dasselbe über diese metaphy-
sische Frage irre zu führen sucht; da doch diejenigen,
welche, zu Vertheidigung des Volkes unzertrennlich
vereinigt, über diesen Punkt zwar verschiedener Meinung sind, aber von denselben Grundsätzen ausgehen.
Jetzt, wo man das Volk zu überreden sucht, diejenigen allein seyen seine Freunde, welche Herrn Bar-
naves Vorschlag annehmen: jetzo habe ich geglaubt,
es sey nöthig, daß eine entgegengesetzte Meinung,
geradezu, von einem Manne vertheidigt werde,
welcher, durch eigene Erfahrung, und durch eigene
Arbeiten, mit der Freiheit bekannt geworden ist,
und welcher nicht der Popularität Eines Tages diejenige Meinung aufopfern mag, die er für die nütz-
lichste hält.

Graf Mirabeau. Unstreitig hat man viel
gewonnen, um entgegengesetzte Meinungen zu vereinigen, wenn man genau weiß, worinn man überein
kommt, und worinn man von einander verschieden
denkt. Freundschaftliche Debatten sind mehr werth,

und

und man wird durch dieselben leichter miteinander einig, als durch verläumderische Anspielungen; durch unsinnige Beschuldigungen; durch den Haß des Neides; und durch die Kabalen der Intrigue und der Bosheit. Man breitet, seit acht Tagen, aus: derjenige Theil der Nationalversammlung, welcher die Einstimmung des königlichen Willens zu der Kriegs- und Friedenserklärung verlangt, tödte die öffentliche Freiheit; man streut treulose Gerüchte von Bestechung aus; man ruft die Rache des Volkes an, um über die Meinungen zu tyrannisiren. Mich, auch mich, hat vor einigen Tagen das Volk in Triumphe tragen wollen; und jetzo schreit man in den Straßen: Die große Verrätherei des Grafen von Mirabeau. Für mich bedurfte es dieser Lektion nicht, um einzusehen, daß der Tarpejische Felsen in der Nähe des Kapitoliums liege. Aber der Mann, welcher für die Vernunft und für das Vaterland streitet, hält sich nicht so leicht für überwunden. Derjenige, dem sein Gewissen sagt, daß er sich um sein Land verdient gemacht habe, und daß er demselben noch ferner nützlich seyn werde: ein solcher Mann begnügt sich nicht mit einer eiteln Berühmtheit. Er verachtet den Triumph Eines Tages, und sucht bleibenden Ruhm. Ein solcher Mann trägt die Belohnung seiner Verdienste, den Genuß seiner Bemühungen, und den Preis seiner Gefahren, in seinem eigenen Busen verschlossen. Er erwartet seine Erndte, sein Schicksal, das einzige Schicksal, welches ihn interessirt; das Schicksal seines Namens, von der Zeit: von diesem unbestechlichen Richter, der Jedem Gerechtigkeit wiederfahren läßt. Ich trete also noch einmal auf dem Kampfplatz, bewafnet mit meinen Grundsätzen, und mit dem Bewußtseyn eines reinen Gewissens. Auch ich will jetzt den Punkt anzeigen, auf den es ankommt. Ich will denselben so klar als möglich darstellen; und ich bitte meine Widersacher, daß sie mich, sobald sie mich nicht verstehen, anhalten mögen, damit ich mich deutlicher ausdrücken könne. Denn ich bin fest entschlossen, die so oft wiederholten Vorwürfe, von Ausflüchten, von Spitzfindigkeiten und von Durcheinanderwerfung, von mir abzulehnen. Und, wenn es nur von mir abhängt, so soll der heutige Tag zeigen, wer von uns am aufrichtigsten ist. Herr Barnave hat mir die Ehre angethan, mir, und sonst Niemand als mir, zu antworten. Ich will jetzt seinen Talenten dieselbe Achtung bezeugen (und sie verdienen diese Achtung mehr als die meinigen), ich will suchen ihn zu widerlegen. Sie sagen: wir hätten zwei, von einander getrennte, Arten von Gewalt festgesetzt; eine für die Handlung, die andre für den Willen. Dieses leugne ich. Freilich ist die ausübende Gewalt, in allem was Handlung betrift, von der gesetzgebenden Gewalt sehr verschieden; aber es ist nicht wahr, daß das gesetzgebende Korps ganz von der ausübenden Gewalt geschieden sey: nicht einmal in dem Ausdrucke des allgemeinen Willens. Sie haben gesagt: „Alles was in der Kriegserklärung bloßer Wille ist, muß hier, wie in allem Uebrigen, zu seinem natürlichen

chen Grundsatze zurückkehren, und kann von Niemand anders, als von dem gesetzgebenden Korps ausgesprochen werden." Hier halte ich Sie an, und ich entdecke Ihren Trugschluß, durch ein Wort, welches Sie selbst gesagt haben: folglich können Sie mir nicht entgehen. In Ihrer Rede schreiben Sie den Ausspruch des allgemeinen Willens zu . . . . Wem denn? . . . . der gesetzgebenden Gewalt, und bald nachher dem gesetzgebenden Korps. Hier rufe ich Sie zur Ordnung! Sie haben gegen die Konstitution verbrochen! Wenn Sie behaupten, das gesetzgebende Korps und die gesetzgebende Gewalt sei einerlei; so stoßen Sie allein hiedurch alle Gesetze um, die wir gegeben haben. Wenn in Kriegssachen, zum Ausdrucke des allgemeinen Willens, weiter nichts nothwendig ist, als ein Ausspruch des gesetzgebenden Korps; wenn demzufolge der König, weder Antheil, noch Einfluß, noch Kontrolle, noch irgend etwas von demjenigen hat, was wir der ausübenden Gewalt zugestanden haben! so bekommen Sie in der Gesetzgebung zwei ganz verschiedene Grundsätze; einen für die gewöhnliche Gesetzgebung, den andern für die Gesetzgebung zu Kriegszeiten, mitten in der schrecklichsten Krise, die einen politischen Körper erschüttern kann. Bald hätten Sie, zu dem Ausdrucke des allgemeinen Willens, die Einstimmung des Monarchen vonnöthen; und bald hätten Sie derselben nicht vonnöthen . . . . und dennoch sprechen Sie von Gleichheit, von Einheit, von Uebereinstimmung in der Konstitution! Er scheint mir, meine Herren,

daß

daß der schwierige Punkt nunmehr hinlänglich bekannt ist, und daß Herr Barnave die eigentliche Frage gar nicht eingesehen habe. Nunmehr würde es ein zu leichter Triumph seyn, ihm in das Detail zu folgen, in welchem er zwar große Talente, aber niemals die geringste Kenntniß eines Staatsmannes oder menschlicher Dinge gezeigt hat. Er hat gegen die Uebel deklamirt, welche die Könige thun können und gethan haben; aber er hat sich wohl gehütet zu bemerken, daß, vermöge unserer Konstitution, der Monarch nunmehr kein Despot mehr seyn, und nichts mehr willkührlich unternehmen kann; und er hat sich noch mehr gehütet von Volksaufläufen zu sprechen.

Nach diesen schönen Reden, über eine für das ganze menschliche Geschlecht so höchst wichtige Frage, beschloß die Nationalversammlung Folgendes:

1) „Daß das Recht des Friedens und des Krieges „der Nation zugehöre, und daß der Krieg „nicht anders als durch einen Beschluß der „Nationalversammlung, welcher, zufolge einer „förmlichen und nothwendigen Vorstellung des „Königs gefaßt worden, erklärt werden könne; „daß aber diese Erklärung nachher, von dem „Könige, genehmigt werden müsse."

3. „Daß die Sorge für die äußere Sicherheit des „Königreiches zu wachen, so wie auch dessen „Rechte und dessen Besitzungen zu erhalten, „durch die Konstitution, dem Könige übertragen sey. Daß demzufolge nur er allein politische Verbindungen außer dem Reiche unterhalten;

„halten; Negociationen führen; die Agenten
„derselben wählen; und Kriegszurüstungen
„machen könne; die mit den Kriegszurüstun=
„gen der benachbarten Staaten im Verhält=
„nisse stehen: daß auch er allein die Landmacht
„und die Seemacht nach Gutdünken verthei=
„len, und im Falle eines Krieges, solle leiten
„können."

3. „Wenn Feindseligkeiten zu besorgen wären,
„oder schon angefangen hätten; wenn einem
„Verbündeten beigestanden, oder, durch die
„Gewalt der Waffen, ein Recht erhalten wer=
„den müßte: so wird der König, ohne irgend
„einigen Aufschub, dem gesetzgebenden Korps
„die Ursache und die Bewegungsgründe bekannt
„machen; und wenn das gesetzgebende Korps
„Ferien hat, so soll dasselbe sogleich versammelt
„werden."

4. „Sollte, nach dieser Bekanntmachung, das
„gesetzgebende Korps finden, daß die angefan=
„genen Feindseligkeiten ein sträflicher Angriff
„der Minister, oder irgend eines Agenten der
„ausübenden Gewalt seyn: so soll der Urheber
„eines solchen Angriffs, als des Verbrechens
„der beleidigten Nation schuldig, angeklagt
„und gerichtet werden. Zu diesem Ende er=
„klärt die Versammlung: daß die französische
„Nation allen Eroberungen entsage, und daß
„sie niemals ihre Macht gegen die Freiheit
„irgend eines Volkes anwenden wolle."

5. „Wenn

5. „Wenn, nach einer solchen Bekanntmachung,
„das gesetzgebende Korps entscheidet, daß der
„Krieg nicht Statt haben solle: so soll die
„ausübende Gewalt gehalten seyn, sogleich die
„nöthigen Maaßregeln zu nehmen, um alle
„Feindseligkeiten zu verhindern oder aufhören
„zu machen, und die Minister sollen für das
„Detail der Ausführung dieses Befehls ver-
„antwortlich seyn."

6. „Jede Kriegserklärung soll in folgenden Aus-
„drücken geschehen: „Im Namen des
„Königs der Franken, und im
„Namen der Nation."

7. „Während des ganzen Krieges, soll das gesetz-
„gebende Korps die ausübende Gewalt ersu-
„chen können, Friedensunterhandlungen anzu-
„fangen, und die ausübende Gewalt soll gehal-
„ten seyn auf dieses Ersuchen Rücksicht zu
„nehmen."

8. „In dem Augenblicke, da der Krieg aufhören
„wird, soll das gesetzgebende Korps die Zeit
„bestimmen, in welcher diejenigen Truppen,
„die über den gewöhnlichen Friedensstand ge-
„worben worden sind, verabschiedet, und die
„Armee auf ihren beständigen festgesetzten Fuß
„zurückgebracht werden solle. Der Sold die-
„ser Truppen soll nur bis zu dem bestimmten
„Zeitpunkte fortdauern: und wenn, nach die-
„ser Zeit, die außerordentlichen Truppen noch
„versammelt bleiben; so soll der Minister ver-

antwort-

„antwortlich seyn, und als ein Verbrecher der „beleidigten Nation behandelt werden."

9. „Es gehört dem Könige zu, alle Friedens„traktaten, Bündnisse, Kommerztraktaten, „und andre Konventionen, welche er zum Be„sten des Staates für nöthig halten möchte, „mit den fremden Mächten zu schließen und „zu unterzeichnen. Aber diese Traktaten und „Konventionen sollen nicht eher gültig seyn, „als bis dieselben von dem gesetzgebenden Korps „ratificirt seyn werden."

Die Berathschlagung der Nationalversammlung über diese wichtige Frage hatte in Paris alle Köpfe erhitzt. Hin und wieder verübte das Volk mehr oder weniger große Excesse. Ein Officier, welcher, in den Thuillerien, keine Nationalkokarde hatte tragen wollen, wurde von dem Pöbel nach dem großen Bassin zugeführt, um, wie man sich ausdrückte, die bürgerliche Taufe zu erhalten. Einige junge Patrioten brachen, mit Gewalt, in das Magazin des Buchhändlers Gattey, im Palais Royal, und verbrannten die noch unverkauften Stücke der Actes des Apôtres, eines aristokratischen Journals. So lange die Berathschlagung dauerte, war alle Tage der Garten der Thuillerien, vor dem Hause, in welchem die Nationalversammlung ihre Sitzungen hielt, mit einer unermeßlichen Menge Menschen angefüllt, und als endlich, am zwei und zwanzigsten Mai, obiger Beschluß gefaßt und dem versammelten Volke bekannt gemacht wurde; so entstand ein lautes Jubel und

Freu-

Freudengeschrei; wie nach einer gewonnenen Schlacht: Der Pöbel trug Herrn Barnave im Triumphe, auf den Schultern, nach Hause, und in der Nacht waren sehr viele Häuser erleuchtet.

Der vier und zwanzigste Mai, der darauf folgende Montag, war ein sehr unruhiger Tag. Drei Beutelschneider speisten bei einem Garkoch, nahe bei dem königlichen Garten. Nach geendigter Mahlzeit bezahlten sie ihre Zeche, steckten aber die silbernen Löffel und Gabeln in ihre Taschen, und legten, statt derselben, kupferne mit Silber belegte Löffel und Gabeln auf den Tisch. Dann verließen sie das Haus, und setzten sich in einen Kahn, um schnell über die Seine zu fahren. Der Betrug wurde entdeckt. Man setzte ihnen nach; man sah sie in dem Kahne, und rief den, am gegenüberstehenden Ufer befindlichen Leuten zu, sie fest zu halten. Sie wurden festgenommen, und von einem Detaschement der Nationalgarde vor einen Richter, nach der Vorstadt St. Antoine, geführt. Der Richter befahl, daß man sie nach den Gefängnissen des Chatelet bringen solle. Das vor dem Hause des Richters versammelte Volk, empfängt sie mit Auspfeifen und Auszischen, und verfolgt sie, in großer Menge, durch die Straßen. Plötzlich breitet sich unter dem Haufen das Gerücht aus: einer von den Beutelschneidern habe gesagt: "Nach "dem Chatelet? O! da werden wir nur wenige Ta= "ge bleiben; dann wird man uns loslassen, und uns "noch Geld dazu schenken." Dieses Gerücht setzte den Pöbel in Wuth. Rasend drängte man sich von allen Seiten auf die Beutelschneider zu. Der Pöbel ergriff sie, schleppte sie fort, und hängte sie alle drei auf. Bei einem von ihnen brach der Strick. Er fiel herunter, und wurde nunmehr von dem Volke mit Prügeln geschlagen, und mit Steinen vollends todt geworfen.

Am folgenden Tage fuhr der Pöbel mit diesen schrecklichen Hinrichtungen fort. Ein Mann, von dem man vorgab, daß er einen Sack mit Waizen gestohlen habe, wurde von dem Volke aufgehängt. Die Bürgermiliz suchte vergeblich diese Mordthat zu verhindern. In demselbigen Augenblicke erschien la Fayette zu Pferde, begleitet von einem einzigen Adjutanten. Er näherte sich, und befahl dem Adjutanten den Strick abzuschneiden. Dieser drängte sich durch den lärmenden und tobenden Pöbel, schnitt den Strick ab, und der Gehängte fiel auf die Erde. Ein rasender Kerl unter dem Haufen hob den Arm in die Höhe, um ihn todt zu schlagen; einige andre ergriffen ihn, um ihn noch einmal aufzuhängen. La Fayette hält eine Anrede an das Volk. Er stellt demselben vor, daß es dem Gesetz gehorchen, und keinen für schuldig halten, vielweniger aufhängen müsse, ehe das Gesetz ihn für schuldig erklärt habe. Während er sprach rief einer aus dem Pöbel: „Hängt! Hängt „immer fort! und höret nicht auf das Geschwätz!" La Fayette reitet auf den Kerl zu, ergreift ihn bei dem Kragen, und ruft dem Haufen zu: „es ist eh„renvoll dem Gesetze nicht nur zu gehorchen, sondern „demselben auch, im Falle der Noth, hülfreiche Hand

„zu leisten." Dann führt er den Kerl selbst nach dem ganz nahe dabei liegenden Gefängnisse des Chatelet, kommt zurück, und hält abermals eine Anrede an das, über seinen Muth erstaunte Volk, welches bald nachher ruhig auseinander geht, und alle Straßen von Paris mit dem Geschrei erfüllt: „Hoch lebe unser General! Hoch lebe la Fayette."

Die Ursache dieser traurigen Vorfälle waren die ungegründeten Gerüchte, welche man gegen das Gericht des Chatelet unter dem Volke ausgestreut hatte. Das Chatelet beschäftigte sich mit der Untersuchung der Greuelthaten, die, am fünften und sechsten Oktober, zu Versailles vorgefallen waren. Daher lag der Orleansschen Parthei, welche sich vor dem Resultat dieser Untersuchung fürchtete, sehr viel daran, nicht nur dem Gerichte allen Kredit der Rechtschaffenheit bei dem Volke zu benehmen, sondern auch, wo möglich, das Gericht zu zwingen, aus Furcht vor dem Pöbel, auseinander zu gehen, und die ganze Untersuchung liegen zu lassen. Man gab vor, die Menge von Dieben und Räubern, von denen damals Paris voll war, würden nicht gestraft, sondern von den Richtern nach einiger Zeit frei gelassen, und dabei, sagte man, erhielten sie noch Geld, als eine Aufmunterung, um ihre Räubereien fortzusetzen. Diesen ungegründeten Vorwurf zu widerlegen, erschien der oberste Richter des Chatelet vor der Nationalversammlung, und hielt folgende Rede:

„Meine Herren! Keiner von uns, kein guter Bürger des Staates, ist über die Vorfälle der vergangenen Tage ungerührt geblieben. Aber das Volk, welches in seinem Betragen immer ein Gefühl von Gerechtigkeit zeigt, irrt sich oft in der Anwendung dieses Gefühls. Das Volk, das sich in der Empfindung der Leiden, welche es drücken, nicht irren kann, irrt sich oft, wenn es diejenigen angeben will, denen es diese Leiden zuschreiben zu müssen glaubt. Man hat ausgestreut: das Chatelet richte die Schuldigen nicht; die Räuber würden eben so schnell freigelassen als gefangen, und sie erhielten sogar noch Geld, um ihre Räubereien aufs Neue fortzusetzen. Es giebt Beschuldigungen, deren Falschheit zu beweisen nicht einmal nöthig ist: aber, als Mitglied des Chatelet, muß ich dieses Tribunal über die Langsamkeit rechtfertigen, welche man ihm vorwirft. Die gewöhnliche Anzahl der Gefangenen war niemals mehr als 350 gewesen; jetzt sind ihrer mehr als acht hundert. Die Anzahl ist so groß, daß nicht mehr Gefängnisse genug vorhanden sind, um alle aufzubewahren. Daher hat man sich genöthigt gesehen, 260 Gefangene nach dem Hôtel de la Force zu bringen. Verschiedene Ursachen haben dazu beigetragen die Zahl der Gefangenen zu vermehren. Ich spreche nicht von dem öffentlichen Elend; denn niemals hat das Volk zu Paris dasselbe standhafter ertragen. Aber es werden jetzt nach den Gefängnissen des Chatelet viele Verbrecher gebracht, die vormals von der Polizei gerichtet wurden, und deren Strafe darin bestand, daß man sie auf einige Zeit zu Bicetre, im Hôtel de la Force, oder in einem andern Zuchthause einsperrte.

Dieses

Dieses willkührliche Gericht ist jetzt abgeschaft, und ein gerechtes Volk, ein Volk, für welches Sie so viele weise Gesetze gegeben haben, sollte nicht die Anzahl der Gefangenen der Nachläßigkeit der Richter zuschreiben, da die Ursache dieser Zunahme die Schutzwehr seiner Freiheit ist. Es ist zuverläßig, meine Herren, daß in die Gefängnisse des Chatelet um zwei Dritttheile mehr Gefangene gebracht worden sind, als in den vorigen Jahren, und daß täglich wenigstens zwölf bis funfzehn Gefangene dahin gebracht werden. Auch die neue Einrichtung der Kriminaljustiz, (welche von Ihnen so weise eingeführt worden ist, welche aber so lange unvollkommen bleiben muß, als das Gericht durch Verschworne noch nicht festgesetzt seyn wird) erlaubt nicht die vormalige Eilfertigkeit in den Urtheilen. Man konnte vormals in jeder Sitzung über acht Prozesse vortragen; jetzt kaum zwei. Aber wenn das öffentliche Referiren der Prozesse, wenn das geheiligte Recht der Vertheidigung, welches jetzt jedem Angeklagten zugestanden wird, der Schnelligkeit der Kriminal-Instruktion entgegen sind: so verhindern sie auch die Uebereilung und den Irrthum des Richters; und ein erleuchtetes Volk sollte nicht von den Vorzügen einer neuen Gesetzgebung die Unbequemlichkeiten trennen wollen, welche eine nothwendige Folge derselben seyn müssen. Endlich, meine Herren, muß ich Ihnen auch noch sagen, warum es scheint, daß jetzt die Verurtheilungen seltener sind: denn auch auf diesen Gegenstand ist das Mißtrauen des Volkes, oder vielmehr die Oberaufsicht desselben, geleitet worden. Die Gefangenen haben jeho die Freiheit erhalten, von dem Anfange der Instruktion an einen Advokaten zu Rath ziehen zu dürfen: davon ist die Folge, daß der Angeklagte selten, oder eigentlich niemals, sein Verbrechen eingesteht. Auch die Zeugen, welche nicht gewohnt sind öffentlich ihr Zeugniß abzulegen, werden zurückhaltender in ihrer Aussage. Ich will eben nicht behaupten, daß vormals, da die Aussage geheim gehalten wurde, dieselbe zuverlässiger gewesen sey: aber vielleicht sind die Zeugen furchtsamer; vielleicht (ich will es annehmen) macht das neue Schauspiel einen größern Eindruck auf sie. In welcher Lage befindet sich denn jeho der Richter? In der folgenden. Ein Dieb wird angehalten und man findet das Gestohlne bei ihm. Dieser Fall scheint doch überzeugend genug! Indessen, meine Herren, leugnet der Angeklagte, daß er gestohlen habe; er behauptet, es habe ihm jemand aufgetragen das gestohlne Stück zu verwahren. Dagegen kann man ihm nichts, als das Zeugniß seines Angebers, entgegen setzen; und auf diese Weise entgeht er der Strafe. Als Mensch ist der Richter überzeugt: aber als Magistratsperson darf er den Schuldigen nicht verdammen."

Um diese Zeit verbreitete sich das Gericht zu Paris, daß der Graf Charles de Lameth, dessen Intriguen allgemein bekannt waren, die Stelle eines Generalkommandanten der Pariser Bürgermiliz zu erhalten, und Herrn de la Fayette aus derselben zu verdrängen suche. Um dieses Gerücht zu widerlegen,

legen, schrieb Lameth an la Fayette folgenden Brief:

„Mein Herr! Ich erfahre, daß der Unterschied, welcher sich, seit einiger Zeit, in der Nationalversammlung, zwischen unsern Meinungen gezeigt hat, und vorzüglich in der Berathschlagung über das Recht des Krieges und des Friedens, die Ursache gewesen ist, aus welcher man in Paris allgemein das Gerücht verbreitete, als suchte ich Ihre Stelle in dem Kommando der Pariser Bürgermiliz einzunehmen. So entfernt ich auch bin, zu glauben, daß man auf mich die Augen werfen könnte, und so großen Werth ich auf alle Ehrenstellen setze, welche man der Wahl seiner Mitbürger zu verdanken haben kann: so bin ich mir doch selbst schuldig, zu erklären, daß ich niemals einen solchen Gedanken gehabt habe, und daß, wenn mir diese Stelle angetragen werden sollte, ich dieselbe ausschlagen würde. Ohne den geringsten Ehrgeiz, und mit dem festen Entschlusse, niemals irgend eine Stelle anzunehmen, habe ich mich der Vertheidigung der Freiheit gewidmet, und ich werde nicht aufhören für sie zu arbeiten, bis die Konstitution, welche uns dieselbe zusichert, nach eben den Grundsätzen geendigt seyn wird, nach denen sie angefangen worden ist. Ich würde mich schämen, wenn irgend etwas in meiner Aufführung jemals den Verdacht bestätigt haben sollte, daß ein persönliches Interesse mich geleitet habe."

„Karl de Lameth."

„P. S.

"P. S: Sie werden es ganz natürlich finden, daß ich, zu einer Zeit in welcher meine Gesinnungen, durch heimliche Manöver und durch verläumberische Reden, verdächtig gemacht werden, dieselben so öffentlich vertheidige, als es sich für meinen Karakter schickt."

La Fayette antwortete: "Mein Herr! Ich sehe nicht ein, was das Kommando über die Bürgermiliz, oder irgend ein Gerücht von Ihrer Ernennung zu dieser Stelle, mit einigem Unterschiede in den Meinungen über zwei Beschlüsse gemein haben sollte; um so viel weniger, da Sie selbst zuletzt meiner Meinung beistimmten. Aber ich hoffe, daß die Freunde der Freiheit über die wahren Grundsätze jederzeit einig seyn werden; und ich hoffe ferner, daß dieselben auch über die besten Mittel, die Konstitution zu befestigen, einig seyn."

Lameth erwiederte: Mein Herr! Als die Nothwendigkeit, ein beleidigendes Gerücht zu widerlegen, mir es zur Pflicht machte, die Ehre zu haben an Sie zu schreiben, sah ich nicht voraus, daß Ihre Antwort mich in die unumgängliche Nothwendigkeit versetzen würde Ihnen noch einmal zu antworten. Ich gestehe gerne, daß es mir unbegreiflich ist, wie Sie glauben können, daß ich, in der Frage über Krieg und Frieden, endlich Ihrer Meinung beigestimmt hätte; da ich doch dem Vorschlage des Herrn von Mirabeau nicht eher nachgab, als nachdem mein Bruder und Hr. Freteau den ersten Artikel verändert hatten. Ich hoffe mit Ihnen, mein Herr, daß die Freun=

Freunde der Freiheit niemals aufhören werden, über die wahren Grundsätze, welche die Nationalversammlung anerkannt hat, einig zu seyn. Was aber die Mittel betrift, die Konstitution zu befestigen: so sind die meinigen, welche jederzeit offen sagen und offen liegen werden, Wahrheit, Offenherzigkeit und Standhaftigkeit. Ich habe die Ehre u. s. w."

Auch in den Provinzen hatten die Excesse unter dem Volke noch nicht aufgehört. Am zwanzigsten Mai kam zu Bordeaux ein Irländischer Priester, mit der Diligence, von Toulouse an. Der Pöbel hielt ihn, weil er geistliche Kleidung trug, für einen fanatischen Flüchtling von Montauban. Er wurde daher angehalten, und man beschloß, ihn ohne Verzug an die Laterne aufzuhängen. Einige Personen unter dem Haufen baten, daß der Unglückliche zuerst nach dem Herzoge von Duras, dem Generalkommandanten der Bürgermiliz von Bordeaux geführt werden möchte. Aber die übrigen hielten dafür, dieses würde viel zu umständlich seyn, und daher brachten sie ihn nach dem National-Kaffeehause, um ihn vor der Thür desselben aufzuhängen. Man hielt Gericht über ihn, das Todesurtheil wurde ihm vorgelesen, und der Laternenpfahl, welcher seinem Leben ein Ende machen sollte, ward ihm gezeigt. Mehr als zehn tausend Personen waren versammelt, und alle schrien, mit Einer Stimme: „Hängt ihn! „Hängt ihn! Hängt ihn auf!" Endlich drängte sich ein Mann mit Gewalt durch den Haufen, und bat nochmals, daß man den Gefangenen nach dem Herzoge

zoge von Duras bringen möge. Der Pöbel willigte ein, und der Gefangene ward nach dem General geführt. Dieser fragte ihn aus; aber der erschrockene Priester stammelte zitternd wenige abgebrochene und unverständliche Worte. Nun werden seine Papiere untersucht; und da fand sich, daß er gar nicht von Montauban gekommen war. Der General beschloß hierauf, ihn nach dem Rathhause bringen zu lassen. Die vor seinem Hause versammelte unzählbare Volksmenge verlangte indessen, mit wüthendem Geschrei, den Gefangenen, und drohte ihn aufzuhängen. Um diesen Unglücklichen zu retten, stellte sich der Herzog von Duras, ganz allein, dem rasenden Haufen entgegen. Sobald er unter seiner Hausthüre sich zeigt, entsteht das tieffste Stillschweigen, und nunmehr spricht der Herzog: „Dieser Abbé scheint mir un„schuldig. Indessen will ich ihn, allein, und zu „Fuße, vor Euren Augen, nach dem Bürgerräthe „hinbringen. Ich verlange keine Wache. Ich über„liefre mich Euch. Schwört mir, daß Ihr vor mir „hergehen und mir gehorchen wollt." Der ganze Haufe steckt, an Eides Statt, die Arme gen Himmel, und klatscht nachher dem General lauten Beifall zu. Hierauf begiebt sich der Herzog in sein Haus zurück, spricht dem zitternden Priester Muth ein, und versichert denselben, daß er ihn unter seinen Schutz nehme. Der Zug nach dem Rathhause gieng ganz ruhig vor sich. Der Bürgerrath verhörte den Geistlichen, fand denselben unschuldig, und bat ihn sich zu erholen. Hierauf hielt der General abermals eine

Anrede an das in ungeheurer Menge versammelte Volk; und dieses begab sich ruhig nach Hause.

Der Geldmangel war zu Paris außerordentlich groß. Und dieses schien um so viel unbegreiflicher, da, seit kurzer Zeit, in den verschiednen Münzen des Königreiches, über hundert und zwanzig Millionen Livres Silbergeld ausgeprägt worden war. Zu Paris allein hatte man für drei und zwanzig Millionen Livres ausgeprägt.

Der General **Paoli** wurde von seinen Landsleuten, in Korsika, mit dem allergrößten Enthusiasmus aufgenommen. Sie übergaben ihm nicht nur das Generalkommando der Bürgermiliz, sondern sie wollten ihn auch zum Präsidenten der Abtheilung (Département) erwählen. Er aber weigerte sich; weil es, wie er sagte, für die Freiheit gefährlich werden könnte, wenn die oberste Civilstelle und die oberste militairische Gewalt in Einer Person sich vereinigt befänden. Hierauf bot ihm die Abtheilung eine jährliche Besoldung von funfzig tausend Livres an, und beschloß, ihm eine Statue zu setzen. Beide Anerbietungen lehnte Paoli, durch folgende Rede, von sich ab: „Nicht aus Stolz schlage ich die groß„müthige Anerbietung aus, welche Sie mir thun. „Der Zustand Ihrer Finanzen erlaubt Ihnen nicht, „mir die Besoldung zu bezahlen, welche Sie mir be„stimmten. Ich habe mir etwas erspart, ich besitze „selbst ein kleines Vermögen, und werde immer ge„nug haben, um als ein einfacher Bürger des Staa„tes zu leben; um Ihnen meine Dienste zu widmen; um

„um für die Ordnung zu sorgen; und um die Kon-
„stitution aufrecht zu erhalten. Ich schlage die
„Statue aus, welche Sie mir zu errichten anbieten.
„Das schmeichelhafteste Denkmal für mich, ist die
„Zuneigung, die Sie mir beweisen. Glauben Sie
„mir, meine Herren, verschwenden Sie weder Lob-
„reden noch Statuen, an irgend einen Bürger des
„Staates, so lange seine Laufbahn noch nicht geen-
„digt ist."

Am 29. Mai erschien Herr Necker in der Nationalversammlung, und las eine lange Abhandlung
über die Finanzen vor. Dieser Aufsatz verbreitete
die gröste Freude über ganz Frankreich. Der Minister machte das schönste Gemälde, von den künftigen
Hofnungen und Aussichten des Reiches. Er ver-
bannte alle Furcht, und schilderte die Ressurcen Frankreichs als ungeheuer groß. „Was für Ideen (sagt
„er) erweckt nicht schon dieses abgekürzte Verzeichniß
„unserer ungeheuren Ressurcen! Es ist ein Vergnü-
„gen dabei, eine solche Schilderung den Freunden,
„sowohl als den Feinden Frankreichs, vorlegen zu
„können. Diese Schilderung erhöht noch die Schön-
„heit der großen und heilsamen Erklärung, welche
„Sie von Ihrer Liebe zu dem Frieden, und von Ih-
„rer Abneigung das französische Reich auf irgend eine
„Weise zu vergrößern, gegeben haben. Was für
„ein herrliches Reich muß dieses nicht seyn, welches
„keine Begebenheit, keine Folge von Mißbräuchen,
„keine innere Uneinigkeit zu Grunde richten kann!
„Und, um alle diese Mittel anzuwenden, dazu gehört

weiter

„weiter nichts, als Ihr Eifer und Ihre Kenntnisse.
„Es ist unmöglich diese Kette von Ideen, dieses
„Bündniß von Kenntnissen, und diese Beschleunigung
„der Arbeiten nicht zu bewundern, vermöge welcher
„Sie, auf eine so treffende und so auszeichnende
„Weise, einen so großen Raum bereits durchlaufen
„haben."

Der König ließ folgende Proklamation ergehen, welche aufs Neue beweißt, wie sehr der Monarch nunmehr der neuen Konstitution ergeben war:

„Niemals haben wichtigere Zeitumstände gefor„dert, daß alle Frankreicher sich in Einer Denkungs„art vereinigen, sich mit Muth an das Gesetz an„schließen, und aus allen ihren Kräften die Gründung
„der Konstitution befördern sollen. Ich habe Alles
„gethan, um diese Gesinnungen in allen Bürgern
„des Staates zu erwecken. Ich habe selbst das
„Beispiel des allerunzweideutigsten Zutrauens in die
„Stellvertreter der Nation gegeben, und mein be„ständiger Wunsch ist gewesen, Alles zu thun, was
„zu dem Glücke meiner Unterthanen und zu der
„Wohlfahrt Frankreichs beitragen kann. Könnte
„es dennoch möglich seyn, daß, durch Feinde des
„öffentlichen Wohls, die wichtigen Arbeiten, welche
„die Nationalversammlung, in Uebereinstimmung
„mit mir, beschäftigen, um die Rechte des Volkes
„fest zu setzen, und das Glück desselben vorzubereiten,
„gestört werden könnten? O daß man sich bemühen
„könnte das Volk aufzuwiegeln; bald durch unge„gründete Schreckbilder und falsche Auslegungen der,

Dritter Theil. C c von

„von uns angenommenen oder genehmigten, Be‡
„schlüsse der Nationalversammlung; bald dadurch,
„daß man sich untersteht über meine Gesinnungen
„Zweifel zu erregen, die eben so ungegründet als
„beleidigend sind; bald dadurch, daß man Privatin‡
„teresse oder Privatleidenschaften unter den heiligen
„Namen der Religion versteckt? Eine so sträfliche
„Widersetzung würde mich sehr empfindlich betrüben,
„und zu gleicher Zeit meinen ganzen Unwillen erwe‡
„cken. Der beständige Gegenstand meiner Sorge ist,
„alles, was in diese Klasse gehört, zu unterdrücken,
„oder demselben zuvor zu kommen. Ich habe es so‡
„gar meiner väterlichen Sorgfalt nicht für unwürdig
„gehalten, auch die Zeichen zu verbieten, welche
„Zwietracht und Partheigeist verrathen könnten.
„Darum habe ich, angetrieben durch diese Betrach‡
„tungen, und unterrichtet, daß, an mehrern Orten
„des Königreiches, einige Personen sich erlaubt hät‡
„ten Kokarden zu tragen, die von der National‡
„kokarde, welche ich selbst trage, verschieden seyn,
„geglaubt, daß ich dieses verbieten müßte, weil
„eine solche Verschiedenheit unangenehme Folgen
„haben könnte. Demzufolge verbiete ich allen mei‡
„nen getreuen Unterthanen, in meinem ganzen Kö‡
„nigreiche, irgend eine andre Kokarde zu tragen,
„als die Nationalkokarde. Ich ermahne alle guten
„Bürger des Staats, in ihren Reden, so wie in
„ihren Schriften, sich aller Vorwürfe, oder Aus‡
„fälle, welche die Gemüther erbittern könnten, zu
„enthalten, die Zwietracht nicht zu nähren, und

„zu

„zu sträflichen Excessen keine Veranlassung zu
„suchen."

„LUDWIG."

Diese vortrefliche Proklamation des guten Monarchen wurde am Abend in der Nationalversammlung vorgelesen, und, nach geendigter Sitzung, begaben sich alle Zuhörer von den Gallerien unter die Fenster des Königs, und dankten ihm durch Beifallklatschen und durch ein wiederholtes Jubelgeschrei. Indessen hatten doch die Demokraten an dieser Proklamation sehr vieles auszusetzen. Ihnen gefiel nicht der Ausdruck meine Unterthanen, und sie behaupteten außerdem: daß, nach den Grundsätzen der neuen Konstitution, der König gar nicht befugt seyn könne, eine solche Proklamation ergehen zu lassen; wenigstens könne eine solche Proklamation niemals als ein Gesetz, sondern bloß allein als ein Wunsch des Königs, als ein Rath, den er seinen Unterthanen gebe, angesehen werden.

Bald nachher verließ der König, seit dem Oktober, zum erstenmal Paris. Er reiste nach St. Cloud, welches eine kleine deutsche Meile von Paris entfernt liegt. Nach der Abreise des Königs entstand in Paris eine schreckliche Gährung. Furcht und Bestürzung waren allgemein. Einige wenige, vernünftige Personen, sahen ein, daß eine Luftveränderung für die Gesundheit des Königs und der königlichen Familie unumgänglich nothwendig sey, und daß diese Reise beweisen werde, die Gefangen-

schaft

schaft des Königs habe aufgehört. Andere behaupteten, die Reise des Königs sey weiter nichts als eine List, um sich der Aufsicht der Pariser Bürgermiliz zu entziehen, und den König heimlich aus dem Königreiche wegzuführen.

Indessen gab der Monarch, um zu beweisen, daß auch Er die eingeführte Gleichheit, und die Abschaffung aller der lächerlichen Zeremonien, welche Adelstolz und Etikette erfunden haben, billige, seinem Genealogisten, dem Herrn Cherin, in Rücksicht auf die Personen, welche ihm künftig sollten vorgestellt werden können, folgende Verordnung:

„Paris am 4. Junius 1790."

„Der König befiehlt mir, mein Herr, Ihnen „zu sagen, daß Seine Majestät künftig keine ge-„nealogischen Titel mehr von denjenigen verlange, „welche die Ehre haben wollen Ihm vorgestellt zu werden."

„LUDWIG."

Die Nationalversammlung ließ den König abermals ersuchen, daß er die, für seine jährlichen Ausgaben, oder die sogenannte Civilliste, nöthige Summe, zu bestimmen geruhen möchte. Hierauf schrieb der König, am neunten Junius, folgenden Brief, an den Präsidenten der Nationalversammlung:

„Mein Herr! Da ich zwischen den Grundsätzen einer strengen Oekonomie, und der Betrachtung, wie groß die Ausgaben sind, welche der Glanz des französischen Throns, und die dem Oberhaupte einer großen

ßen Nation nöthige Pracht verlangen, mich schwankend befinde: so hätte ich gewünscht, daß es der Nationalversammlung gefallen haben möchte, selbst die, zu Unterhaltung meines Hofes nöthige Summe zu bestimmen. Ich weiche aber den wiederholten Bitten der Versammlung, und übersende Ihnen die Antwort, welche ich Sie derselben mitzutheilen ersuche. Die Ausgaben für den Hof, die unter dem Namen Maison du Roi bekannt sind, begreifen folgende in sich:

1. „Die Ausgaben, welche meine Person, die Königin, die Erziehung meiner Kinder und das Haus meiner Tanten betreffen; und dazu kommt noch die Einrichtung des Hauses meiner Schwester."

2. „Alle Gebäude, welche der Krone zugehören."

3. „Meine Leibwache, welche, nach den der Nationalversammlung vorgelegten Planen, keinen Theil der Armee ausmacht."

„Alle diese Gegenstände zusammengenommen kosteten noch, ohngeachtet der seit meiner Thronbesteigung vorgenommenen Einschränkungen, ein und dreißig Millionen. Ich glaube, daß, wenn die Einkünfte der Parks, der Domainen und Wälder, und der Lustschlösser, die ich behalten werde, dazu gerechnet werden, fünf und zwanzig Millionen, für alle die genannten Ausgaben, hinlänglich seyn werden, wenn erst in den Ausgaben die nöthigen Einschränkungen gemacht sind. Ob ich gleich meine Leibwache unter den Gegenständen der Ausgaben mit berechne:

so habe ich dennoch mit der Einrichtung derselben mich noch nicht beschäftigen können. Ich verlange, in dieser Rücksicht, wie in allen andern, meine Plane mit der neuen Ordnung der Dinge zu vereinigen. Ich halte dafür, daß die Anzahl der Truppen, welche dazu bestimmt sind die Person des Königs zu bewachen, durch eine konstitutionelle Verordnung bestimmt werden müsse, und da es für diese Truppen wichtig ist, an der Ehre und an den Gefahren, die mit der Vertheidigung des Vaterlandes verbunden sind, Theil nehmen zu dürfen: so müssen sie auch, im Ganzen, eben die Einrichtung haben, welche die übrige Armee hat. Daher habe ich auch die Zeit, wenn meine Gardes du Korps ihren Dienst wiederum antreten sollen, noch verschoben; und dieser Aufschub in der Einrichtung meiner Leibwache ist mit desto geringern Unbequemlichkeiten verbunden, da ich, seit der Zeit, da die Bürgermiliz meine Person bewacht, in derselben allen den Eifer und die Anhänglichkeit gefunden habe, den ich nur immer verlangen kann, und ich wünsche, daß dieselbe jederzeit einen Theil meiner Leibwache ausmachen möge. Es würde mir unmöglich werden, aus einem jährlich bestimmten und eingeschränkten Kapital, meine noch rückständigen Schulden zu bezahlen, deren Zustand die Versammlung kennt. Ich wünsche daher, daß dieselbe diese Schulden, mit den übrigen Schulden des Staates, bezahlen möge. Ich glaube, daß außerdem die Wiederbezahlung der gekauften Stellen meines Hauses, und des Hauses meiner Brüder, befohlen werden, und

mit

mit dem vorigen Artikel verbunden werden muß, da durch die Konstitution alle Verkäuflichkeit der Stellen aufgehoben worden ist. Ich endige mit demjenigen was mir am meisten am Herzen liegt. In meinem Heirathskontrakte mit der Königin habe ich versprochen, daß, im Falle ich vor Ihr sterben sollte, ein anständiger Hofstaat Derselben beibehalten werden würde. Nun wünsche ich, daß dieses unbestimmte Versprechen, welches ich Ihr und Ihrer erhabenen Mutter gethan habe, durch die Festsetzung Ihres Wittwengehalts, bestimmt werden möge. Es wird ein Vergnügen für mich seyn, den Stellvertretern der Nation meine Ruhe über einen Gegenstand zu verdanken zu haben, von welchem mein Glück so vorzüglich abhängt. Da ich nunmehr dem Verlangen der Nationalversammlung mit aller der Zuversicht entsprochen habe, die zwischen ihr und mir Statt finden muß: so setze ich noch hinzu, daß ich mit derselben niemals über irgend eine Verordnung, welche meine Person betreffen möchte, im Streite seyn werde. Mein wahres Personalinteresse ist das Interesse des Königreichs. Und wenn nur Freiheit und öffentliche Ruhe, diese beiden Quellen der Wohlfahrt des Staates, festgesetzt werden: dann würde ich dasjenige, was mir am persönlichen Genusse abgeht, in der Zufriedenheit, welche der tägliche Anblick der öffentlichen Glückseligkeit gewähren müßte, völlig wiederfinden."

„LUDWIG."

Dieser Brief des Königs wurde, von der Versammlung, mit dem lautesten Beifalle aufgenommen, und es ward beschlossen, durch Akklamation, ohne Berathschlagung oder Stimmensammlung, in das Verlangen des Monarchen einzuwilligen.

Am dreißigsten Mai beschäftigte sich die Nationalversammlung mit der Verbesserung und neuen Einrichtung der Geistlichkeit.

Hr. Treilhard. Wenn Sie neben einander zwei Kirchspiele sehen, wovon das eine zehn Stunden im Umfange, und das andere nicht zehn Feuerheerde hat; wenn Sie aus einem Bisthum, welches nahe an 1,500 Kirchspiele enthält, in ein anderes kommen, das nicht zwanzig Kirchspiele hat; wenn Sie sehen, daß der Priester eines großen Strich Landes nicht mehr als sieben hundert Livres Gehalt besitzt, und folglich sich genöthigt sieht, seinen alten, schwächlichen, kranken und dürftigen Vater, entweder ganz ohne Beistand zu lassen, oder selbst das Nothwendige entbehren zu müssen, um ihm beistehen zu können; wenn in eben diesem Kirchspiele sich ein prächtiges Gebäude erhebt, der Sitz einer unnöthigen Pfründe, deren Nutznießer auf seinem Kopfe das Vermögen hundert nützlicher Geistlichen vereinigt, und den Niemand kennt, als die Pächter welche ihm bezahlen: kommt man da nicht in Versuchung zu glauben, der blinde Zufall habe einer solchen Einrichtung vorgestanden, und man brauche eine so große Unordnung nur zu sehen, um dieselbe sogleich abzuschaffen? Indessen, meine Herren, ist diese Unordnung wirklich vorhanden, sie ist seit vielen Jahrhunderten vorhanden, und sie hat, bis auf diese Stunde, Stützen und Vertheidiger gefunden. Denn es giebt Leute, in deren Augen die Zeit Macht hat alles zu rechtfertigen, und sogar die Sklaverei hat ihre Lobredner gefunden. Aber jetzt ist der Zeitpunkt vorhanden, in welchem alle Mißbräuche abgeschafft werden müssen. Eine neue Einrichtung ist unumgänglich nothwendig. Sie ist nothwendig für den Priester, welchem man nunmehr nicht eine Last auflegen wird, die seine Kräfte übersteigt; sie ist nothwendig für die Gläubigen, denen man die geistliche Hülfe gleichförmiger austheilen und erleichtern wird; sie ist nothwendig für den Staat, der mit einer unnützen Last von Titeln überladen ist; sie ist nothwendig auch um der Religion willen, denn leichtsinnige und flüchtige Menschen werfen nur zu oft die Unregelmäßigkeit und die Mißbräuche der kirchlichen Einrichtungen der Religion selbst vor. Es ist bekannt, daß es im Anfange nicht mehr Priester gab, als nöthig waren; daß jeder sein bestimmtes Geschäft hatte; und daß bloß allein durch Nachläßigkeit in der Kirchenzucht jene schmarotzenden Titel entstanden sind, deren Abschaffung die öffentliche Meinung schon lange gewünscht hat. Daß die Domkapitel und die Kanonikate und Stifter ebenfalls ganz unnütze sind, ist nicht weniger allgemein anerkannt. In den schönen Zeiten des Christenthums wählte das Volk selbst seine Priester. Als nachher die Fürsten, oder ihre Minister, die Bischöfe wählten; da fiel diese Wahl nicht auf denjenigen, der die meisten apostolischen

stolischen Tugenden besaß, sondern auf denjenigen, der aus der angesehensten Familie war. Die Prälaten hielten sich nicht mehr in ihren Kirchspielen auf. Sie wählten daher Großvikare. Auch diese wohnten nicht auf der Stelle, sondern sie überließen die Sorge für das Kirchspiel einigen Sekretairen, welche sie sehr schlecht bezahlten. Sie, meine Herren, müssen diese Mißbräuche abschaffen. Die weltliche Gewalt muß es thun: denn die Gewalt der Kirche ist bloß allein geistlich. Alles Ansehen, welches die Könige der Erde für gut gefunden haben mögen der Kirche zu überlassen, ist unabhängig von der Religion. Die Religion hat, mit vielem Ruhme, ohne dieses Ansehen bestanden; und kann daher, auch künftig, mit Ruhm, ohne dasselbe bestehen. Die Frömmigkeit der Kaiser und der Könige, vielleicht auch die Schwäche ihres Karakters, hat den Bischöfen Gelegenheit gegeben sich eine Gerichtsbarkeit anzumaßen, welche sie gewiß nicht von Christo erhalten hatten.

Abbe le Clerc (Kanonikus zu Alensson). Schon sind die Mönchsorden aufgehoben worden; schon bleibt der heißen Gottesfurcht kein Zufluchtsort mehr übrig! Dennoch haben diese Reformatoren bis jetzt die öffentlichen Freudenhäuser, in denen freche Dirnen und Freudenmädchen aufgenommen werden, noch nicht für gut befunden abzuschaffen. Alle ihre Verbesserungen laufen bloß allein auf Geldspekulationen hinaus, ...

Der Präsident. Zur Ordnung mein Herr! Keine

Keine Gesellschaft kann bestehen, ohne Gesetze und
ohne Unterwürfigkeit. Es muß eine oberste Gewalt,
die größer ist als die menschliche Gewalt, anerkannt
werden. Die Kirche muß, als ein sichtbares Kor-
pus, weltliche Gewalt besitzen. Christus hat den
Aposteln seine Macht überlassen. Die Priester haben das Recht Gesetze zu geben. Aber dieses Recht
würde nur scheinbar seyn, wenn sie nicht zugleich die
Gewalt hätten die gegebenen Gesetze ausüben zu lassen. Da alle Gläubigen der Kirche unterworfen seyn
müssen; so muß dieselbe eine äußere Macht haben,
um die Gläubigen den Gesetzen unterwürfig zu erhalten. Die Gewalt der Kirche ist von viererley Art:
die gesetzgebende Gewalt, die zwingende Gewalt, die
Gewalt der Oberherrschaft, und die Gewalt der Verwaltung. . . . .

(Lautes und anhaltendes Gelächter.)

Die Nation kann, in der geistlichen Einrichtung,
keine Veränderung treffen, außer nach den kanoni-
schen Formen. Die Kirche müßte Kommissarien
wählen, denen aufgetragen würde de commodo
et incommodo zu urtheilen. Nun will ich noch
von dem geistlichen Stande besonders sprechen. . . .

Der Präsident. Zur Ordnung, mein Herr!
Es giebt keine Stände mehr.

Ich bezeuge, daß ich hiemit die allerheiligste Pflicht
meines Amtes erfüllt habe. Ich habe der befehlen-
den Stimme meines Gewissens gehorcht. Hätte ich
stille geschwiegen; so wäre ich sträflich gewesen, und
hätte, wegen eines solchen Stillschweigens, am Tage

des

des jüngsten Gerichts, vor Gott Rechenschaft ablegen müssen.

Hr. Robespierre. Die neue Einrichtung der Geistlichkeit, welche Sie jetzt festsetzen wollen, ist weiter nichts, als die Bestimmung des Verhältnisses der Diener der Religion zum Staate. Alle öffentlichen Aemter sind zum Besten der Gesellschaft vorhanden. Alle unnützen geistlichen Titel sind daher schon an sich nichtig, und müssen abgeschafft werden. Da nun die Würde der Erzbischöfe eine unnütze Würde ist; so muß dieser Titel ganz aufgehoben werden. Auch die Kardinäle müssen abgeschafft werden: denn diese Würde wird von einer auswärtigen Macht ertheilt, und giebt Unabhängigkeit von derjenigen Nation, unter welcher man lebt. Da die geistlichen Beamten für den Nutzen des Volks bestimmt sind, so müssen sie auch von dem Volke gewählt werden. Ueberdieß wird es nöthig seyn, das Band zwischen den Geistlichen und den übrigen Gliedern der Gesellschaft künftig enger zu knüpfen. . . . .

(Heftiges Gemurmel.)

Wohlan! Wenn Sie von der Heirath der Priester nichts hören wollen; so will ich diesen Theil meiner Rede noch zurück behalten.

(Heftiges Gemurmel und lauter Lärm.)

Hr. Trektharb. Die Bischöfe müssen unter sich unabhängig, und nicht Einer dem Andern unterworfen seyn. So war es in der ersten Kirche. Christus hat keinem seiner Apostel eine Gerichtsbarkeit über die übrigen gegeben.

(Lärm

(Lärm und Tumult. Die Geistlichen rufen, mit wüthendem Geschrei: „Ketzerei! Ketzerei! „Ketzerei!" Einer ruft laut aus: „Hat denn „nicht Christus dem Petrus übertragen seine „Lämmer zu weiden! Hat er nicht dem Pe= „trus die Schlüssel des Himmelreichs über= „geben?")

Das Konzilium zu Nicea hat zuerst die Herrschaft des Bischofs von Rom eingeführt. Aber selbst das mals hatte noch der Bischof von Rom über die andern Bischöfe nichts zu befehlen. Er war nur der Prä= sident in ihren Versammlungen.

(Großes Geschrei: „Ketzerei! Ketzerei! Ketzerei!" Anhaltendes Beifallklatschen auf der andern Seite.)

Bischof von Clermont. Ich erkläre hier= mit Herrn Treilhard für einen offenbaren Ketzer; und ich will an der ganzen Berathschlagung keinen Antheil haben.

Hr. Despremenil. Der Ausdruck: Bi= schof von Rom ist ein ketzerischer Ausdruck.

Die Nationalversammlung beschloß, daß der zu= künftige vierzehnte Julius, als der Jahrestag der neu erworbenen Freiheit, durch ein großes National= fest gefeiert werden, und daß zu demselben Abgesandte der Bürgermiliz, aus allen Abtheilungen, Unterab= theilungen, Städten und Dörfern Frankreichs, und von allen Regimentern und Kompagnien der Armee, eingeladen werden sollten: damit diese, im Namen der ganzen Nation, den Eid der Treue und der Ei= nigkeit

nigkeit schwören möchten. Hr. la Fayette stellte sich auf den Rednerstuhl und sagte:

„Meine Herren! Mit so großem Vergnügen ich auch das Fest der Freiheit zu feiern bereit bin: so hätte ich doch gewünscht, daß der Zeitpunkt einer allgemeinen Verbündung eher an dem Ende unserer Arbeiten, als während des Laufes derselben, festgesetzt werden möchte. Indessen glaube ich, daß, zu einer Zeit, in welcher Abgesandte der Bürgermiliz von ganz Frankreich hier versammelt seyn werden, es gut seyn würde, den Beschluß zu fassen, daß Niemand das Kommando der Bürgermiliz in mehr als Einer Abtheilung Frankreichs haben könne, und daß sich die Versammlung noch vorbehalte, zu entscheiden, ob nicht dieses Kommando sich sogar auf Eine Unterabtheilung einschränken solle.

Am eilften Junius trat Mirabeau auf den Rednerstuhl, und sagte: „Meine Herren! Franklin ist todt, der Mann, welcher Amerika befreite und Kenntnisse über beide Welten verbreitete. Die Etikette der Höfe hat lange genug heuchlerisches Leidtragen eingeführt. Es kommt nunmehr den Stellvertretern der Nationen zu, nur über den Tod wirklicher Helden trauern zu lassen. Der Amerikanische Kongreß hat ein zweimonatliches Leidtragen befohlen. Wäre es dann nicht Ihrer würdig, an der Huldigung, die man einem der größten Männer des Erdbodens beweist, Antheil zu nehmen? Das Alterthum würde Demjenigen, der zugleich Himmel und Erde umfieng, den Donner und die Tyrannen bändigte,

Altäre

Altäre errichtet haben: sollte es dann uns nicht erlaubt seyn, einem der eifrigsten Freunde der Freiheit wenigstens einen Beweis des Bedaurens und des Andenkens zu geben? Ich verlange, die Nationalversammlung solle beschließen, daß sie drei Tage lang für Benjamin Franklin Leid tragen wolle." Die Nationalversammlung nahm den Vorschlag mit lautem Beifall an. Sie trauerte — und Europa und Amerika trauerten mit ihr!

Dem Beispiele der Nationalversammlung folgte ganz Paris nach. Jedermann gieng drei Tage lang schwarz gekleidet. In dem berühmten Caffe Procope stand, über der Thüre, die Inschrift: Franklin ist todt. Der Saal war schwarz ausgeschlagen, und am Ende desselben sah man Franklins marmorne Büste, mit der einfachen, aber vielsagenden Aufschrift: VIR.

Die Einwohner von Paris schrieben an die übrigen Frankreicher, um dieselben zu dem bevorstehenden Nationalfeste, des vierzehnten Julius, einzuladen, folgenden Brief:

„Liebe Brüder und tapfere Freunde: Niemals haben wichtigere Zeitumstände gefordert, daß alle Frankreicher sich in Einer Denkungsart vereinigen, sich mit Muth an das Gesetz anschließen, und aus allen ihren Kräften die Gründung der Konstitution befördern sollten." Diesen Wunsch, welchen der Geliebteste aller Könige ausgedrückt hat, diesen Wunsch, den wir alle gethan haben, diesen schlagen wir Euch jetzt vor in Ausführung zu bringen. Kaum sind

sind noch zehen Monate seit jener merkwürdigen Zeit verflossen, in welcher, aus den Mauern der eroberten Bastille plötzlich eine Stimme hervorgieng: „Frank:
reicher wir sind frei!" Möge nunmehr, an demselbigen Tage, eine noch rührendere Stimme sich erheben: „Frankreicher wir sind Brüder!"
Ja, wir sind Brüder, wir sind frei, wir haben ein Vaterland. Zu lange gebeugt unter dem Joche, nehmen wir endlich die stolze Stellung eines Volkes an, welches seine Würde kennt. Das Gebäude der Konstitution erhebt sich, und an demselben werden die politischen Ungewitter, die Bemühungen des Eigennutzes, des Neides und der Zeit, sich brechen. „Wir sind nicht mehr Bretagner, nicht mehr Nor„mander:" so haben unsre Brüder in Bretagne und in der Normandie gesprochen. Und auch wir, wir sprechen wie sie: „wir sind nicht mehr Pariser, wir „alle sind Frankreicher." Euer Beispiel hat in uns einen großen Gedanken erweckt. Ihr werdet denselben annehmen, denn er ist Euer würdig. Ihr habt geschworen, durch die unzertrennlichen Bande einer geheiligten Brüderschaft verbunden zu bleiben, und bis an den letzten Seufzer die Konstitution des Staates, die Beschlüsse der Nationalversammlung, und das gesetzmäßige Ansehen des Königs, zu vertheidigen. So wie Ihr, haben auch wir diesen erhabenen Eid geschworen. Laßt uns nunmehr, es ist Zeit, laßt uns nunmehr aus allen diesen kleinern Verbündungen eine allgemeine Verbündung machen. Wie schön wird er nicht seyn, der Tag der Verbündung

der

der Frankreicher! Ein Volk von Brüdern, die Wiederherstellung des Reichs, und ein Bürgerkönig: alle, durch einen gemeinschaftlichen Eid, vor dem Altare des Vaterlandes, mit einander vereinigt! Welch ein erhabenes, und welch ein neues Schauspiel für alle Nationen! Wir würden bis an das Ende des Königreiches gehen, um uns mit Euch zu diesem Feste zu vereinigen; aber in unsern Mauern wohnen unsere Gesetzgeber und unser König. Dankbarkeit hält uns bei denselben zurück, und wir wollen ihnen zugleich, zur Belohnung für ihre Tugenden und für ihre Arbeiten, den Anblick eines dankbaren, glücklichen und freien Volkes darbieten. Auch Ihr werdet zu uns kommen, Ihr tapfere Krieger, unsere Waffenbrüder und Freunde; Ihr, die Ihr das Beispiel des Patriotismus und des Muthes gegeben habt; Ihr, die Ihr die Anschläge des Despotismus vernichtet, und die Ihr empfunden habt: Das Vaterland retten, das heiße Euren Eid erfüllen. Und Ihr, deren Gegenwart uns so angenehm gewesen seyn würde, Frankreicher, die Ihr durch das Meer, oder durch einen ungeheuren Zwischenraum, von uns getrennt seyd; Ihr werdet erfahren, daß wir uns Euch in Gedanken genähert haben, und daß, ungeachtet der Entfernung, Ihr, an dem Feste des Vaterlandes, mitten unter Euern Brüdern waret. Am vierzehnten Julius haben wir die Freiheit erworben, am vierzehnten Julius wollen wir schwören, dieselbe zu erhalten. Möge, an demselben Tage, und in derselben Stunde ein allgemeiner Ruf, ein einstimmiges

Geschrei, in allen Theilen Frankreichs erschallen: „Hoch lebe die Nation, das Gesetz und der König!" Möge dieses Geschrei auf immer alle Freunde des Vaterlandes vereinigen, und die Feinde desselben erschrecken. Seine Feinde! — Nein Frankreicher, das Vaterland, die Freiheit, die Konstitution werden keine Feinde mehr haben, sobald wir mit der ganzen öffentlichen Macht diese geheiligten Gegenstände unserer Ehrfurcht und unserer Liebe, werden umgeben haben. Dann werden alle Menschen, welche noch die Ketten tragen, und dieselben zu lieben scheinen, bis zu der Höhe unsers Schicksals sich erheben, und sich um die Ehre bewerben, ihre Namen in jenem Familienbunde, welcher ein Denkmahl unseres Ruhms, und der immerwährende Bürge der Glückseligkeit dieses Reiches seyn wird, eingeschrieben zu sehen. Wir verbleiben, mit unveränderlicher Liebe, gellebte Brüder und tapfere Freunde, Eure Landesleute. Die in allen Distrikten von Paris versammelten Staatsbürger.

Unruhen und Anarchie dauerten zu Avignon noch immer fort. Es wurden Schriften ausgestreut, um das Volk aufzuwiegeln. Französische Emissarien suchten dasselbe zu bewegen, sich der Herrschaft des Bischofs von Rom zu entziehen, und sich mit Frankreich zu vereinigen. Der größte Theil der Einwohner beharrte indessen immer noch dabei, sich aller Veränderung in der Regierungsform standhaft zu widersetzen: um so viel mehr, da die Regierung sehr gelinde, und die zu bezahlenden Auflagen äußerst gering
waren,

waren, und folglich keine rechtmäßige Ursache zu klagen vorhanden zu seyn schien. Endlich gewann die unruhige Parthei die Oberhand. Es ward eine Bürgermiliz errichtet, und am siebenten Junius wurde eine große Menge Frankreicher in die Stadt gelassen. Die Sturmglocken wurden geläutet, und die ganze Stadt war im Aufruhr. Am zehnten Junius fieng der Bürgerkrieg an. Die päbstliche Parthei, oder die sogenannten Aristokraten, verschanzten sich in dem Rathhause. Die Volkspartei machte den Pallast des Vicelegaten zu ihrem Hauptquartier. Beide Partheien zogen gegeneinander und griffen einander in den Straßen an. Am folgenden Tage hängte das Volk vier sogenannte Aristokraten auf. Das Haus des Marquis de Rochegude ward geplündert. Ihn selbst rissen die rasenden Aufrührer aus seinem Bette, und hängten ihn auf. Auch der Marquis D'Aulan, ein Abbé, und ein Seidenfabrikant, wurden aufgehängt; weil sie, wie man vorgab, gegen den Aufruhr gesprochen hätten. Die Bürgermiliz, aus den benachbarten französischen Städten, rückte ein, und stellte die Ruhe wieder her.

Zu Perpignan war der Vikomte de Mirabeau geschäftig. Dieser Vikomte ist der jüngere Bruder des Grafen, ein sehr unruhiger Kopf und ein hastiger Royalist. In der Nationalversammlung hat er sich, durch seine unständigen, unbesonnenen Reden, und in seinem übrigen Leben, durch die ungeheure Menge seiner Schulden, und durch den Zustand einer beständigen Trunkenheit, vorzüglich ausgezeichgezeichnet. Er hatte die Nationalversammlung verlassen, und war nach Perpignan, zu dem Regimente de Touraine gereist, dessen Oberster er ist. Er gab sich viele Mühe, dieses Regiment zum Aufruhr zu bewegen, und vermittelst desselben einen bürgerlichen Krieg in Frankreich anzufangen; aber vergeblich. Ueber diesen mißlungenen Versuch aufgebracht, ließ er sich in seine Wohnung die Fahnen des Regiments, und die Regimentskasse bringen. Dann reiste er, am dreizehnten Junius, plötzlich ab, und nahm die Fahnen des Regimentes, in seinem Koffer, mit sich. Man setzte ihm nach. Er wurde angehalten und gefangen gesetzt; aber da er ein Mitglied der Nationalversammlung war, so blieb er ungestraft.

Zu Nismes dauerten die Unruhen noch immer fort, und es kam zwischen den Katholiken und den Protestanten zu einem förmlichen Kriege. Am dreizehnten Junius war die Gährung aufs höchste gestiegen. Die Katholiken griffen die protestantische Bürgermiliz an; sie wurden aber zurückgeschlagen. Hierauf liefen die Katholiken in den Straßen umher, und ermordeten alle Protestanten, die sie antrafen. Diese flöhten den Bürgerrath um Beistand an, und verlangten, daß das Kriegsgesetz bekannt gemacht, und die rothe Fahne, welche dieses Gesetz ankündigt, auf dem Rathhause aufgesteckt werden sollte. Der Bürgerrath erfüllte diese Bitte erst nach langem Weigern. Die Aufrührer verschanzten sich in einem alten Thurme an der Stadtmauer. Nach diesem Thurme wurde die rothe Fahne getragen, begleitet von dem

Re

Regiment Guienne, und die Aufrührer wurden aufgefordert die Waffen niederzulegen und sich zu ergeben. Aber sie wehrten sich; sie schossen auf die Truppen, thaten einen Ausfall, und nahmen die Fahne weg. Es wurde eine zweite rothe Fahne gebracht, und die Soldaten näherten sich dem Thurme abermals, um denselben anzugreifen; aber die Aufrührer machten aus dem Thurme, in welchem sie versteckt lagen, ein so anhaltendes Feuer, daß sich endlich die Truppen genöthigt sahen, bei einbrechender Nacht sich zurück zu ziehen. Am folgenden Tage wurde der Krieg fortgesetzt. Die Truppen rückten, mit einigen Kanonen, gegen den Thurm an, in welchem die Aufrührer sich aufhielten; der Thurm wurde eingenommen, und die Aufrührer suchten sich durch die Flucht zu retten. Es ward auf sie in den Strassen und aus den Häusern geschossen, und nur wenige entgiengen der Wuth ihrer aufgebrachten Mitbürger. Indessen versammelten sich diese fanatischen Katholiken am folgenden Tage abermals in dem Kapuzinerkloster, und schossen aus den Fenstern des Klosters, auf die Bürgermiliz. Diese sprengte die Thüre ein, drang in das Kloster, und brachte alle Kapuziner, welche sie antraf, um das Leben.

Der Kriegsminister stellte der Nationalversammlung den traurigen Zustand vor, in welchem die Armee sich befand. „Die Armee, sagte er, droht in „die allerunruhigste Anarchie zu verfallen. Ganze „Regimenter haben es gewagt, die, dem Könige, „der durch ihre Beschlüsse festgesetzten Ordnung, und

den

„den allerfeierlichsten Eiden schuldige Hochachtung,
„zu gleicher Zeit aus den Augen zu setzen. Ein un-
„begreiflicher Schwindelgeist hat sie alle auf einmal
„ergriffen. In dem Militair herrscht überall Unru-
„he und Unordnung. Ich sehe, in mehr als Einem
„Regimente, die Bande der Unterwürfigkeit erschlafft
„oder zerrissen. Die allerunglaublichsten Ansprüche
„werden öffentlich behauptet; die Befehle der Offi-
„ciere sind ohne Kraft; die Chefs ohne Ansehen; die
„Kriegskasse und die Fahnen werden geraubt; und
„sogar den Befehlen des Königs setzt man sich laut
„entgegen. Die Officiere werden verachtet, ver-
„folgt, bedroht und verjagt. Einige von ihnen
„werden, unter ihrem eigenen Regimente, gefangen
„gehalten, und sehen sich genöthigt, widerwillig und
„gedemüthigt, ein trauriges Leben zu führen. Und,
„um auch das Schrecklichste zu sagen, die Komman-
„danten der Regimenter werden, sogar unter den
„Augen, und beinahe in den Armen ihrer Soldaten,
„ermordet. Diese Uebel sind zwar groß; aber ein
„Aufruhr des Militairs könnte leicht noch gefährli-
„chere Folgen haben, und müßte, früher oder später,
„die ganze Nation in Gefahr setzen. Alles wäre
„verlohren, wenn die Armee jemals durch Privat-
„leidenschaften sollte geleitet werden. In der Un-
„regelmäßigkeit ihrer Bewegungen würde sie immer-
„fort an Allem anstoßen, was sie umgiebt; oft sogar
„an dem politischen Körper. Die Natur der Dinge
„verlangt, daß die Armee niemals anders, denn als
„ein Werkzeug handle. Von dem Augenblicke an,

„in

"in welchem sich dieselbe in ein berathschlagendes
"Korps verwandelt, wird sie sich erlauben, nach ih-
"ren eigenen Entschlüssen zu handeln, und die Re-
"gierungsform wird bald in eine militairische
"Demokratie verwandelt werden, in eine Art von
"politischem Ungeheuer; welches jederzeit die Reiche
"verschlungen hat, in denen es entstanden ist."

Die Unordnung und Insubordination war unter der französischen Armee so groß, daß sogar zu Aix zwei Regimenter gegen einander anrückten. Das Regiment Royal Marine lag zu Aix in Garnison. Das Regiment Vexin, welches in der Nähe lag, hielt sich von jenem für beleidigt, und zog nach der Stadt Aix zu, um Genugthuung zu fordern. Beide Regimenter standen schon gegeneinander über, in Schlachtordnung, und der Krieg sollte so eben ausbrechen, als der Maire der Stadt Aix erschien, sich zwischen beide Regimenter stellte, dieselben zum Frieden ermahnte, und sie bat ruhig auseinander zu gehen. Seine Bitten und Vermahnungen waren vergeblich, und beide Partheien blieben fest auf ihrem Vorsatze ihren Streit durch die Waffen zu entscheiden. "Wohlan dann! rief der Maire aus, weil ihr mei-
"nen Bitten und Vorstellungen nicht nachgeben wollt,
"so schießt zuerst auf mich, damit ich nicht ein Zeuge
"der Unordnungen und der Excesse seyn müsse, welche
"Ihr jetzt auszuüben bereit seyd." Kaum hatte der Maire, mit dem Feuer des wahren Patriotismus, diese Worte ausgesprochen, als auch schon beide Partheien die Waffen niederlegten, sich umarmten, und

den Maire im Triumphe in die Stadt einführten. Der Bürgerrath zu Aix beschloß hierauf, dem Maire, wegen dieser Heldenthat, ein Denkmahl aufführen zu lassen.

Die Abendsitzung des 19. Junius war abermals eine von denen, in welchen die Nationalversammlung, einer erhabenen, gesetzgebenden Versammlung ganz unwürdig, die allerwichtigsten Beschlüsse, ohne Ueberlegung, ohne Berathschlagung, durch Akklamation faßte. Nachdem einige Addressen der Anhänglichkeit, aus den Provinzen, verlesen waren, erschien, vor den Schranken der Versammlung, eine Gesellschaft, die sich für Abgesandte folgender Völker ausgab a): Araber, Chaldäer, Preussen, Polaken, Engländer, Schweizer, Deutsche, Holländer, Schweden, Italiäner, Spanier, Amerikaner, Indianer, Syrier, Brabanter, Lütticher, Avignoner, Genfer, Sardinier, Graubündter und Sicilianer. Der Baron Cloots, ein Don Quixotte der Freiheit, war an ihrer Spitze. Er giebt sich für einen Preußischen Baron aus, ist aber aus dem Clevischen gebürtig, und heißt, wenn ich nicht irre, Klotz. Er hatte die ganze Farce veranstaltet, die Abgesandten, welche größtentheils aus dem Abschaum ihrer Nationen bestanden, und unbedeutende, aus ihrem Vaterlande verjagte Leute waren, zusammengerafft. Er hatte

auch

---

a) Ich führe die Nationen in eben der Ordnung auf, in welcher dieselben in dem Protokoll der Nationalversammlung angeführt worden sind.

auch einige Portechaiseträger von der Straße genommen, und ihnen, gegen baare Bezahlung, türkische, persische, arabische und indianische Trachten, aus der Garderobe des Opernhauses, angezogen. Als Anführer dieser ehrwürdigen Gesellschaft, stellte er sich nun vor die Schranken der Versammlung, und hielt folgende Rede, welche ein wahres Muster von pompösem Unsinne ist, und zu den Opernkleidungen recht gut paßt:

Meine Herren!

Das majestätische Bündel aller Fahnen des französischen Reiches, welche sich, am vierzehnten Julius, auf dem Marsfelde, an eben dem Orte, wo Julian alle Vorurtheile mit Füßen trat, wo Karl der Große sich mit allen Tugenden umgab, entwickeln werden; diese bürgerliche Feierlichkeit wird nicht allein das Fest der Frankreicher, sondern das Fest des ganzen Menschengeschlechts seyn. Die Trompete, auf deren Schall ein großes Volk auferstand, ist in den vier Winkeln der Welt ertönt, und durch die Freudengesänge eines Chors von fünf und zwanzig Millionen freier Menschen, sind die, in einer langen Sklaverei begrabenen Völker, aufgeweckt worden. Die Weisheit ihrer Beschlüsse, meine Herren, die Vereinigung der Kinder Frankreichs; dieses entzückende Gemälde, giebt allen Despoten bittere Sorgen, und den unterdrückten Nationen gerechte Hoffnungen. Auch in uns ist ein großer Gedanke aufgestiegen, der, wenn wir es sagen dürfen, die Größe des Nationaltages vollenden wird! Eine Anzahl Ausländer, aus allen

Theilen der Erde, verlangt, sich mitten in das Marsfeld zu stellen; und die Freiheitsmütze, welche sie
mit Entzücken in die Höhe heben werden, wird das
Pfand der bald erfolgenden Befreiung ihrer unglücklichen Mitbürger seyn. Die im Triumphe einziehen-
den Römer fanden Vergnügen daran, überwundene
Völker an ihren Siegeswagen nachzuschleppen; aber
Sie, meine Herren, Sie werden, welch ein ehrenvoller Kontrast! Sie werden in Ihrem Gefolge freie
Menschen sehen, deren Vaterland in Fesseln schmach-
tet; deren Vaterland einst, durch den Einfluß Ihres
unerschütterlichen Muthes, und Ihrer philosophischen
Gesetze, frei seyn wird! Unsere Wünsche und unsere
Huldigungen sind die Bande, welche uns an Ihre
Siegeswagen anketten werden. Eine verehrungs-
würdigere Gesandtschaft gab es nie! Unsere Beglau-
bigungsbriefe sind nicht auf Pergament geschrieben;
aber unsere Sendung ist, mit unauslöschlichen Zügen,
in die Herzen aller Menschen eingegraben; und,
Dank den Verfassern der **Bekanntmachung der
Rechte**! Diese Züge werden auch für die Tyrannen
nicht länger unverständlich seyn. Feierlich haben
Sie anerkannt, meine Herren, daß die Oberherrschaft
in dem Volke ruht: nun ist aber das Volk überall
unter dem Joche der Diktatoren, die sich, ungeachtet
Ihrer Grundsätze, Oberherren nennen. Man maßt
sich die Diktatur an; aber die Oberherrschaft ist un-
verletzlich, und die Gesandten der Tyrannen könnten
Ihr erhabenes Fest nicht anders beehren, als die meisten unter uns, deren Schickung stillschweigend von

unsern

unsern Landesleuten, von unterdrückten Oberherren, anerkannt ist. Welch eine Lehre für die
Despoten! welch ein Trost für unglückliche Völker,
wenn sie von uns erfahren werden, daß die Erste Nation in Europa, durch Versammlung ihrer Fahnen,
uns das Signal zum Glücke Frankreichs und beider
Welten, gegeben hat! Wir erwarten, meine Herren,
in ehrfurchtsvollem Stillschweigen, das Resultat Ihrer Berathschlagungen über eine Bitte, welche uns
der Enthusiasmus der allgemeinen Freiheit eingege-
ben hat."

O! des Elenden, der es wagen darf, im Namen freigebohrner Schweizer, eine solche Rede
zu halten! Man verzeihe mir, man verzeihe dem
Geschichtschreiber, wenn gerechter Unwille ihn hier
ergreift! Nicht Er, sondern sein Vaterland ist beleidigt; und der Patriotismus, von dem er glüht, legt
ihm die heilige Pflicht auf, eine so große Schande
von seiner Nation abzuwälzen. In seinem eigenen
Namen, und im Namen aller freigebornen
Schweizer, protestirt er feierlich gegen diese Rede,
in so ferne sie seine Nation betrift, welche, unter
dem Schutze der Gesetze, unter einer weisen und gütigen Regierung, die gar keine Abgaben fordert,
schon seit Jahrhunderten, im Schooße der Freiheit,
glücklich lebt! Walther Fürst, Werner Stauffacher,
Arnold von Melchthal; verehrungswürdige Männer!
Väter schweizerischer Freiheit! Ihr, die Ihr, vor
beinahe fünf hundert Jahren, am Ufer des Luzerner-
sees, umgeben von himmelhohen Gebirgen, den feierlichen

lichen Eid schwurt, Euer Vaterland zu befreien, und für Eure, noch nicht geborne, Enkel zu sterben. Und Ihr, bei Morgarten, bei Sempach, bei Murten, bei Grandson, am Stoß, bei Wolfhalden, bei St. Jakob, und anderwärts, erschlagene Märtyrer der Freiheit, die Ihr ganz Europa das edle Beispiel großer Thaten gabt, und für uns die Freiheit erkämpftet, welche wir jetzt genießen! mit gerührtem Herzen danken wir Euch, für Euren Heldenmuth, für Eure großmüthige Aufopferung. Jährlich feiern wir noch die großen Tage dieser Schlachten, streuen Blumen auf die Gräber, welche Eure heilige Asche enthalten, und schwören den feierlichen Eid: die von Euch erworbene Freiheit, und die glückliche Staatsverfassung, unter der wir leben, gegen jeden Feind derselben zu vertheidigen, und für das Wohl unseres Vaterlandes, wenn es erfordert wird, so wie Ihr, zu sterben! Schande und Schmach dem Schweizer, der es wagen durfte, zu der Nationalversammlung, im Namen seiner Landsleute, auf eine solche Weise zu reden, und sich im Gefolge dieses unbekannten Großsprechers zu zeigen, der ganz Europa in den traurigen Zustand zu versetzen wünscht, in welchem Frankreich sich jetzt befindet! Würde der Wunsch dieses Weltverbesserers erfüllt: so bliebe jedem, Ordnung und Ruhe liebenden Manne, kein anderes Mittel mehr übrig, als mit bedrängtem Herzen, und mit weinenden Augen, Europa zu verlassen und nach Amerika zu ziehen, wo Ruhe zu finden ist, und wo Gesetze herrschen!

Nachdem der Baron Cloots du Val de
Grace seine Rede geendigt hatte, antwortete der
Präsident der Nationalversammlung diesen vorgeblichen Stellvertretern des Menschengeschlechts:

„Meine Herren!"

„Sie beweisen heute der ganzen Welt, daß die
Fortschritte, welche eine Nation in der Philosophie
und in der Kenntniß der Rechte des Menschen macht,
allen übrigen Nationen gleichermaßen zugehören. Es
giebt in den Annalen der Welt Epochen, welche auf
das Wohl oder Weh aller Theile des Erdballs Einfluß
haben; und jetzt darf Frankreich sich schmeicheln, daß
das von ihm gegebene Beispiel auch von andern Völkern befolgt werde, welche die Freiheit zu schätzen
wissen, und die Monarchen lehren werden, daß ihre
wahre Größe darin bestehe, über freie Menschen zu
regieren, und die Gesetze in Ausübung zu bringen;
daß sie nicht glücklich seyn können, ohne diejenigen,
von denen sie zu regieren gewählt worden sind, glücklich zu machen. Ja, meine Herren, Frankreich
schätzt sich es zur Ehre, Sie zu dem Bürgerfeste,
dessen Vorbereitungen die Nationalversammlung befohlen hat, zuzulassen; aber dagegen glaubt es sich
berechtigt, von Ihnen einen glänzenden Beweis Ihrer Dankbarkeit zu fordern. Kehren Sie, nach der
augusten Zeremonie, nach Ihren Geburtsörtern zurück. Sagen Sie Ihren Monarchen; sagen Sie
Ihren Regenten, wie sie auch heißen mögen: daß,
wenn ihnen daran gelegen sey, ihr Gedächtniß bis
auf die späteste Nachwelt zu bringen, sie nur den
Bei

Beispiele Ludwigs des Sechszehnten, des Wiederherstellers der französischen Freiheit, folgen dürfen."

Hierauf hielt ein Kerl, aus dem Gefolge des Baron Cloots, welcher die Rolle des Arabers spielte, eine Rede, worinn er, im Namen der Araber, seiner vorgeblichen Landsleute, Verehrung und Bewunderung für die neue Konstitution zu haben vorgab.

Der Präsident antwortete:

„Meine Herren!"

„Arabien hat vormals Europa Lehren der Philosophie gegeben, Arabien hat die genauern Wissenschaften in Verwahrung gehalten, und der übrigen Welt die erhabenen Kenntnisse der Mathematik mitgetheilt. Jetzt, da Frankreich die Schuld von ganz Europa bezahlt a), giebt es Ihnen Lehren der Freiheit, und ermahnt Sie dieselben in Ihrem Vaterlande zu verbreiten."

Die Bitte der vorgeblichen Abgesandten des Menschengeschlechts wurde von der Nationalversammlung, durch Akklamation, bewilligt.

Dann beschloß die Versammlung, die vier gefesselten Sklaven von der vortreflichen Bildsäule Ludwigs des Vierzehnten, auf dem Platze Victoire, wegnehmen zu lassen, unter dem Vorwande, daß sich ein

---

a) La France voulant acquitter la dette de l'Europe. Viel gesagt! Könnte Frankreich nur seine eigene Schuld bezahlen, wie würden sich nicht die Gläubiger des Staats freuen!

ein solches Monument für ein freies Volk nicht schicke. Dieß heißt sich um Kleinigkeiten bekümmern, und darüber das Große vergessen! Die Römer schlugen auch Denkmünzen, auf welchen die eroberten Provinzen, gebückt und weinend, dargestellt waren. Und wenn sich die angeketteten Sklaven, an der Bildsäule Ludwigs des Vierzehnten, für ein freies Volk nicht schicken; wie schicken sich dann die angeketteten Sklaven, an der Bildsäule Heinrichs des Vierten, auf dem Pontneuf? Aber diese hat Niemand wegzunehmen vorschlagen dürfen! Der bittere Haß gegen Ludwig den Vierzehnten, der aus diesem Verfahren nur zu deutlich hervor leuchtet, ist einer großmüthigen und freien Nation unwürdig. Der Vorschlag zu diesem Bildersturme geschah durch den Grafen Alexander von Lameth. „Ich verlange, rief er, daß die Fremden, welche zu dem „großen Nationalfeste kommen, nicht, in der Hauptstadt Frankreichs, Denkmähler finden, welche ihren „Augen die Sklaverei unsrer Väter darstellen! Die „Statue Ludwigs des Vierzehnten beweist, mit welcher Schmach er das menschliche Geschlecht bedeckte! „Nicht zufrieden damit, daß er, beinahe ein halbes „Jahrhundert lang, die Ausländer durch seine Waffen unterjochte, und Frankreich durch seinen Stolz „drückte, verlangte er noch, daß auch die künftigen „Jahrhunderte, durch seine eitele Ruhmsucht befleckt „würden! Ich schlage vor, daß dieses Denkmahl umgeworfen, und, an die Stelle desselben, ein anderes, „zu Ehren Ludwigs des Sechszehnten, errichtet werden solle."

Viele

Viele Mitglieder der Versammlung standen zu gleicher Zeit auf, und stimmten diesem Vorschlage bei. Dann sagte der Advokat, Hr. Lambel. „Ich ver„lange, daß alle Inschriften, alle Attribute der Sta„tuen, und alle Allegorien auf den Denkmählern, „sollen ausgelöscht und weggenommen werden. Und „da der heutige Tag der Sterbetag der Eitelkeit seyn „muß; so verlange ich ferner, daß der ganze Erb„adel abgeschafft, und alle adelichen Titel, von wel„cher Art dieselben auch seyn mögen, auf immer ver„bannt werden."

Graf Charles de Lameth. Auch ich stimme diesem Vorschlage bei, und ich setze noch hinzu, daß alle diejenigen für Feinde der Konstitution gehalten werden sollen, welche noch ferner solche kindische Distinktionen sich anmaßen möchten. Dadurch erhalten wir dann ein vortrefliches Mittel, die wahren Patrioten gleich an ihrer Unterschrift zu erkennen.

Hr. de la Fayette. Ich habe niemals mich irgend einem Vorschlage widersetzt, der wirklich zu der Konstitution gehört; und der gegenwärtige Vorschlag scheint mir aus der Konstitution so natürlich zu folgen, daß ich nicht einmal einsehe, was dagegen eingewandt werden könnte. Aber, auf den Fall, daß sich Jemand widersetzen sollte, sage ich, im Voraus, daß ich denselben aus allen Kräften vertheidigen werde.

Marquis de Foucault Lardimalie. Freilich ist der Vorschlag der Konstitution angemessen,

aber

aber ich verlange, daß die Entscheidung bis auf einen andern Tag aufgeschoben werde. Die adelichen Titel laſſen ſich nicht ganz abſchaffen. Sie ſind eine Belohnung des Verdienſtes. Ein Soldat, welcher ſich in einer Schlacht vorzüglich ausgezeichnet hatte, erhielt ein Patent, mit den Worten: „Dieſer Soldat iſt in den Grafenſtand erhoben worden, weil er den Staat gerettet hat." Welche Belohnung würde man wohl an die Stelle dieſer Belohnung ſetzen können, wenn die adelichen Titel abgeſchafft werden ſollten?

Hr. la Fayette. Um meinen Vorgänger aus der Verlegenheit zu ziehen, in welcher er ſich zu befinden ſcheint, will ich nur bemerken, daß in dieſem Patent die Worte: „iſt in den Grafenſtand „erhoben worden," überflüſſig ſind, und daß das Patent eigentlich heißen müßte: „Johann, „Jakob, oder Michael hat um dieſe Stun„de den Staat gerettet."

Hr. Goupil de Prefeln. Ich verlange nur die einzige Ausnahme, daß man für die Prinzen vom königlichen Geblüte den Titel Durchlaucht beibehalte.

Hr. la Fayette. Wozu das? Sie ſind weiter nichts als thätige Bürger, und auch dieſes nur in ſo ferne ſie die Pflichten eines Bürgers erfüllen.

Hr. de Lucinge Faucigny. Ich verlange, daß die Entſcheidung bis auf eine andere Zeit aufgeſchoben werden ſolle.

(Lärm und Geschrei: "Nein! Nein! Nein!
Stimmt sogleich; sogleich!)
Nun! und was habt Ihr dann davon, wenn Ihr den Adel abschafft. Euch bleiben immer noch Wucherer, Banquiers, Wechseljuden, und Rentenirer, mit 100,000 Thalern jährlicher Einkünfte!

Vicomte de Noailles. (Heftig) Weg mit den kindischen läppischen Titeln! Weg mit Stolz und Eitelkeit! weg damit, ohne Aufschub! Sagt man: der Marquis Franklin, der Baron Fox, der Graf Washington, der Herzog Pitt? Weg mit diesen läppischen Titeln, über welche nur Weiber und Kinder sich freuen können! Ich verlange, daß auch alle Livreen abgeschafft werden sollen.

Hr. de Saint Fargeau. Ich heiße künftig: Ludwig Michael Pelletier, und so soll Jeder verbunden seyn, den Namen seiner Familie, und nicht den Nahmen seines Landguthes zu tragen.

Graf de Crecy. Ich verlange, daß alle Adelichen gezwungen werden sollen, ihre adelichen Titel abzulegen, und ihre Familiennamen wiederum anzunehmen.

Marquis de Sillery. Befehlen Sie, daß auf den Kanonen die insolente Inschrift: Vltima ratio Regum, ausgelöscht werden solle.

Hr. Lanjuinais. Weg mit den Titeln: Durchlaucht, Excellenz, Eminenz!

Abbe Maury. Ludwig der Vierzehnte, dessen Genie vielleicht nicht so groß war als sein Karakter, darf nicht deswegen gestraft werden, weil er

seinem

seinem Volke Ansehen und Ehre zu verschaffen gesucht hat. Seine Minister waren strafbarer als er. Warum wollen Sie denn seine Statue umwerfen?

Graf Mathieu de Montmorency. Ich verlange, daß alle Wappen abgeschafft werden!

Hr. Murinais. Eine so wichtige, konstitutionelle Frage, darf nicht so flüchtig behandelt werden. Ich verlange daher, daß man die Entscheidung bis auf eine andere Zeit verschiebe.

Hr. de la Fayette. Es ist dieses keine konstitutionelle Frage; sondern nur eine ganz natürliche Folge, der schon beschlossenen Konstitution.

Endlich beschloß die Nationalversammlung, unter dem Beifallklatschen und dem Jubel und Freudengeschrei aller Zuhörer auf den Gallerien, Folgendes:

„Die Nationalversammlung beschließt, daß der
„erbliche Adel auf immer abgeschafft seyn solle; daß
„demzufolge die Titel: Prinz, Herzog, Graf, Mar-
„quis, Vicomte, Baron, Chevalier, Ritter, Edel-
„mann, und alle andre ähnliche Titel, Niemand zu-
„kommen können, und Niemand gegeben werden sol-
„len; daß alle Bürger des Staates keinen andern
„Namen zu tragen berechtigt sind, als den Namen
„ihrer Familie; daß Niemand Livreen tragen, oder
„tragen lassen, oder ein Wappen zu führen berech-
„tigt seyn solle; daß der Weihrauch in den Kirchen
„nur allein zu der Ehre Gottes verbrannt, und daß
„Niemand beräuchert werden solle; daß die Titel:
„Durchlaucht, Euer Gnaden, gnädiger Herr, Ex-
„cellenz, Hoheit, Eminenz, Abbe; und andere ade-
„liche

„liche Titel, künftig Niemand mehr gegeben werden „sollen."

Zu Avignon hatte der Bürgerkrieg noch nicht aufgehört. Die rechtschaffenen Einwohner sahen sich genöthigt vor den unruhigen Partheigängern zu fliehen, welche, unter dem Namen von Patrioten, das Volk aufwiegelten, und sich einen großen Anhang zu verschaffen gewußt hatten. Am sechs und zwanzigsten Junius kamen einige Abgesandten dieser Patrioten vor die Nationalversammlung. Die Anrede an die Versammlung, welche der Sprecher dieser Abgesandten, im Namen der übrigen hielt, war sonderbar genug. Er verlangte, daß die Versammlung der Stadt und der Grafschaft Avignon erlauben möchte, sich mit Frankreich zu vereinigen. Mit enthusiastischer Bewunderung sprach er von der erhabenen Versammlung, deren Gesetzen Avignon unterworfen zu seyn wünsche. „Wir prophezeien, rief „er aus, daß bald die Zeit da seyn wird, in welcher „die Frankreicher allen Nationen der Welt Gesetze „geben werden, und in welcher alle Nationen kom„men werden, um sich mit Frankreich zu vereinigen." Dann nannte dieser Redner den Pabst einen Despoten, und erzählte, in emphatischem Styl, die Heldenthaten der Einwohner von Avignon gegen den Bischof von Rom. Ferner sprach er von Aristokraten, von Komplotten, von einer Kontrerevolution, von dem Verbrechen der beleidigten Nation, und von andern erst seit kurzer Zeit in Frankreich erfundenen Verbrechen. Die linke Seite der National-

ver-

versammlung, und die Zuhörer auf den Gallerien, klatschten dem Redner lauten Beifall zu.

Am zweiten Julius war in der Nationalversammlung eine sehr stürmische Sitzung. Der Herr von Landenberg Wagenburg verlangte einen Paß, um sich in seine Provinz zurückziehen, und die Versammlung verlassen zu dürfen. Hierüber entstand ein heftiger Streit. Herr Bouche rief aus: „Rechtschaffne Bürger müssen die Versammlung nicht „eher verlassen, als bis sie todt sind." — „Ja, „antwortete Herr de Foucault, todt und be-„graben!"

Hr. Lucas. Ich verlange, daß man das Verzeichniß aller Mitglieder ablesen solle, damit man wisse, welche Mitglieder der Versammlung noch ergeben bleiben.

Hr. de Foucault. Ein solches Dekret würde sehr voreilig seyn. Viele Mitglieder der Versammlung haben Erlaubniß erhalten nach ihren Provinzen zurück zu kehren; dort würde man nun das Dekret unrecht verstehen, und sie ermorden.

Immerhin! (rief eine Stimme von der linken Seite des Präsidenten.)

Bei diesem schrecklichen Worte stand die ganze rechte Seite zu gleicher Zeit auf. Alle verlangten den Namen des Schuldigen zu erfahren, und bestanden auf seiner Ausschließung aus der Versammlung. Der Schuldige schwieg stille, und auch diejenigen, welche zunächst an ihm standen, und ihn kannten, schwiegen. Die Mitglieder der rechten Seite stellten

ten sich mitten in den Saal und bestanden auf ihrem Verlangen. Einer von ihnen sagte: „Weil man „von Ermorden spricht: so ermorde man uns hier, „jetzt gleich."

Der Präsident. Ich bitte Sie, meine Herren, mäßigen Sie sich.

Hr. de Bonnay. Wir wollen glauben, das Wort immerhin sey ausgesprochen worden, ehe derjenige, welcher es aussprach, den Herrn Foucault noch ganz angehört hatte.

Hr. de Cazales. Da dasjenige Mitglied der Versammlung, welches es gewagt hat eine solche Rede zu führen, sich derselben schämt und sich versteckt: so würde es überflüssig seyn, uns länger dabei aufzuhalten.

Am sechsten Julius wurde folgender Brief des Herzogs von Orleans, von Herrn de la Touche, seinem Kanzler, in der Versammlung vorgelesen:

„Am 25. des vorigen Monats hatte ich die Ehre an den König zu schreiben, und Seiner Majestät zu sagen, daß ich in kurzer Zeit nach Paris zurückzukommen gedächte. Hr. von Montmorin wird meinen Brief am 29. erhalten haben. Seither habe ich demzufolge von dem Könige von England Abschied genommen, und meine Abreise auf heute, auf den dritten Julius, festgesetzt. Aber diesen Morgen kam der französische Gesandte zu mir, und stellte mir einen Herren vor, von welchem er mir sagte, er heiße Hr. de Boinville, sey ein Adjutant des Herrn de la Fayette, und dieser General habe ihn, thn, von Paris, mit einem Auftrage, an mich abgesandt. Hierauf sagte mir der Hr. de Boinville, in Gegenwart des Herrn Gesandten, daß Herr de la Fayette mich ersuchen lasse, nicht nach Paris zu kommen. Unter mehrern andern Gründen, gab er mir auch als einen Grund an, daß übelgesinnte Personen sich meines Namens bedienen würden, um Unruhen zu erregen. Ich glaubte demzufolge, daß ich die öffentliche Sicherheit nicht in Gefahr setzen dürfe, und ich nahm mir vor, nicht eher abzureisen, als bis ich mich würde haben über meine Aufführung erklären können. Zu der Zeit, als ich nach England reiste, war Hr. de la Fayette der erste, der mir, im Namen des Königs, ankündigte, daß Seine Majestät mir einen Auftrag nach England zu geben gesonnen sey. Die Erzählung der Unterredung, die er mit mir über diesen Gegenstand hatte, ist in einer Geschichte meiner Aufführung zu finden, welche ich mir vornahm, nach meiner Zurückkunft, zu Paris drucken zu lassen; die ich aber wegen dieses neuen Vorfalls, nunmehr sogleich bekannt machen, und das Original derselben bei der Nationalversammlung niederlegen werde. Man wird darin finden, daß unter den Beweggründen, durch welche Herr de la Fayette mich zu bereden suchte, die mir aufgetragene Sendung anzunehmen, einer der vorzüglichsten war, daß meine Abreise den Uebelgesinnten allen Vorwand benehmen würde, und daß dieselben sich nicht länger würden meines Namens bedienen können, um Unordnungen in Paris anzufangen, und daß folglich er, Herr la Fayette,

Fayette, desto leichter die Ruhe in der Hauptstadt würde erhalten können. Dieser Grund war einer von denen die mich überredeten. Indessen habe ich den Auftrag angenommen; aber dennoch ist die Hauptstadt nicht ruhig gewesen. Und, obgleich die Urheber der Unruhen sich meines Namens, zu Erweckung derselben, nicht haben bedienen können; so haben sie sich dennoch nicht gefürchtet, denselben, in einer Menge von Pasquillen, zu mißbrauchen, um den Verdacht auf mich zu ziehen. Endlich ist es einmal Zeit zu erfahren, wer denn eigentlich die übelgesinnten Leute seyen, deren Plane man beständig kennt, ohne daß man jedoch irgend eine Anzeige hat, welche fähig wäre auf die Spur derselben zu leiten, damit man sie bestrafen, oder ihnen Einhalt thun könne. Es ist Zeit zu erfahren, warum mein Name, mehr als irgend ein andrer, ein Vorwand zu Volksunruhen seyn könnte. Es ist endlich Zeit, daß man mir nicht länger ein Gespenst vorhalte, ohne mir zu beweisen, daß demselben etwas Wirkliches zum Grunde liege. Indessen erkläre ich, daß, meiner Meinung nach, seit dem 25. des vorigen Monats, mein Aufenthalt in England, dem Interesse der Nation, und dem Dienste des Königs, nicht länger nützlich seyn kann; daß ich, demzufolge, es für meine Pflicht halte, meine Stelle, als Mitglied der Nationalversammlung wiederum einzunehmen; daß ich dieses zu thun verlange; daß der Zeitpunkt des 14. Julius mich noch ernsthafter zurückzurufen scheint; und daß ich auf meinem Entschlusse beharren

ren werde, wenn nicht die Versammlung das Gegentheil beschließen, und mir dieses zu wissen thun lassen sollte."

Nachdem dieser Brief vorgelesen worden war: trat Herr de la Fayette auf den Rednerstuhl und sagte: "Nach allem dem, was zwischen dem Herrn Herzog von Orleans und mir, im Monat Oktober, vorgefallen ist (und welches ich mir nicht einmal in das Gedächtniß zurück zu rufen erlauben würde, wenn er nicht selbst die Nationalversammlung damit unterhielte), habe ich es für nothwendig gehalten, dem Herrn Herzog von Orleans zu wissen zu thun, daß eben dieselben Ursachen, welche ihn bewogen hätten den Auftrag anzunehmen, noch vorhanden seyn könnten, und daß man vielleicht sich seines Namens bedienen würde, um die öffentliche Ruhe zu stören. Hr. von Boinville, war schon seit sechs Monaten in England. Er kam nur auf einige Tage hieher, und bei seiner Rückkehr nach London übernahm er, dem Herrn von Orleans dasjenige zu sagen, was ich so eben die Ehre gehabt habe der Versammlung zu wiederholen. Erlauben Sie mir, meine Herren, mich dieser Gelegenheit zu bedienen, um der Versammlung, von welcher ich bestimmt bin an dem großen Feste über die öffentliche Sicherheit zu wachen, meine Meinung über diesen Gegenstand mitzutheilen. Je mehr ich den vierzehnten Julius heran nahen sehe, desto mehr bestätigt sich in mir der Gedanke, daß dieses Fest eben so sicher als schön seyn werde. Dieser Gedanke gründet sich vorzüglich auf die patriotischen

Gesinnungen aller Bürger des Staats, auf den Eifer der Pariser Nationalgarde, und unserer Waffenbrüder, welche aus allen Theilen des Königreiches anlangen. Und da die Freunde der Konstitution und der öffentlichen Ruhe niemals in so großer Anzahl vereinigt gewesen sind; so sind wir auch noch niemals so stark gewesen, als wir alsdann seyn werden."

Am neunten Julius berathschlagte sich die Versammlung über das am vierzehnten Julius zu beobachtende Zeremoniel, und Herr Target las einen Plan zu demselben vor.

Abbe Maury. Es ist in der Natur unserer Regierungsform und in unseren Sitten gegründet, daß Frankreich eine Monarchie sey. Wenn es eine starke Armee gäbe, welche von dem Monarchen unabhängig wäre, so würde Frankreich keine Monarchie mehr seyn. Der König, sagt man, soll gebeten werden, das Kommando der Armee und der Bürgermiliz zu übernehmen! Diese Formel scheint anzuzeigen, daß man, sogar unter den Augen des Königs, einem andern Bürger des Staates, dieses Kommando von funfzig bis sechzig tausend Mann, würde übertragen können. An demjenigen Tage, an welchem ein Bürger dieses Kommando von Euch erhielte, hättet Ihr, wie vormals Sparta, zu gleicher Zeit zwei Könige, und der politische Manicheismus würde eingeführt seyn. Ich verlange daher, daß die Versammlung erklären solle, die auf dem Marsfelde versammelten Truppen könnten kein anderes Oberhaupt haben, als das Oberhaupt der Nation, welches durch
die

die Konstitution schon zum Oberhaupte der Armee erklärt worden ist. Ich glaube, daß der Präsident der Nationalversammlung neben dem Könige, und zu der Rechten desselben sitzen müsse, und die übrigen Mitglieder, zu der Rechten des Präsidenten, und zu der Linken des Königs. Aber muß man nicht, in einer erblichen Monarchie, in welcher es ein konstitutioneller Grundsatz ist, daß die Krone auf dem männlichen Stamme, nach dem Rechte der Erstgeburt, sich forterben solle, auch den Prinzen, welche in der Folge zu der Krone gelangen können, eine besondere Hochachtung beweisen? Muß man nicht den Prinzen vom Geblüte, welche Seine Majestät begleiten möchten, eine Stelle anweisen? Müssen nicht der Dauphin und die Gemahlin des Monarchen gleiche Ehre mit dem Monarchen genießen? Es ist ja hier nur die Rede von einer bloßen Zeremonie. Auch wünschte ich, daß dem Könige nicht befohlen würde den Eid zu leisten. Ich wünschte, daß der Eid des Königs der Frankreicher von dem Eide der übrigen Frankreicher gar nicht verschieden seyn möchte.

Hr. Barnave. Ich denke wie mein Vorgänger, daß niemand anders als der König das Haupt des Bundesfestes seyn müsse; aber ich denke auch, daß er dieses, vermöge eines, von ihm genehmigten Beschlusses des gesetzgebenden Korps seyn müsse. Es findet zwischen dem Oberhaupte des Bundesfestes und dem Oberhaupte der ausübenden Gewalt gar nichts Aehnliches Statt. Das Bundesfest ist eine von jenen Handlungen, in welchen alle Gewalt zu

ihrer

ihrer Quelle zurückkehrt, und in welchen die Macht der Nation die Einzige Macht ist, und ganz allein Gesetze und Verordnungen geben kann. Demzufolge kommt es der Souverainetät der Gewalt zu, zu bestimmen, wer an dem Bundesfeste das Kommando haben solle. Sie haben beschlossen, der König sey das unmittelbare Oberhaupt der Armee, aber die Konstitution hat noch nicht gesagt, daß er das unmittelbare Oberhaupt der Bürgermiliz sey. Uebrigens ist es ein Grundsatz, daß es in Frankreich nur Einen König, Ein Oberhaupt giebt, und daß alles übrige, in der Klasse der Gemeinen, unter einander vermischt seyn muß. Es giebt einige Fälle, in denen diejenigen, welche mit dem Könige durch die Bande des Blutes verbunden sind, ausgezeichnet werden müssen: aber in einer nationellen Zeremonie, wenn von den verschiednen Arten von Gewalt die Rede ist, da darf es keine Auszeichnung geben, außer für diejenigen Personen, welche in öffentlichen Aemtern stehen. Zwischenleute zwischen den König und die Nationalversammlung stellen zu wollen: dieses hieße die konstitutionelle Einheit zerstören. Jeder muß denjenigen Eid schwören, der seiner Stelle angemessen ist. Würde der König als Bürger des Staates schwören; so müßte er unstreitig eben den Eid schwören wie alle übrigen Bürger. Aber, da er als König der Franzreicher, als derjenige schwören soll, welchem von der Konstitution aufgetragen ist die Gesetze in Ausübung bringen zu lassen: so glaube ich auch, daß er einen andern Eid schwören müsse.

Hr.

Hr. de Cazales. Mir scheint es äußerst sonderbar, daß das Oberhaupt der ausübenden Gewalt, daß der König, dessen Ansehen eher war als das Ansehen der Nationalversammlung, eines Dekretes vonnöthen haben sollte, um die Armeen des Königreiches zu kommandiren.

(Großer Lärm auf der linken Seite.)

Ja, ich sage, es scheine mir sonderbar, daß der König, dessen Ansehen eher war als das Ansehen der Nationalversammlung, eines Dekretes bedürfen solle, um die Armee zu kommandiren. Ich will damit nicht sagen, das Ansehen des Königs sey älter als das Ansehen der Nation, von welcher alles Ansehen herkommt. Aber ich habe gesagt (und wer kann es leugnen?) das Ansehen des Königs sey älter als das Ansehen der Stellvertreter der Nation. Er hat Euch Leben und Bewegung gegeben; ohne Ihn würdet Ihr gar nicht vorhanden seyn: und darum sage ich auch, es sey sonderbar, daß Euer König, daß derjenige, welcher Euch geschaffen hat, daß der erbliche Stellvertreter des französischen Volkes, eines Eurer Dekrete nöthig haben solle, um das Oberhaupt der Armeen des Königreiches seyn zu können. Es ist schwer sich eine Monarchie vorzustellen, in welcher der König nicht das Oberhaupt der Armee wäre. Er ist es vermöge des Gesetzes des Königreiches; nicht vermöge Eures Willens. Er ist es durch die Nation; und Ihr seyd nicht die Nation. Er ist es durch das Recht seiner Krone, weil er das erbliche Oberhaupt des Reiches ist. Er ist es vermöge unserer Konstitution,

tion, weil Ihr dazu die Befehle der Nation erhalten habt, welche verlangt, daß er dafür erkannt werde. In einem Reiche, in welchem die Krone erblich ist, bei einer feierlichen Gelegenheit, bei welcher man dem Volke seinen König zeigt, müssen die Prinzen der königlichen Familie den Thron umgeben, auf welchen ihre Geburt ihnen Anspruch giebt. Es ist das Interesse der Nation, dem Volke das Beispiel der Verehrung zu geben, welche dasselbe für sie haben muß, damit Niemand den sträflichen Plan fasse die Thronfolge abzuändern; damit das Volk, indem es sieht, daß die Prinzen den Thron umgeben, dabei lerne, daß nichts in der Welt die Thronfolge verändern könne, und daß diese Thronfolge um des Glückes und um der ewigen Ruhe des Reiches willen festgesetzt worden sey. Auch erstaune ich darüber, daß man dem Könige eine Eidesformel vorschreiben will. In welcher sonderbaren Lage befinden wir uns denn gegen unsern Monarchen? Soll denn sein rechtmäßiges Ansehen erst von dem vierzehnten Julius an gerechnet werden? Ueberlaßt es ihm, was für einen Eid er schwören wolle. Laßt ihn freiwillig versprechen was er für gut hält. Ihr kennt seine Vaterlandsliebe und seine Tugenden: und diese sind die wahren Bürgen des Glücks des französischen Volkes. Seine Tugenden werden ihn binden. Dieses ist das einzige Band, welches Seiner Majestät würdig ist. Jedes andre würde das Oberhaupt der Nation erniedrigen; jedes andre würde seiner unwürdig seyn; jedes andre würde dem Könige den Anschein des Oberhaupts einer Parthei geben. (Heß

(Heftiger Lärm, Geschrei und Tumult auf der linken Seite.)

Ich spreche was ich für gut halte, und bin Niemand Rechenschaft schuldig. Jeder andre Eid, sage ich, würde dem Könige den Anschein des Oberhauptes einer Parthei geben. Einen Eid, welchen man den König, zu einer andern Zeit als bei seiner Krönung, würde schwören lassen, müßte der Versammlung, welche einen solchen Eid von ihm fordern sollte, den Schein einer Parthei geben. Ich weiß nicht, was für eine besondere Vorliebe die Versammlung für die Eide hat. Eide haben zu allen Zeiten dazu gedient, Partheien zu vereinigen. Durch Eide haben sich Partheigänger der rechtmäßigen Gewalt entzogen.

Hr. de Folleville. Die erste Bedingung eines Eides, bei einem freien Volke (denn Sklaven schwören den Eid nur um denselben zu brechen) die erste Bedingung eines jeden Eides, die Bedingung ohne welche er gar kein Eid genannt werden kann, ist die Freiheit. Und ich, ich gestehe öffentlich, daß ich in dem Zwingen zu dem Eide weiter nichts als eine Aufforderung zum Meineide sehen kann. Nun frage ich, ob man, in der Art, wie das Korps der Stellvertreter dem großen Stellvertreter einen Eid abfordert, und ihm die Eidesformel vorschreibt, jenen Karakter der Freiheit finde, der zu einem Eide so nothwendig erfordert wird, daß, meiner Meinung nach, ohne diese Freiheit ein Eid gar nicht bindend seyn kann? Nein, meine Herren, man findet in dieser Eidesformel die nöthige Freiheit nicht. Ich glaube,

glaube, daß an dem Freudenfeste des vierzehnten Julius das Jubeln und das Freudengeschrei des Monarchen und der Unterthanen sich in einander verlieren müsse. Die Gegenwart des Königs wird für seine Beistimmung zu der öffentlichen Freude hinlänglich Bürge seyn. Aber wenn der König ein eigenes Gelübde aussprechen soll, so verlange ich, daß sich die Versammlung damit begnüge, ihm zu wissen zu thun, was die Konstitution in dieser Rücksicht von ihm fordere; aber daß die Formel des Gelübdes von Niemand anders als von ihm selbst aufgesetzt werden solle.

Bischof von Clermont. Wir wollen jetzt, in Verbindung mit der ganzen französischen Nation, den Eid erneuern: der Nation, dem Gesetze und dem Könige getreu zu verbleiben. Wo ist der Frankreicher, ja, ich sage sogar, wo ist der Christ, welcher anstehen könnte ein Versprechen zu leisten, welches durch alle Grundsätze geheiligt wird, und welches allen Freunden der öffentlichen Ordnung theuer seyn muß? Erlauben Sie, daß ich, von patriotischen Gefühlen ergriffen, erkläre, daß ich, wenn es nöthig seyn sollte, bereit bin diese Verpflichtung mit meinem Blute zu unterschreiben. Zugleich wollen wir, aber unter ganz verschiedenen Umständen, noch einmal versprechen, was wir schon am vierten Februar versprochen haben; wir wollen, unter dem Siegel der Religion, versprechen: aus allen unsern Kräften, die von der Nationalversammlung beschlossene und von dem Könige angenommene Konstitution aufrecht zu erhalten. Hiebei, meine Herren, kann ich nun, bei der Erinnerung dessen, was ich dem Kaiser schuldig bin, doch auch nicht vergessen Gott zu geben, was Gottes ist: Ja, in allem, was politische, zeitliche und civile Gegenstände betrifft, glaube ich Ursache zu haben, zu schwören, daß ich die Konstitution aufrecht erhalten wolle. Aber ein Gesetz, welches über alle menschliche Gesetze erhaben ist, befiehlt mir, laut zu erklären, daß ich, in meinem Bürgereide, diejenigen Gegenstände, welche von der geistlichen Macht abhängen, nicht mit begreifen könne; daß jede Vorstellung, in dieser Rücksicht, ein Verbrechen seyn würde; daß ich durch jeden Schein derselben Aergerniß geben würde. Demzufolge erkläre ich, daß ich von meinem Eide, ausdrücklich, alles was geistliche Dinge betrifft, ausnehme, weil ich in meinem Gewissen überzeugt bin, daß ich dieselben darunter nicht begreifen kann, und ich bitte Sie, zu bedenken, daß selbst diese Ausnahme Ihnen für die Treue, mit welcher ich das, was ich geschworen habe, zu halten gedenke, Bürge seyn müsse.

Alle Bischöfe, viele Weltgeistliche, und gegen zweihundert andre Mitglieder der Versammlung standen auf, und erklärten, daß auch sie ähnliche Gesinnungen hätten. Nachher entstanden Debatten, über die Stelle, welche die königliche Familie bei dem Bundesfeste einnehmen solle.

Hr. Malouet. Ich verlange, daß die Versammlung im Kreise um den König sich setze; und daß der Präsident zu der Rechten des Königs, und die königliche Familie in dem Mittelpunkte sitze. Was könnte trauriger seyn, als wenn, bei dem ersten feierlichen Feste, bei welchem die ganze Nation vereinigt seyn wird, die königliche Familie nicht einmal gegenwärtig seyn sollte. Außerdem ist unsre Regierungsform monarchisch. Der Wille der Nation ist hierin sogar der Konstitution zuvorgekommen; und die Nation würde der Versammlung nicht beigestimmt haben, wenn sie beschlossen hätte, daß Frankreich keine Monarchie sey. Daher hat der König seine Gewalt von der Nation erhalten, ehe er dieselbe noch durch das Gesetz erhielt.

Hr. Barnave. Wenn Sie sagen, die Gewalt des Königs komme von der Nation her, wie alle andere Gewalt, so sind wir Einer Meinung. Wollen Sie aber behaupten, die Nation habe die Gewalt dem Könige auf eine andere Weise übertragen, als durch das konstitutionelle Gesetz; so denken wir verschieden.

Die Versammlung beschloß hierauf Folgendes:

1. Der König soll ersucht werden, das Kommando der Bürgermiliz und der übrigen Truppen, welche sich bei dem Bundesfeste einfinden werden, zu übernehmen, und die Officiere zu ernennen, welche, in seinem Namen, und unter seinen Befehlen kommandieren sollen.

2. Bei dem Bundesfeste, am vierzehnten Julius, soll der Präsident der Versammlung zu der Rechten des Königs sitzen, ohne daß jemand zwischen ihm und dem Könige sitzen könne. Die übrigen Mitglieder

glieder sollen zu der Rechten des Präsidenten, und zu der Linken des Königs sitzen, und der König soll ersucht werden, selbst Befehl zu geben, daß seine Familie eine schickliche Stelle erhalte.

3. Nachdem die Bürgermiliz und die übrigen Truppen des Königreiches den Eid werden geschworen haben, soll der Präsident aufstehen, und den am vierten Februar geschwornen Eid leisten. Dann sollen alle übrigen Mitglieder der Versammlung aufstehen, und sagen: „ich schwöre es."

4. Der König soll folgenden Eid leisten; „Ich, „König der Frankreicher, schwöre, daß ich alle die „Macht, welche mir, durch das konstitutionelle Gesetz „des Staates, übertragen worden ist, dazu anwenden will, die von der Nationalversammlung beschlossene, und von mir angenommene Konstitution aufrecht zu erhalten."

Am zehnten Julius beschloß die Versammlung: „daß alle eingezogenen Güter der Nichtkatholischen, „welche sich jetzt noch in den Händen der königlichen „Regie befinden, den rechtmäßigen Erben und Nachfolgern der Vertriebenen zurückgegeben werden sollen, unter der Bedingung, daß diese die Gültigkeit „ihrer Ansprüche auf diese Güter, nach einer von der „Nationalversammlung künftig zu bestimmenden „Norm, zu beweisen gehalten seyn sollen."

Durch diesen Beschluß hat also die Nationalversammlung alles das Unrecht, welches der verfolgende Ludwig der Vierzehnte den Protestanten angethan hat, soviel in ihrer Macht stand, wiederum gut gemacht.

Der Herzog von Orleans war indessen zu Paris angekommen, und bei seiner Ankunft hatte er Paris mit einer Menge von Broschüren und Pamphleten, für und gegen seine Person angefüllt gefunden. Er gieng nach Hofe und stellte sich, dem Könige und der Königin vor. Der König empfieng ihn sehr kalt, und die Königin sprach gar nicht mit ihm. Vor seiner Ankunft hatte er eine, von ihm selbst geschriebene, Vertheidigungsschrift drucken und austheilen lassen. Durch diese Vertheidigungsschrift ward aber Niemand überzeugt. Vielmehr wurde durch dieselbe seine Schuld noch bewiesen. Denn er antwortete nicht einmal auf den Vorwurf, der ihm mit so vielem Recht gemacht wurde, nehmlich: warum er, wenn er an den Gräueln des fünften und sechsten Oktobers keinen Antheil gehabt habe, dennoch bei denselben so gleichgültig geblieben, und, als erster Prinz vom Geblüte, gar nichts gethan habe dieselben zu verhindern. Am eilften Junius erschien der Herzog in der Nationalversammlung, und hielt folgende Rede:

„Während ich, vermöge der Erlaubniß, welche die Versammlung mir gab, und dem Wunsche des Königs gemäß, mich entfernt hatte, um in England einen Auftrag auszurichten, den mir Seine Majestät für jenen Hof übertrug, haben Sie beschlossen, daß ein jeder Stellvertreter der Nation den vorgeschriebenen Bürgereid zu leisten gehalten seyn solle. Damals

mals habe ich geeilt, Ihnen meine Anhänglichkeit an
diesen Eid zu übersenden, und heute eile ich, denselben mitten unter Ihnen zu erneuern. Der Tag
naht heran, an welchem ganz Frankreich feierlich sich
vereinigen wird, um eben diesen Eid zu schwören,
und an welchem alle Stimmen Liebe zu dem Vaterlande und zu dem Könige einstimmig ausdrucken werden. Für das Vaterland, welches den Bürgern des
Staates so theuer ist, die nunmehr ihre Freiheit wieder erworben haben; für den König, welcher, wegen
seiner Tugenden, so würdig ist über ein freies Volk
zu herrschen, und seines Namen mit dem größten
und glücklichsten Zeitpunkte der französischen Monarchie zu verbinden. An diesem Tage wird, wenigstens hoffe ich es, auf immer alle Verschiedenheit der
Meinungen und des Interesse aufhören, und sich
künftig mit der öffentlichen Meinung und mit dem
öffentlichen Interesse vereinigen, und in dasselbe ver-
schmelzen. Was mich betrifft, ich habe niemals einen
andern Wunsch gehabt, als den Wunsch für die Freiheit. Ich darf die allergenaueste Untersuchung meiner Grundsätze und meiner Aufführung von Ihnen
erwarten, und von Ihnen fordern. Mir bleibt nicht
einmal das Verdienst etwas aufgeopfert zu haben;
denn meine Wünsche sind jederzeit Ihren Beschlüssen
zuvorgekommen, oder haben denselben gefolgt; und
seit langer Zeit, ich darf es sagen, trug ich in meinem Herzen denjenigen Eid, welchen mein Herz jetzt
aussprechen wird: Ich schwöre der Nation, dem
Gesetze, und dem Könige getreu zu verbleiben, und

aus allen mehren Kräften, die von der Nationalversammlung beschlossene, und von dem Könige angenommene Konstitution, aufrecht zu erhalten."

Indessen fieng man in Paris an, sich mit Zubereitungen zu dem großen Nationalfeste zu beschäftigen. Funfzehntausend Arbeiter wurden gedungen, um auf dem Marsfelde zu arbeiten, um die Erde aufzugraben, und auf dieser Fläche ein ungeheures Amphitheater aufzurichten. Paris füllte sich mit einer unglaublich großen Menge von Fremden an, und es fehlte an Platz, um alle diejenigen, welche nach Paris kamen, um das erhabene Schauspiel des Bundesfestes mit anzusehen, unterzubringen. Niemals hatte sich eine so unglaublich große Menge von Menschen zu gleicher Zeit zu Paris befunden. Acht Tage vor dem Feste kam ich daselbst an, und hatte Mühe noch ein kleines Wohnzimmer zu bekommen. Alles war schon besetzt: alle Zimmer waren um doppelte Preise vermiethet.

An dem Tage nach meiner Ankunft zu Paris, war ich Zeuge, wie die schönen Bildsäulen, welche zu den Füßen der Statue Ludwigs des Vierzehnten, auf dem Platze Victoire, saßen, hinweggenommen wurden, weil sie gebückte Sklaven vorstellten. Nicht ohne Wehmuth sah ich dieses schöne Denkmahl zertrümmern, dessen Anblick so vielen Kennern und Liebhabern der Kunst beinahe ein ganzes Jahrhundert lang Vergnügen gewährt hatte.

Keiner, von allen Beschlüssen der Versammlung, machte so großes Aufsehen, und fand so vielen Widerspruch,

spruch, als der Beschluß, durch welchen der Erbadel und die adelichen Titel waren aufgehoben worden. Als ich nach Paris kam, war man eben damit beschäftigt, alle Ueberbleibsel des Erbadels von Grund aus zu zerstören. Die in Stein gehauenen adelichen Wappen, über den Thüren der Hotels, wurden heruntergenommen; die gemahlten Wappen auf den Kutschen und Wagen wurden ausgelöscht; und keine Livree war mehr zu sehen. Ein großer Theil des Adels, welchem bisher sein angestammtes Wappen das einzige Verdienst gewesen war, wurde durch diese Neuerung sehr aufgebracht. In Hoffnung auf bessere Zeiten, ließen diese Aristokraten, die, über der Thüre ihrer Wohnungen in Stein gehauenen Wappen, nicht wegnehmen, sondern nur mit Kalch übertünchen, um diesen Kalch dereinst wieder wegwerfen und das Wappen aufs Neue erscheinen lassen zu können. An einigen adelichen Wagen war über das Wappen ein Jalousieladen gemalt, um dadurch anzudeuten, daß die Abschaffung der adelichen Titel eine Folge des Neides sey. Noch andre ließen, an ihre Wagen, über das adeliche Wappen, eine Wolke malen, mit dem Motto: Ce nuage, n'est qu'un passage. Doch wurde dieser Beschluß der Versammlung, so wie alle ihre andern Beschlüsse, über ganz Frankreich, ohne Widerstand, allgemein befolgt und in Ausübung gebracht.

Wenige Tage vor dem Feste verbreitete sich die Nachricht, daß die Arbeiter das Werk noch nicht zur Hälfte geendigt hätten; daß sie sehr langsam und träge

träge arbeiteten; und daß sie von den Feinden der Revolution bezahlt seyen, um nicht zu arbeiten, und um auf diese Weise die Feier des Festes zu verhindern. Kaum wird diese Nachricht in Paris bekannt, als sich schon der Patriotismus der Pariser in seinem ganzen Enthusiasmus zeigt. Zu den 15,000, auf dem Marsfelde zerstreuten besoldeten Arbeitern, gesellen sich plötzlich 100,000 andere; freiwillige Gehülfen. Die Pariser Bürger begeben sich mit hölzernen Schaufeln nach dem Marsfelde. Sie wühlen, im Rausche ihres Freiheitsgefühls, die Erde auf, und führen dieselbe nach den Seiten hin, um das Amphitheater zu errichten. Der Anblick dieser arbeitenden Menschen war einzig, und es läßt sich derselbe, auch durch die genaueste Beschreibung, kaum entfernt erreichen. Auf dem Marsfelde waren jeden Tag über 200,000 Menschen versammelt. Personen von jedem Range, Alter und Geschlecht; alle emsig beschäftigt Erde zu laden, oder wegzuführen; alle lachend vor Freude, im Taumel der Freiheit. Das Marsfeld wurde in einen ungeheuern, unübersehlichen Ameisenhaufen verwandelt. Alles war in Bewegung; alles in Thätigkeit. Man arbeitete, mit einer Lebhaftigkeit, mit einem Eifer, mit einer Schnelligkeit, mit einer Behendigkeit, mit einer Fröhlichkeit und mit einer Anstrengung aller Leibeskräfte, von denen sich derjenige, welcher nicht selbst Augenzeuge war, unmöglich einen Begriff zu machen im Stande ist. Nur Franzosen können so arbeiten, und dem schwerfälligen, deutschen Zuschauer wird

es

es schwindelig vor den Augen, wenn er der hüpfenden Leichtigkeit und Gewandtheit seiner Nachbarn jenseits des Rheines, mit unverrücktem Blicke, eine Zeit lang zusieht.

Die arbeitenden Gruppen waren äußerst verschieden, und wo man hinsah, da erblickte man neue und eigene Auftritte. Hier kommt eine Prozession von Arbeitern aus der Stadt. Voraus Trommeln und Kriegsmusik; darauf der Anführer; dann einige tausend Menschen, in Prozession, drei und drei, Arm in Arm, neben einander; alle, mit auf die Schultern gelehnten, hölzernen Schaufeln; Männer und Weiber; Greise und Kinder; Herzoge und Tagelöhner; Bischöfe und Friseurs; Generalpächter und Köche; Ludwigsritter und Freudenmädchen; alle in friedlicher Eintracht, Arm in Arm, nebeneinander Freiheitsgesänge singend. In der Mitte der Prozession wird auf einer Stange eine Freiheitsmütze getragen a). Das Freudengeschrei der Ankommenden mischt sich mit dem fröhlichen Jauchzen der sie empfangenden Arbeiter. Hier arbeitet eine ganze Familie; Vater, Mutter und acht Kinder. Der Vater und sein ältester Sohn graben die Erde um, die Mutter und die jüngern Kinder füllen die Schubkarren, und der zweite und dritte Sohn führen dieselben weg. Dort arbeiten ein Paar Kinder neben ihrem Vater. Die Kinder füllen mit ihren kleinen Schaufeln den Schubkarren mit Erde an, der Vater stößt

---

a) Man sehe das beiliegende Kupfer.

stößt denselben weg, leert ihn aus, und findet schon wiederum einen andern gefüllt, wenn er zurückkommt. Hier kommt so eben aus der Stadt eine Dame an, vormals eine Herzogin, nun aber, seit der eingeführten Gleichheit der Stände, am Range dem Fischerweibe gleich. Da stellt sie sich hin, an die brennende Sonne; sie zieht ihre Handschuhe aus; sie entblößt ihre schneeweißen Arme, und ihre zum Küssen schöne Hand. Sie ergreift, mit den zarten Fingern, deren Spitzen von den Karten, welche sie zu halten gewohnt sind, sich ganz abgeglättet haben, eine rauhe Schaufel, und wirft die lockere Erde in den Schubkarren. Der Schweiß läuft von ihrer Stirn herunter, und verursacht, durch Schminke gefärbt, rothe Flecken auf ihrer mousselinenen Robe, und weiße Furchen auf ihren Rosenwangen. Nichts desto weniger fährt sie eifrig in ihrer Arbeit fort, blickt das neben ihr arbeitende Fischerweib mit dem Lächeln der Selbstzufriedenheit an, und stimmt mit ein, in den allgemeinen Gesang: ça ira, ça ira, ça ira a). Dort tragen alte Hofdamen, des Arbeitens und der Hitze ganz ungewohnt, Erde in ihren taffetnen Schürzen, nach dem aufzurichtenden Hügel, und keuchen bei jedem Schritte über dieser beschwerlichen Arbeit. Fünf bis sechs Personen ziehen gemeinschaftlich die mit Erde gefüllten Karren den, zu dem Amphitheater

---

a) Unter den vornehmen Damen, welche, um sich Popularität zu erwerben, auf dem Marsfelde mit arbeiteten, zeichnete sich vorzüglich die wegen ihrer Schönheit berühmte Marquise de Grammont aus.

ter bestimmten, künstlichen Hügel hinauf. Die verschiedensten Personen ziehen neben einander. Der Stutzer und das Fischerweib, der Kartheuser und das Freudenmädchen, der Abbe und die Betschwester, der Schornsteinfeger und die petite Maitresse; alle ziehen mit ausgestreckten Armen gemeinschaftlich an dem schweren Karren; und, mit einer Empfindung von Mitleid und Unbehaglichkeit, sieht man, daß die harten, ledernen, Riemen des Wagens, die zarte Brust eines schönen jungen Mädchens drücken, welche keuchend den Wagen fortzieht. Alles läuft herbei um den Altar der Freiheit errichten zu helfen. Greise, die schon lange nicht mehr aus der Stadt gekommen sind, verjüngen sich gleichsam, und mischen sich, am Arme ihrer alten Gehülfinnen, welche mit ihnen den dornigen Lebenspfad durchwandelt haben, in den taumelnden Haufen ihrer Kinder und Kindeskinder. Der alte Greis und das zahnlose Mütterchen werfen, mit zitternder Hand, eine Schaufel voll Erde in den Karren, und rechnen es sich zur Ehre an, bei dem großen Werke der Wiedererneuerung Frankreichs mit gearbeitet zu haben.

Die Einwohner entfernter Dörfer kommen, mit kriegerischer Musik, von allen Seiten herbei. Voran der Schulze des Dorfes, mit einem breiten dreifarbigen Ordensbande, à la nation, über der Schulter. Jenseit des Flusses steigt die ankommende Menge in die Kähne, und von dem diesseitigen Ufer wird ihnen Freudengeschrei und Zujauchzen entgegen gesandt: Kaum sind sie noch aus den Kähnen ans Land getreten,

ten, als sie schon von ihren Pariser Brüdern mit Umarmungen empfangen, und im Triumphe zur Arbeit geführt werden.

Hier kommt die Armee der im Dienste des Vaterlandes grau gewordenen und zerstümmelten Invaliden. Der älteste dieser ehrwürdigen Krieger ist an ihrer Spitze. Mit schneeweißem Haare, einem Patriarchen gleich, den Körper mit Narben bedeckt, und mit einem hölzernen Beine, hinkt er langsam voran, und sein linker Arm, lange gewohnt die Flinte zu schultern, schultert nunmehr die Schaufel. Hinter ihm folgt ein anderer, beinahe eben so alt, der auf seinen Schultern einen lahmen Krieger trägt, welcher nicht mehr gehen kann, und dennoch dieses einzige Schauspiel zu sehen verlangt. „Glaubt nicht,“ (so ruft der Lahme, auf den Schultern des Greises, dem emsig arbeitenden Volke zu), „glaubt nicht, meine „Brüder, daß ich hieher komme um müßig zu seyn. „Arbeiten kann ich zwar leider! nicht mehr; aber „ich werde mich hinsetzen, und die Röcke meiner „Brüder indessen bewachen, dazu bin ich noch gut „genug.“ Die ganze Prozession dieser Invaliden hat etwas äußerst Rührendes. Keiner ist ohne Narben; alle sind mehr oder weniger verstümmelt. Noch rührender aber ist es, sie nun arbeiten zu sehen. Die, denen ein Bein fehlt, füllen den Karren mit beiden Händen, und die, denen die Hände fehlen, spannen sich an den vollen Karren, und ziehen denselben, vermöge ihrer gesunden Füße, mit sich fort; auf eben die Weise, wie sie vormals, auf dem Schlachtfelde,

die

die Kanonen fortzogen. Alle wollen die Ehre haben, mit zu arbeiten; alle bestreben sich, ein Mittel auszufinden, um zu dem großen Zwecke mit beizutragen und nützlich seyn zu können. Der Schweiß läuft über die Wangen dieser alten Krieger, welche vormals, auf Befehl despotischer Minister, unter der Anführung eines Richelieu und eines Soubise, Deutschlands schöne Gefilde verheerten, und die nunmehr, freiwillig und freudig, das Grab des Despotismus graben, für die künftige Generation den Altar des Vaterlandes erbauen, und den Baum der Freiheit pflanzen helfen, dessen Früchte zu genießen sie nicht mehr hoffen dürfen.

Mit diesen ehrwürdigen Greisen kontrastirt sehr schön der Haufe hüpfender Knaben, welche von jener Seite, aus den Schulen und Pensionen entlaufen, singend und jauchzend herbeigesprungen kommen. Dir kommt es zu, freudige Schaar! Dir kommt es zu, zu singen! Für dich wird hier gearbeitet, und du wirst einst mit vollen Zügen die Freiheit genießen, welche jetzt kaum noch gekostet wird! Kommt herbei, ihr muntern Jünglinge! Legt muthig eure noch schwachen Hände an das Werk, und vergießt indessen für das Vaterland euren Schweiß; bis ihr im Stande seyd euer Blut zu seiner Vertheidigung zu vergießen!

Alle Gesellschaften, Zünfte, Handwerker, Akademien und Korporationen, kommen zur Arbeit hieher. Jede hat eine Fahne, auf welcher der Name der Korporation steht; jede kommt, mit Trommeln und

und Pfeifen voraus. Hier sind die Schüler der Ma-
lerakademie; dort die Waffenträger, die Lastträger,
die Buchdrucker, die Fleischer, die Schneider, die
Schuster, die Studenten der Universität; hier die
Friseurs, dort die Kohlenträger, welche beide eine
allzugroße Nachbarschaft zu vermeiden scheinen. Auf
der Fahne der Kohlenträger sieht mit großen Buchstaben geschrieben: „Wir sind nur schwarz von
„außen, aber die Pfaffen sind durch und
„durch schwarz." Auf der Fahne der Fleischer
sieht man ein großes Messer gemalt, mit der Um-
schrift: „Ihr Aristokraten zittert." Auf
der Fahne der Buchdrucker steht: „Die Buchdru-
„ckerei ist die erste Fackel der Freiheit."
Auf einer andern Fahne stehen mit großen Buchstaben
die Worte: „Frei leben oder sterben."

Die Poissarden spielten hier, so wie bei allen
solchen Auftritten, auch ihre Rolle. Sie theilten
Blumen an vornehme Damen aus, welche sich müde
gearbeitet hatten, und umarmten Personen von
Stande, welche sie mit der Schaufel in der Hand,
oder den Schubkarren führend, antrafen: auch arbeiteten sie selbst sehr fleißig. Der vormalige Herzog
von Chatelet, ein bekannter Aristokrat, kam an
einem Abende nach dem Marsfelde, um der Arbeit
zuzusehn. Die Poissarden erkannten ihn, und drängten sich um ihn mit einem Freudengeschrei, wodurch
eine große Menge Volks herbeigelockt wurde. Dem
Herzoge, welcher die Menge zunehmen sah, fieng
an bange zu werden, denn er war schon einmal vorher

in Gefahr gewesen, von dem Volke, welchem er verhaßt ist, aufgehängt zu werden. Er bot den Poissarden, um sich von ihnen loszumachen, Geld an, aber sie gaben ihm das Geld zurück, und sagten: „Wir brauchen dein Geld nicht, nimm eine Schaufel, fülle einen Schubkarren, und singe mit uns: „ça ira, ça ira, ça ira." Der Herzog mußte sich dazu bequemen, und wurde, nach vollendeter Arbeit, von den Poissarden nach Hause begleitet.

Auch die Mönche aus den Klöstern kamen schaarenweise herbei, und mit den Schaufeln zur Arbeit: einige mit Grenadiermützen, welche mit der Kutte sonderbar genug kontrastiren; andere mit Nationalbändern; alle mit dem freudigen Geschrei: „Hoch „lebe die Nation! Hoch lebe die Freiheit!" Unter diesen Mönchen zeichnen sich vor allen andern aus die Kartheuser. Einige von ihnen haben dreißig und mehr Jahre, zwischen den engen und stillen Mauern ihrer Zellen lebendig begraben, und für die Gesellschaft verlohren, zugebracht. Nun befinden sie sich auf einmal auf der ungeheuern Ebene des Marsfeldes, zwischen 200,000 arbeitenden Menschen. Ihre Ohren, gewöhnt an den tiefen Baß der langsamen Chorgesänge, hören hier ein ganzes, versammeltes Volk Freiheitslieder trillern. Ihre Augen sind starr vor Bewunderung über das neue Schauspiel; ihre geschorne Stirne zieht sich bei dem Anblicke der Sonne in Falten, weil sie dieses wohlthätige Feuer, welches die ganze Natur erwärmt und erleuchtet, zwischen den Mauern ihres Klosters so lange nicht gesehen haben.

haben. Ihr Mund, der seit so langer Zeit weiter nichts als das einfältige: Memento mori ausgesprochen hat, versucht nun zum erstenmal wiederum menschlich zu sprechen; und endlich erschallt, nach langen vergeblichen Versuchen, aus ihren geöfneten Lippen der Zauberton: Vive la Nation! Großes, erhabenes, herrliches, einziges Schauspiel! Diese Mönche ergreifen nunmehr die Schaufel, nicht, wie vorher, um, nach der Vorschrift ihres Stifters Bruno, ihr eignes Grab, sondern um das Grab des Despotismus zu graben! Sie kommen hieher, nicht um sterben zu lernen; eine Kunst, die man gar nicht zu lernen braucht, und die man zuletzt, man mag wollen oder nicht, dennoch lernen muß: sondern sie kommen hieher — um leben zu lernen; eine Kunst, welche alle Kartheuser vor ihnen, und noch viele andere ehrliche Leute, ja selbst der heilige Bruno, nicht verstanden haben. Die neugierige Menge versammelt sich um diese weißbekutteten Mönche, welche man im Jahre 1790 zum erstenmal auf dem Marsfelde erblickt; und unter der Menge der Zuschauer machen sich einige Freudenmädchen das schalkhafte Vergnügen, eine flüchtige Röthe über die Wangen dieser fleischscheuenden Väter zu jagen. Sie führen leere Schubkarren herbei, tanzen im Kreise um die Mönche herum, und rufen: „Füllt, ihr Väter, „füllt!" und die Patres, nachdem sie sich von ihrem Erstaunen etwas erholt haben, geben den Mädchen ihre Hände, die Hände, welche in dreißig und mehr Jahren keine Weiberhand berührt hatten, und tanzen mit in dem fröhlichen Reihen. Bald

Bald zerstreut sich diese Gruppe, und eilt, durch Neugierde getrieben, nach dem andern entfernten Ende des Feldes, wo man eine große Menge Volks sich versammeln sieht. „Was ists? Was giebts?" so fragt einer den andern, bis man näher kommt. Nun fragt niemand mehr. Man erblickt schon von weitem die Ursache des Zulaufs. Es ist la Fayette, der Generalkommandant der Pariser Bürgermiliz; es ist la Fayette, auf seinem weißen Pferde. La Fayette, gegenwärtig der erste Mann in ganz Frankreich; mehr geehrt, mehr geschätzt, mehr geliebt, und mächtiger als selbst der König. La Fayette ist jetzt der Liebling, der Abgott des Volks, das ihm auch in der That viel zu verdanken hat. Von allen Seiten klatscht man ihm Beifall zu; von allen Seiten ertönt die Luft von dem Geschrei: „Hoch lebe „la Fayette!" und so oft das Volk, vom Schreien müde, eine Pause macht; so oft sucht la Fayette diesen Ton, der seinen Ohren so angenehm ist, mit demagogischer Kunst, durch Hutabnehmen und durch Verbeugungen, wiederum hervorzulocken, und er erreicht auch immer seinen Zweck. Die unbeständige Menge muß einen Götzen haben, den sie, wie der Neger seine Fetische, wechselsweise anbetet und bespeyt. Vor dreißig Jahren war L u d w i g d e r V i e l g e l i e b t e dieser Götze; vor fünf und zwanzig Jahren war es der verstorbene Dauphin; vor zehn Jahren war es L u d w i g d e r G e r e c h t e; dann war es Necker; heute ist es la Fayette; morgen Barnave; und übermorgen vielleicht Mirabeau.

Dritter Theil.   G g   Auch

Auch die Menge, welche sich um den angebeteten la Fayette versammelt hatte, zerstreut sich endlich; und nunmehr entsteht ein neuer Auftritt; wohl der merkwürdigste in dem gegenwärtigen Jahrhunderte; eine Scene einzig in ihrer Art, und deren Andenken sich niemals aus meinem Gedächtnisse verlieren wird. Der König der Frankreicher, Ludwig der Sechszehnte ist hier, ohne Leibwache, ohne Gefolge; allein, in der Mitte von 200,000 arbeitenden Menschen, seinen Mitbürgern, nicht mehr seinen Unterthanen. Er ergreift die Schaufel und füllt einen Schubkarren mit Erde. Beifallklatschen, Freudengeschrei, Jauchzen, Rufen: „Hoch lebe der König! Lange lebe der „König!" und andere Freudensbezeugungen wollen gar kein Ende nehmen. Die ganze freudetrunkne Menge drängt sich um ihn, nennt ihn Vater des Volks, Freund, und giebt ihm alle die süßen Namen, welche der Despot aus dem Munde seiner Schmeichler nie hört, und welche nur ein guter und gerechter König, aus dem Munde eines freien Volkes, hören kann. Gerührt wendet sich der Monarch hinweg und weinet Freudenthränen: und nun verdoppelt sich das Zurufen und das Freudengeschrei a).

Was bei dem majestätisch großen und einzigen Schauspiele, welches das Marsfeld in diesen Tagen darbot, vorzüglich bemerkenswerth war, und beinahe unglaublich scheint, ist, daß unter dieser ungeheuren

―――――――――
a) Man sehe die beiliegende Kupfertafel.

heuren Menge von Menschen auch nicht eine einzige Schildwache war; niemand, der dazu bestimmt gewesen wäre, Ordnung zu erhalten, und daß dessen ungeachtet nicht die geringste Unordnung vorfiel. So viel wirkt der Enthusiasmus der Freiheit, bei einer für Enthusiasmus jeder Art so empfänglichen Nation als die Französische ist. Das Volk übte unter sich selbst Gerechtigkeit aus. Störte jemand die öffentliche Ruhe, so gab man ihm einen Verweis, und folgte er dann nicht, so wurde er von dem Orte weggejagt. Daher entstand das unbegreifliche Zutrauen, welches einer in den andern setzte. Ein wohlgekleideter, junger Mann kam nach dem Marsfelde. Er zog seinen Rock aus, warf denselben auf die Erde, nahm seine beiden goldnen Uhren aus der Tasche, ergriff die Schaufel, und gieng hinweg zur Arbeit. „He! ruft ihm jemand zu, wollen Sie Ihre beiden „goldenen Uhren so liegen lassen?" — „Warum „nicht?" antwortete jener, „sollte ich Mißtrauen „in meine Brüder setzen?" Nach der Arbeit kommt er wiederum zurück, und findet seine Uhren, bei denen indessen Tausende vorüber gegangen waren, unversehrt, auf der Stelle wieder, wo er dieselben hingelegt hatte. — Ein ehrlicher, alter Bürger gieng, mit einem Glase in der Hand, herum, und hinter ihm schob sein Bedienter ein Faß mit Wein auf einem Schubkarren fort. Der Alte bot jedermann umsonst zu trinken an; er erquickte die erschöpften Arbeiter, und wenn einer zu ihm kam, welcher nicht erschöpft schien, so sagte er zu ihm: „Trinkt nicht, wenn Ihr nicht

„nicht durstig seyd!". Die ungeheure Ebene des Marsfeldes war ein großes, belebtes Gemälde, welches alle Vorstellung und Beschreibung übertrifft, und welches nachzuzeichnen keine Darstellungskraft vermag. Die Vereinigung aller Stände, und die, der Natur angemessene, philosophische Gleichheit aller Menschen, war bisher nur theoretisch, in den Werken berühmter Schriftsteller, vorhanden gewesen: hier aber, auf dem Marsfelde, wurde dieselbe praktisch ausgeführt — und alle Stände gewannen dabei.

Anhang.

Nachricht über die sogenannte Propaganda.

Seit einiger Zeit spricht man, in allen Ländern Europas, sehr viel von der Propaganda: das heißt, von einer Gesellschaft, deren Mitglieder sich verschworen haben, die Unterthanen überall gegen ihre rechtmäßigen Oberherren aufzuwiegeln, und Zwietracht und Unruhe in alle Europäischen Staaten zu bringen. Bisher kennt man diese Gesellschaft bloß allein aus ihren Wirkungen. Man weiß, daß dieselbe aus zwei Klassen von Menschen besteht: aus Schwindelköpfen, welche sich dazu berufen wähnen, die Welt zu verbessern, und aus ehrgeizigen Bösewichtern, welche Jenen schmeicheln, um sie als Werkzeuge gebrauchen zu zu können, und welche Alles unter einander zu werfen wünschen, um alsbann im Trüben zu fischen, und sich der Macht zu bemächtigen, nachdem dieselbe den rechtmäßigen Händen entrissen seyn würde.

Ich habe mir viele Mühe gegeben in Frankreich selbst etwas Zuverlässiges von dieser Gesellschaft zu erfahren. Ich habe mich zu Paris in alle Klubs aufnehmen lassen; sogar in den berühmten Klub von 1789, dessen Präsident der Marquis von Condorcet ist, und in welchem, so viel ich weiß, außer mir, kein einziger Fremder den Zutritt erhalten hat. Aber alle meine Mühe, und alle meine Nachforschungen waren vergeblich, bis ich endlich, vor einiger Zeit, durch die Güte eines vortreflichen Mannes, dem das Wohl der Menschheit aufrichtig am Herzen liegt, folgende authentische Nachricht erhielt, welche ich hier, mit seiner Erlaubniß, übersetzt mittheile. Die Authenticität der Nachricht kann ich verbürgen.

„Der Klub der Propaganda ist sehr verschieden von dem Jakobinerklub, obgleich beide nur gar zu oft mit einander verwechselt werden. Die Jakobiner sind die Aufwiegler der Nationalversammlung: die Propaganden hingegen sind die Aufwiegler des ganzen Menschengeschlechts. Dieser Klub existirt schon seit 1786, und die Herren Rochefoucault, Condorcet und der Abbé Sieyes stehen an der Spitze desselben."

„Ihre Grundsätze bestehen darin: daß sie einen philosophischen Orden zu stiften vorhaben, welcher

über

über die Meinungen aller Menschen unumschränkt herrschen soll. Um ein Mitglied dieser Gesellschaft zu werden, muß man entweder ein Vertheidiger der Modephilosophie (das heißt, des dogmatischen Atheismus) oder ehrgeitzig; oder mit der Regierung, unter welcher man lebt, unzufrieden; oder wahnsinnig seyn. Bei der Aufnahme giebt man sein Ehrenwort, daß man Verschwiegenheit beobachten wolle. Aber, ehe er noch aufgenommen wird, stellt man dem Aufzunehmenden vor: die Zahl der Brüder des Ordens sei ungeheuer groß; sie seyen über die ganze Erde verbreitet; und alle diese Brüder bemühten sich unaufhörlich, die falschen oder verrätherischen Brüder aus dem Wege zu schaffen, wenn diese es wagen sollten das Geheimniß zu verrathen. Der Aufzunehmende giebt ferner sein Ehrenwort: daß er seinen Brüdern alles entdecken; das Volk jederzeit gegen die Regierung vertheidigen; sich jedem willkührlichen Befehle widersetzen; und alles thun wolle, was von ihm abhänge, um eine allgemeine Toleranz aller Religionen einzuführen."

„Es giebt zwei Klassen von Mitgliedern: solche die bezahlen; und solche die nicht bezahlen. Die bezahlenden Mitglieder geben jährlich vier Karolins, und die Reichen geben doppelt soviel. Die Anzahl der bezahlenden Mitglieder beträgt ungefähr 5,000; die Anzahl der nicht bezahlenden Mitglieder ist über 50,000. Diese geben nichts; aber sie machen sich verbindlich, in allen Ländern die Lehren der Propaganda auszubreiten, und ihre Zwecke zu befördern."

„Der

„Der Orden hat zwei Grade: Aspiranten und Initiirte. Den Aspiranten ist der Zweck des Ordens bekannt; aber die Initiirten kennen überdieß noch die Mittel, deren sich der Orden bedient, um zu diesem Zwecke zu gelangen. Ein Aspirante kann nicht eher zum Initiirten aufgenommen werden, ehe er nicht eine philosophische Mission unternommen hat, und deutlich beweisen kann, daß er zehen Proselyten angeworben habe. Die Kasse des Ordens besitzt gegenwärtig zwanzig Millionen Livres baares Geld, und, zufolge der letzten Berechnung, werden, noch vor dem Ende dieses Jahres (1791) dreißig Millionen in derselben vorhanden seyn."

„Der Orden beruht auf folgenden Grundsätzen: Bedürfniß und Meinung sind die Triebfedern aller menschlichen Handlungen. Macht also, daß das Bedürfniß entstehe; oder beherrscht die Meinung: und ihr werdet alle Systeme in der Welt erschüttern; selbst diejenigen, welche am festesten gegründet zu seyn scheinen."

„Die Holländer zu verführen hat dem Orden große Mühe gekostet: aber der Gedanke, daß der Stoß allgemein sey, hat sie endlich auch mit fortgerissen."

„Der Plan des Ordens ist folgender: Niemand kann leugnen, daß die Unterdrückung, unter welcher die Menschen leben, eine schreckliche Barbarei ist; diese muß daher durch das Licht der Philosophie zerstört

stört werden. Ist dieses erst geschehen: dann darf man nur den günstigen Zeitpunkt abwarten, in welchem die Gemüther allgemein gestimmt seyn werden, das neue System anzunehmen, welches, über ganz Europa, auf einmal geprediget werden muß. Diejenigen, welche sich diesem System hartnäckig widersetzen, muß man suchen, durch Ueberredung oder durch die Nothwendigkeit, auf andere Meinung zu bringen. Fahren sie aber fort widerspenstig zu seyn: so muß man sie behandeln, wie man jetzt die Juden behandelt, und ihnen überall das Bürgerrecht versagen."

„Nach diesen Artikeln kommt noch ein anderer, in dem Plane des Ordens, der nicht weniger sonderbar lautet: Er heißt:

„Die Propaganda darf nicht eher „einen Versuch machen, ihren Plan in „Ausführung zu bringen, ehe sie nicht „vollkommen überzeugt ist, daß das Be„dürfniß vorhanden sey. Besser wird „es seyn, noch funfzig Jahre zu warten, „als durch Uebereilung den Zweck zu ver„fehlen."

„Eine zahlreiche Gesellschaft, deren Mitglieder bis jetzt noch bloß einzeln handeln; die Geld anhäuft; die langsam zu Werke geht, und sich vor aller Uebereilung sorgfältig hütet; die keinen Streich schlagen will, ehe sie nicht des Erfolges gewiß ist: Eine solche Gesellschaft ist sehr gefährlich. Ihre Progressen können vielleicht schnell seyn; und ihre Ausrottung scheint beinahe unmöglich."

„Die nach Frankreich geflüchteten holländischen Patrioten rechnen auf die Propaganda, als auf etwas ganz Untrügliches. „Gesetzt auch," so sprechen sie, „gesetzt auch, die französische Revolution komme nicht „zu Stande; gesetzt das Haus Oestreich wolle uns „nicht helfen: so bleibt uns zuletzt doch noch die Pro= „paganda." Ueber ganz Holland giebt es Missio= naire dieses Ordens, und vielleicht sogar schon einige regelmäßige Logen."

„In dem Klub der Volksfreunde zu Brüssel, hat vor kurzem ein Redner folgende merk= würdige Worte gesagt: „Ueberall werden Fesseln ge= „schmiedet, aber Philosophie und Vernunft werden „einst siegen, und die Zeit wird kommen, da der un= „umschränkte Beherrscher des Ottomannischen Rei= „ches sich am Abende als Despote zu Bette legen, „und am andern Morgen als Staatsbürger aufstehen „wird."

„Aus allen holländischen Provinzen erhält die Kasse der Propaganda beträchtliche Summen."

Ende des dritten Bandes.